JN232099

How to be acquired and how to acquire a company

会社売却とバイアウト実務のすべて

株式会社ブルームキャピタル 代表取締役
宮﨑淳平

実際のプロセスからスキームの特徴、企業価値評価まで

日本実業出版社

はじめに

本書は、会社売却・事業売却（「売却型M&A」といいます）のノウハウを細部まで記した専門書です。読者としては、中小・ベンチャーのオーナー経営者、金融投資家、事業会社のM&A・子会社売却担当者、弁護士、会計士、税理士の方々を想定しています。また、タイトルに、「バイアウト」と含めたとおり、売却型M&Aを主な内容としていますが、「バイアウト」＝「買収」をする側の実務についても一部解説しています。

「専門家ではない方」と「専門家」の双方に価値あるコンテンツとなるようにとの思いで執筆したため、専門家ではない方には少し難しい専門的内容が含まれます。このため、売却型M&Aの大枠を掴みたい方は第一部、第二部、第三部、第四部の前半部、第五部を読んでいただければと思います。一方、さらに売却型M&Aにかかるテクニカルな部分を知りたい方や専門家の方であれば、これらに加え、「類書にはない切り口」「邦書では解説の少ない部分」に踏み込み小規模企業・高リスク企業の価値評価まで記述した第四部は多くの方にとって新たな発見をしていただけるものとなっていると思います。第三部は、主に「専門家ではない方」向けに、売却型M&Aの手続きや流れ・各種スキームを、網羅性や法律上の正確な表現等に重点を置かず、実務上の検討すべき「視点」の提供をわかりやすく伝えることに主眼を置いて記述しました。なぜなら、特に各種スキームや税務・会計にかかる点は、具体的な実務においては法務専門家・税務/会計専門家に任せることが重要であり、その際にM&Aの主体者側が本書で解説するレベルの「視点」をもっていることで、こういった専門家を効率的に活用し、また場合によっては専門家と同じ目線で議論できるようになるからです。

本書執筆の契機は、特に売却側M&Aの実務を日々みていく中で、特に売却者側が個人の場合、下図のような買収者側との情報・スキル等のギャップが生じていることをよく感じていたことによります。買収者側は企業であり何度もM&Aを経験している買収のプロであり、売却者側はまったくの素人であるケースも多いからです。

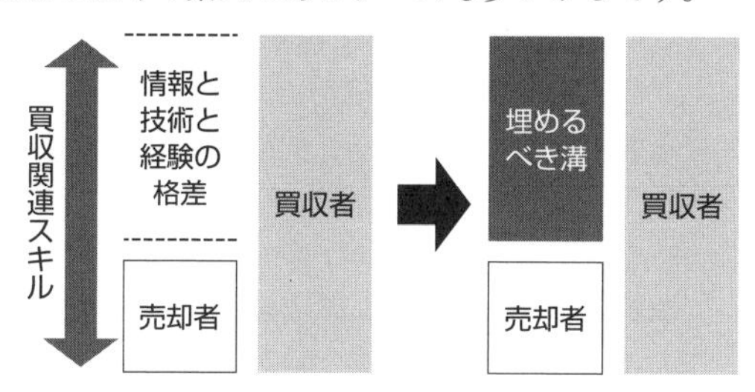

多くの売却者は、「よい買い手候補が見つかればM&Aがうまくいく」と考えがちですが、上図にある「情報と技術と経験の格差」（ギャップ）を埋めることができなければ、売却者側にとっての「よい売却」は実現しにくいといえます。「よい売却」どころか、売却者や対象会社取締役が相当の損害賠償請求を受けた事例、買収成立後に無理な株式買戻しを迫られた事例、売却型M&A進捗上の不手際により会社組織自体が破壊されてしまった事例等もあります。著者としては、このような極端な事例も含め、売却者が不利な立場に立

たされる状況が極力緩和されるよう売却型M&Aの知識をよりコモディティ化すべきではないかと考えて本書を著しました。本書により、売却型M&Aで必要なスキルの一部を得ることができ、またM&Aアドバイザー等の専門家を選定する際にも、その実力やサービス内容の適切性判断もしやすくなるでしょう。また、様々な「相場的感覚」を織り交ぜていますので、色々な場面での状況判断がしやすくなります。ぜひ本書で会社売却の基礎知識を身に付けていただき、M&A取引の際に幾度となくご参照いただけたらと思います。

著者の運営する株式会社ブルームキャピタルでは、本書執筆時点で著者が知る限り、手前味噌ながら過去に携わったすべての成約済み売却者様に満足いただいています。これは成約条件に後悔がないことはもとより取引後のトラブルの少ないこと、売却判断が正しい選択肢だと事後的にも感じていただけていること等様々な要素が背景にあります。これらの実現には本書で解説する各種ノウハウが重要な意味をもちます。また、遠く聞くところでは、相当な高額取引でありながらも多くの相手方（買収者側）からも満足いただけているようです。このような双方が満足する「よいM&A」は、社会的価値の創造、市場の活性化につながり、さらに「よいM&A」を生む・・・という「循環」につながります。これには、本書で説明するような売却型M&Aの「基本的知識」がより広範に広がることも重要なファクターなのではないかと著者は考えています。また、これら「基本的知識」を売却者側がもつことは、買収者側も適正な投資判断がしやすくなる等のよい影響をもたらします。こういった観点で本書が「よいM&A」を多く生む一助となればと強く思うところです。なお、本書はベンチャー企業や中小・中堅企業による売却型M&Aに焦点を当てていることから、「非上場会社が対象会社である」ことを前提に大部分のコンテンツを作成しています。取り上げる事例やポイントもやや偏っている点にはご留意ください。

末筆ながら、日本実業出版社をご紹介いただいた一般社団法人地域インターネット新聞社／西村健太郎様、日本実業出版社のみなさん、お世話になりました。貴重なコンテンツのご提供もいただいた株式会社イボットソン・アソシエイツ・ジャパン／小松原宰明様、Golden Gate Ventures／Vinnie Lauria様、株式会社AGSコンサルティング／長生秀幸様、インテグラル株式会社／佐山展生様、清和税理士法人／亀田敬亨様、株式会社M&Aコンソーシアム／中嶋克久様、新幸総合法律事務所／熊澤誠様、フロンティア・マネジメント株式会社／安積正和様、株式会社アシロ／川村悟士様、データアナリスト／坂本昌夫様、以上の皆様には特に時間をかけて全体または部分的にお読みいただき、また的確なアドバイスをいただきました。第四部のベンチャー評価法の一部については本書で参考にさせていただいた書籍の著者であるJanet Kiholm Smith教授にも貴重なご意見をいただきました。また、スマートニュース株式会社／熊野整様、エメラダ株式会社／古川直樹様をはじめ様々な方にもご協力いただきました。この場を借りて深く感謝の意を表します。

2018年８月　　　　株式会社ブルームキャピタル　代表取締役　　宮﨑 淳平

【読者のみなさまへ】

本書執筆にあたっては、細心の注意を払い、正確かつ有用な内容となるように心がけましたが、何らかの誤りがある可能性があります。また、ファイナンス領域を扱うという特性上、なかには異なる意見をお持ちの読者の方もいらっしゃるでしょう。また、本書で解説した企業価値評価法は、監査に耐えうることを目的とせず、あくまでも実務的なＭ＆Ａ取引や交渉局面において、投資主体が買収可能金額をどうやって算定すべきかについて主眼を置いて解説しています。このため、正式な株価算定には用いることができない場合がありますのでご注意ください。法律上の論点については、「わかりやすさ」を重視するため、法律上の正確な表現で記述していない箇所もあります。

また、本書、本書に関連する電子ファイルおよび本書で紹介するサービスにより発生したいかなる損害（本書掲載情報の誤りによるものも含む）について、著者および日本実業出版社は責任を負いかねます。さらに、特に法務・会計・税務等については、考慮すべきすべての事項を網羅することを目的としておらず、「このような事項を検討するんだ」というイメージをもっていただけることを重視して執筆しています。また、税務上・法務上のルールは変化します。したがって、これら事項の確認や実際の取引実行に際しては、弁護士・司法書士・税理士・公認会計士等の専門家に個別にご相談のうえで進めていただきますようお願い申し上げます。

なお、本書では紙幅の都合上、当初掲載する予定であった一部のコンテンツを削除しています。そこで、それらの中でも重要な部分については、別途著者が運営する本書関連サイト「https://buy-out.jp/book」において解説する予定です。より深い知識をご希望の読者の方にはご参照いただけますと幸いです。
トップページ→「主要コンテンツ」→「『会社売却とバイアウト実務のすべて』サポートページ」をクリックしていただき、コンテンツを閲覧・ダウンロードするページへお進みください。

本文中に出てくるProjection&DCF.xlsmやその他の書面の一部は、同サイトからダウンロードすることによって、実物をご覧いただくことが可能です。なお、Excel等の数値データはエラー修正を行った場合等、本書に掲載されたものと異なる値に変更される場合があります。

＊本書の内容は、原則として2018年（平成30年）７月１日現在の法令等に基づいています。ただし、会計・税務及び法務にかかる専門事項に関しては最新の法令及び制度の改正等のすべてを網羅しているわけではありません。

第二部 物語で学ぶ あるオーナー経営者の会社売却

第四部 プロジェクションと企業価値評価

第五部 売却実務上のその他のポイント

＊付録のProjection＆DCF.xlsmはExcel2013ベースで作成されており、Windows環境で使用されることを推奨します。

Jacket Design：志岐デザイン事務所（萩原睦）
オビ写真撮影：遠藤素子
本文DTP：一企画

第一部

M&Aによる
会社売却の実際

1 ベンチャー・中小・中堅企業市場と経済活性のシステム

1-1 ベンチャー・中小・中堅企業市場活性の循環

「はじめに」でも触れたとおり、売却型M&Aを利用したオーナー経営者の株式の現金化、つまり「M&Aイグジット」は、産業育成やそれを促すエコシステムの中で重要なポジションを占めます。M&Aイグジットはよく「IPOイグジット」との対比で用いられますが、これが何故重要なのかは、下図をみていただくのがわかりやすいと思います。

〈ベンチャー市場活性の循環〜オーナー経営者の目線から〜〉

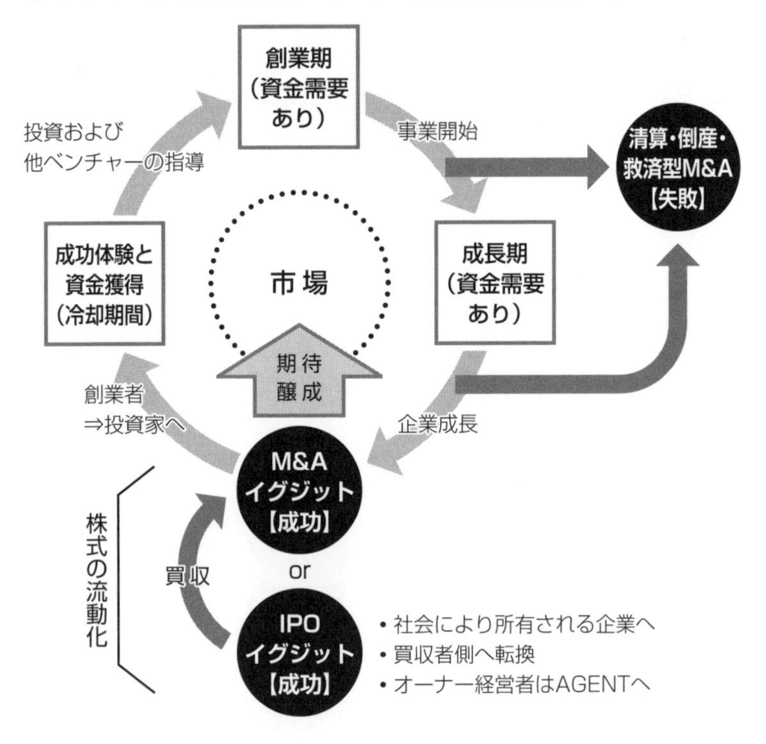

この図は、ベンチャー・中小・中堅企業市場の活性の循環について示したものです。一番上の四角からご覧ください。企業は「創業期」に自己資金等で創業され、右側の「成長

期」に入っていき、大部分は清算・倒産等の道を歩みます。また、成長期に入ればその中のさらに一部の企業は「M&Aイグジット」（成功ケースとしての）または「IPO」を果たします（株式の流動化）。さらに、その中の一部の企業は巨大企業へと成長します。もちろん、「IPO」も「M&Aイグジット」もせず、非上場会社[1]かつオーナー会社のまま巨大企業へと成長する場合もありますが、結局はそのオーナーが永続的に株主であることはできないので、この場合は遠い将来に「相続」等の形で「イグジット」することになります。

すべての企業が順風満帆な流れを経るわけではなく、多くの企業は右側に示した「清算・倒産・救済型M&A」という道をたどります。成長期を迎えることさえない場合も多いでしょう。市場の見誤り、製品や技術の未完成、急激な競合の登場、代替品勢力の台頭、新規参入、顧客嗜好の変化、人材引抜き、仕入先の交渉力強化、技術革新等理由は様々です。この場合、多くの企業が「身売り」や「清算」をせざるをえなくなります。この場合の「身売り」というのが図で示した「救済型M&A」です。こうなると株主価値はほぼ0となり、「有利子負債」の引継ぎがなされるだけ……といった場合も出てきます。「有利子負債」は企業価値を構成することから（212ページ参照）、買収者が「有利子負債」より低い企業価値しか評価できないとすれば、そもそも「身売り」さえできません（ここでは、有利子負債の部分承継等については考慮しておりません）。市場競争に敗れ顧客から価値を見出されなかった企業が市場撤退を余儀なくされるのは至極自然な論理です。

しかし、よく観察してみると、一度一定の規模まで到達した会社であれば、失敗ケースに陥りそうな場合であっても、「M&Aイグジット」を活用することで当該事業が維持され、かつ社会的な価値が新たに創造できるような施策が打てた場合も多いことがわかります。その一方で、多くの経営者は、「M&Aイグジット」の活用方法についての知識が十分でないため、適切なタイミングで「M&Aイグジット」の選択肢を考えることができないといったことも起こります。のちほど述べるように、企業の行く末はいくつかの種類しかありません。これらの種類のうちの重要な未来の1つが「M&Aイグジット」です。オーナー経営者の立場としては「M&Aイグジット」について十分な理解を得ておくことにより、失敗ケースに陥る可能性を低減させ、自社単独継続が不可能な場合においても、事業をよい形で存続させることができる可能性が高くなります。

また、近年ではより積極的な意味で、企業の最適な選択肢として「IPO」ではなく「M&A」を選ぶことも増えています。本書ではこのような観点から、「M&A」と「IPO」についてオーナー経営者が知識として知っておくべきことについても触れます。オーナー経営者や周辺の方々にこれらの理解が深まれば、これらの流れ（中規模以下の会社にかかる資本市場）の最適化を図ることができ、これが次項で説明するような社会全体に対する

1　非上場会社と会社法上の非公開会社、上場会社と会社法上の公開会社は、本来は意味が若干異なりますが、本書では厳密に区分していない場合があります。実際の法務上の判断にはこれらの区分が重要になるケースもありますのでご注意ください。

よいインパクトへつながるのです。

1-2 「M&Aイグジット」による社会的効果

「M&Aイグジット」の成功の蓄積がなぜ重要なのか？　著者は、下図のような４つの社会的な効果が生まれるからだと考えています。これらについて、順番にみていきます。

〈成功ケースの「M&Aイグジット」が生む４つの社会的効果〉

①事業成功経験のある投資家の創出
⇒ 創業・企業成長促進ノウハウの社会への浸透

②さらなる成功を収めうるシリアルアントレプレナーの誕生
⇒ 社会的影響のより大きな事業をより高い確度で創出できる起業家の増加

③非上場会社株式の流動性向上（＝信頼性の上昇）と資本市場の活性化
⇒ ベンチャー・中小市場へより多くの資金が投入、バリュエーション向上

④シナジーによる新たな価値創造と「さらに強力な買収者」の誕生
⇒ M&Aイグジットのさらなる活性化 ⇒ 上記①－③の効果が増幅 ⇒ 経済効果

①事業成功経験のある投資家の創出

成功といえる「M&Aイグジット」を果たした経営者の多くは「再創業」します。一方、自身での創業とは別に、同じような後進のベンチャー企業へ「投資」を行う人もいます。これは「事業」を０から作り上げることを十分に理解している「投資家」が生まれることを意味します。M&Aイグジット等を成功させた経営者やIPO後に大企業となった経営者は、多くの場合、事業内容が異なる場合でも少しヒアリングするだけで後進の経営者へ鋭く細かく具体的なアドバイスを与えることができます。同じ事業内容の企業群でも、勝者と敗者が存在しますが、外部からはこの差はなかなかみえません。もちろん、優秀なベンチャーキャピタリスト等からのアドバイスも時には非常に有効です。しかし、著者の経験では、本当に価値のある具体的かつ細部に鋭いアドバイスは、事業成功経験のある、（可能であれば同領域・近接領域の）経営者であってはじめて可能となるように思えます。このような「元起業家」の投資家が増えることで、様々なノウハウが新産業発展の過程で有効活用され産業創出が促進されることにつながることは言うまでもありません。

②さらなる成功を収めうるシリアルアントレプレナーの誕生

「シリアルアントレプレナー[2]」として再創業しようと考える多くのM&Aイグジット経験

2　シリアルアントレプレナーとは、事業を連続的に立ち上げる起業家をいいます。多くの場合、立ち上げた企業を売却したり、IPOさせたりしつつ、本人はさらに新しい事業の立ち上げを行っていきます。「シリアル」とは「連続的な」という意。

者は、14ページの図にも記載しているとおり売却直後に「冷却期間」をもちます。これは特に若い経営者に顕著です。世界一周旅行へ行く方、シンガポール等でベンチャー市場をみて回る方、アメリカに行って再創業する方等、個人によってやることは違いますが、多くの場合、「冷却期間」中に次に何をすべきかを考えます。そして、その多くのケースにおいて、「次はもっと大きいことがしたい」「世界を巻き込んだビジネスをしたい」という考えに至るようです。日本の場合、初回起業では「できるビジネスは何か？」という観点で事業を開始する起業家が多いのに対し、「M&Aイグジット」により資金的余裕ができた者の再創業では「自分が本当にやりたいことは何か？」「大きなインパクトを与えるビジネスは何か？」という視点で再創業しやすくなります。また、このような形で再創業した起業家が経営する企業に対しては、資金を出す側からしてもある程度の高いバリュエーション（株主価値）をつけた大口投資がしやすくなります。一度「M&Aイグジット」で成功した起業家がオーナー社長を務める会社であれば期待や信用も高くなるからです。さらには、再創業時に始める事業は、その事業内容自体が世界市場に目を向けた、潜在性が非常に大きい事業であるケースが多く、ある程度合理的に高いバリュエーションを算定できる場合が多いのです[3]。これにより、シリーズA（企業のアーリーステージ段階における資金調達をこのように呼ぶ場合があります）位の段階から大きな資金調達が可能となってきます。また、非上場会社であれば、非常にチャレンジングかつ長期的目線に立った事業を大きな資金をもって進めることもできるようになります。このような流れは日本の産業育成の追い風になると考えられます。

③非上場会社株式の流動性向上と資本市場の活性化

ベンチャー企業や中小・中堅企業の「M&Aイグジット」活性化は、投資家からみた場合のベンチャー企業や中小・中堅企業株式の売却機会の増加と同義であり、直接的に「流動性（株式を売却できる可能性）」を高めます。言い換えれば、投資家からみるとベンチャー企業や中小・中堅企業に投資をする際のリスクが減少することを意味します。

市場全体の流動性向上により、株主の資本コストが一定程度低減され、早いタイミングから高いバリュエーション（企業価値評価額）で資金調達ができるような環境へと変化していきます。また、投資家側からみたベンチャー投資のハードルが下がり、投資家としてもよりベンチャー企業に投資しやすくなります。このような動きはさらにベンチャー市場に資金を流入させます。たとえば年金基金等の従来ハイリスク投資を避けてきた投資家からのベンチャーキャピタル（以下、「VC」という）への投資配分も増えてくることも考えられますし、大量の「預金」を保有する金融機関からもVCへの投資が促進される可能性

3　もちろん、なかには再創業してすぐにまた売却できるような事業を作ろうとする人や対象会社に残り継続的にマネジメントを行う人もいます。これについても「立ち上げが得意な起業家」が、他の人が容易に真似できない「立ち上げ」に特化しているという意味で社会的な大きな価値があるものといえます。

もあるでしょう。現に本稿を執筆している2018年の年初時点でも多くのバイアウト・ファンドがベンチャー企業の買収に関心を示し始めています。この一連の流れにより、社会に存在する「お金」がよりベンチャー市場に流入します。加えて、税制がよりベンチャーを優遇するように変化してくれれば、非常によい創業環境、成長環境が整ってくるでしょう。

④シナジーによる新たな価値創造と「さらに強力な買収者」の誕生

①～③の過程の中で、M&Aイグジットを果たすベンチャー企業の増加と同時に、さらなる成長を実現するベンチャー企業も増えていきます。すると今度は「強い買収者」側になる場合があります。「買収者」側に回った企業が、M&Aを実施し、そのシナジーにより新たな価値を生む事例が増加すると、他の「買収者」の買い意欲もそれにつられて急速に高まります。また、ベンチャー企業による「M&Aイグジット」が増加してくることで、買収プレイヤーのレベルアップも同時に起こるでしょう。対象会社の将来キャッシュフローを見越した企業価値評価ができるような買収者も今以上に増加し、買収者側のスキルが向上することで、M&Aの成功率も上がるでしょう。これらにより、すでに説明した①～③の効果がさらに増幅されてきます。この循環は前出のエコシステム発展に大きく寄与します。

1-3 「創業者」「経営者」という社会的資源の最適配置転換の重要性

よいM&Aイグジットは「創業者」や「経営者」という稀有な社会的資源の効率的再配置につながります。このような人材は社会的に稀有であり、その「資源」が投入される場所次第で生み出される価値が大きく変わります。起業家である経営者がある程度まとまった金額での売却に成功すれば、「M&Aイグジット」という「実績」がつくと同時に、次なる事業の軍資金ともいえる「潤沢な現預金」が手に入ります。こうなると、経営者自身が大義をもって推進できる「新事業」を開始することができ、かつ「潤沢な現預金」を種銭にすることで、より多額のファイナンスを外部投資家から調達することができる可能性も大幅に上がり、さらに世の中に大きな価値を与えうる経営者になれる可能性が高まります。

このように、「M&Aイグジット」の増加は、「経営者」という資源が効率的に最適な場所へ最適な形で投入されやすくなることにつながり、新産業発展や経済全体に好影響を生みうると考えられます。もちろん、M&Aイグジットが成功したということは、その経営者単独の場合以上に拡大しえる買収者に譲渡したということでもあり、最適な新オーナーの下で対象事業がさらなる社会的価値を生み出しうる環境に置かれることでもあります。

経営者等によるイグジットとその種類（IPOとM&A）

2-1 「イグジット」とその戦略

「イグジット」を直訳すると「出口」です。投資業界では「投資の出口」、つまり株式等を買収した投資家が株式等を売却し現金化することをいいます。欧米では「Harvesting」ともいいます。非上場会社株主の視点でみると「イグジット」は、①IPO、②M&Aと大きく2つに大別できます。厳密には「清算」や「マイノリティ株式の株式譲渡」等も含まれますが、本書ではオーナー経営者や親会社等大株主にとっての「イグジット」にフォーカスをあて上記2つを中心に解説します。一方「イグジット」は、「イグジット戦略」という言葉があるように、諸事情を考慮して進めていかねばなりません。上場会社の株式への投資家の立場からみれば、インサイダー取引関連規制・TOB規制等も存在することから「法的」な検討が多くなります。また、売却にあたっての適正株価等の財務的観点やIRの観点等も織り交ぜて検討することも必要となるでしょう。

一方、非上場ベンチャー・中小・中堅企業の（オーナー経営者も含む）投資家の立場からみれば、重要な検討課題は大きく異なってきます。この場合、検討事項の中心はIPOとM&Aの2つの選択肢をどうするかであったり、イグジット時の条件最大化をどう目指すかという観点が中心になります。これらは、検討当事者がオーナー経営者なのか、VC等の外部投資家なのかによっても検討すべき内容が異なります。本書では、非上場ベンチャー・中小・中堅企業の投資家がイグジットについてどう検討していくべきかという点について、主にIPOとM&Aの相違点にフォーカスを当ててみていきます。

2-2 「IPO」と「M&A」

まず、ここでは「イグジット」の代表的手法である「IPO」と「M&A」を比較検討してみたいと思います。米国の事例などと比較することで、日本の現状を理解しやすくなるでしょう。

次ページのグラフをご覧ください。

〈日米のVC投資先のM&Aイグジット種類の比較〉

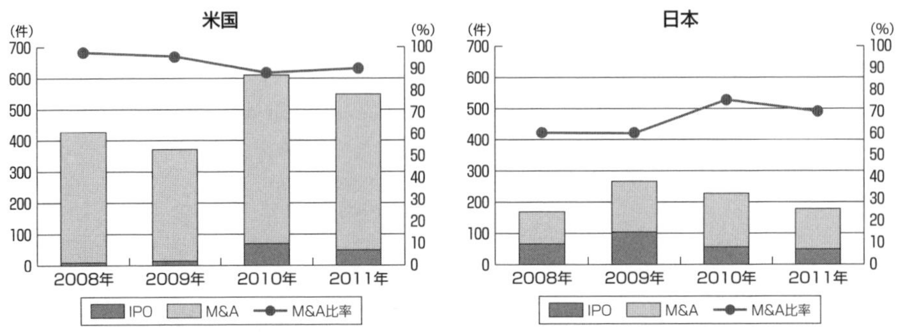

（出所）総務省「ICT産業のグローバル戦略等に関する調査研究」（平成25年）、ベンチャーキャピタル投資等動向調査、トムソンロイター資料にて作成

このグラフは、少し古いデータですが、日米のVCが投資をしている投資先企業のイグジット数をM&AとIPOに分けてまとめたものです。日米を比較すると、米国のほうが圧倒的に「M&Aイグジット」の件数が多いことが読み取れます。しかし、より目を向けていただきたいのは「M&Aイグジット」件数と「IPO」件数の割合です。米国では、2008年～2009年はサブプライム問題やリーマンショックによりやや異常なほどIPO件数が減少していますが、2010年～2011年を基準に「M&Aイグジット」件数の占める割合をみても、その件数はIPOの10倍近くになっていることがわかります。一方で、日本においてはこの倍率が２～３倍となっています。もちろん、米国では、日本よりIPOのハードルが高く、

〈米国のVC投資先企業のM&Aイグジット推移〉

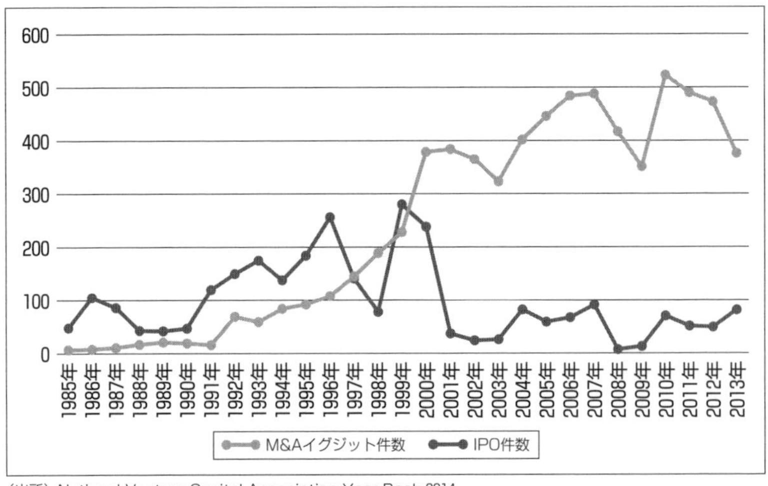

（出所）National Venture Capital Association Year Book 2014

資本市場で投資家受けのよい企業サイズも日本と比較して大きいことから、M&Aイグジットの件数が増加しやすいという背景もあります。また、前ページ下のグラフからは、米国のM&Aイグジット件数が90年代後半から急激に増加していることもみてとれます。

次に、米国におけるVC投資先企業のM&AイグジットValuationの平均値の推移をみてみましょう。

〈米国のVC投資先企業の平均M&Aイグジット時バリュエーション〉

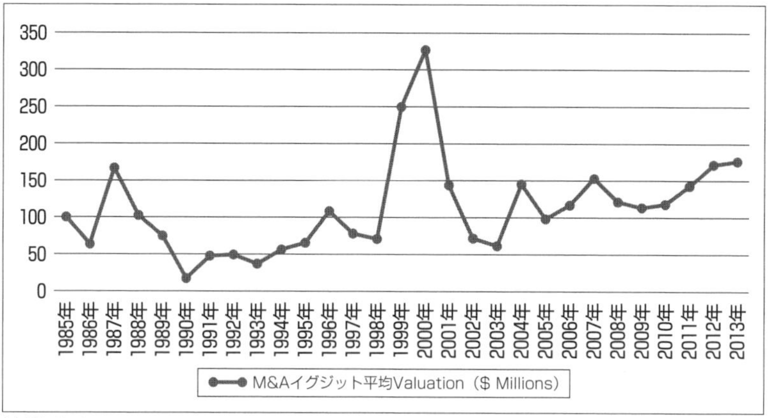

M&Aイグジット平均Valuation（$ Millions）

（出所）National Venture Capital Association Year Book 2014

このデータには、バイアウト・ファンドの投資対象は含まれておらず、あくまでもVCの投資対象のM&Aイグジットの平均額の推移を示しています。2011年～2013年でみても、平均的な案件サイズは163.6 million $、日本円ベースで180億円弱（1USD＝110JPY換算）程度となっています。もちろん、巨大案件が平均値を押し上げているという要素は否定できませんが、日本では10億円を超えた金額でのM&Aイグジットでさえ、比較的大きなニュースになるくらいですので、規模感が全く異なるといえるでしょう。とはいえ、わが国においても、昨今の世論、M&Aイグジット成功事例の増加、それら事例が取り上げられる頻度が増加してきていること、ベンチャー市場の代表格といえるIT関連市場のインフラが整ったことで「隙間ビジネス」が増加したこと等様々な背景に鑑みると、今後M&Aイグジット件数が増加していくと著者は考えています。また、最近の公表データをみても、規模の大きいM&Aイグジットがここ数年、増加傾向にあるといえます。なによりも、著者の周囲の起業家からも「M&Aイグジット（起業家は“バイアウト”という言葉を用いることが多い）」のニーズがよく聞かれるようになり、実際に弊社に相談されるケースも増加しているという実感があります。

2-3 IPOとM&Aイグジットの相違点

「IPO」と「M&A」について、M&Aイグジットの観点からは実態的にはどのような相違点があるのでしょうか。このことを少し図を用いて解説します。

〈M&AイグジットとIPOイグジットの違い〉

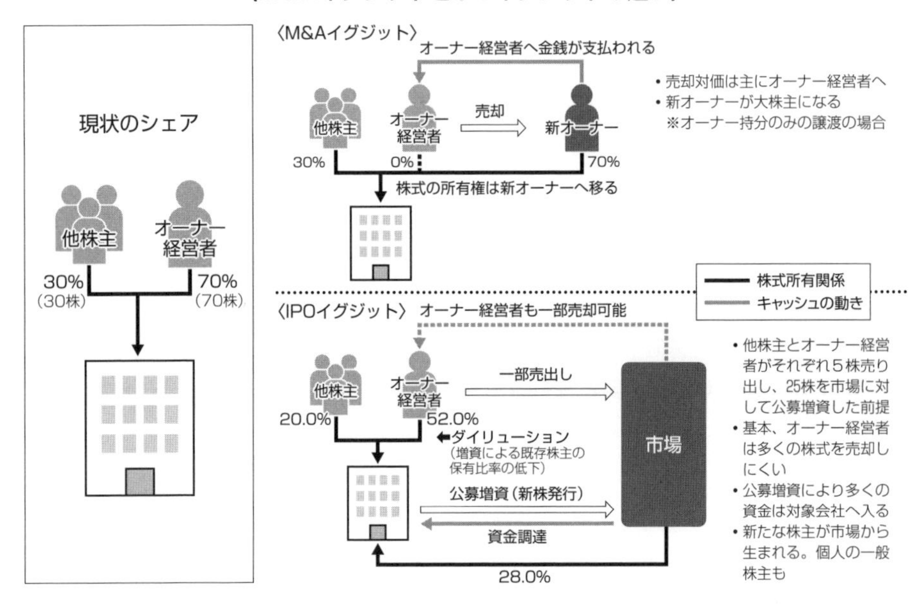

仮にいま、オーナー経営者が70%、その他株主が30%のシェアをもっている企業を想定します。まずはM&Aイグジットですが、これはシンプルに言えばオーナー経営者が自身の持株を買収者へ売却しその対価を受領するという取引です。これにより買収者は当該会社の70%のシェアを保有する株主となります。

次にIPOについてです。イグジットはオーナー経営者にとっての「投資の回収」を意味することから、IPO時（または後）に株式売却してはじめてイグジットできるということになります。IPO時には「公募増資（新株発行）株数」、「（既存株式の）売出株数」の2つの株数を決めます。「公募増資」は、IPOの主目的ともいえるもので、一般投資家向けに広く増資を募り多額の資金調達を実行することを意味します。当然その対価は「オーナー経営者」ではなく「会社」に対して払い込まれます。

一方、「売出し」は、IPOの公募と同時に、オーナー経営者やVCなどが、その保有する株式の一部または全部を売却することを指します。この場合にはじめて「会社」ではなく、

「既存株主」が売却対価を受領できます。これがいわゆる経営者にとっての「イグジット」、よく「創業者利潤」と呼ばれるものです。なお、これらの株式数の詳細等はIPO時に一般に公開される「目論見書」をみればわかります。

IPOにおける諸論点は本書の趣旨と異なるため類書に譲りますが、この「売出し」についてはIPOとM&Aの比較を行ううえで重要になるため、もう少し深くみていきましょう。

2-4 IPOにおけるオーナー経営者のM&Aイグジットとその意味

IPOの際には、オーナー経営者も「売出し」を行うことで、いわゆる「創業者利潤」を手にすることができます。しかし、実態としては、ベンチャー企業を創業し一定のシェアを保有するオーナー経営者は、通常その保有株の売却には慎重にならざるをえず、大きな割合の株式を売却することには実質的に一定の制限がかかります。

その理由は、「IPO」という仕組みを理解すれば自明です。IPOにより企業は、個人の力に依存した会社（プライベートカンパニー）から、社会の力で経営される会社（パブリックカンパニー）になります。言い換えると、会社が社会の公器となり、広く投資家、つまり社会から資金を募ることで、成長戦略を実行に移し、投資家の要求リターンに応え、以て社会へ価値貢献することが期待されます。それゆえに、IPOをする会社のオーナー経営者には、「投資家に対する責任」、「社会に対する責任」がより重くなります。また、同時にオーナー経営者自身が市場から資金を募る際には、自社の企業価値が今後さらに向上していくということを市場に伝えていくことになります。

そんな中で、たとえば、オーナー経営者がIPO時に全株式を売り出すとなったら市場（一般投資家）はどう思うでしょうか。必然的に、市場（新規投資家）は「このオーナー社長は今後の成長に自信がないのでIPOのタイミングで売り抜けようとしているのではないか？」「オーナー経営者が株式を全株売却する選択をしている会社に対して、自分たちが投資をするべきなのか？」という反応になります。もっと悪いケースでは「経営陣は悪材料を知って売却したのではないか？」という声が上がり、印象悪化だけの問題にはとどまらない場合もあります。もちろん、オーナー経営者が株式を売り出すことは可能です。しかし、一定以上の大きな割合の株式の売出し（イグジット）には、主幹事証券会社等の意向や各種規制、前述の実態等もあり一定の制限がかかります。よって、M&Aイグジットと異なり、すぐに全株式分の売却対価を得るというのは難しくなります（ただし、上場して一定期間経過後に「処分信託」などを利用して売却する方法はある）。

なお、詳細は省きますが、「安定株主が占める議決権比率の維持」も重要な論点です。オーナー経営者が大幅な売出しをした場合、「安定株主」らの議決権比率が低下してしまうことで、経営の安定性が損なわれることがあります。また、逆にオーナー経営者が「売出し」をしなければならないケースがあるということも付け加えておきます。上場審査基準の中には、「流通株式数」等の基準もあります。これは市場に流通させなければならない株式数や株式比率を定める基準です。このため、上場前にオーナー経営者やその他安定株主の保有するシェアがあまりにも高い場合、オーナー経営者の売出しが必要になることもあるのです。

2-5 オーナー経営者が押さえておくべきIPO/M&Aの比較ポイント

非上場ベンチャー企業・中小・中堅企業が、IPOを目指すべきなのか、またはM&Aイグジットを目指すべきなのか等を考える場合、オーナー経営者の「自身のキャリアイメージ」とIPO・M&Aイグジットの「メリット・デメリット」を組み合わせて考えることが重要です。これらに鑑みたうえで、IPOを積極的に目指すべきなのか、M&Aイグジットを検討してもよいのかということを判断していくのが重要なのではないかと思います。これは、本書では紙面の都合上、詳細に触れることができません。著者のウェブサイト「https://buy-out.jp/book」にて詳細な解説を行っていますので、合わせてお読みください。

2-6 オーナー経営者によるM&Aイグジット戦略～IPOかM&Aか？～

ここからは、オーナー経営者の立場から、自社がIPOすべきか、M&Aイグジットすべきか、どのように判断すればよいのかということを考えてみます。

2-6-1 検討の切り口

オーナー経営者が企業の先行きを考える場合、長期的には以下の５つの未来があると考えるとよいでしょう。

〈オーナー経営者からみた、現在経営する企業との関係性にかかる５つの未来〉

ケース①	オーナー経営者自身の主導により、IPO等を実施し社会の公器として永続的な拡大・社会貢献を目指すケース
ケース②	拡大志向ではないものの、安定志向によりオーナー経営者自身が高齢になるまで経営を続け最後には事業承継をするケース
ケース③	ある段階でM&Aイグジットにより経営権を譲るケース
ケース④	ある段階で清算により会社を終了させるケース（バッドケース）
ケース⑤	倒産等により会社経営が終焉を迎えるケース（バッドケース）

なお、ケース④、ケース⑤は積極的にオーナー経営者が選択するものではないため、ここではケース①～③を比較してみます。次ページのフローチャートは、これをたどることで上場を目指すことを積極的に検討しうる状況か否かの簡易的な判断が可能となるようにしたものです。このフローチャートは必ずしもすべての要素を織り込んだ完璧な判断ツー

ルとはいえません。個々の対象会社の事情やオーナー経営者の年齢や事情、市場環境等、この判断には非常に多くの変数を伴うことから、本来チャートには適しません。しかし、これをご自身に当てはめてみることで、どういった場合にIPOを積極的に検討すべきで、どういった場合にM&Aを積極的に検討すべきかという示唆は、ある程度得られると思います。重要なことは、IPOやM&Aの検討では、オーナー経営者自身の生き方やキャリアが本質的な検討軸になるということです。自身の夢として、いまの事業で世界規模に価値を生み出せるようになりたいと考えていて、事業も順調に成長しているがそれには資金が必要と考えるのであればIPOを選択すべきでしょう。一方で、たとえば20億円で売却できる会社を作って売却後にはハワイかどこかで暮らしたいという考え方が強ければ、M&Aイグジットを狙ったほうがいいということにもなりえます。両方の考え方はともに誤っていません。

〈オーナー経営者にとっての最適イグジット判断フローチャート〉

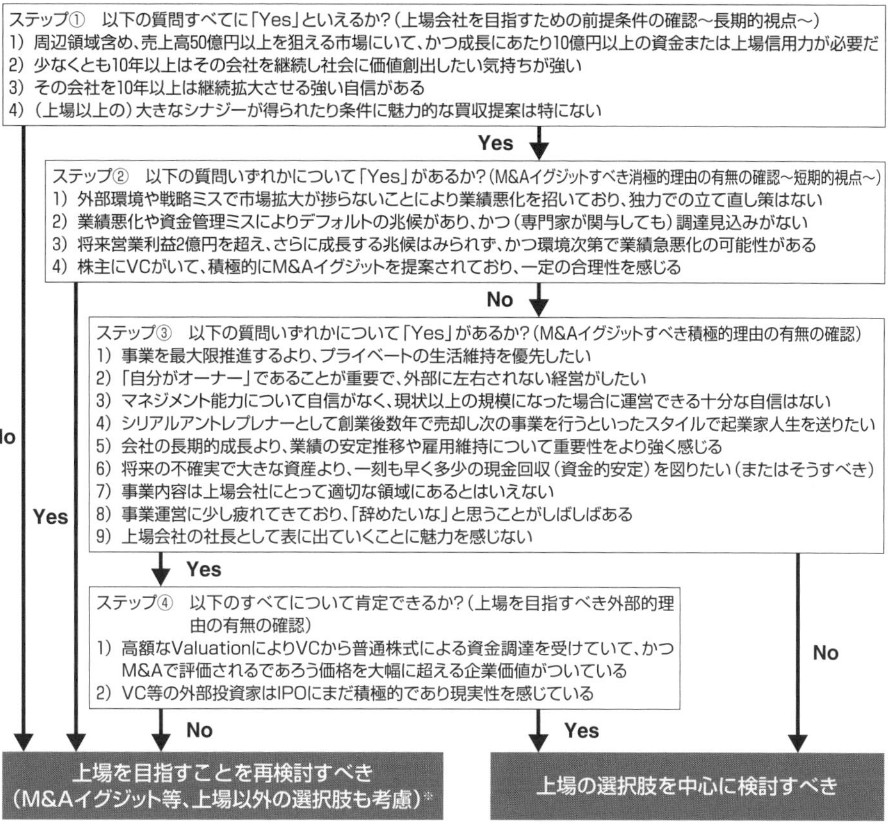

ステップ① 以下の質問すべてに「Yes」といえるか？（上場会社を目指すための前提条件の確認～長期的視点～）
1）周辺領域含め、売上高50億円以上を狙える市場にいて、かつ成長にあたり10億円以上の資金または上場信用力が必要だ
2）少なくとも10年以上はその会社を継続し社会に価値創出したい気持ちが強い
3）その会社を10年以上は継続拡大させる強い自信がある
4）（上場以上の）大きなシナジーが得られたり条件に魅力的な買収提案は特にない

No → 上場を目指すことを再検討すべき
Yes ↓

ステップ② 以下の質問いずれかについて「Yes」があるか？（M&Aイグジットすべき消極的理由の有無の確認～短期的視点～）
1）外部環境や戦略ミスで市場拡大が捗らないことにより業績悪化を招いており、独力での立て直し策はない
2）業績悪化や資金管理ミスによりデフォルトの兆候があり、かつ（専門家が関与しても）調達見込みがない
3）将来営業利益2億円を超え、さらに成長する兆候はみられず、かつ環境次第で業績急悪化の可能性がある
4）株主にVCがいて、積極的にM&Aイグジットを提案されており、一定の合理性を感じる

Yes → 上場を目指すことを再検討すべき
No ↓

ステップ③ 以下の質問いずれかについて「Yes」があるか？（M&Aイグジットすべき積極的理由の有無の確認）
1）事業を最大限推進するより、プライベートの生活維持を優先したい
2）「自分がオーナー」であることが重要で、外部に左右されない経営がしたい
3）マネジメント能力について自信がなく、現状以上の規模になった場合に運営できる十分な自信はない
4）シリアルアントレプレナーとして創業後数年で売却し次の事業を行うといったスタイルで起業家人生を送りたい
5）会社の長期的成長より、業績の安定推移や雇用維持について重要性をより強く感じる
6）将来の不確実で大きな資産より、一刻も早く多少の現金回収（資金的安定）を図りたい（またはそうすべき）
7）事業内容は上場会社にとって適切な領域にあるとはいえない
8）事業運営に少し疲れてきており、「辞めたいな」と思うことがしばしばある
9）上場会社の社長として表に出ていくことに魅力を感じない

No → 上場の選択肢を中心に検討すべき
Yes ↓

ステップ④ 以下のすべてについて肯定できるか？（上場を目指すべき外部的理由の有無の確認）
1）高額なValuationによりVCから普通株式による資金調達を受けていて、かつM&Aで評価されるであろう価格を大幅に超える企業価値がついている
2）VC等の外部投資家はIPOにまだ積極的であり現実性を感じている

No → 上場を目指すことを再検討すべき
Yes → 上場の選択肢を中心に検討すべき

上場を目指すことを再検討すべき（M&Aイグジット等、上場以外の選択肢も考慮）※

上場の選択肢を中心に検討すべき

※ただし、ステップ②によりYesとなった場合には即時M&Aイグジットの手続きを開始したり専門家へ相談すべき場合が多い

2-6-2 よくある失敗

IPOとM&Aを検討するうえでよくみられる失敗は、フローチャート上のステップ①とステップ②において判断を誤るケースです。多くの企業は競合環境のある中、競合企業との差別化を図り成長を目指すものです。ある企業はIPOの壁を単独ですぐ越えてしまいますが、また一方の企業はなかなか越えることができず業績が停滞します。同じ事業を同じように進めていても、非常に小さな相違点・競争要因（時には運も）により大きな差がついていきます。これは通常、外からでは判断しにくく、特に競争に「敗北している側」の社長はその違いが判断できないことが多いものです（「私の経験では、勝っている側」はなぜ勝っているのかを含めて理解していることが多いようで、それゆえ勝っているのかもしれません）。そのうえ、ベンチャー企業でよくありがちな「人材＝重要な経営資源」という性質が特に強い企業群の場合、IPOにより多額の資金調達に成功した会社は、競争に敗北している企業から優秀な人材の引抜きを活発化させます。従業員側にも若年層が多く転職に興味を示す者が多いことから、先にIPOしたような企業に転職しがちです。相対的に小規模な企業ではマネジメントが確立されていない場合も多く、なおさらこの状況がエスカレートします。また、多くの業界（特にインターネット業界）では一度業界１位となった企業は他の追随を防御しやすいため、勝っている企業が業績の停滞局面を迎えている企業から急速にパイを奪うということも日常茶飯事です。

これらの事情により、業績の伸び悩み局面を迎えた企業は、適切な対策を打てなければ急速に弱体化するケースが多くなります。ところがこのような環境下においても、オーナー経営者や投資家であるVC等がIPOを目指し続けると、適切なM&Aイグジット機会を逃し、その後急速に弱体化し、今度は株主価値が理論上０以下（有利子負債より企業価値評価額が低い場合等）となり、倒産を余儀なくされるといったことも起こります。

「株主価値が０以下」とは、企業価値を10百万円と評価された場合に、対象会社の有利子負債が15百万円存在するといった場合です。これは、投資家にとって「株主価値０円でも買収する価値がない会社」であることを意味します（212ページ参照）。

もちろん、業績の停滞局面を適切な施策と強運により乗り切り、見事、上場を果たす事例もわずかながら存在しますので、結局は、事前の判断はきわめて難しい問題であるといえます。しかし、私の経験ではM&Aイグジットに関する比較検討を十分に行わずにただひたすらIPOを目指し続けている経営者も多いように思います。オーナー経営者が「M&Aイグジット」に関してより多くの知識・経験を得ることなしにこういった検討はできません。これらがなされれば、よいM&Aイグジット事例の増加、M&Aイグジット＝成功の１形態であるという認識の浸透、強い買収者の登場、VCのM&Aイグジット戦略の見直し等が起こるでしょう。これらが複合的に進むことにより、M&Aイグジットが経営上の重要な選択肢の１つとしてよりポピュラーになるものと思われます。このような状態になれば、オーナー経営者がM&Aイグジットの決断をより適切に行うことができるようにもなります。

2-7 オーナー経営者によるM&Aイグジットと代表的背景

オーナー経営者がM&Aイグジットを選択する理由は多様です。「ただ資金がほしいから」という単純な動機だけではないケースも多く存在します。オーナー経営者の場合、まず、その年齢により動機が異なることが多いようです。比較的若い（50歳未満）場合は、下図のような理由が代表的なものとなります[4]。

〈若年のオーナー経営者の代表的な売却理由〉

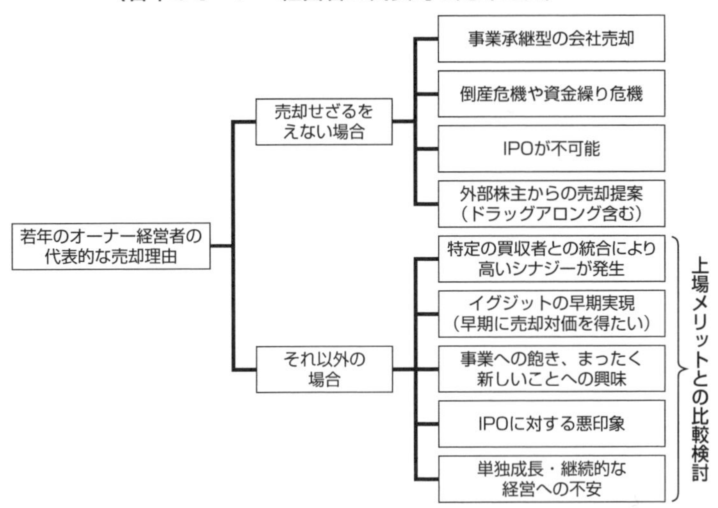

これらの理由は、実は単独というよりは組み合わさることで、オーナー経営者をM&Aイグジットへ動かしている場合が多いといえます。たとえば、「IPOは色々と大変だという話を聞くから、高額で売却できるなら売却して、また別のことがやりたいな」といった具合です。こう考えていくと、特に当初大きな成長を目指していたベンチャー企業のオーナー経営者が売却を考える場合は、どうしてもIPOと比較することが多くなります。特に上図の網掛けした項目は、IPOして将来的に事業を単独で長期に継続することとの比較検

4　なお、オーナー経営者が高齢の場合は、①「事業承継」したい（相続税に関連する問題）、②MBO or EBOしたい（自身は引退して他経営陣か従業員に主導権を譲りたい）、③経営状況に鑑み救済型M&Aを選択せざるをえない等の理由が大きな割合を占めることになります。この場合はそもそもIPOを目指していないケースが多く、IPOとは比較しにくいようです。また、企業が子会社や事業売却を決定する理由には、①グループ戦略の一環としてノンコア事業を売却し、既存事業に集中したいという意思がある場合（選択と集中）、②対象企業や事業を売却することで親会社や既存事業の資金繰りを確保したい場合等が代表的な理由となります。

討の結果として出てきた理由ともいえます。したがって、ベンチャー・中小・中堅企業のオーナーは、IPOとM&Aの両方の基礎知識についてある程度知っておいて損はないのです。

3 M&Aイグジットの決断時期にかかる鉄則

一般的に、相対的に高額なM&Aは、以下の４つの特徴がそろっている時期に実行される傾向があります。

〈高額なM&Aが行われやすい時期〉

①市場が楽観的（高株価市場）で景気がよく、買収者側の企業経営者も楽観的なとき
②金利が低いとき（買収者側に資金が供給されることによる）
③競合会社が積極的なM&Aを実施しているとき
④当該市場について市場参加者の期待が大きいとき（これは半年単位ですぐに変わる）

これらは、M&Aイグジットにとって重要な外部環境といえます。しかし、M&Aイグジットの時期を考えるうえで外部環境と同じくらい重要なのは、「自社にとっての売却すべきタイミング」です。このタイミングを逃すと、買収者候補が限定される、シナジーを発揮しうる適切な買収者候補と交渉できなくなる、理想とする評価額をつけてもらえない、交渉上の優位性が弱くなる等、様々なことが起こります。最悪の場合、「売却せざるをえない」状態になるまで動けないという事態にもなりかねません。「売却せざるをえない」状態とは以下のような状態が典型です。

〈売却せざるをえない状況〉

①経営状況の悪化（成長の停滞ないし減退）と事業承継問題が組み合わさった状態
②資金繰りが悪化し外部資金調達が不可能になった状態
③競合等との差が大きく開き、単独成長が困難とみられる状態
④VC等の外部投資家が売却を強く希望し共同売却の提案をされるような状態

こうなると、売却者側の交渉力が非常に弱くなってしまいます。「自社にとっての売却すべきタイミング」を誤らないためには、次の３つの要素に注意を払うことが重要です。

〈M&Aイグジットのタイミングを計るポイント〉

①自社の業績推移の観点 ②自社の属する事業の市場環境の観点（＝売り手市場か否か） ③自社の資金繰りの観点

①自社の業績推移の観点

自社の業績が下降傾向にある場合においては、買収者としてはより価格を引き下げようという姿勢が強くなります。一方、売却のタイミングを成長段階（成長の指標となるのは必ずしもキャッシュフローである必要はなく、事業上の重要指標でもよい）または安定段階におくことで、M&Aイグジットに成功する可能性が高まります。ただし、注意すべきは、企業価値評価の観点では成長率が高くても、必ずしもプラス評価につながらない場合もあるという点です。それは「成長率が高い」＝「将来FCFの不確実性が高い」とみなされがちだからです。エンタープライズDCF法（詳しくは241ページ。以下「DCF法」という）等の主要な企業価値評価法では「FCFの安定性」も算定価値を大きく引き上げる要素となります。

つまり、成長が継続し、その成長予測が客観的に確実性が高いと認められれば認められるほど、高い評価へつながるという点は押さえておくべき重要なポイントです。「確実性はまったくわからないが成長したら驚くほどの数字が見込める」という説明では論理的には高い評価額を算出しにくいのです。この点が本書で再三説明する、一定規模以上の会社におけるプロジェクションの重要性にもつながります。

②自社の属する事業の市場環境の観点

企業価値評価法には、類似会社比較法やDCF法など様々な手法があります。これらは多くの場合、ダイレクトに外部環境の影響を受けます。たとえば、市場の類似会社がPER50倍で評価されている時期とPER20倍で評価されている時期があるとすれば、前者の時期の評価のほうが高くなりやすいといった関係性があります。また、2010年前後のスマートフォンゲーム市場のように、競合企業が買収に積極的なときは売却の好機といえます。他社によい買収対象会社を奪取されぬよう、マルチプル（倍率）を高めてでも買収しようという動きになります[5]。このような状況は半年単位で変化するほどです。

このように需給で成り立つM&A市場においては外部環境の変化を見逃さないことが売却戦略を考えるうえで重要となるのです。なお、好業績企業が多い業界においては、上場しているプレイヤーの時価総額も高くなっているので、買収側も買収資金を確保しやすくなります。潤沢な資金があれば、買収競争に負けることによる機会損失を防ごうというイ

5　このような事情で追加的に上乗せされる価値を「防御価値」と呼ぶことがあります。

ンセンティブにもつながるのです。また、もっと単純に考えると、上場している買収者側企業のマルチプルが非常に高ければ（たとえばPER100倍）、それよりも相当低いマルチプル（たとえばPER20倍）で対象会社を買収するだけでも時価総額の向上が計算上は図れるともいえます。対象会社の税引後利益が2億円であれば、20倍のマルチプルでは100％買収には40億円の現金が必要となりますが、買収後に自社の連結利益が2億円上乗せされれば、自社のマルチプルで考えると論理的には200億円の時価総額向上効果が得られると考えることもできるからです。これらの理由から市場環境がよい場合は、買収しやすい土壌が生まれているといえるでしょう。

③自社の資金繰りの観点

売却者としては、業績や資金繰りが悪化し、倒産リスクが日に日に高まっていることが認識できるような状態になると、二東三文の評価額でもいいから早期に売却したいと考えるようになることも多いようです。このような悪い未来を交渉当事者双方が想像せざるをえない状態になってしまうと、当然に売却側の交渉力が弱くなります。したがって、「タイミング」はとても重要な要素といえます。IPO等の大きな目標をもつオーナー経営者は、概してM&Aのアクションを起こすタイミングが遅れる傾向にあります。その意味では、一定の規模に成長した企業のオーナー経営者がM&Aイグジットの実態を理解し、知識をつけておき、常に正しい判断ができるように準備しておくことは重要なことです。

4 譲渡する議決権比率の決定
～ガバナンスの観点～

譲渡する議決権比率も検討すべき重要な事項です。多くの売却希望者からは「何パーセントの株式を売却すべきでしょうか？」という問い合わせをいただきます。多くの買収者は、買収者がリスク軽減を図りたい場合等の一定の場合[6]を除き対象会社の株式を可能な限り多く取得したいと考えます。

株式の最適な売却割合の問題を考えるにあたっては、まず「議決権」の保有割合によって議決権保有者がどのような権利をもつかについて理解することが必要になります。保有議決権比率とそれに応じた権利の関係をM&Aの視点で整理したのが次ページの表です。

M&A取引を考えるにあたり、特に重要なポイントは以下のとおりです。

① 取締役の選解任にかかる権利は株主総会普通決議（一定の定足数のもと出席株主の議決権の過半数の賛成により成立）によることから、買収者は議決権の過半数を取得することで会社を実質的に支配できることとなる。また、これにより企業価値に支配権プレミアムを認識することもできる。一方、売却者にとっては議決権の過半数を取得されると会社が実質的に支配できなくなるとともに役員を退任させせられるリスクが残る（最終契約等で買収者の義務として現経営陣の「再任」を定めることはできても、この定めに買収者が違反したからといって「再任」を強制することはできず、売却者側には「損害賠償請求権」が発生するのみとなる）。

② 買収者にとっては、特定の重大な意思決定については株主総会特別決議（一定の定足数のもと出席株主の議決権の３分の２以上の賛成により成立）が必要になることから、３分の２以上を取得しない限り、自由な経営はしにくい。たとえば、種類株式の発行（＝定款変更が必要）や組織再編、（非上場会社の場合）第三者割当増資、株式併合、減資なども株主総会特別決議が必要である。

③ 他の株主が議決権の一定割合を保有する場合、当該株主は、実質的には決議にかかる「拒否権」をもつため、自由な経営が妨げられる可能性が残る。具体的には、議決権の50%以上を保有する株主は株主総会普通決議事項にかかる実質的な拒否権をもつこととなり、議決権の３分の１超を保有する株主は株主総会特別決議事項にかかる実質的な拒否権をもつこととなる。

④ 買収者は、例外はあるものの議決権の過半数の取得により「連結対象」とすることができる。持分法適用会社（20%以上50%以下）の場合、いわゆる一行連結（one line

---

6 買収者側に資金的問題がある場合、経営陣にインセンティブを付与したいと考える場合、のれん計上額が問題となる場合、ファンドが買収者でIPOを狙う場合等が考えられます。

〈保有議決権比率とそれに応じた権利（取締役会設置会社の場合）〉

保有議決権比率	区分	主な権利・権限	具体的内容	買収者連結PLへの影響	対象会社の位置づけ
3分の2以上	マジョリティ ※厳密には50%超	株主総会特別決議を単独で通すことができる	定款変更、全部取得条項付株式の取得、譲渡制限株主相続人に対する売渡請求、特定株主からの自己株式取得、新株予約権割当、第三者割当増資、組織再編行為、減資、株式併合、役員責任の一部免除、現物配当、解散などにかかる決議が単独で可能	連結対象	子会社（場合によっては50%超でなくとも「子会社」となりうる）
50%超		株主総会普通決議を単独で通すことができる	取締役選解任、取締役報酬決定、自己株式の取得、計算書類の承認、一定の場合の減資、準備金額の増加・減少、資本金の額の増加、剰余金の処分および配当などにかかる決議が単独で可能		
50%	—	株主総会の普通決議成立を阻止できる（実務的には「拒否権」等と表現されることもあり）		持分法投資損益	持分法適用会社
3分の1超	マイノリティ	株主総会の特別決議成立を阻止できる（実務的には「拒否権」等と表現されることもあり）			
20%以上		—			
10%以上	マイノリティ	少数株主権	解散請求権を行使できる	減損など	投資先企業
3%以上			株主総会招集請求権、役員の選解任請求権、会計帳簿閲覧請求権等を行使できる		
1%以上または議決権300個以上			株主提案権を行使できる		
1株より		単独株主権	設立無効の訴え、募集株式発行差止請求権、株主代表訴訟、取締役・執行役の違法行為差止請求権等を行使できる		

※50%以上の場合においても、一定の要件を満たすものは連結対象となります（企業会計基準第22号）
※上記はM&A取引に主に関連するものを中心に羅列
※上場会社（厳密には「公開会社」、以下同じ）ではただ議決権割合を有しているというだけでなく、6か月以上の継続保有要件が付されるものもあります
※上記では簡易的に一括して「議決権割合」と表現していますが、内容によっては「株式所有割合（分母は発行済株式数、分子は所有株式数）」が要件となるものもある点に注意

consolidation）と呼ばれる「持分法投資損益」（営業外損益項目）が計上されるだけで、連結営業利益または連結EBITDA（61ページ参照）を向上させる効果は見込めない。

⑤ 議決権比率が100%[7]とならない限り、連結決算上に「非支配株主持分（BS上）」および「非支配株主に帰属する当期純利益（PL上）」が発生することとなる。対象会社のPLにおいては、当期純利益の一部を他の株主に帰属する「非支配株主に帰属する当期純利益」に振り替える必要がある。つまり、対象会社の利益の全額を連結当期純利益として取り込めない。これらの観点から、買収者はできるだけ議決権を多く確保したいという

7　ただし、無議決権株式等の種類株式が発行されている場合は別途取扱いが異なりますので注意が必要です。

意向をもつことが多い。

このような議論のポイントをみていくと、特に重要な境目は、３分の２以上、50%超（過半数)、50%、３分の１超の４段階の議決権比率であると考えられます。これらを基準に、M&A取引の前後の議決権比率によって、取引当事者そして相手方にどのような権利が生ずるのかを双方の視点に立って考えていくことが重要です。なお、２社によるジョイント・ベンチャー（以下、「JV」という）を設立する場合には、どちらが過半数の議決権を握るのかでもめることもあります。その理由は前掲の表をみていただければ容易にご理解いただけるはずです。

5 売却型M&Aのフロー

ここでは、売却型M&Aが最終的にクロージングに至るまでの一般的な全体フローについてみていきます。なお、買収者側から打診を受けた場合、⑤からプロセスが始まることもあります。

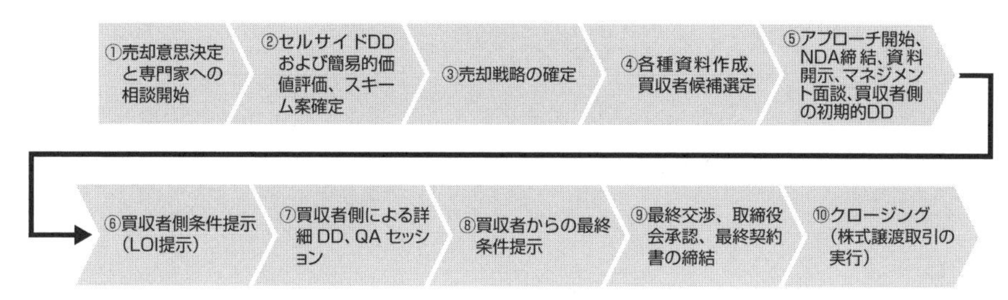

123ページで説明するとおり、一般的に売却型M&Aのプロセスは「個別相対方式」または「入札方式」に大別できます。しかし、これらを完全に2分する明確な基準があるわけではありません。「個別相対方式」は完全に1対1で交渉する方法です。一方、「入札方式」は広く多数の買収者候補へ打診する方法です。しかし、実務上はこの中間的な形態で進む場合もあります。

上図のより具体的な内容については、第二部の実例と詳細スケジュール（44〜45ページ参照）をお読みいただければより現場感覚をつかむことができるでしょう。このスケジュールは、実務でも利用できるレベルまで各イベントを並べたものです。本来はこの各イベントのステップについて詳細な説明をしたいところでしたが、本書では紙面の都合上詳細な解説ができません。別途著者のウェブサイト「https://buy-out.jp/book」にて追加的な解説をしていますので、時間に余裕のある方はチェックしてみてください。

6 M&A後の統合戦略　～いかに動機づけし、よい組織を維持し、シナジーを創出させるか？～

M&Aイグジット後の対象会社や対象事業を最適化し、M&Aを成功に導こうとするプロセスは、PMI（Post Merger Integration）と呼ばれ、以下のような重要なポイントがあります。ここでは、少し買収者側の視点で解説します。

1　ディールの途中から、買収者側の現場担当者をアサインのうえ、十分にM&A後の準備を行い、M&A実施日1日目からのアクションプランをクロージング前から構築しておくこと
2　権限と責任を与えられたM&A担当者を任命し、その者が企業価値算定の基礎となる数値計画策定と買収価格決定に関与し、M&A後の数値責任を負い、（あらかじめ定義された）成功を果たした場合にインセンティブを享受できるようにすること
3　M&A責任者には、優秀で事業に明るく、財務諸表がある程度理解でき、社内的に発言力が強く、対象となるM&Aの価値を理解し、その遂行に積極的な人物を配置すること

クロージング後に初めてPMIの責任者を決定するという事例も目にしますが、これでは買収者側の立場では取引の効果を最大限に発揮しにくいものです。自分がいない場で決定された事業計画（以下、「プロジェクション」という）をみせられ、「この計画を達成してくれ」といわれても、その責任者は心底やる気になれるものではありません。中規模以下のM&A取引にかかるPMIは、オーナー経営者が残存する場合にはオーナー経営者の協力を仰ぎつつ買収者側が主導で推進します。また、オーナー経営者が残存しない場合は、対象会社のキーパーソンを責任ある立場に昇格させるか、買収者側から適任者を出向させたうえで、買収者とともに推し進めるという流れが一般的です。このPMIは、非常に多岐にわたるポイントがありますので[8]、ここでは買収者の立場からみた、M&A取引の検討中からクロージングまでに実施しておいたほうがよい作業の一部をご紹介します。

①（買収者側での）PMI実務責任者の決定および責任と権限の付与

⇒特に重要な作業です。PMI実務責任者を任命する場合、当該人物は次の条件を兼ね備えた者を選定すると効果的です。

8　『合併・買収の統合実務ハンドブック』（東京青山・青木・狛法律事務所他編、中央経済社）は、ポイントが網羅的に記載されていますので、興味のある方はご参照ください。

- 異動等でポジションが変化しない
- 他の仕事との掛け持ちが最小限で長期的にPMIの成功に向けてコミットできる
- 買収者の社内で一定の発言力をもち買収効果発揮のための全社的意思決定を主導できる
- 対象となる事業に詳しく、優秀な人材であり、一定の財務諸表の理解力があり、M&A取引の企業価値算定に関与している
- 進めているM&A取引に積極的であり価値を理解している

特に、「責任」に比べて「権限」が弱いことが原因で失敗しているケースが散見されます。なぜなら、PMI実務責任者が描く統合プランを進めることができず、かつ進めることができても決定に時間がかかる場合が多いことによります。また、PMIの成功とは何かということを定義し、成功した場合には当該責任者に一定の「インセンティブ」が付与される仕組みを構築できれば理想的です。このPMI実務責任者がその他のポイントとなる事柄を進めていくという意味では、この適任者の任命が最も重要な要素の1つであるともいえるでしょう。

②シナジー効果の検証

⇒シナジーの発生が見込まれる場合、そのシナジー内容を定量化しておくことは重要です。シナジーが売上増加をもたらすものなのか、コストの削減をもたらすものなのか、対象会社側に計上されるものなのか、買収者側に計上されるものなのかを整理し、それぞれのシナジー項目についてシミュレーションを行います。その過程の中で、シナジーによりKPIがどのように変化するのか、シナジー発生にはどのような条件が必要か、カニバリゼーション[9]等のネガティブ・シナジーはないのかといったことを検討していきます。買収者がこの手続きを行うことは、企業価値評価を行ううえでも重要です。

③プロジェクションの策定とモニタリング指標の決定

⇒対象会社単独でみた場合のプロジェクションの策定は売却型M&Aにおける基礎的なプロセスでもありますが、これを買収者側で検証・再策定することはPMIの基礎作業です。このプロセスの中で、どういった指標を「モニタリング対象」とするべきかを決定していきます。この指標は必ずしも財務的指標のみとは限らず、製品販売数、取引先数、各種コスト、人員数、特定の財務比率、月次損益、シナジーに伴うKPI（クロスセル販売数等）等、多岐にわたります。モニタリング指標は、M&Aチーム各人の業務から成果に直結し

9　カニバリゼーションとは、たとえば広告代理店が化粧品会社を買収した場合に、買収された化粧品会社と買収者である広告代理店の顧客が競合することにより、既存の事業取引が減少してしまうような状態をいいます。広告代理店の顧客としては、「競合を買収した広告会社に広告を発注することはできない」と考えるのはきわめて自然な反応であり、こういったネガティブ・シナジーには注意が必要です。

やすいものを設定するべきであり、そうすることで適切なアクションプランに結び付けることができます。

④短期的統合プランの策定およびモニタリング指標の決定

⇒クロージング日から数か月先までの担当者別行動計画を綿密に策定することも重要といえます。よく「100日プラン」等と呼称されますが、クロージング日から100日または３か月～６か月くらいの短期的将来までの詳細なアクションプランを策定することはPMI成功にとって非常に重要です。M&A直後にPMIをうまく進めることができ、巡航体制に入ってしまえば、ある程度成功に近づきます。具体的には、チームを「組織・人事戦略チーム」、「コスト削減チーム」、「クロスセル実現チーム」等に分割し、責任者を定め、アクションプランを週次単位、日次単位で設定、管理する……といったことを行います。チームの成果をそれぞれ定量化して定期的に確認する仕組み（確認のタイミング、方法、確認後の処理等を規定する）も入れていくことが重要です。

⑤M&A後の短期的リスクの抽出と対応策検討

⇒M&A取引では予期せぬ事態が多く起こります。したがって、起こりうる問題を予見しておくことは重要です。PMIを推進する専門チームを組成した場合、各担当領域において短期的に発生しうるリスクを場合分け、抽出し、対処策を検討し、これについてもアクションプランをあらかじめ設定し、モニタリングを行います。事前に対策を検討しておくことで、リスクが表面化した場合であっても損失につながる可能性を最大限低減させることができます。

⑥ビジョン、組織文化、人事、組織、ガバナンス体制にかかる決定

⇒ビジョンの策定、組織・文化の融合を促す仕組み作りも重要です。特に、対象会社がベンチャー企業等であれば、上層部も「IPO」を目的として頑張ってきた……というケースも多いことから、事業会社による買収のように対象会社がIPOを選択できなくなってしまうような場合には、ビジョンの再構築をせざるをえない場合も多いものです。この観点では、キーマンの離反対策も重要となります。

また、マネジメントの観点からは組織体制（部署の再設計、レポートライン、決裁権限、人事等）を整え、意思決定プロセス等を含めたガバナンス体制について決定していくことも重要です。対象会社経営陣が残存する場合は、このような観点を特に気にする場合もあるため、交渉段階から深いコミュニケーションを取っておくほうがよいものと思われます。意外にも、M&A取引終了後に、残存する取締役が単独で決裁できる金額をいくらにするか……といったことで大きくもめるケースもあります。

⑦データベースおよびシステム統合にかかる事前検討

⇒基幹システム、顧客管理システム、データベース、ウェブドメイン、各種権利（たとえばECモール出店名義をどうするか等）等が円滑に移行できるかどうかを事前確認し、移行実務については具体的なアクションプランとして策定、モニタリング方法も決定しておきます。権利関係の移転・統合については、法律の専門家やITシステムの専門家等にも協力を仰ぐことになります。

⑧その他必要資産の処分にかかる検討

⇒その他買収後に資産や海外子会社などを処分する等という場合においては、それらの準備を並行して進めていくことになります。

対談 M&Aイグジット経験者による対談

M&Aイグジット経験者であるA氏とB氏の対談です。A氏が経営していたのは売上数十億円規模のインターネット関連企業で、経営権を譲渡したあともA氏は引き続き経営には関与しています。一方、B氏が経営していた会社は売上数億円規模、こちらもインターネット関連の企業ですが、B氏は経営権を譲渡したあと役員を退任しています。当初、実名での掲載を考えていましたが、機密性に鑑み深い議論ができないということでしたので、すべて匿名で掲載しました。

――・――・――・――・――

宮﨑 「みなさんはどういう背景でM&Aイグジットするという流れになったのですか？」

A氏 「当社の場合は規模の拡大と時代の背景だといえます。こちらからパートナー企業を探していたという事情があります。当初は資金調達ニーズしかありませんでしたが、提携先候補と話しをしていて売却の流れになりました。もともとはIPOがみえていたので、そのつもりだったのですが。買収企業が広範囲の事業を行っていて、より大きな枠組みで提携するとすればやはり資本が大事だということが決め手になりました。買収企業から自分たちが考えていたことを超える夢を描けるようなピッチをされたんです。これは大きかったですね。過半数を譲っても、ここまで先方が本気ならよいかもしれないと思いました」

B氏 「僕はそもそもIPOをしたくなかった。周囲の上場会社経営者から上場後の裏事情を聞いていて『なんか大変そうだな』と思っていたからです。あとは同じ事業を10年～20年とやっていくことが自分の性格に合わないかなぁと思ったのも大きいですね」

宮﨑 「Aさんは、かなり悩まれたと思いますが、M&Aイグジットの意思決定をする際にIPOとどのような点を中心に比較されましたか？」

A氏 「これは相当悩みましたよ。最も重要なことは個人のキャッシュイン、会社のキャッシュインがそれぞれIPOとM&Aでどう異なるのかで、経営者自身が最適だと思うほうを選べばよいと考えました。IPO後には株を売りにくいとよくいわれますが、僕の場合はそこにはそれほどこだわりませんでした。あとはM&Aの場合は『買い手がだれか』も重要だと思います。買い手をみていると2つに分かれます。1つは経営者がほしいという場合、2つ目は経営者はいらないけどサービスやアセットがほしい場合。M&Aを選択する場合はこの買い手のニーズに、売り手の希望がマッチするかも大事だと思いました」

……………

紙面の都合上、本コラムの全編を掲載できません。この続きは著者のウェブサイト「https://buy-out.jp/book」をご参照ください。

第二部

物語で学ぶ
あるオーナー経営者の
会社売却

1 物語をお読みいただく前に

「はじめに」でもお伝えしたとおり、本書の執筆にあたっては、オーナー経営者または子会社や事業を売却しようとしている企業担当者が会社売却を初めて実施しようという場合に、「実務まで理解できる」バイブルにしたいと考えました。

したがって、対象となるみなさんが実際に何を知りたいのかについて調べるため、数十人にアンケートを実施しました。その結果、最もニーズが高かったのが「売却サイドから見た事例を知りたい」というものでした。しかし、具体的なM&A案件はすべて機密情報であるため、それらを事例として取り上げるのは難しいものでした。そこで、本書ではこのニーズに応えるため、M&Aイグジットの事例を物語形式で取り上げることにしました。

本事例は、著者が実際に経験した様々なM&A取引の要素を合成し物語としたものです。あくまでも、読者に「M&Aイグジットの一般的な風景」を感じてもらうため、特殊な事例ではなく、標準的な事例を採用しました。また、幅広い読者を想定し、スタートアップ的な要素と中小企業的要素の双方を有するような会社を題材とし論点は絞りました。もちろん、これらはすべてフィクションですが、リアルな現場の風景にとても近いものです。内容としては、架空のVC（ホライズンキャピタル）が投資している架空のオーナー企業（フラットテクノロジー社）のM&Aイグジットの事例ですが、事例中の重要事項の本質は、中小・中堅企業の事業承継、大企業の子会社売却においても同じです。実際にM&A取引に携わった経験のある方であれば、現場の光景が浮かび上がってくるでしょう。また、M&A取引（特に売却取引）を実施したことがない方にとっては、自身が売却する場合のプロセスを疑似体験できることでしょう。

なお、本文中に出てくる書面の一部は同サイトからダウンロードしてご覧いただくことが可能です。ダウンロードは「https://buy-out.jp/book」から行っていただけます。

〈ダウンロード可能書類一覧〉

- スケジュール：Schedule_pdf
- プロジェクション：Projection&DCF.xlsm
- 意向表明書（N社）：LOI_N.pdf
- 意向表明書（S社）LOI_S.pdf
- ティザー：Teaser_PJ_FT.pdf
- 最終契約書ドラフト：DA_draft.pdf
- 最終契約書（N社修正案）：DA_N_revised.pdf
- DD開示希望資料リスト：Required_Docs.pdf

※Projection&DCF.xlsmは予測財務諸表、KPI設定、DCFなどのシートで構成されています（207ページ参照）。

2 物語の基礎情報　～初期フェーズ

【基礎情報】（売却直前の対象会社の状況）

会 社 名――株式会社フラットテクノロジー（以下、「FT社」という。非上場会社）

設　　立――2004年

株主構成――平井健治社長80％、ホライズンキャピタル20％

※ホライズンはうち10％が種類株式（普通株増資時の増資後時価総額は３億円、種類株増資時の増資後時価総額は５億円で、それぞれ2,000万円、8,000万円、合計１億円の増資をしている）

※発行済み株式数は1,000株

事業内容――IT系マーケティングツールである「FTアナライザー」のベンダー。FTアナライザーの開発は一部を他社へ外注して開発した経緯あり。

主な顧客は売上高100億円程度の中堅企業だが、顧客が800社と多数なのが特徴。

月額課金モデルによる売上を顧客から受け取るビジネスモデル。

【登場人物と組織】

- 平井――対象会社社長。会社売却することになる物語の主人公
- 白鳥――対象会社CFO
- 佐藤――対象会社COO
- FT社――売却対象会社
- ホライズンキャピタル――FT社へ投資しているVC
- 渋谷――ホライズンキャピタルの社長
- BAパートナーズ――平井がアサインするFA（ファイナンシャル・アドバイザー。以下、「ＦＡ」という。M&Aアドバイザー）
- 樫村――FAであるBAパートナーズの社長
- 川村――樫村の部下
- 三村――平井の経営メンター
- 江村――平井がアサインする会計士
- 清水――平井がアサインする弁護士

【決算書上の重要指標の推移】　　単位：百万円

	2016年３月期	2017年３月期	2018年３月期
売上高	2,950	3,000	3,084
売上総利益	900	1,000	972
EBITDA	250	200	294
純資産	120	250	340
純有利子負債	－50	－160	－296
ソフトウェア			50

【全体スケジュール】 ※最短で進んだケースを想定

	項目（todo）
	プロセス開始～LOI提示まで
1	BAとのキックオフミーティング
2	BAとの業務委託契約および秘密保持契約締結
3	BAによるFT社に対する要望資料リストの提示
4	FT社による資料開示
5	セルサイドDD(資料精査・QA作成・場合によりプロDD実施)
6	BAによるマネジメントインタビュー
7	プロジェクションの策定および簡易Valuation
8	インフォメーション・メモランダムの作成
9	FTに対する会計士ファーム紹介(財務・税務セルサイドDDチーム)
10	会計士ファームとFTとの業務委託契約締結
11	会計士ファームによるセルサイドDD(財務・税務) 現地調査
12	会計士ファームによる報告書作成
13	BAによるティザー・メモランダムおよびスケジュール案策定
14	BAによる買収者候補企業リストの作成
15	打診する買収者候補企業の選定
16	スケジュール共有等にかかるミーティング
17	プロセスレターの作成
18	想定問答集の作成
19	買収者候補への打診(ティザーの提示)
20	買収者候補からのCA差入れ
21	買収者候補によるプレDD(場合によりインタビュー/QA等の実施)
22	第一次プロセスにおける入札日
23	セルサイド検討期間
24	選考結果通知
	デューディリジェンス(以下、「DD」)～クロージング
25	DD準備(開示資料及び会議室等手配)
26	最終契約書(以下、「DA」)ドラフト作成
27	買収者候補によるDD用資料の請求
28	DA案送付、譲渡先候補はマークアップ開始
29	DD実施期間(マネジメント及び実務者インタビュー含む)
30	DDチームによるレポート完成と買収者候補によるValuation
31	買収者候補によるDA修正(最終提示条件の検討)
32	買収者候補による機関決定
33	最終交渉プロセス入札日(買収者候補によるマークアップ済DA提出)
34	最終入札の選考結果通知
35	最終条件交渉
36	適時開示資料/IR資料の作成
37	取締役会の決議(FTの譲渡承認決議)
38	DA締結及び開示
39	Closing(効力発生日)

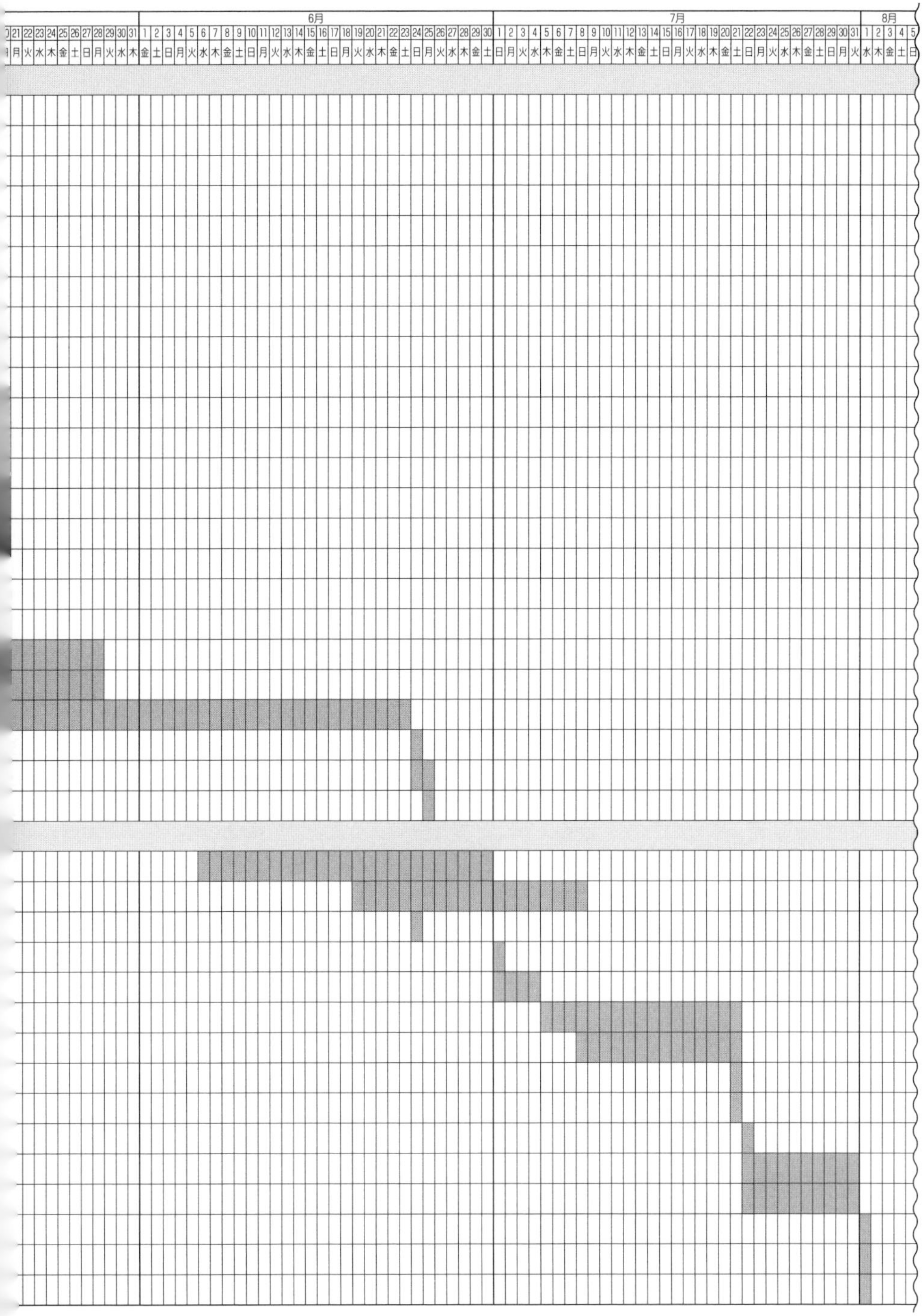

0	21	22	23	24	25	26	27	28	29	30	31
	月	火	水	木	金	土	日	月	火	水	木

6月

1	2	3	4	5	6	7	8	9	10	11	12	13	14	15	16	17	18	19	20	21	22	23	24	25	26	27	28	29	30
金	土	日	月	火	水	木	金	土	日	月	火	水	木	金	土	日	月	火	水	木	金	土	日	月	火	水	木	金	土

7月

1	2	3	4	5	6	7	8	9	10	11	12	13	14	15	16	17	18	19	20	21	22	23	24	25	26	27	28	29	30	31
日	月	火	水	木	金	土	日	月	火	水	木	金	土	日	月	火	水	木	金	土	日	月	火	水	木	金	土	日	月	火

8月

1	2	3	4	5
水	木	金	土	日

44〜45ページにスケジュール表を掲載しているので、物語の各時点が全体のどの段階に該当するのかを常に確認しつつ読み進めてください。物語を読みながら、「この話はスケジュール表のここだな」と理解できれば、おおよその流れは追えていることになるでしょう。

2-1 ディール前夜

平井健治は2004年に28歳で起業して以降、様々な事業を社長として運営してきたこの話の主人公である。2007年よりまったく新しいFTアナライザー事業を開始、2008年の冬頃になると新商品の売れ行きも加速度的に上がっていった。平井は開発人員を強化したいと考え、VCに対して第三者割当増資を行うことで投資資金を獲得しようとした。複数のVCとの交渉を経て、ホライズンキャピタル（以下、「ホライズン」という）というVCから2回に分けて1億円の資金を調達し資本金を1.1億円とした。2017年3月期にはようやく売上高が30億円程度まで増加したが、翌期以降は市場ニーズの低迷によりあまり新商品売上が成長しない見通しとなった。FT社の事業モデルは、いわゆるストック型のビジネスモデル[1]であることから、ある程度安定的な営業利益やEBITDA（61ページ参照）を確保することができたが、平井としては今後どうするべきかを悩むことが多くなった。

このような状況からこの物語はスタートする。FT社では投資家向けに毎月報告会を開催していた。2018年1月にも平素どおり前年12月分の報告会を終えたが、この報告会があった翌日、株主のVC、ホライズン代表取締役の渋谷が突然再度のアポイントメントを申し込んできた。スケジュール調整の結果、2月26日に面談日が決まった。

2-2 突然舞い込んだM&Aディール　~2018年2月26日~

面談日が決定してから、平井自身はもしかしたらホライズンの持株売却の話ではないかと感じていた。なぜなら、ホライズンのファンドが2020年6月頃に満期を迎えるからだ。VCは持分比率が低く単独では売却しにくい場合が多いため、保有株をスムーズに売却するために一定の場合にオーナー経営者に対して同時売却を迫ることがある。これにより過半数を取得できる売却案件として有力な買収者候補を見つけやすくなるからだ。

2月26日午前10時、約束どおり渋谷が来社した。平井の挨拶からミーティングが始まった。ひと通りの世間話を終えたところで、本題に入るために渋谷が口を開いた。

渋谷「平井さん、急なミーティング依頼で申し訳ない。単刀直入に申し上げますけれど、私の知人の会社が御社を買収したいようなのです。と同時に、弊社もファンド持分を売却しなけれ

1　ストック型のビジネスモデルとは、フロー型のビジネスモデルの対義語。ここでは、何らかの経営管理指標が積み上がることで段階的に売上が形成され、その分、急激な売上減少リスクが低いビジネスモデルを意味しています。CFの安定性が高く企業価値を比較的高く評価してもらいやすいビジネスモデルといえます。

ばいけない時期にあるという事情もあり、もしかしたらいい話になるのではないかと考えていて、それについてお話したく時間をいただきました」

平井が一瞬怪訝な顔をしたので、渋谷は説明を続けた。

渋谷　「実は買収したいといっているのは株式会社ブルーです。ご存知ですよね？」

株式会社ブルーといえば、特殊な広告ビジネスで数年前に上場し、FT社と若干競合するところもある現在急成長中の会社だ。社長の岡野は業界では有名だ。渋谷は、ブルーの情報をまとめた概要書を平井の前に差し出しながら説明を続けた。

渋谷　「急なお話ですが、弊社も投資事業組合の満期が2020年６月に到来するので、そろそろ売却準備をしたいという事情もあります。我々も色々と考えたうえで、この話をお持ちしているのですが、平井さんは今後この会社をどうしたいと思っていますか？　唐突な質問で答えにくいとは思いますが…」

平井としては、このまま上場できるのであればしたい気持ちが強かったが、その一方で市場ニーズの変化等もあって、今後上場しても成長を継続する姿を描き切れ得るかについて少し懸念を抱いていた。また、平井は従来から様々な事業を手掛けてきたことから、現在の事業に対する面白味が減ってきたとも感じていた。さらに、昨今の社会保障費の増大化等のニュースをみるたびに、医療分野や未病対策といった領域に対する興味が非常に強くなっていた。平井は自分の気持ちを丁寧に説明した。すると渋谷がこう切り出した。

渋谷　「平井さんは、このFT社を売却して得た資金で医療ビジネスを始める気はありませんか？　たとえば、平井さんの持分と弊社持分で議決権の３分の２を超える株式を譲渡し、平井さんに一部の株を残す。そして買い手主導でFT社の**企業価値**（211ページ参照）を上げていって、適切なタイミングで平井さんの残りの株式をより高い株価で買い手に買い取ってもらう。こうすれば、いますぐにでも一定の資金量を元に医療ビジネスをスタートでき、さらにFT社が買い手とのシナジーで成長すれば追加的な対価も得られる可能性もあると思うんです。これはあくまでもジャストアイデアなんですけどね。買い手が平井さんが経営陣として残ることを強く希望する場合には実現できませんけどね」

平井にとってFT社は10年以上も経営してきた大事な会社である。当然、渋谷が買収者を紹介したいと言った瞬間は「失礼だな」と感じたが、先に記したような平井自身の考えもあることから、今後のことを真剣に考えるよい機会だと思うようにした。

平井　「渋谷さんのおっしゃることはわかりました。少し考えてみてもいいですか。即答できる内容でもないですからね。ただ、従業員が十分に納得するような形でないと何事も進めたくはないですね」

渋谷　「もちろんです。いますぐにという話ではありません。弊社の株式は近い将来どこかに譲渡しなければなりませんが、会社の売却がそもそも平井さんにとってメリットがあるかないかという点をよく考えていただきたいと思っています。また、従業員さんをしっかりケアできないと買い手さんも困ってしまうので、そのあたりは十分にサポートします」

平井の検討後、３月15日に再度会うことを決めて、この日の面談は終了した。

面談終了後、平井は社内で上がってきた予算表のExcel等を眺めながら、来期、再来期にどのくらいの売上、営業利益が達成できるのか。現状の事業をどのように展開していけば急成長が望めるのかといったことを考えた。しかし、平井の考えは堂々めぐりするだけだった。そこで、平井が尊敬する先輩経営者である三村に相談しようと考え、電話でアポイントメントを設定した。三村は平井のメンター的な存在だ。彼は人材紹介事業で大成功し、いまでは時価総額が1,000億円を超える上場会社のオーナーで名誉会長職についている。

2-3 決断までの深い自問自答　～2018年３月７日～

平井は新宿の新築高層ビルにある三村のオフィスにいた。三村は会長室のソファーに腰かけて、事前に送付されていたFT社の財務資料と平井が送ったメールをプリントして眺めていた。

三村　「おお、たしか今年会うの初めてだよな！　久しぶりじゃないか。元気してたか？　会社は順調？」

平井　「三村さん、お久しぶりです。経営状態はそんなに悪くはないのですが、最近は急成長というほどではないですね」

三村　「なるほどね。それで今回はVC経由で買収提案がきたということだよね？」

平井　「そうなんです。VCはそもそもうちの株をファンドの満期を理由に売りたがっていたんで、水面下でブルーとは話をしていたんだと思いますけどね」

平井は渋谷からの提案と自分の考えを詳しく三村へ話した。

三村　「なるほど。VCは基本的には満期が来たら売却しなきゃだめだからね。君の会社の場合、コストもそんなに重くないから、関連する新サービス開発等に成功すれば単独でも既存の営業網を使って企業価値を伸ばしていくことはできるよね。ふつうEBITDAで２～３億超えて成長もして、かつ新規性ある事業が作れれば十分、上場できる範囲だし、あとは継続的に成長してそれが今後も続くという根拠を示すのみじゃないか。そう考えると、もう少し成長性を高められて新規性ある事業を作れればIPOをあきらめる段階ではないとは思うけど。それこそ君はどうしたいの？」

平井　「難しいところですよね。上場するとなると長期的な成長展望が必要でもありますからね」

三村は親指を額につけながら再度資料をペラペラとめくり厳しい顔をしている。

三村　「まぁ、たしかに君の会社の場合、現状は事業の新規性もあまりないし、仮にこのままで上場できたとしてもこのままではそれほど高い株価はつかないかもしれないな。既存事業の成長もイマイチだからね」

三村は一呼吸おいてこう言った。

三村　「既存事業の評価や想定株価はたしかに気になる要素だけど、もっと大事なのは結局、君自身がこれから何をしたいかってことだね。自分のキャリアというか人生設計をどうしたいかっていう視点も入れて考えたほうがいいよ。このままある程度のリスクを取り続けていまの仲間と長期的に事業拡大をしたい気持ちがあって、かつ相当の事業規模が期待できると思うならIPOはよいかもしれないね。既存事業の隣接領域を攻める選択肢もあるしね。一方、若いうちに会社を売却して資産をつくり、十分な時間とお金をもとに、新しいことをはじめるという選択肢もある。この場合、M&Aイグジットの実績、あとは個人資産をテコに、次の事業で巨大ファイナンスを引っぱってこれる可能性も高い。ビジネスを10年以上経験した君なら、次の再スタートはブレにくくなっていると思うし、長期的視点から次のビジネスと人生を設計できると考えれば価格次第では売却も悪くない。まぁ長くなっちゃったけど、簡単に言うと、いまの延長線上に大型資金調達をして世の中に大きなインパクトを与える見込みのある事業を描くことができて、そのうえでいまのまま会社を長く続けていきたいならIPOを目指せばいいんじゃないかな。そうでなければ今回の話もいいかもしれない。俺はM&Aイグジットするなら少なくとも10億以上で売却できないとメリットが少ないと思ってるけど、それも超えてきそうだからな。これはあくまで１つの考え方に過ぎないけどね。ところで、ドラッグアロング条項[2]とかはあるの？」

平井 「それはないみたいなんですよ。なので僕が決定できる状況には一応あるんです。三村さんがおっしゃった観点でいうと、いまの組織や事業を主軸に上場するというのはまずないとは思います。僕自身は今後、医療系のビジネスをやりたいんです。ただこの方向性は他の役員や社員の考えとはまったく違うし、たとえ上場しても既存ビジネスとの整合性や上場時の市場へのメッセージ等を考えると説明しにくいんです。あとは三村さんがおっしゃるように、一度たくさんの時間を作って、海外市場をみてみたり、40〜70歳までのビジネスマン人生をどうするかっていうことをもう一度考えてみたいですよね。ビジネスマン以外の道で生きるということもあるかもしれないですしね。あと最近アメリカで起業家が売却して成功している事例をよく聞くんですけど、こういう話は刺激的ですよね。なんか会社を売却したあとで色々な生き方をしている人がいますからね。私の知り合いは、アメリカで会社を売却した資金をもって世界中バックパッカーとして旅行して、それから東南アジアでVCを立ち上げました。あ、あと三村さんがおっしゃった10億以上なら意味があるというのはどういうことなんですか？」

三村 「これは僕の持論だけど、株を100%もっていて10億円で売れて、**税金**約20%、仮にシンプルに譲渡所得10億円だとすれば、手残りが８億円じゃん。８億のうちの６億を株式、上場株の配当または割引債などで４%くらいで運用できるとすると毎年2,400万円、他に収入がなくて所得税・住民税率を併せて20%くらいになるとすれば、残高は1,920万円となって毎年手取

2　ドラッグアロング条項（売渡請求条項）とは、外部投資家が投資する場合等の投資契約または株主間契約に規定されることがある条項で、投資後に一定の要件を満たした場合に、外部投資家等がオーナー経営者等の他の株主に対して株式を売却することを請求できる権利をいいます。この条項が発動すれば、オーナー経営者は保有株式の売却を強制されることとなるため、その設定には慎重になる必要があります。

りとして受け取れることになるでしょ？　これで生活資金はある程度賄えるとなると、残りの２億で新規ビジネスとかを考えることもできる。だから、10億円以上を狙えるようになると、その後の生活を考えたときにある程度安定的といえるレベルの資産形成になると思うんだよ[3]。ただ、お金があると安心感が生まれて事業成功率が低くなる場合もある点には注意しなければいけないけどね」

平井　「なるほど。売却対価の絶対額でM&Aイグジットの意味合いも変わってくるっていうことですね」

三村　「あとは、もしIPOするならマーケットがよくて、その会社の長期的な成長が見込めるタイミングがよいというのが俺の意見。長期的に成功している会社の多くが、IPO時点またはその直後に２桁後半〜３桁億円を調達してる。10年〜20年前くらいにIPOして現在は巨大企業になっているような企業を調べてみてごらん？　けっこうIPO時やその直後に巨大な額の資金調達をしてるから。上場会社オーナーとしては言いにくいけど、巨額の調達をしてしまえばかなり幅広な成長戦略が描ける。実際に上場してから大きな事業転換をしている会社もたくさんあるからな。だから、IPOするならタイミングも見極めたほうがいいと思うよ」

平井　「なるほど。たしかにそうかもしれませんね。ただ、いまの事業を考えると、IPOを選んだ場合は**時価総額**（211ページ参照）があまりつかないかなぁとも思うんですよね。市場はいい感じだと思うんですが、市場と事業成長の両方がそろってはじめて時価総額はつくみたいですからね。高い時価総額がつかなければ巨大な額の調達もできませんからね」

三村　「まぁ、色々と考えるといいよ。そういえば、俺もよくオーストラリアに行くけど、会社売却した資産家とはよく会うなぁ。まぁ、10年後と20年後の自分を想像してみることだね。君みたいに若いと５年後くらいまでしか考えにくいもんだが、先は長いからね。それを見据えて考えて結論を出せばいんじゃない？　IPOもM&Aも結局は手段だからな。あっ、あとIPOを目指すのであればVCの株式の買い取り先は君がちゃんと探すといい。こういうことをしっかりできる経営者は信用を得られるし、長期的にそういう動きは君のためになるよ」

こう言ったあと、三村は、「次のお客さんがそろそろ来る」といいながら立ち上がった。三村は、売却をするべきか否かという視点を考える際に、平井自身のビジネス上のキャリアと人生設計をどうしたいのかが重要だということを示唆したのだ。

2-4 準備と事前情報整理　〜2018年3月15日〜

三村との面談から１週間、平井は売却する意思を固めていた。やはり、現在の組織、事業内容、他社とのシナジーの可能性、自身の関心等を考えると、M&Aイグジットに気持ちが傾いていた。平井は弁護士の友人である清水にもこの考えを聞いてもらいたかった。彼は五大弁護士事務所の１つに在籍していた優秀なM&A専門弁護士だ。時計は午前９時

3　著者の周りではこのように考える人が何人かいましたが、異なる意見もあるでしょう。

を回ったばかりであったが、平井が電話すると、すぐに来社してくれるとのことだった。

午前9時半には平井のオフィスに到着した清水に、ことの顛末を説明した。

清水「平井さんの考え自体はよくわかったので、今日は僕が思ったことや重要なことを順にお話していきますね。ただ、その前に……。平井さんはこの話を誰に相談していますか？　もしかしたら現段階では、私のような弁護士よりもM&Aアドバイザーや過去に売却を経験した経営者等にもアドバイスをもらったほうがいいかもしれませんよ[4]」

清水が言うとおり、経営者がM&Aイグジットの選択肢の是非を悩んだ際には、弁護士や会計士が適切な相談相手とはいえない場合があるのだ。それでは弁護士や会計士でなければ、経営者は誰に相談すべきなのだろうか。これはなかなか難しい質問ではあるが、はずれがないのは過去にM&Aイグジットの成功経験をもつオーナー経営者（雇われ経営者ではなく）か、または信頼できるM&A専門のアドバイザーだろう。VCからの出資を受けている場合でも、VCの担当者は最適な相談相手にならない場合もある。VCと経営者はM&Aイグジットにおいて利害が相反する場合が多いからだ。

VCは可能な限り高い株価で投資した株式をできるだけ確実に売却したい。一方で、経営者はIPO時に保有株を大量売却できないし、M&Aイグジットにおいても価格だけが重要な関心事というわけではなく、むしろキーマン条項や**表明保証条項**（54ページ参照）等、価格以外の要素が非常に重要となる。

平井は清水に対し、すでに三村に相談していること、その結果、売却自体には比較的積極的な姿勢であることを伝えた。

清水「わかりました。それでは今日はもし売却を進める場合、どういった点に気をつけるべきかということについて少し整理したいと思います」

清水はホワイトボードの前に立ち、下図のようなプロセス図を描き、M&Aイグジット手続きを進めるうえでの法的リスク、スキームおよび手続きの詳細について説明を続けた。

〈最もシンプルな売却の手続き〉※株式譲渡のケース

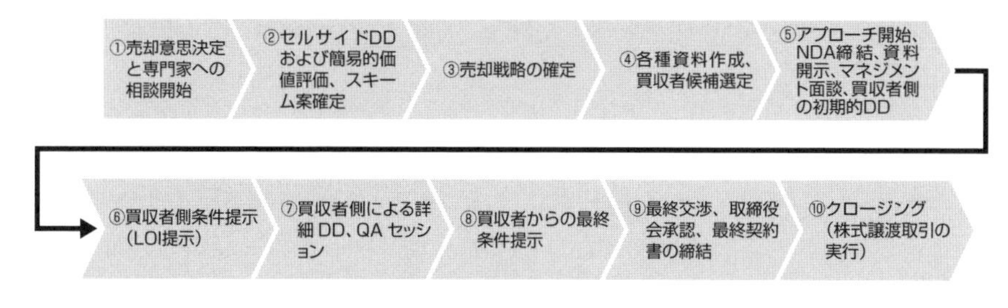

4　なお、この物語中で清水が解説している事項は本来、弁護士が詳しく説明するような内容ではありません。ここでは平井と清水が親しいことから、特別に解説している場面だと考えてください。

清水　「準備は色々とありますが、まず図に記した⑤が買い手とのやりとりのスタートです。その後、平井さん、つまり売り手側は対象会社の資料を買い手に渡して検討してもらいます。NDA（Non-Disclosure Agreement：機密保持契約書）締結は平井さんと買い手さんでやってくださいね。原則的には、オーナー経営者の売却ではオーナーにかかわる情報も含めて開示されているのが一般的ですからね。この契約締結主体についてはM&Aでは慎重に考えなければいけません」

平井　「なるほど、あくまで売り手は僕であって対象会社ではないということだね」

清水　「そういうことです。それでNDAを締結して資料開示し、いくつかインタビューなどに答えていくと買い手側はざっくりした条件を**意向表明書**（別称「**LOI**」、369ページ参照）という書面で提示してくると思います。ここが図の⑥のステップです。この初期的な条件提示に対して平井さんがOKならば、次にくるのが図の⑦のデュー・ディリジェンス（以下、DDと略す）です。これは買い手による詳細な対象会社の**買収監査**（167ページ参照）のことです。この段階にきてはじめて決算書等の基礎資料以外の詳細な機密資料一式、たとえば社内の帳簿や各種議事録等のより機密性の高い情報を開示します」

平井　「⑥の買収者側条件提示（LOI提示）というのは法的にはどういう位置づけなのかな？　ここで条件提示しても、そのあとのDDで条件が変わる可能性があるのなら、ここで条件提示する意味はあるの？」

清水　「いい質問ですね。通常このタイミングでは買い手としては『今後まだ条件変更の可能性がある』という前提で条件提示をします。よって、ノンバインディングともいわれ、意向表明書には『本書には法的拘束力がない』と明記されるのが一般的です」

平井　「でもそれではあまり条件提示の意味がないということにならないかな？」

清水　「いえ、そんなこともありません。一応、意向表明書に記載された金額は今後の交渉において事実上の目線になります。また、意向表明書を捺印して提出してくるというのは、取締役会なのか事業部なのかの承認レベルにもよりますが、普通に考えるとある程度『組織として本格的に検討している』ということを意味します。だから、次にくる⑦のDDにおいて多くの機密情報を開示しなければならない売り手にとっても、資料を開示する一定の理由付けにもなるんです」

平井　「なるほどね」

清水　「この御社の会議室はある程度広いですから、実際の詳細DDはここでやってもらえばいいと思います。ここにFT社さんの資料を並べて、片っ端から買い手候補に調査してもらいます。買い手候補は会計士や弁護士等の外部のプロも連れてきて、この部屋で共同で調査作業を行うことになると思います。この段階までくると、決算書や試算表だけでなく総勘定元帳や取締役会議事録、すべての契約書等が開示資料に含まれるのが普通ですかね。資料の分量も一般的に非常に多くなります。対象会社にもよりますが、外部のプロたちは最短で２週間から１か月くらいの間に財務、法務等それぞれの担当領域に関しての報告書を書き上げ、委託者である買い手候補に送ります。そのうえで買い手候補の社内でDD結果について議論を行い、それらを経て最終的な買収条件が平井さんに提示されます。この段階が図の⑧の段階で、ここから最終的な交渉フェーズに入り、これらの決着がつけば図の⑨の**最終契約書**の締結、最後の⑩の株式譲渡取引の実行という流れになります」

平井 「さすがだよね清水さん、全体像がつかめたよ。あとは進めるにあたってはどういうところに注意すべきとかある？ 初めてだからよくわからないんだよね」

平井は清水に問いかけた。

清水 「すごく難しい質問ですねぇ……。M&Aの取引って本当に無数のポイントがあるんですよ。あと何が重要かというのも取引ごとに大きく異なるんです。あえて項目を並べるとこんな感じかなぁ……」

清水は箇条書きを書き終えてから話しはじめた（ここでは箇条書き掲示は割愛）。

清水 「本件が非上場会社のM&Aイグジットであることから考えると、プロセス設計、スキーム、相手先、価格、最終契約（379ページ参照）、社内ケア、**セルサイドDD**（171ページ参照）、税務は重要な要素ですかね。プロセス設計では入札方式にするのか相対方式なのかを考えます。これは別途また議論したほうがいいですね。スキームは、株式譲渡以外に事業譲渡や**組織再編行為**（151ページ参照）を考慮しなくてよいかといった論点を考えます。『事業譲渡だとキャピタルゲイン課税にならないし、個人ではなく対象会社にお金が入るから株式譲渡のほうがメリットが高い』と説明する人もいますが、そうでないケースもけっこうありますからね」

平井 「それってどういうケース？」と平井が尋ねると、清水は即座に説明を加えた。

清水 「ちょっと論点が深くなりますが、退職金を会社から支払ったあとに事業譲渡すれば、平井さんが受け取れる課税後の手取り総額が株式譲渡スキームよりも多額になる場合（166ページ参照）があるんです。ほかにも事業譲渡のほうがよいケースはいくつもありますよ」

平井 「なるほどね」

清水 「次は、相手先です。これは結局どこに買ってもらえばみんながハッピーなのかという話です。高いシナジーが生まれる相手で、フェアに価格を決めてくれる会社ならいうことないですよね」

平井 「うん。たしかに僕的にもやっぱり高く売却できればベストなんだよね。売却価格はどのように考えておけばいいのかな？」

清水 「まず売却の目線価格は平井さん側で考えておくというのが重要です。また、買い手側にその目線を伝えるか否かも要検討事項です。高く売却しようと思えば、一般的には１社のみと話をするというのは得策でないケースのほうが多いように思います。さっきプロセスのところで相対方式と入札方式の話をしましたが、入札方式というのは基本的には多数の買い手候補に同時進行で検討してもらうことで、高く評価してくれる相手を見つけやすくするという効果があります。一方で相対方式では１社ごとにゆっくり慎重に交渉できるという利点があります。もちろん、それぞれの方式にデメリットもあるので、どちらのスタイルで進めるかはケースバイケースですね。この点は非常に難しい論点ですが、こういったM&A実務については ファイナンシャル・アドバイザー（俗に「FA」と呼ばれるM&Aコンサルタント）に相談して戦略を検討していくといいと思います。特に、入札方式のように売却条件最大化を主目的とする方式で売却取引を進めたいということであれば、売り手側のみから報酬を受け取るスタイルのFAを活用するメリットはとても大きいと思います。条件最大化にちゃんとこだわってますから」

平井　「なるほど」

清水　「次に最終契約について。これこそが僕の専門領域ですが、M&Aの最終契約は平井さんのような売り手にとっては、取引実行後のリスクがこの内容で決まるといえるほど重要なものです」

平井　「たとえば、どんなリスクが出る可能性があるの？　あくまで一般論として」

清水　「これはね、本当に色々あるんですよ。簡単に言えば、しっかりした契約にしておかないと、クロージングしてから損害賠償請求や株式買戻請求などをされやすくなります。契約書の中に必ずと言っていいほど含まれる**表明保証条項**という条項がありますが、これは主に買い手が売り手に対して一定の事実を保証させるための条項で、細心の注意を払いつつ契約に落としていく作業が必要になります。また、自分たち経営陣以外の株主に売却取引について相談する場合は少し注意が必要です。なぜなら、ほかの株主は基本的には高額で売却できればいいと考えますが、オーナー経営者は高いだけではだめで、契約上の他の様々な条項も価格と同じくらい重要となるので、自分たち経営陣とほかの株主では利害が完全に一致しないからです。こういうケースはあまりないと考えたいものですが、他の株主が売却価格のみを最大化したいがために、本来オーナー経営者にとってとても不利な付帯条項があった場合に、『社長、こういう付帯条項は当たり前だから受諾しないと進まないですよ』などと間違ったアドバイスをする場合もあります。こういう点でも、オーナー経営者自身がきちんとM&Aの最終契約の相場を理解しておくことが重要となります」

平井　「なるほどね。そういう意味ではさっき話題に上がったFAや弁護士の採用は必須かもしれないよね。なかなか最終契約の相場観といっても判断つかないからなぁ。あっ、VCで思い出したけど、うちのVCのホライズンの持分の20%のうち10%は**種類株式**（384ページ参照）なんだよね」

清水　「なるほど……。それは少し検討事項が増えるかもしれませんね。あとで定款と謄本と投資契約書、株主間契約書等の投資時に作成した書類を一式みせてもらえませんか？　場合によっては、売却成功時に平井さんが受領できる金額が減ってしまうこともあるかもしれません」

平井　「了解。じゃあこの面談が終わったら全部まとめてメールするよ」

清水　「お願いします。また、社内ケアもとても重要です。従業員や他の役員がこの話をどう捉えるのか。買い手候補との面談で彼らがしっかりとした応対をしてくれるのか……等、様々なポイントがあります。たとえば、買い手がCTO（最高技術責任者）に２年間は継続勤務してくれといった場合にCTOが合意してくれるのか等といった論点も重要です。長年どういう思いで彼らがこの会社で働いてきたのかを十分に考えたうえで対策を練っておくべきですよね。

　さらに、セルサイドDDを事前にきちんと行うことで、交渉のトラブルを抑制し交渉優位が確保できる可能性が高くなります。最後の税務も重要ですね。今回はキャピタルゲイン課税ということになりますが、実際に株式譲渡した場合、どの程度の税額が発生するのかということはしっかりと把握しておいたほうがいいと思います。先ほどのスキームにも関連してくるトピックです。あとは種類株式がある場合は税務的に検討すべきトピックが増えることもあります。もちろん、これ以外にもたくさん論点はありますが、いま思いつくのはこんなところですかね」

平井はホワイトボードをみながら、再び清水に気になっているポイントを尋ねた。

平井　「なるほどね。まぁでも一番気になるのはやっぱり価格かな。これってたとえば利益の何倍だと適切だ……とかそういう話があると思うんだけど。実際どう決まるものなの？」

清水が再び口を開く。

清水　「これは僕の専門ではないのですごく難しいんですが、よく業界では**類似会社比較法**（224ページ参照）という手法の中の、特にEV/EBITDA倍率という倍率を用いた評価を行う人が多いですかね。けっこうサイズが大きい案件でバイアウト・ファンド等も買い手になるようなものだと、10倍以上で取引が決まるという事例もあるようです。ベンチャー企業の場合は通常、EV/EBITDA倍率での評価は用いられませんが、御社の場合は特殊で、ベンチャーといってもある程度のEBITDAや営業利益は出ているから使えるかなぁ。このあたりは微妙なところです」

平井　「そもそもEBITDAってなんだっけ？」

清水　「ざっくり言うと、営業利益を少しキャッシュフローに近づけた利益指標です。営業利益に減価償却費やその他の償却費を加算して求めます。また、EV/EBITDA倍率の分子の**EV**というのは、企業価値とか事業価値といわれるものです。これらは厳密には時価総額や株主価値とは異なるものです（211ページ参照）。もし、EBITDAが１億で５倍が相場とみなされて５億という事業価値が算出されたら、ここから純有利子負債を控除したものが全株式の売却対価、つまり株主価値になる（212ページ参照）と思ってください[5]」

平井　「なるほどね。あとはよく聞く**DCF法**（241ページ参照）というのは使えるの？」

清水　「DCF法は、基本的に数年後にキャッシュフローが安定成長フェーズに入るような企業であれば利用することができます。一般的には成長中の企業には正直使いづらい手法です。ただ、実務ではけっこうベンチャーの評価にも用いられています」

5　厳密には、EV/EBITDA倍率で言う「EV」は、事業価値を意味する場合と、「企業価値」を意味する場合があります。関係式は以下のとおりです。

事業価値＋非事業用資産（余剰現預金等）＝企業価値　　有利子負債等－非事業用資産＝純有利子負債
企業価値－有利子負債等＝株主価値　　事業価値－純有利子負債＝株主価値

平井　「さっきのEBITDAの話に戻るけど、最近は営業利益が100万円なのに数十億円で売却していたり、そもそも営業利益が赤字という事例もあるよね。これってそういう倍率法でみると何百倍とかっていうことにならない？」

清水　「いい質問です。こういう評価額はEV/EBITDA倍率では算定しにくいものです。営業利益やEBITDAでは測れないほどの評価額は、将来のキャッシュフローの急拡大やシナジーによる価値向上効果を十分に織り込んではじめて表現できるものなので、企業価値評価モデル上はやや無理して算出していることもあります。買い手側がどうしても買収したいという場合では、評価額を無理やりにでも算定しないと買収できない場合もありますから。ただ、一概には言えませんが、相場観的には一定以上の規模の会社であればEBITDAの３～７倍くらいの事業価値で決まることが多いもので、超高額のＭ＆Ａというのはきわめて例外的なものだと考えたほうがよいです。そういう案件はよくネット等で取り上げられることで、あたかもそれが相場なのだと錯覚しがちですが、ほとんどの案件はそうではありません。あとは、詳細はここでは説明しませんが、VCハードルレート（301ページ参照）という特殊な割引率を用いた評価方法や、上場した場合などを含む**複数のストーリーを考えてそれらを材料に評価する方法**（313ページ参照）、自社自身のリスクを綿密に分析したうえでそのリスクに応じて割引評価を行う方法（306ページ参照）、**リアルオプション**と呼ばれるオプション理論を用いた評価方法（318ページ参照）等も使われたりします。業界によってよく用いられる手法が異なります。こういう部分は特に特定業界に強いFAに相談するとよいと思います。

　あと、絶対にやっていただきたいのは過去の取引事例等を調べて、関係者にヒアリングして、そのときの売却対象会社の状況に類似した他社の過去のM＆Aに関する情報を取得しておくことです。調査会社に頼んだりすれば非上場会社でも多くの場合は一定の財務情報は得られますが、M&Aの情報については個人的な関係から情報を取得するしかありません。多少のコストがかかってでも過去事例は研究しておいたほうがいいです」

平井　「たしかにそれはそうだよね。自分でも企業価値評価についてはちょっと調べておくことにするよ」

　こう答えて平井はまた考え込んだ。清水との会話を平井はすべてメモしていた。

清水　「そうですね。そのほうがいいです。EV/EBITDA倍率、類似会社比較法、DCF法、**企業価値**（211ページ参照）、株主価値、**割引率**（247ページ参照）等の単語は特に重要なので、それらの意味を調べておくといいでしょう。あと、種類株式関係の資料を送っておいてくださいね」

　このような会話をして清水は平井のオフィスを出て行った。すでに時間は午前11時を回っていた。

　平井は清水との会議メモをみて色々と調べてみることにした。実は同日の13時からはVC（ホライズン）の社長である渋谷と面談が入っているのだ。それまでに、最低限自身でM&Aのことを調べておこうと考えた。平井は以下の４点について、渋谷との面談までにどうすべきなのか熟考した。

〈M&Aを考えるときのポイントの一例〉

① 売却価格はどうなりそうか？ 一般的に企業価値算定とはどう行うのか？
② 最終契約書でどういったことを定めるのか？
③ 事業成長を維持または促進できる相手はどこか？ どう見分けるのか？
④ M&Aにおいてはどういった点で残る役職員をケアすべきなのか？

清水が言ったとおり、Webで検索すると様々な情報が確認できた。このように売り手である平井自身がM&Aに詳しくなろうという姿勢はM&Aイグジットの結果に響くものだ。また、清水に**種類株式**（384ページ参照）関連の資料を送付したところ、すぐに電話が入った。

清水「平井さん、種類株式の条項みてみましたよ。御社がこれまで１億円の増資を受けているのですが、そのうちの8,000万円分が種類株式による投資です」

平井「なるほど、それで僕の売却条件に影響する可能性はありそう？」

清水「ええ。一応、残余財産優先分配権という条項と**みなし清算条項**（193ページ参照）という条項があります。みなし清算条項というのは、登記上ではなく契約上の取り決めなのですが、これはM&Aで株式を売却するときには優先的にホライズン（VC）が売却対価を得られるというものです」

平井「それはどういうことなの？」

清水「つまり、締結された契約書一式とタームシート（次ページ参照）をみると、仮に株主価値として５億円で売却できるとなった場合には、優先株が1.5倍・参加型となっているので、ホライズンは種類株式投資額8,000万円の1.5倍である1.2億円を先に受領する権利があり、５億円から1.2億円を控除した残額の3.8億円が持分に応じて種類株主も含めた各株主に分配されるという取り決めになっているようです」

平井「あ、それはホライズンが投資する際に言っていたかな。それは大丈夫だよ。あらかじめ合意しているから」

清水「なるほど。あともうひとつ気になるのは、**事業譲渡**（140ページ参照）や**会社分割**（144ページ参照）で売却する場合には、種類株主の事前合意または種類株主のみで開催する種類株主総会での承認を得る必要があるということになっている点ですかね」

平井「なるほどね。ただ、今回の場合は種類株主がホライズンだけなので問題ないということになるよね？」

清水「たしかにそうですね。オーナー経営者が会社分割したいと考えている一方で他株主が合意するかわからないといった場合には、種類株主総会の承認を得る必要性の有無が問題になる

〈優先株式発行時のタームシート（契約に反映される条件のサマリー）〉

FLAT TECHNOLOGY INC.
CONVERTIBLE PREFERRED STOCKS FINANCING
SUMMARY OF TERMS

1．発行体名称	株式会社フラットテクノロジー
2．投資家名称	Horizon Capital Value Fund Ⅲ
3．名称及び種類	A種優先株式
4．株式の数	100株
5．払込金額	1株当たり800,000円
6．払込金額の総額	80,000,000円
12. 優先配当	なし
13. 優先残余財産分配	・普通株式に優先し１株当たり1,200,000円（払込金額の1.5倍） ・参加型
21. みなし清算条項	本優先株式の保有者は、株式譲渡、合併、株式交換、株式移転、会社分割等のM&A取引を実施する場合に優先残余財産分配に定める条件と同様の分配を受けることができる。

こと[6]もありますが、今回は大きな問題にはならないでしょう。ただ、事業譲渡や会社分割という選択肢は税務等の視点では検討してみる価値はあるかもしれません。この話はまた今度やりましょう」

その後、13時に予定どおりホライズンキャピタルの渋谷が来社した。

平井　「渋谷さん、先日はありがとうございました。いやぁ、色々考えましたよ。本当に久しぶりに悩みました。結論から言うと本件を積極的に考えようという気持ちになっています。いままではM&Aイグジットという選択肢はまったく考えていなかったんですが、私としてはこの事業やメンバーの価値を引き上げてくれる新しい買い手さんがいて、満足いく金額で買収してくれるのであれば、それでいいのかなと思うようになったんです」

平井はこう言ってから10分ほど今回の結論に至った背景について渋谷へ説明した。そして最後に最も気になっていた質問を渋谷に投げかけた。

平井　「ところで、ブルーさんはいくらくらいで評価してくれるんですかね？」

渋谷は動揺に気付かれないよう、表情や声のトーンは変えずに答えた。

渋谷　「実は、岡野社長のM&Aの方針については前々からある程度知っているんですが、彼らは買収する際のルールを社内的に決めているようなんです。平井さん、EBITDAという指標は

6　会社法上は会社法322条１項に列挙された行為のうち、特定の種類の株式を有する種類株主に「損害を及ぼすおそれ」がある場合は種類株主総会が必要になるものとされています。詳細は弁護士等にご確認ください。

わかります？」

平井 「ええ、わかりますよ。EV/EBITDA倍率などよく企業価値評価に使われますもんね」

清水と話したあとでEV/EBITDA倍率については色々と調べていたところだった。

渋谷 「そのとおりです。これは“類似会社比較法”というのですが、ブルーさんはEBITDAの２年分を買収時の事業価値として評価するという方法をとっているようなのです。なので、FT社さんのEBITDAの２年分というと、前期の2017年３月期の実績でみた場合、事業価値が４億円ということになります。ここから純有利子負債を控除したものが株主価値になります。御社の場合、前期基準でみると現預金が有利子負債よりも1.6億円多くなって純有利子負債はマイナス1.6億円です。したがって株主価値は5.6億円となります。ただ、今期がそろそろ終わるので、今期末のEBITDAや**純有利子負債**（61ページ参照）を用いればもう少し評価は上がるかな……」

平井 「えっ、でも２倍というのは安すぎませんかね？」

平井はカチンときて即座にこう聞いた。**優先株式**（384ページ参照）の優先分配額は前述のとおり1.2億円であることから、時価総額全体が5.6億円だとすると、（5.6億円－1.2億円）×80％＝3.52億円しか平井には入らないことになる。清水からは３倍～７倍の取引が主流で10倍以上の評価がつく事例もあると聞いていたのだ。この点については、渋谷も市場における相場感覚はもっていることから、平井に同調するように話を続けた。

渋谷 「たしかにそうですよね。それでね、私にもちょっとアイデアがあるんです。知り合いにM&Aのプロがいるので、よろしければ会ってみませんか？　FT社の業界にも精通していて様々な可能性について肌でわかっている人です。もしお会いいただくということでよければ、彼らとは弊社もNDAを締結している間柄なので、事前に情報共有しておきたいと思います」

M&Aイグジットは非常に特殊かつ高度に専門化されたものだ。このことから対象会社が属する業界に精通したプロに売却を依頼すれば、多くの可能性を検討してくれる。結果、平井は一度そのFAと会うことを決め、アポ調整をすることになった。

平井はミーティングが終わってすぐに清水に電話をかけた。

平井 「いやぁ清水さん、今日VCに買い手を紹介したいと言われたんだけど、そこの評価はEBITDAの２倍くらいらしいよ」

清水は答えた。

清水 「う～ん。たしかに御社でEBITDAの２倍というのは普通に考えると安いですよね。５倍～７倍くらいはほしいですよね。このバリュエーションでもホライズンが積極的な理由は、多分彼らは優先分配で投資額が回収できる点もそうですが、なにより確実に売却できる機会を逃したくないんでしょうね。

　実はVCさんとオーナーさんの意向にギャップが出ることって多いんですよ。まぁ平井さんとしてはやはり他の買い手にも打診していくことになるんでしょうけど、御社の状況で買い手からマイナス評価を受けそうな部分ってあります？」

平井　「そうだね。あるといえばあるなぁ。最近、顧客離れが少し拡大してきてるんだよね。それを営業力で埋めて顧客純増は確保している状態。こういうのはやっぱりディスカウント要因になりますかね？」

清水　「そうですね。買い手の立場では現状の定性的な状況もみながら、１年後、２年後、３年後……とPL、BS、その他KPI等の推移を予想していきますからね。現時点での顧客減少幅がかなり大きいとなると、今後売上が安定的に成長可能だと考えにくくなるので、売上が減少する可能性が大きいという見方にはなりがちです。当然キャッシュフローの予測値も下がりますので、評価が低くなりえます。さっきのEV/EBITDA倍率を用いた類似会社比較法の考え方は、『類似する上場会社であれば何倍の倍率で評価されているのか？』という観点からきたものなので、あくまで簡便的なものなんです。本来は類似会社比較法においては対象会社の業種や成長性、ROIC、安定性、企業の規模等様々な要素で類似する会社をきちんと説明したうえで、類似会社としなければならないんです。

　ですから、たとえ類似上場会社や他社事例において、EV/EBITDA倍率が５～７倍で評価されていたとしても、個別案件で２倍くらいになるというのが必ずしも変ではないともいえるんです。対象会社の中身をみたうえでそれが合理的であれば。ただ、今回のケースは買い手さんがDD前からすでにその倍率でなければ買収しないと決めているのであれば、それは考えものですね。他にも打診して、納得のいく評価をしてくれるところを探したほうがよいかもしれません。まぁ一度M&Aのプロに会ってみたほうがいいんじゃないですか？　もしよければ僕も同席しましょうか？」

平井　「それはぜひお願いしたいね」

このような経緯で、次回のFAとの会議に清水が参加してくれることになった。

コラム　M&Aで重要な財務指標、EBITDAと純有利子負債

●EBITDAとは

EBITDAとは、支払利息・税金・償却費控除前利益のことをいいます。「イービッダー」とか、「イービットディーエー」等と読まれます。簡易的には「営業利益＋償却費」で計算されます。日本では会計上の正式な指標ではなく、EBITDAの定義が曖昧な場合があります。

したがって、EBITDAという単語が実務で出てきた場合は、その算出式を確認することが重要です。

EBITDAは、事業が生み出す税引前キャッシュフローに近い数値といえます。M&A取引に伴う価値評価等では、営業利益よりEBITDAが重視されることが多いものです。たとえば、何か多額の償却が起こり当該償却が販売管理費等に計上されるとします。当然、営業利益は「償却費」も費用として控除したあとの数値です。しかし、「償却費」というのは「キャッシュアウトを伴わない費用」です。このため、事業に使うキャッシュフローを簡易的に見積もるために、「営業利益＋償却費」の算式も意味をもつことになるのです（一度費用として差し引かれた償却費を足し戻す）。企業価値評価ではキャッシュフローを重要指標として評価することが一般的であるため、その意味でもEBITDAは有用なものとなります。また、クロスボーダー（海外相手のM&A）等の場合には、そもそも「償却のルール」が国により異なることもあるため、営業利益の単純比較では日本企業との適切な比較もできないことになります。EBITDAを用いることでこのような問題も解決できることから、M&A業界では非常に重要な指標として頻繁に用いられています。

●純有利子負債とは

純有利子負債は、「有利子負債等－現預金等の非事業資産」で計算される純額の有利子負債額を意味します。実務では、「ネットデット（Net Debt）」と呼ばれます。こちらもM&A取引では非常によく用いられる指標です。上記「有利子負債等」には退職給付債務、訴訟債務等の「Debt like item（有利子負債のようなもの）」も含めて計算します。また、「現預金等の非事業資産」には、事業で用いていない投資用不動産や流動性のある投資有価証券等（上場有価証券等）の「Cash like item（現金のようなもの）」「現金同等物」を含めて計算します。実務的にはすぐに売却してキャッシュ化できるものを含めるとよいでしょう。これも定義がやや曖昧な指標であるため、定義を確認することが重要です。なお、「現預金等の非事業資産」に算入される現預金は本来、「余剰資金」です。事業に用いられる現預金は含まれません。しかし、わが国の実務では、この切り分けが困難なため、現預金の全額を余剰資金とみなすことが多いようです（そのように判断した裁判例もある）。なぜM&A取引でこの「純有利子負債」が重要なのかという点をご理解いただくには、事業価値、企業価値、株主価値の違いを理解する必要があります。これについては、第四部の211ページをご覧ください。

3 M&A（会社売却）の進め方

3-1 M&Aアドバイザー（FA） ～2018年3月25日～

平井は、渋谷とFAの来社を告げられると、清水と一緒にミーティングルームに入った。そこには小柄で黒縁メガネをかけた白髪交じりの男がいた。

渋谷　「ではまずご紹介します。BAパートナーズの樫村さんです」

平井　「こちらも弁護士の清水先生をご紹介します」

みんなが名刺交換をして着席した。樫村が差し出した名刺には、「株式会社BAパートナーズ」（以下、「BA社」という）と記載されていた。BA社はIT業界に強い専門FAファームであり業界では名が通っていた。樫村は、メガバンクに新卒で入社し銀行系列のバイアウト・ファンドに常務として出向、その後IT関連上場会社の金融部門本部長、外資系投資銀行…という経歴の人物だ。外資系投資銀行が倒産したことを契機としてBA社を創業した。IT業界にも強く、投資銀行でももまれてきたプロのM&Aバンカーであった。ブルーとの単独交渉では、FT社社長の平井が思い描いているような株主価値を提示してもらえる可能性は低かったことから、平井も渋谷も次の手を決めあぐねているということは事前に樫村には伝わっていた。

渋谷が全体の背景を説明したあと、今度は平井が会社の説明をひと通り行った。創業の経緯、現在の状況、顧客属性等説明は多岐にわたった。平井らが説明をしているとき、樫村は黒縁メガネの奥にある鋭い眼で平井を見透かすようにじっと視線を合わせながら話を聞いていた。

樫村　「ご説明ありがとうございます」

樫村が答えた。少しの沈黙のあと、樫村は「色々とお尋ねしたいのですが」と言いながら質問を開始した。現在の株主構成、売上・利益が横ばいの理由、社長自身の株式を50%以上売却することは可能かどうか、希望する株主価値、どういう相手であればシナジーが生まれうるか、顧客の種別、販売チャネル、社長が思う自社の強み、キーパーソンの存在、競合優位性、KPI等、非常に多くの核心に迫る質問がなされた。

平井は、最初は樫村を「少し変な人かもしれないな」と思っていたが、鋭い質問が立て続けになされる様をみて印象が完全に変わっていた。

ホライズン（VC）の渋谷からも説明をし、ブルー社のこと、ホライズンがファンド期限満期が近づいている点等にも触れた。それらを受け、樫村が長い説明をはじめた。

樫村　「平井社長、渋谷さん、状況はすべてわかりました。平井社長が場合によっては50%以上の株式を手放される意向があることもわかりましたので、私どもがご支援できるお話かと思います。また、条件として合理的な株主価値を前提とされるとのこと。これはオーナー社長である平井社長からみても当たり前のことですよね。今回の話では、このままブルーさんとの交渉だけを進めていっては、この条件を満たすことができる可能性はきわめて低いだろうというファクトはここにいるみんなが同意していることだと思います。このように特定の買い手から買収提案を受けるというのは非常によくあることです。この場合、もし売り手側に売却意思があるのであれば、他の買い手候補に打診してみるというのはよい手段です。実際にビジネスをやっていても相見積もりをとったりしますよね？　会社も一緒です」

こう言って、次の図のような売却手続きの進め方に関する資料を出して説明を続けた。なお、樫村は事前に渋谷から論点を聞いており、この資料を作成していた。

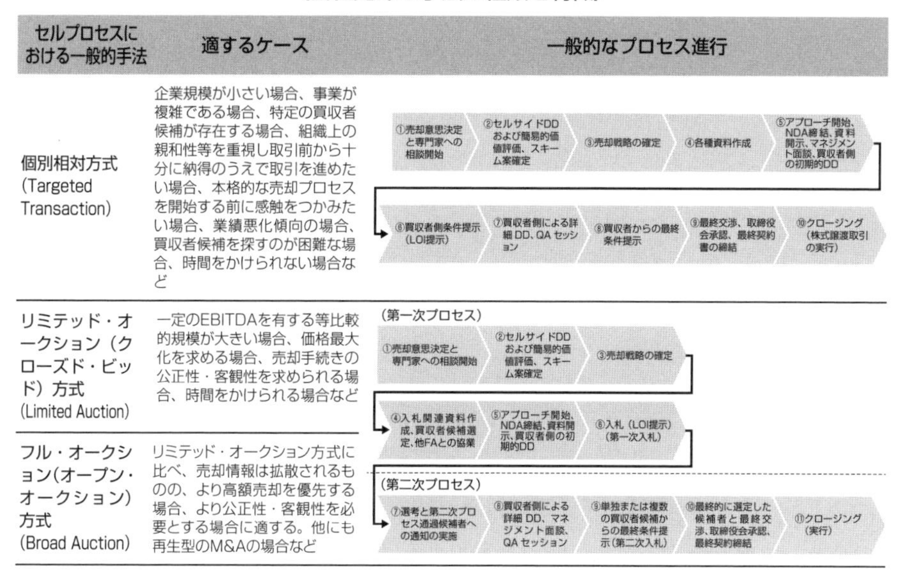

〈会社売却の手法の種類と特徴〉

セルプロセスにおける一般的手法	適するケース	一般的なプロセス進行
個別相対方式 (Targeted Transaction)	企業規模が小さい場合、事業が複雑である場合、特定の買収者候補が存在する場合、組織上の親和性等を重視し取引前から十分に納得のうえで取引を進めたい場合、本格的な売却プロセスを開始する前に感触をつかみたい場合、業績悪化傾向の場合、買収者候補を探すのが困難な場合、時間をかけられない場合など	①売却意思決定と専門家への相談開始 → ②セルサイドDDおよび簡易的価値評価、スキーム案確定 → ③売却戦略の確定 → ④各種資料作成 → ⑤アプローチ開始、NDA締結、資料開示、マネジメント面談、買収者側の初期的DD → ⑥買収者側条件提示（LOI提示） → ⑦買収者側による詳細DD、QAセッション → ⑧買収者からの最終条件提示 → ⑨最終交渉、取締役会承認、最終契約書の締結 → ⑩クロージング（株式譲渡取引の実行）
リミテッド・オークション（クローズド・ビッド）方式 (Limited Auction)	一定のEBITDAを有する等比較的規模が大きい場合、価格最大化を求める場合、売却手続きの公正性・客観性を求められる場合、時間をかけられる場合など	（第一次プロセス） ①売却意思決定と専門家への相談開始 → ②セルサイドDDおよび簡易的価値評価、スキーム案確定 → ③売却戦略の確定 → ④入札関連資料作成、買収者候補選定、他FAとの協業 → ⑤アプローチ開始、NDA締結、資料開示、買収者側の初期的DD → ⑥入札（LOI提示）（第一次入札） （第二次プロセス） ⑦選考と第二次プロセス通過候補者への通知の実施 → ⑧買収者側による詳細DD、マネジメント面談、QAセッション → ⑨単独または複数の買収者候補からの最終条件提示（第二次入札） → ⑩最終的に選定した候補者と最終交渉、取締役会承認、最終契約締結 → ⑪クロージング（実行）
フル・オークション（オープン・オークション）方式 (Broad Auction)	リミテッド・オークション方式に比べ、売却情報は拡散されるものの、より高額売却を優先する場合、より公正性・客観性を必要とする場合に適する。他にも再生型のM&Aの場合など	（リミテッド・オークション方式と共通）

樫村　「事前情報は渋谷さんから伺っていますので、まず一般的な売却手続きのプロセスから話します」

こう言いながら、樫村は、準備段階から買収者候補への打診、クロージングに至るまでひと通りの説明を行った。その後、樫村は本件のプロセスについての自分のアイデアを説明した。

樫村　「この資料には大きく３つの売却方法が記載されています。３つを厳密に分類することは難しいのですが、まず1つ目が「個別相対方式」と呼ばれている方式です。これは買い手候補と売り手が、原則として1対1で交渉を続ける方式で、このままブルー社のみと交渉する場合はこの方式になります。2つ目は、「リミテッド・オークション（クローズド・ビッド）方式」です。これは「入札方式」ともいって、売り手側がプロセスを管理しながら、複数かつ少数の買い手候補に同時検討してもらい、入札期限までに価格提示をしてもらうものです。広く打診する場合に比べ、情報流出や噂が広まって企業価値が毀損する可能性を低下させることができます。3つ目は「フル・オークション（オープン・オークション方式）」で、より幅広く売却案件情報を公開し、複数の買い手候補に検討してもらう形式です」

樫村はここで一度話を止めて平井の理解度を確かめたうえで話を続けた。

樫村　「今回もし売却手続きを行うなら、ここで言うリミテッド・オークションの形式で進めたいと思います。広範に打診するという方法はとらず、限定した複数の相手と進めるイメージです。これにより、交渉の初期段階で相手との協議を深められますし、御社の魅力も十分に伝えることができると思います」

平井はこれに応えて言った。

平井　「そうですね。進めるならその方法がよいかもしれませんね。やはり会社同士の親和性や残る役職員と先方との相性等は私にしかわからないので、DDに入る前にそのあたりは把握しておきたいです」

樫村　「そうですね。まず候補者とは十分に話し合いをして進めましょう。私はFT社さんが属するようなIT・ネット業界をよく知っているので、広く打診しなくてもちゃんと価格をつけてくれる買い手候補を見つけるのは比較的容易だと思いますよ」

さらに、樫村の説明は続いた。

樫村　「今後のプロセスとしては、平井社長のほうで先へ進める決断ができましたら、まずは弊社と平井社長個人との間で機密保持契約と業務委託契約を締結させてください。その後、平井社長と弊社チームで、貴社の事業について勉強させていただくプロセスを設けます。必要に応じて、**セルサイドDD**（171ページ参照）も実施します。まずは貴社事業の魅力や数値データを完全に理解したいと思います。ここで貴社のことを我々が深く理解することは非常に重要です」

平井　「セルサイドDDって聞いたことがないんですが、どういうものなんでしょうか？」

平井が疑問を投げかけた。

樫村　「セルサイドDDとは、売り手自身が対象会社に対して行うDDです。ビジネス面、財務・会計面、法務面などを調査するのは買い手側のDDと同じですが、セルサイドDDではこれに加えてオーナーチェンジ後に買い手のもとで期待できる実質的なEBITDAを把握したり、自社の情報を整理し売却戦略を検討したり、価値の訴求ポイントを探したり、事前に処理できる問題を抽出したりといったことを行います。場合によっては、主張できるEBITDAが決算書上の数値の2倍くらいになることもあります。ちなみに、法務面のセルサイドDDは清水先生にお願いすることになりますかね？」

樫村は清水に視線を向けた。

清水 「そうですね。一般的なセルサイドDDの概要は理解しているので、できると思います」

日本ではM&Aイグジットの際に、売却者側がきちんと専門家をアサインしたセルサイドDDを行っている事例はまだ少ない。特に小規模のトランザクションであればなおさらだ。

平井が口をはさんだ。

平井 「さきほど出てきた『実質的なEBITDA』についてですが、たとえば決算書上の営業利益が100あって、僕の旅費交通費が20あるとします。僕は飛行機ではよくファーストクラスを使うのですが、これが大きくコストを引き上げているというのが現在の状況です。普通はうちくらいの規模の会社であればせめてビジネスかエコノミーを使うという規程になっていることも多いので、仮にすべてビジネスかエコノミーを前提に旅費交通費を計算すると10くらいになると思いますし、おそらく買い手が買収したあともこれくらいのコスト感になると思うんです。この場合、差額の10が本来不要なコストということになり、110を実質的な営業利益とする…という考え方はできると思うんですが、このような考え方はしてもらえるのでしょうか？こういうコストは結構あるように思っていまして」

樫村 「そういうことです。もちろん正式な決算書は買い手に渡すのですが、買収後に想定できる実質的なEBITDAは、売り手側でシミュレーションしておき、先方に主張すべきです。この実質的な利益の分析を含めてセルサイドDDをやるとやらないのでは買い手さんへの話し方も変わってきますし、自社の深い理解をベースに交渉できることは交渉相手からの信用にもつながります。交渉相手から信用を得るというのはM&A取引において非常に重要です」

ここで一呼吸置いてから、樫村は言葉を続けた。

樫村 「自社のことを理解できたら、必要資料の作成へ移りますが、まずは**ティザー・メモランダム**（364ページ参照）ですね。実務ではよく「ティザー」と略して呼ばれます。これは貴社の名前を「X社」等として社名がわからないようにしたものです。FAが買い手候補に対する最初の打診の際に使うものです。これがすごく重要なんです。たとえば平井さんが、自社を売却したいと思って多くの買い手候補に打診したら、御社が売りに出ているという情報が一瞬で広まってしまいますよね。もちろん、一定程度の買い手候補に打診しないとフェアな価格での売却はしにくいですから、そのように幅広く打診することも重要です。ここで、うちのようなFAを利用してティザーで打診していくメリットが出るわけです。社名が書いていないが事業の魅力はわかるように最適化されたティザーを私どもが潜在的な買い手候補に開示していくことで、御社の名前を知られずに幅広く当たれるということになります。要はチャンスをつかめる幅が広がるということですね」

平井 「それはたしかにそうですね。私の知人も言っていましたけど、やはり売却価格最大化を考えると複数の買い手候補へ話を振ってみるかというのも大事なんですよね？」

平井は回答をほしそうに樫村の目をみて答えた。

樫村 「必ずしも多くに打診したからよいのかというとそうとも言えないのですが、たしかにその要素はあります。よってティザーを作成して複数の買い手候補に話を聞いてもらうことは重要です。先方も企業ですからね。『どういった会社を買収したいか』というニーズはすぐに変化しますし、発言力のある役員がたまたま前の週に『このような会社を買収したい』と思ったらそれだけで話が動きやすくなるといったこともあります」

平井 「オーナー経営者ならよくあることかもしれませんね。僕だっていきなり医療ビジネスですもん」

平井は樫村の説明を聞いて納得した。

樫村 「ですよね。上場会社でもオーナー色の強い会社は多いですからね。ですので、たとえ上場会社であっても開示情報だけではその会社が本当に興味あるターゲットを推測しにくい場合があります。多くの場合、実際に打診してみなければわからないんです」

平井 「でも打診先というのはどうやって決めていくといいんでしょう？」

樫村がこれに答えた。

樫村 「これは非常に重要なプロセスです。一定のスクリーニングは必要ですが、なによりも『本当にほしい』と思ってくれているところを探す必要があります。まさにシナジーの観点ですね。あとは、できるだけ大きな資金・資産を保有していてM&A経験が豊富な会社がよい買い手候補となりやすいといえます。

　これは感覚的にもわかりますよね？　仮に買い手は10億円を提示していて、平井さんは15億円で売却したい場合を想像してください。資金を1,000億円もっていてM&Aに慣れている会社と20億円しかなくて経験の浅い会社では、この買い手の提示額と売り手の希望額の差である５億円という金額についての感じ方はまったく違いますよね？　おそらく資金1,000億円の会社のほうが、交渉に乗ってもらえる余地は大きいでしょう。実はこの資金量や資産量の観点とM&Aの慣れの観点は、ファイナンス理論上も割引率や評価等に影響を与えます。言い換えると、これらの属性の違いは買収可能額を理論的に左右しうるといえるのです。

　また、世の中には風評のよくない会社や、M&A後に頻繁に売り手とトラブルを起こしたり、少しのことでも損賠賠償を求めてきたり…といった会社も存在します。FAがこういった情報をもっているケースも多いので、こういう会社への打診は一定の注意を払うべきです。話を戻すと、御社の事業領域であるIT・ネット業界は私も非常に得意としていますので、有力な買い手候補がどういった事業を買収したいのかという情報や買い手さん固有の性質にかかる情報はすでに社内に多く蓄積されています。弊社ではこの業界に興味ある買い手候補とばかり話をしていますし問い合わせも多くきますので、常に最新の情報がアップデートされています。これらの情報を使わない手はありません。あとは具体的なシナジーの可能性はもちろんのこと、買い手候補の資金量や資産量だったり、直近の実績、M&Aの傾向等をチェックしたうえで最終的な打診先を絞ります。

ただ、さっき申し上げたとおり、実際どれだけ興味をもってくれるのかは打診してみないとわかりません。一般のビジネスの議論でも、顧客ニーズのレベルが『切迫していて喉から手が出るほどほしい』というレベルなのか、『あれば便利だよね』というレベルなのかによってビジネスの勢いが変わってきますよね。これはM&Aの世界でも本当に一緒です。こういった背景があるかないかで買収価格が驚くほど変化してきます。よいサービスでもマーケティングを誤れば市場に浸透しないのと同じで、M&Aによる売却活動も似たようなものです。ベストともいえる買い手企業候補を見つけるのは、なかなか難しい作業です」

平井　「なるほど。実際に興味を示す買い手さんが現れたらどう進めるんですか？」

樫村　「そうですね、基本的には弁護士をアサインして買い手候補とNDA、つまり機密保持契約を締結します。NDAとはNon-Disclosure Agreementのことです。Confidential Agreementの略でCAと呼ばれる場合もあります。この締結の直後に初期的な機密情報を開示するので、このときまでに可能な限りプロジェクションとインフォメーション・メモランダム、つまり**IM**（371ページ参照）を作成しておくべきでしょう。プロジェクションというのは、平たく言うと会社の事業計画、IMは御社の詳細説明資料のことです。IMでは御社の概要情報のほか、強み、市場、特に説明すべき部分、考えられるシナジー、財務情報やその背景、将来計画、考えられる問題点とその対処法等を詳細に解説していきます。プロジェクションやIMはFAによっては作成支援をしてくれないこともあるようですが、ある程度の価値以上で売却しようという場合は必ず作成すべきと言えるほど重要なものです。あと一応、入札にするのでプロセスレターも作成しましょう。プロセスレターとは、買収者候補向けの『本案件の取扱説明書』とでもいえるものです。本案件のルールや想定スケジュールなどが明記されます[7]。これらの作成にはコツがあるので、また別途説明します。これが完成したらNDA締結後に基礎的資料と共に買い手候補に開示し、深い検討を開始してもらいます。

ここまでがこの資料に書いている⑤までの流れになります。まずは、これまでご説明した会社売却のプロセスを再確認していただき、平井社長のほうで本当にプロセスに入るか否かをご検討ください」

平井　「ありがとうございます。よく理解できました。やっぱりプロと話すと先が見通せますね」

樫村　「まぁ、うちはIT関連企業には強いので、なんとかいい形でできると思いますよ」

樫村は最後にそう言葉を残し、午後３時を過ぎたころに会議は終了した。

その日の夜、平井はまた「売却してもよいのかな」と悩みはじめていた。樫村に連絡すれば、このまま売却プロジェクトが進みそうな手ごたえはある。しかし、樫村との話の中で今後の流れがあまりにも見通せてしまったがゆえ、もう一度躊躇する気持ちが芽生えて

7　本物語では、プロセスレターの詳しい解説は割愛します。370ページをご参照ください。

きたのだ。「このままオレがオーナー社長として1年、2年、3年と続投して、果たして従業員、他の役員、自分自身が幸せになれるのか？　少し無理をして新規事業を開発していくということもできるけど、いまの本業自体は他にベストオーナーがいるような気がするな。他のM&Aイグジット経験者も言うように、自分の立ち位置をもう少し深く考えるべきだと思うし、FT社自身も自社単独成長には限界があるからな。いまの本業はこのまま残して同じ会社で新規事業を開始するというのもアリだから、事業だけを売却するという方法もあるのかな」

このような形で思索をめぐらせる状況は多くの売却者が経験することだ。平井も、再度弁護士の清水へ相談したいと思い、すぐさま携帯電話を手に取り電話をかけた。

平井　「清水さん、ごめん。ちょっとさっきの件でもう一度話をしたい」

清水はまたもや翌朝に来社してくれることになった。また、清水はスキームの話にもなりそうだと考え、彼の懇意にしている会計士兼税理士である亀田を連れてくるとのことだった。

3-2 スキームの検討過程　～2018年3月26日～

午前9時、清水と亀田が到着した。平井は昨日の樫村との会議の内容と事業売却のアイデアについて清水たちに尋ねた。

平井　「基本線としては株式譲渡で進めようと思うんだけど、事業の売却という形にして会社を残すというのもありなのかな？　と思ったんだ。まぁ思い入れがある会社だし、新事業の医療系サービスをこの会社でやるというのも考えられる」

亀田　「そうですね。**事業売却**という方法もあるかもしれません。ただ、その場合のメリットと問題点の有無については確認する必要があるかもしれませんね。というのは、御社の場合、欠損金が少ないので事業売却益の大部分課税されてしまうんです。欠損金がたまっていると有利なんですけどね。また、売却対価は平井さん個人ではなく、事業を売却した主体であるFT社に入金され、FT社に課税されることになります。この場合の課税率は法人税課税なので35%前後[8]となりますので、株そのものを売却して個人に入金される場合の税率である約20%よりも課税率が高くなってしまうんです。ですから……」

このように亀田がひと通りの説明を行った。平井には難しくてわからない部分もあったが、これらのスキームの詳細については後ほど清水と亀田で最適な案を考えてほしいと伝えた。平井はもう1つ気になる点があったのでそれについて亀田に質問した。

平井　「そういえば亀田先生、実はFT社って10%が優先権付きの種類株式なんですよ。これがざっくりとした内容なんですけどね。清水先生にも聞いたのですが、なにか問題はありません

8　本項で記載している税率は現状で適用されているものと異なります。

かね？」

平井はそう言うと、種類株式の情報がまとまった資料を差し出した。

亀田　「なるほど。種類株ですか。投資額の1.5倍の優先分配、参加型、残余財産優先分配権、みなし清算条項等がついてますので、たしかに平井さんの経済的デメリットはあるでしょう。スキーム的には優先株式と普通株式でうまく優先分配の条件に合うように株価を変えて売却するというケースが多いようです。もちろん、その前提として、普通株と優先株の株価をきちんとした根拠をもって算定すべきなのは言うまでもありませんが」

清水　「なるほど、現状だとホライズンは10%分を種類株式、10%分を普通株式として所有しているのですが、この場合、最終的にどう整理されるのですかね？」

亀田　「基本的な考え方としては、企業価値を最初に定め、有利子負債等を控除して株主に帰属する価値、つまり株主価値を算出したあとに残った価値の中で、どの分が種類株式の分で、どの分が普通株式の分か……といった具合に分けていきます。ここから先は少し難しいのですが……」

亀田は普通株式と優先株式により、１株当たりの手取りがどの程度変わってくるのかについて詳しく解説し、それを平井はなんとか理解したようだった。

平井は最後につけ加えた。

平井　「基本的に優先分配の件は、僕自身に満足のいく実入りがあれば問題ないと思っています。あとはさっきから話をしていたスキームのほうが影響が大きいかなと思いますので、このあたりを調べていただけませんか？」

清水と亀田はこれに同意した。会議が終わるとすでに正午を回っていた。平井は亀田と清水の検討結果を待ち、当日の午後11時を回ろうとする頃に、亀田からメールが届いた。亀田は清水と相談し、取引の煩雑性や平井にとっての法的な安定性、最終的に平井に残る金銭などもすべて考慮したうえで、やはり「株式譲渡」を選択したほうがよさそうだと結論づけた。平井もその根拠を理解し「事業譲渡」を考えずに進めていくことが固まった。スキーム検討は、様々な要素が関わってくるため弁護士や税理士などと十分に協議のうえ判断することが大切である。

これを受け、午後11時と遅い時間ではあったが、平井は樫村へ電話をかけた。

平井　「あっ、夜分にすいません。FT社の平井です。昨日の件ですが色々と私なりにも考えて株式譲渡を前提に進めていきたいということになりました。ネクストアクションとしてはどうしましょうか？」

こうして、本売却プロジェクトはスタートした。なお、平井は自己の保有株式の一部を売却するという話もあったが、結局のところ、全株式を売却するという方向性を固めた。

3-3　打診にあたっての資料準備　～2018年４月11日、12日～

会議室では本件のセルサイドFAであるBA社のメンバーと平井がディスカッションを開

始していた。この日は樫村の部下である川村も参加した。すでに平井とBA社はNDAと業務委託契約（Engagement Letter、以下「EL」という。オーナー経営者とFAとの間で締結する）を締結し、BA社から要求された資料一式については、すでに平井より提出済みであったことから、BA社は資料の精査に入っていた。また、ある程度しっかりとセルサイドDDを実施することも決定し、実行プランを検討している段階であった。この日に備え、FT社の会議室には樫村らにチェックしてもらうため、総勘定元帳をはじめとする様々な資料が山積みにされていた。この２日間の会議の目的は上記のセルサイドDDの実施のほか、今後の進め方、買い手候補をどう抽出するか、株主価値をどの程度期待できるか等といった事項のすりあわせを行うことにあった。株主価値の話の中で、平井からこのような質問がなされた。

平井　「樫村さんからみて、結局いくらで売却できると思いますか？」

樫村は即座に答えた。

樫村　「財務状態や商品特性、ターゲットとなる買い手候補により変わってくるので一言では言えません。しかし、ざっくり計算するならば、2017年３月期のデータでいくと……。EBITDAの３倍から純有利子負債を引いて7.6億円程度なので、このあたりの金額は最低限のラインとして期待できるように思います。ここにシナジー価値や買収プレミアムが乗ったり、より高い将来性を訴求できるか否か等の理由が絡み合って最終的な落としどころが決まってくるでしょう。あとはFT社に興味をもつ買い手候補がどれくらいいるかということですかね。現時点での感覚としては、貴社の諸事情を考慮すると、EBITDAの７倍を超えてくるような価格にはならないんじゃないかなという印象です。ただ、やってみなければわからないというのが正直なところですがね」

樫村はIT・インターネット業界に高い知見をもち日ごろから様々な取引をみていることから、おおよその領域と対象会社の概観をみただけでも、買収者がどれくらいの金額で買収したいと考えるかということが読めていた。しかし、樫村でも予想しないくらい高い金額で売却されるケースもあった。ただ、そのような異常高値の取引案件は独自性、潜在的な非常に高い成長性、明らかな特徴や強み、そのタイミングにおける当該領域にかかる買収者側の強い嗜好、競争環境および、時には買収者側の検討ミス等が組み合わさって実現するものだ。その意味では、樫村は現段階で本件について高い金額で売却できる印象をまだもてていなかった。

次に、BA社が質問リストを作成していたので、そちらに移った。基本的には、財務面・ビジネス面・法務面を中心としたヒアリングだ。質問はそれぞれExcelにまとめられており、その項目は100項目以上にのぼった。これら事項は平井ですべて対応できるものでなかったことから、平井は樫村にこう尋ねた。

平井　「かなり細かい情報なのでうちのCFOの白鳥と、COOの佐藤にも入ってもらったほうがいいですかね？」

樫村　「白鳥CFOや佐藤COOには、まだ話さなくてもいいです。もう少し売却の実現可能性が高くなった段階にしましょう」

対象会社のメンバーへの情報共有は慎重になるべき、というのが樫村の経験からくる考え方だった。

逆に樫村は平井に対して、現在の役員それぞれの経歴、プロフィール、会社に対する貢献、彼らの目指すキャリア、最近の言動について、詳しいヒアリングを行った。その質問は細かい人間関係などにも及ぶものだった。

このような流れで２日間かけて徹底的にヒアリング・調査が実施された。その後、BAメンバーはFT社のさらなる分析作業に入った。樫村は帰社し、川村とともに共有ミーティングを開き、本案件に関するポイントの整理を行った（171ページに記載しているような項目を調べたと考えていただきたい）。まず川村はビジネス・フロー全体を確認し、図表化し、そのうえでヒアリング内容をベースに外部環境分析、内部環境分析等を行っていった。もちろん、ヒアリング事項の裏付け調査もした。ここで作成したデータはのちにIMに用いることになる。また、数値面では過去の予実分析、各種KPIの洗い出しとその予測値の妥当性検証、今後の**プロジェクション**（36ページ参照）の合理性検討に加えて、その他財務的に問題になりそうな点の洗い出しを行うこととした。さらに、対象会社サービスの競合比較や代替的サービスの調査を行った。これらの結果、顧客候補となりそうな層へのヒアリングが必要と判断し、川村が知人等を介して対象会社サービスの評価について第三者の意見を聞いて回った。また、法務面の調査もある程度実施することとし、重要な契約書のチェックを中心に問題となりそうな点がないかを洗い出す作業を行うことにした。なお、プロジェクションについては、BA社の川村にて、FT社側ですでに策定したモデルを検証し、合理的な根拠のあるものになっているかを確認することとなった。また、プロジェクションと同じくらい重要な書類が**IM**だ。こちらは川村のほうでスケルトン（目次や見出し付きの雛形）を作成し、それを平井に埋めてもらう方法で進めることにした。もちろん近い将来、本取引の情報を平井の部下（先のCFO、COO等）に共有すべきタイミングがくれば、コンテンツの重要な部分については彼らが埋めていくことになる。

基本的に、M&Aのプロであれば、売却希望者が提出した情報をそっくりそのまま買収者候補に伝達することはない。このような調査を踏まえて、FAがIMなりプロジェクションを用いて取得した情報の再整理・加工を行う。そのうえで、生データとなる財務資料などと合わせて、買収者候補への提出書類パッケージを作成していく方法がとられることが多い。賢明な買収者候補は、優秀な経営企画部メンバーを擁しているケースが多く、プロジェクションの根拠、それを支える対象会社の強み、競合に勝てる理由等の説明が曖昧な状態であれば徹底的に追及してくるものだ。説明に信頼性がないと判断されれば、それだけで案件が破談になることもある。このことから、セルサイドDD、プロジェクションの策定、IMの策定はそのプロセス自体も重要といえる。

FAに依頼する場合であれば、さらにスケジュール案の策定、DCF法やEBITDAベースの簡易的企業価値評価の可否等は確認したほうがいい。それら作業は重要だが、より重要なのは、それらの策定作業の過程でFAだけでなく売却者を含む対象会社経営陣までもが対象会社の本当の課題や強み、将来の数字の蓋然性をより深く理解できることだ。これは自社商品に関する知識が飛びぬけている者がトップ営業マンになりやすいのと似ている。

これらビジネス・財務・法務に及ぶ一連の調査の結果、いくつものフォローすべき問題が発見されたが、特にビジネス面のセルサイドDDでは以下の2点の問題が検出された。

〈ビジネス面におけるセルサイドDDで検出された2つの問題点（実際の検出項目の一部）〉

	問題点	M&Aアドバイザーの評価
①	FT社ではFTアナライザーを中小向けに提供しているが、営業を平井の前職企業である、シーテクノロジー社へ破格の条件で外注している。また、最近、FTアナライザーの解約数が多く、顧客数は純増しているとはいえ心もとない。	営業力の弱い会社がFT社を買収した場合、顧客が急減し売上が急速に悪化する可能性がある。シーテクノロジー社社長との信頼関係を前提としてよい条件で営業支援をしてくれていることから、オーナーチェンジ後はあてにできない可能性がある。よって、他社に営業を依頼する選択肢、自社で営業部隊を強化する選択肢については要検討。さらに、一定の顧客ヒアリングは実施したい。これは解約理由の把握にもつながる。解約数の多さは大きな懸念材料であり、この点は徹底的に調査し、解約防止策が立てられるように検討すべきだ。
②	FTアナライザーは新規性のないものであり、同商品そのものに対する買収魅力度はあまり高くないのではないか。	ヒアリングと調査によると、FT社の主力商品である「FTアナライザー」は市場競争力が弱いようだ。特徴はあるものの陳腐化している。このことは、買収価値に大きな影響を与えるだけでなく、そもそも買収希望者が現れない可能性もある。機能追加等で商品魅力度を上げることができるか、競合商品はどのような価格設定および機能か、今後の同領域における新技術にはどういったものがあり、それをFT社が商品化できるか、その他FT社の資産とみなせるものはないか？　等を検討する必要がある。

樫村は、対象会社（FT社）のサービスが当初想定よりも陳腐化傾向にあることを知った。企業買収には目的が必要だ。買収者側の目的を明確化し、その目的をFT社買収により果たすことができなければならない。FT社に限らず、M&Aにおいて価値とみなせる典型的なものには、「サービス・商品」「優秀な役職員」「組織運営上の仕組み」「開発力」「ブランド」「特許等の権利」「販売チャネル」「顧客」「キャッシュフロー自体」等がある。

たとえば、結婚紹介事業者が同業者を買収する場合を考えよう。買収者自身は相談員のレベルアップに課題を抱えているとする。この場合、相談員のレベルが他社より高いような対象会社があれば、それら相談員の教育システム、インセンティブ付与プラン、顧客へのトークスクリプト、顧客からのフィードバックシステム、マネジャーを主体とした相談員の組織管理、紹介斡旋の技術等の一連のビジネスフローこそが「何を買うのか」という目標物になりうるだろう。このような「目標物」が買収者自身で構築できないものだったり、他社にないものである場合には必然的に「高評価」となる。この結婚紹介事業者の場合、上記の一連の目標物は「組織運営上の仕組み」だが、これは「商品」の一部ともいえる。しかし、ただ「商品が価値だ」と考えるのではなく、業界的にどういった要素が競合優位性となるのかといった点は深く、そして細分化して考えていくべきである。その点では細かく自社・業界分析をしていくことが重要だ。

一方、FT社の場合「商品」や「ビジネスモデル」に際立った強みおよび改良余地が見つけにくかった。代わりに「顧客」の数や、すでにある「キャッシュフロー」はある程度、企業価値とみてもらえるのではないかと考えられた。そこで、これらに鑑みて以下のような相手が有力な買収者候補となりうるのではないか、という仮説を立てることとした。

〈買収者候補のイメージ像と売却戦略にかかる仮説〉

買収者候補像は、FT社の営業体勢を再構築できるほど営業力が非常に強く、中堅企業アカウントを特に求めている（顧客を価値とみてくれる）会社とすべきではないか。FT社の既存顧客と相性のよい高単価かつ市場性の魅力がある月次課金のストック型のビジネスモデルを主業としている会社であればなおよく、現預金規模で50億円程度以上は保有する会社（対象会社の企業価値の数倍規模の資金額という意味でざっくりと樫村が計算した数値）をターゲットとすべき。また、事業理解を深めてもらうためには、取引の初期ステージからきちんと魅力等を買収者候補に説明していき、FT社の顧客層の獲得によりどれだけ価値を創造できるかという点を徹底的に訴求すべき 。

また、樫村らはFT社の立案したプロジェクション（財務モデル。204ページ参照）は根拠が弱いものだと感じていた。なぜなら、重要性の高い（数値の大きい）項目である売上高や人件費等の数値の根拠を平井に聞いてもその説明が曖昧だったからだ。本来は売上高であれば単価や販売数等に分解して、細かい変数それぞれに一定の根拠を置く形でプロジェクションを立案すべきだが、FT社が作成したものは大雑把なものだった。樫村はプロジェクションをはじめから作り直す支援をする必要があると考えた。また、根拠がないだけでなく「非常に保守的」な数値が設定されていた。買収者側は、売却者側から提出されたプロジェクションを一定程度、下方修正させたものを正式な計画値として認識する場合が多い。保守的すぎる計画を売却者側から提示するということは交渉上も不利になる。樫村は川村に、FT社が策定したプロジェクションのうち根拠が乏しい部分を再検討し、平井にて楽観的なケース、ベースケース、悲観的ケース等、いくつかのストーリーごとにプロジェクションを再策定する際の支援をするように指示した。

3-4 きわめて重要なプロジェクション　～2018年4月13日～20日～

4月13日以降はプロジェクション（財務モデル）の再策定が急ピッチで進められた。樫村は、プロジェクションの策定を売却プロセスの中で最も重要な工程の1つと位置づけている。そのため、川村は事業の現場の状況を事細かにヒアリングして平井に対して策定のアドバイスを行った。プロジェクションは、将来の売上、コスト、キャッシュフロー、資産および負債などを予測するため、直近までの財務状況だけでなく、その裏づけとなる現場の情報が不可欠であるからだ。たとえば、「広告宣伝費」ひとつとっても、過去の「広告宣伝費」の内訳と、それぞれの効果や目的までを把握しないことには、来期以降に当該費用がどの程度必要になるのかを予測しようがない。

また、プロジェクションの策定作業は非常に細かい情報共有が必要になることから、この段階になってはじめて本案件の情報を白鳥CFOおよび佐藤COOと共有した。ここでプロジェクション策定の主担当が平井から白鳥となり、川村もアドバイスをする形で策定が進んでいった。場合によっては、オーナー社長以外の他の取締役にM＆Aの情報を共有しにくいケースもあるが、本件ではそういったこともなく白鳥が積極的に関与のうえで策定が進められたことから、平井の労力は軽減された。プロジェクション策定をしていくなかで、2018年3月期の実績データがあがってきたことから、本数値を実績値として記載のうえ、2019年3月期以降をより精緻に予測していくことになった。

財務面・法務面について、さらに詳細な調査を専門家に外注するか否かという議論もこの期間に行われた。財務面・法務面に不安な点があればFAはセルサイドDDを積極的に売却者へ提案する。当初は法務のセルサイドDDも実施しようと考えていたが、結局は、樫村の判断で財務面におけるセルサイドDDのみ実施するということになった。平井としてはコストをあまりかけたくないという事情もあり、樫村と旧知の間柄で、個人で会計事務所を切り盛りしている江村に依頼することになった。江村は大手会計ファームであれば数百万円かかるセルサイドDDを数十万円で引き受けてくれるということだった。なお、江村によるセルサイドDDの結果を踏まえ、プロジェクションの数値はより深い部分も含めて再度検証しようということになった。

3-5 セルサイドDD実施と検出事項の整理　～2018年4月26日～

財務面に関するセルサイドDDの日取りは4月26日となった。一般的にセルサイドDDの目的は、案件ごとに大きく異なるが、今回重要視したポイントは2つあった。1つ目は、**実質的な利益およびEBITDAの把握**だ。実際に買収後に不要となるであろう「買収後不要コスト」を調査する。

たとえば、売却者が個人オーナーで、その役員報酬が買収後には不要になるようなケースを考えよう（または役員報酬が下がるケース）。この場合、当該役員報酬額または減少するであろう額を買収後不要コストと捉え、会計上のコストから控除することで買収後の実質的な利益やEBITDAを計算できる。

他にもよくある削減可能費用としては、削減可能な接待交際費、取引後に車両が必ずしも必要ない場合における車両にかかる費用、節税として外部に支払っている費用などがある。また、買収者側の管理部門が整備されていれば、対象会社の管理部門の大幅な費用削減が可能な場合もある。EBITDAの何倍といった指標で評価する企業価値評価手法が存在することを考えれば、この実質的なEBITDAが決算上の数値より大幅に向上するならば、それは必ず主張すべきだ。また、実質的利益を見積もるにあたっては会計処理の正確性についても確認しておいたほうがいい。たとえば、システム開発会社等においては、期末の仕掛案件の計上ルールが上場会社の基準と大きく異なっている場合がある。買収者側のDDチームが対象会社の計上方法を調査した結果、正しく会計処理した場合の会計上の利益が大幅に減少してしまうということも起こりうる。こういう情報はなるべく早い段階で売却者側が認識しておくべきだ。

２つ目は、**資産・負債の評価**だ。FT社の場合、BS（https://buy-out.jp/bookにある「Projection&DCF.xlsm」の予測財務諸表に詳細を収録）に計上されている「ソフトウェア」の減損処理の要否判定と、「偶発債務・簿外債務」の有無について重点的に確認した。前者は、たとえば、70百万円と評価されるべきソフトウェアがBS上に100百万円と計上されていた場合、当該「ソフトウェア」の評価は修正する必要があり、この処理をするということは純資産が30百万円減額することを意味する。このような減損処理の要否は、事前調査を行い、あらかじめ把握しておくことで後々のトラブルや交渉劣位を回避できる。後者の**偶発債務・簿外債務**（78ページ参照）も重要だ。支払義務が発生する可能性のある裁判や第三者に対する保証等が典型例で、ベンチャー企業では未払残業代等の「労働債務」もしばしば問題となる。

セルサイドDDを行う時間が十分にとれていれば、様々な観点から専門家にみてもらってもいい。しかし、場合によっては今回の事例のようにスコープを絞ることも重要だ。また、「一定レベルの問題は存在するが企業価値への影響は軽微」と判断できる項目については、調査対象から排除するというのも重要な意思決定だ。

４月26日午前９時、江村がFT社にやってきた。財務面のセルサイドDDには平井と白鳥CFO、川村が付き添うことになった。ビジネスに関するセルサイドDDはすでにある程度完了していたことから、川村が現時点で判明している内容を江村に報告した。財務DDはビジネスDDと補完関係にあることから、江村がビジネス上の疑問を平井や白鳥、川村らに即座に聞ける環境が重要だ。ひと通りの資料に江村が目を通したあと、まずは２時間程度のインタビュー・セッションを行った。江村は以下のような質問を投げかけた。

「会社設立の経緯は？」
「事業内容と事業フローをホワイトボードに書いて教えてほしい」
「御社の強み、考えられる競合は？」
「KPIはどういったものでみているのか？」
「税務申告書記載の諸事項は正確か？」
「現在の社長自身のビジネスへの関わり度合いはどの程度か？」
「現在の管理部門の体制はどうなっているか？」
「社長と個人的な関係性のある取引先（親族含む）はいるか？　顧問や外注先等？」
「ソフトウェアとはなにか？　また、どのような会計処理をしているか？」
「裁判など、今後発生する可能性のある債務・潜在的問題は存在するか？」
「従業員の残業代計算等はどのようにやっていて、支払っていない場合は直近２年間でどの程度の金額が未払いになっているか？（労働債務の時効は２年間）」

これらをはじめ、非常に多くの項目についての質問・回答セッションを行ってから、江村は「**総勘定元帳**」等の諸データの確認を開始した。総勘定元帳とは、企業のすべての取引が１つの帳簿となって記録されたものであり、財務DDにおいて最も基本的な調査対象となる資料だ。この中でも、江村は特に以下の項目につき重点的に調べることにした。買収者が買収したあとには発生しないことが合理的に予想できる「買収後不要コスト」を抽出するためである。

〈買収後不要コストが含まれがちな費用の例〉

•役員報酬	•顧問料	•給与	•法定福利費
•旅費交通費	•外注費	•接待交際費	•車両費

2018年３月期のコスト項目を重点的に分析した結果、次ページ表の事項が判明した。

江村の分析により、2018年３月期のコストのうち、50百万円が「買収後不要コスト」とみなすことができると判明した。したがって、2018年３月期のEBITDAは、決算書から計算された294百万円に、50百万円を加算した344百万円が、M&A後に買収者側が認識できるであろう「実質的なEBITDA」であると合理的に主張できる。これで、まず１つ目の調査目的は達成できた。

続いて、２つ目の調査目的である、「ソフトウェアの減損処理の要否判定と、偶発債務・簿外債務のチェック」に移った。ソフトウェアについては、江村はまず現在の固定資産台

〈買収後不要コストとみなせる部分〉

勘定科目	分析結果	費用削減額（該当取引金額）
役員報酬	FT社で支払われていた平井に対する役員報酬は、過大とまでは言えないものの、買収者側が１名代表を派遣した場合に考えられる役員報酬額を超えていると考えられた。このため該当する差額部分を買収後不要コストと判断できる。	24百万円 ※年額36百万円のうち
顧問料	FT社では、平井の親族を顧問として採用し、実際にアドバイスを受けていたが、当該顧問の事業上の必要性は減ってきていた。よってM&A後に不要となる買収後不要コストと判断できる	12百万円
法定福利費	M&A後に不要となる役員報酬や給与に紐づく法定福利費はM&A後に不要となる買収後不要コストと判断できる	５百万円
旅費交通費	FT社では平井がファーストクラスを用いていることから高額な旅費交通費が計上されていた。M&A後には役職員がファーストクラスを用いる可能性は低いことから、該当する部分は買収後不要コストと判断できる	１百万円
外注費	FT社では平井の兄弟会社に対し、システム外注コストが計上されていた。実際に業務提供は受けていたものの、事業上の必要性は減ってきていた。こちらもM&A後に不要となる買収後不要コストと判断できる	６百万円
接待交際費	平井はやや過度に取引先を接待することが多かった。よって接待交際費の一部はM&A後に不要となる買収後不要コストと判断できる	２百万円
	削減合計額	50百万円

帳を確認し、いままでの計上処理および償却処理について白鳥CFOに対するヒアリングからはじめた。現在あるソフトウェアの内容を確認しなければならないからだ。ソフトウェアはBS上に50百万円計上されていたが、その内訳は前期末の固定資産台帳によるとざっと以下のとおりであった（以下は正式な固定資産台帳ではなく要点をまとめたもの）。

〈ソフトウェアの内訳〉

資産名	償却方法	耐用年数	取得金額	当期償却額	期末簿価
開発用ソフト（１年前に取得）	定額法	5	50百万円	10百万円	40百万円
顧客管理システム（１年前に取得）	定額法	5	6.25百万円	1.25百万円	5百万円
その他（１年前に取得）	定額法	5	6.25百万円	1.25百万円	5百万円

江村はそれぞれのソフトウェア資産について、取得金額の計上理由、自社開発なのか外注での開発なのか、現状の利用状況はどうか、償却方法はどう行っているか等を確認して、BS上の残高との突き合わせを行った。なお、ベンチャー企業では、まれに費用として計

上させるべきものを資産計上するなど誤った会計処理がなされている場合もある。このような会計処理周りはM&A取引の交渉でも指摘されやすい点だ。会計処理の誤りなどがあると、開示した営業利益が大幅に下方修正され、交渉もままならなくなることもある。また、クロージング後に問題となることもあり注意が必要な点だ。同社の場合、それらの懸念は少なかった。

精査の結果、ソフトウェアについては適切な会計処理を行っており、白鳥CFOの説明も非常に明確であり、実際に修正が必要になるものはないだろうと判断した。樫村と江村は、FT社の白鳥CFOが優秀であり、きちんと管理されていることに安心感を覚えた。

次に、偶発債務・簿外債務の調査に移った。買収者側がDDを行う場合、偶発債務・簿外債務の調査で最も重要になるのは、「経営陣へのヒアリング」である。これにより該当する項目が存在するかどうかの大枠を知ることが可能となるからだ。最終契約でも「偶発債務・簿外債務」については詳細に記述され、その不存在を保証することになる。したがって、「偶発債務・簿外債務」については売却者側としてはきちんと認識し、存在が明らかなものについては事前に伝達しておくことも重要だ。

偶発債務・簿外債務の代表的なものと売却者側がとれる対策をまとめたのが下表だ。基本的にはオフバランスといって、バランスシート等の帳簿に計上されていない債務（将来の費用や損失、キャッシュアウト）が何かという視点で考えていくと抽出しやすいだろう。

〈偶発債務・簿外債務と売却者側がとれる対策〉

偶発債務・簿外債務の代表例	対　策
訴訟事件等があり、こちらに支払義務が将来発生しうるケース	当該訴訟等により支払義務が発生する可能性、その際の金額を把握のうえ、買収者候補への説明や最終契約における交渉方針を定める
税務当局等から問題を指摘されている（またはされるであろうと想定される）ケース	実際に追加して負担する可能性があるか否か、およびその場合の金額を把握、買収者候補への説明や最終契約における交渉方針を定める。もし問題が解決している場合は、その旨を積極的に買収者候補へ説明できるようにしておく
債務保証等をしているケース	債務保証とは、第三者が負担または将来負担する債務について、自社（保証人）がその支払いを保証すること。債務者である第三者が実際に債務不履行（デフォルト）となった場合、債務保証を行った自社が第三者になり代わって弁済（代位弁済）しなければならない。当然、第三者の信用力いかんによっては、弁済義務が発生しうる可能性も大きくなる。この場合、第三者の概要説明（信用力等）、保証設定の経緯等について説明する準備を行う。可能なら、債務保証契約を解除する
顧客からのクレーム等がある場合	顧客からのクレームが、リコールや製品回収等が必要になる種類のものである場合、それらの金額等について把握をしたうえで、内容と問題の発生可能性の程度を説明できるようにしておく
その他	労働債務の存在（ベンチャーに多い）、解約ができないリース契約の存在、デリバティブ取引の存在、重大な後発事象（直近財務諸表に表れていない変化）に関わるもの、高額なインセンティブボーナス、重要な契約にかかるチェンジオブコントロール条項に関わるもの、金融

	機関との契約における財務コベナンツおよび経営上の制約の有無、リストラに伴う費用発生、買戻条項付契約やセール・アンド・リースバック契約の有無等が代表的なものだ。これらについても、基本的には、発生しうる金額の確認、発生の可能性、それぞれのリスクヘッジ策、買収者候補への説明方法を検討する

江村が調査した結果、２つの問題点がわかった。まずは売掛金の未回収分について訴訟案件が存在するということだ。平井によると問題は以下の経緯で発生した。

平井 「実はかつての取引先でA社という会社があるのですが、そこから売掛金の回収ができていなかったんです。それも金額がけっこう大きくて10百万円。それで訴訟をはじめたというのが現在の状況です。あっ、ただ、当該売掛金はすでに貸倒損失処理をしており、損失として前期計上済になっています」

この話を聞いて、江村は「偶発債務・簿外債務」としてはそれほど問題にならない話だと判断した。なぜなら、売掛金自体は未回収ではあるものの、すでにその取引については損失処理を行っていたからだ。この場合、訴訟費用支出の継続は織り込む必要があろうが、今後新たに発生する予期せぬ損失または資産の減損の可能性を考えなくてもよいということになる。逆に、「勝訴し金額が返ってくれば儲けもの」ということになる。このような場合はきちんと買収者候補に対して「魅力」として訴求すべきである。

次に平井が引っ掛かったのが、「債務保証」だ。

平井 「実は債務保証はしているんです。私の弟が借金をしていまして、FT社がその保証人になっています。さらに問題は弟が借金を返済できなくなってしまったようで、私のところにも支払督促がきている状況です。金額も３百万円と小さいので、もう払ってしまおうかなと思っています」

これは金額が小さいものの、少し気持ち悪い問題だ。樫村は、買収者候補に打診する前には綺麗にしておきたいと考えた。そこでこう提案した。

樫村 「それでは、弟さんの債務を平井さんが差し当たり弁済してあげることはできますか？　弁済完了となれば、FT社から弟さんへの保証契約も偶発債務・簿外債務とはみなされませんので」

こうして、買収者候補との交渉前に債務保証を処理しておくことも決定した。これ以外には特に論点はなさそうだとのことだったので、偶発債務・簿外債務についてはそれほど問題がないという内容で江村はレポートをまとめた。

ここまでで、樫村が希望していたひと通りの調査は終わった。また、取引先との締結済み契約書のチェックも簡易的に実施し、弁護士にもヒアリングしておいた。気になる点はあったが、平井らに確認のうえ、ディール全体に及ぼす影響は小さいと判断した（しかし、それが後でちょっとした問題につながるのだった）。弁護士をアサインして法務面にかかるセルサイドDD（171ページ参照）を本格的に実施する必要性も少し感じていたが、案件サイズや影響度に鑑みて割愛した。

3-6 資料完成と簡易的価値評価　～2018年4月27日～5月1日～

セルサイドDDが終了したことから、最後に白鳥主導でプロジェクション[9]の修正を行った。特にセルサイドDDで発見した買収後不要コストを除外した数値を基準として今後の計画を策定した。その後、売上にかかるKPIである販売数や単価、人員増加のスピードなどについて平井、佐藤COOにも確認してもらったうえで確定版とした。プロジェクションの大部分は白鳥に川村がアドバイスする形で策定されたが、最後に江村により将来の各年度のキャッシュフローを算定してもらい、さらにエンタープライズDCF法による企業価値評価（241ページ参照）も実施した。これらの完成後、5月1日にはプロジェクションと簡易的な企業価値評価を共有するための会議が設けられた。なお、内容が内容なだけに平井としては白鳥を同席させるべきか少し悩んだが、白鳥との信頼関係が厚くプロジェクションの策定状況も白鳥から説明させたかったことから、白鳥のみ会議に同席させた。

白鳥　「プロジェクションの説明をします。まずはこちらをご覧ください。……」

白鳥がモニターにExcelを映しつつ、プロジェクションの説明を終了させると、今度は江村から株主価値評価の結果が伝えられた。結果的に、EV/EBITDA倍率を5倍程度でみると、2018年3月期修正EBITDA344百万円×5－（－296百万円）≒20億円程度[10]、割引率10.6％を用いたエンタープライズDCF法[11]では28億～30億円程度という株主価値がそれぞれ算定された。

平井　「なるほど。やはりプロのアドバイスが入ると全然違うね。最初は5億ちょっととか言われてびっくりしたもんだよ」

樫村　「そうですよね。ただ、DCF法の結果はみなさんが策定したプロジェクションと上場類似会社を材料とした割引率をベースに算定されているので、買い手の評価が大きく変わることはありますけどね。また、サイズ・プレミアムの調整（297ページ参照）等は行っていないため、これよりも本来は低い価値が妥当かもしれません」

平井としては、たとえそうであっても、20億円程度の評価が考えられるのであれば、積極的に進めたいという感覚であった。

9　本書付録のプロジェクションをダウンロードしてご覧ください。なお、本プロジェクションでは前述の買収後不要コストの調整はせず、会計上の利益が入力されています。実際には売却側としてはこのような買収後不要コストがある場合、それらを加味してプロジェクションを策定し、企業価値評価を行ったほうがよいでしょう。

10　本書付録のプロジェクションにはFT社の詳細財務データが収録されており、その数値をもとに簡易的計算をしたものです。本計算はEV/EBITDA倍率を用いた類似会社比較法により株主価値を算出したものです。詳細な解説をしている224ページ以降ではより実務に即した形で精緻に計算しています。

11　割引率や実際の算定の詳細は、「Projection&DCF.xlsm」および第四部の解説をご参照ください。

売却先が決まるまで

打診先の検討　～2018年5月2日～

各種資料の準備に目途がついたということで、5月2日に再度本プロジェクトのメンバーが全員集まって会議を開くことになった。FT社平井の他、白鳥CFO、佐藤COO、BA社の樫村、川村、会計士の江村の6名である。会議の目的は以下のとおりだった。

1．今後のスケジュールの共有
2．打診用ノンネーム資料であるティザー・メモランダムの確認
3．NDA後に開示すべき資料の確認
4．買収者候補の選定

樫村はA3の紙面を2枚、川村に配らせた。「スケジュール表」（44～45ページおよび付録ファイル「Schedule_pdf」参照）だ。

樫村「さて、この表には、過去の進捗も含めて、以前行った我々BA社と平井さんとのキックオフミーティングからクロージングまでのスケジュールと今後の予定を記載しています。今後変わる可能性はありますが、極力これに合わせて進行させたいと思いますので、本日の会議はこのスケジュールを軸に進めたいと思います。まず一番左の列の番号でいう16番をご覧ください。この『スケジュール共有等にかかるミーティング』というのが本日の面談を意味します。よって、15番まではすでに完了したまたは作業をすでに開始しているタスクだとお考えください。14番に記載している『買収者候補企業リスト』は弊社でドラフティングしてきましたので、あとでご説明します。さて、打診先が決まっているとすれば、今後必要な資料は、NDA前の初期打診段階で必要なティザー・メモランダムと、NDA後に開示していくIM等の各種詳細資料ということになります」

樫村はこう言いながら、数ページの紙面を川村に配らせた。紙面には**「ティザー・メモランダム」**（364ページおよび付録ファイル「Teaser_PJ_FT.pdf」参照）と記載されている。

樫村「こちらが、以前のお打ち合わせで説明したノンネームシート、いわゆるティザーです。こちらを用いて我々BA社は複数の潜在的買い手へ打診します。これにより平井社長は社名を伏せて一定数の買い手候補へ初期的関心を確認可能です。こちらはドラフトですので、これをベースに貴社で修正や加筆すべき点があるかこの場で議論しましょう。まず、ティザー作成の際に重要な点は、①FT社の社名が特定されないように意識しつつ、可能な限り対象会社の

魅力を伝えるということ、②交渉上問題ない範囲で「悪い情報」も積極的に記載することの2点です。特に②は重要です。例外もありますが、基本的には悪い情報は先んじて開示することで、売り手、買い手候補双方に余計なコストがかからなくなります。それでは1ページずつ説明していきます……」

FAによっては、「不利な情報」を開示しない方針をとるケースもあるが、樫村としては原則として、あとで判明するだろう不利な情報は積極的に事前に開示していくスタイルをとっている（もちろん戦略的にディールの後半まで開示を控えるケースもある）。すでにほぼ完成している状態であったことから、モニター画面にティザー・メモランダムを投影しつつ、この場で皆の意見を集約し、加筆・修正等が施され最終版が完成した。

樫村「さて、ティザーが完成しましたので、打診をしようと思えばもう実施可能ということになります。よって、可能な限り早い段階でNDA締結後に開示する資料を完成させる必要があります。開示資料として最も重要になるのがIM（371ページ参照）ですが、これはすでに取り掛かり始めていましたね。現段階では白鳥CFO、佐藤COOにも本件を共有して進めていますので急ピッチで完成までもっていくことが可能かと思います。プロジェクションはすでにほぼ策定が終了しておりますので、平井さんはじめ皆さまの確認後、IMと同時に買い手候補に提示できるようにしておけばよいと思います。入札方式では、すべての買い手候補と面談を設営せずIMだけで初期的な評価をしてもらうというケースも多いので、魅力をしっかり訴求し、買い手がIMだけで一定の価値評価ができるレベルまで作りこむことが重要です。とはいえ、今回は広範に打診する入札とは異なり、個別ミーティングやQAでフォローをするという方法をとりたいと思います。また、IMやプロジェクション以外にも、スケジュール表に記載した17番の『プロセスレターの作成』、18番の『想定問答集の作成』、20番に関連した機密保持契約書（CA）の雛形の作成等、並行してやるべき作業がいくつもありますので同時に進めていきましょう。特に**『想定問答集』**の作成は重要です。想定される買い手からの質問をリスト化し、それに対する回答を用意しておくのです。これはFT社をよくみせるための回答案を作成することが目的ではなく、平井社長や経営陣の貴社に対する正しい理解を浮き上がらせ共通化させることが重要な目的です。想定問答集の作成は自社への理解をより深める良い機会となりますし、経営陣のみなさんが別々に質問されても事実誤認に伴う矛盾した回答をしてしまうリスクを防ぐことが可能となります。買い手としては経営陣に発言の矛盾があるととても不安になります。何が事実として正しいのかわからなくなるからです。また、想定問答集を作成していく中で交渉の戦略がみえてくるという効果もありますので一緒に作成していきましょう」

樫村はあらかじめ作成しておいた買収者候補企業リストをみんなに示しつつ話を続けた。買収者候補企業リストとは、買収者候補の社名や接触ルート、保有現預金などをリスト化したものだ。

樫村 「ここに私が作成した買収者候補企業リストがあります。この話はあとでまた詳しくしますが、今後ティザー・メモランダムを用いてこういった買い手候補に打診をし、興味を示してくれた企業が現れた場合はNDAを締結し、前述の詳細情報を開示します。この過程の中では、平井社長によるプレゼンテーションや会社紹介の場を設けていきたいと思います。これらの作業を行いながら、目指す中間ゴールはスケジュール表の22番にある『入札』です。ここでは買い手候補より**『意向表明書』**という書面を提示していただくことで条件提示をしていただきます。この書面には、買い手候補が考える提示額や付帯条件が記載されますが、通常は法的拘束力がない形で提示されるものです。なお、本案件について私の現時点での感覚をいえば、50社ティザーレベルで打診をしてNDAを締結してくれるのが10社程度、そこから意向表明の提示をしていただけるのが３社程度になるかなぁといったイメージを持っています」

平井がうなずいたようだったので、樫村はさらに続けた。

樫村 「買い手候補から『入札』がなされたら、今度は我々売り手側が検討する番です。提示条件でよいか、今後どう進めていくべきかを議論します。通常、取引の初回で提示する意向表明書はノンバインディング、つまり、法的拘束力がありません。したがって、意向表明書に金額が記載されていても買い手候補がDDをしたあとに減額交渉をかけてくる場合があります。これも買い手側の特性によりけりで、曖昧な理由で減額交渉をよくかけてくる会社もあれば、あらかじめしっかり情報開示をしておけばそのような交渉をしてこない傾向が強い会社もあります。弊社はIT業界であれば個別企業の特性を理解しているのでこの辺りも含めて打診先のアドバイスを行います。意向表明書に記載されている金額およびその他条件に不満がなければ、さらに情報を開示しますが、ここで初めて会社の帳簿や取引先との契約書等の機密レベルのより高い情報を開示していきます。それらを確認した後、最終的な合意に進みます。何となく進め方のイメージはご理解いただけましたか？」

ここで平井が口を開いた。

平井 「色々とありがとうございます。はい。お陰様でイメージがわきました。ただ、色々とやることが多くて大変そうですね。細かい点でも色々と重要なポイントがありそうなので、これからもご指導いただきつつ進めたいと思います。あとはどこに打診していくのかという点が気になっている点です。私としてはいくつか関心をもっていただけるような買い手候補は思いつくのですが、打診先を考えるにあたってはどういった点に気を付ければよいのでしょうか？」

樫村 「そうですね。まず規模が大きい会社やシナジーが大きく見込める会社が買い手候補となったほうが高い価値を付けてもらえる可能性は高いと思います。また、大きい会社は大きい会社を買いたがるという傾向もありますね。こういった要素を考えつつ買い手候補を検討するとよいでしょう。ただし、なかには交渉の仕方がアンフェアな会社もありますので、そういう会社を候補に入れるべきかは考える必要があります。最後になって考えられない条件を突き付けてくる会社もあれば、情報だけ抜いてやろうと、買う気もないのにDDしようとする会社もあります。こういった買い手についての情報は、我々も保有しているので適宜、指摘させていただきます。また、規模の大きさというのは資産規模を意味しますが、加えて買収資金の有無と負債の多寡もできれば分析しておきたいポイントです。資産規模が大きくとも買収資金が賄えない状況にあるということも考えられます。いずれにせよ、このあたりの判断はプロである弊社がアドバイスします。また、意向表明を複数から受領した場合、最終的なプロセスに何社を残すかということも重要な問題です。買い手側がDDを実施する場合には、

〈買収者候補企業リスト〉

番号	企業名	活動分野	東洋経済　会社説明	優先	属性
1	xxxxx	ネット広告(代理店)	xxxxxxxxxxxxxxxxxxxx		スクリーニングに該当した上場会社
2	A社	ネット広告(代理店)	xxxxxxxxxxxxxxxxxxxx		スクリーニングに該当した上場会社
3	xxxxx	ネット広告(代理店)	xxxxxxxxxxxxxxxxxxxx		スクリーニングに該当した上場会社
4	xxxxx	ネット広告(代理店)	xxxxxxxxxxxxxxxxxxxx		スクリーニングに該当した上場会社
5	B社	ネット広告(代理店)	xxxxxxxxxxxxxxxxxxxx		スクリーニングに該当した上場会社
6	C社	ネット広告(代理店)	xxxxxxxxxxxxxxxxxxxx		スクリーニングに該当した上場会社
7	xxxxx	ネット広告(代理店)	xxxxxxxxxxxxxxxxxxxx		スクリーニングに該当した上場会社
8	D社	ネット広告(アフィリエイト)	xxxxxxxxxxxxxxxxxxxx		スクリーニングに該当した上場会社
9	xxxxx	ネット広告(アフィリエイト)	xxxxxxxxxxxxxxxxxxxx		スクリーニングに該当した上場会社
10	E社	ネット広告(アフィリエイト)	xxxxxxxxxxxxxxxxxxxx		スクリーニングに該当した上場会社
11	xxxxx	ネット広告(アフィリエイト)	xxxxxxxxxxxxxxxxxxxx		スクリーニングに該当した上場会社
12	F社	ネット広告(アフィリエイト)	xxxxxxxxxxxxxxxxxxxx		スクリーニングに該当した上場会社
13	xxxxx	ネット広告(アフィリエイト)	xxxxxxxxxxxxxxxxxxxx		スクリーニングに該当した上場会社
14	G社	Eコマース(B to C)	xxxxxxxxxxxxxxxxxxxx		スクリーニングに該当した上場会社
15	H社	Eコマース(B to C)	xxxxxxxxxxxxxxxxxxxx		スクリーニングに該当した上場会社
16	I社	Eコマース(B to C)	xxxxxxxxxxxxxxxxxxxx		スクリーニングに該当した上場会社
17	xxxxx	Eコマース(B to C)	xxxxxxxxxxxxxxxxxxxx		スクリーニングに該当した上場会社
18	xxxxx	Eコマース(B to C)	xxxxxxxxxxxxxxxxxxxx		スクリーニングに該当した上場会社
19	xxxxx	Eコマース(B to C)	xxxxxxxxxxxxxxxxxxxx		スクリーニングに該当した上場会社
20	xxxxx	Eコマース(B to C)	xxxxxxxxxxxxxxxxxxxx		スクリーニングに該当した上場会社
21	xxxxx	Eコマース(B to C)	xxxxxxxxxxxxxxxxxxxx		スクリーニングに該当した上場会社
22	J社	システムインテグレーター	BA推薦企業		BA推薦の上場会社
23	K社	システムインテグレーター	BA推薦企業		BA推薦の上場会社
24	L社	各種受託システム開発	BA推薦企業		BA推薦の上場会社
25	M社	各種受託システム開発	BA推薦企業		BA推薦の未公開企業
26	N社	各種受託システム開発	BA推薦企業		BA推薦の未公開企業
27	O社	飲食店運営	BA推薦企業		BA推薦の未公開企業
28	P社	飲食店運営	BA推薦企業		BA推薦の未公開企業
29	Q社	不動産開発	BA推薦企業		BA推薦の未公開企業
30	R社	個人	BA推薦個人		BA推薦の個人

原則として外部専門家等もアサインし相当のコストをかけます。したがって、買い手候補としては『１社単独で最終的な交渉に入れないのなら交渉をしたくない』と主張する場合があります。一方で売り手側としては最終的な条件提示がなされる直前まで少なくとも２社には検討継続してもらいたいと思うものです。このあたりはケースに応じて選択していくしかないでしょう。これらが固まればトランザクションは最終段階に入ります。それが25番以降の『DD～クロージング』のフェーズです。最後に最終的な条件提示（33番）がなされ、最終条件交渉からDA締結（＝契約合意）ののちクロージングへと到達します」

直接コンタクト（役員以上）		注目財務指標（百万円）		
FT社	BA社	現預金及び同等物（直前期）	現預金及び同等物（LTM）	NetDebt（LTM）
	有り	71,749	45,213	−32,971
有り	有り	78,764	53,664	4,052
	有り	78,117	48,143	−81,228
		62,612	73,547	−23,743
	有り	32,202	60,490	−43,754
	有り	39,761	18,663	−39,085
	有り	50,678	49,999	−96,028
		30,458	80,171	40,031
	有り	61,789	84,303	−30,454
		45,909	83,817	−4,488
	有り	85,422	39,530	255
		61,011	7,570	−42,293
	有り	93,058	24,862	−85,043
有り	有り	8,575	30,529	−66,295
		91,075	31,257	−89,628
有り	有り	83,777	57,622	−56,458
		78,353	5,849	−41,855
	有り	91,084	29,533	10,456
		63,019	58,179	−42,294
	有り	66,926	57,540	23,371
有り		89,453	57,923	−58,632
	有り	5,619	52,758	−5,259
	有り	55,613	14,155	−18,224
	有り	55,108	5,141	−57,643
	有り	不明	不明	不明
	有り	不明	不明	不明
	有り	不明	不明	不明
	有り	不明	不明	不明
	有り	不明	不明	不明
	有り	不明	不明	不明

樫村「まずは22番の『入札日』つまり、『買収者候補による意向表明提出』が最初の大きな通過点です。いずれにしてもここで大事なのは買い手候補のリストアップです。これは弊社にてすでに作成してきました。本日はこの資料をもとに議論をしていきたいと思っています。まずこちらをご覧ください」

樫村はこのように言ってから、川村に資料を配らせた（左の図参照）。

樫村「これは弊社で作成した買い手候補のリストです。弊社の独自のデータベースと専門情報サービスを用いて、一定のルールに則って作成しています。まず御社を強く買収したいであろう企業をピックアップしています。これは渋谷さんからも少しアドバイスをもらったうえ、弊社の過去の面談記録などの結果も踏まえて検討しました。また、営業力が強く中堅企業アカウントをほしそうな会社、できれば月次課金型のビジネスをしている会社が適切なのではないかというビジネスDDからみえてきた買い手像も同時に考えながらリストを作成しました。また、保有する現預金量を重要指標ととらえ、50億円以上もっている企業を買い手候補としました。非上場会社は判断が難しいので、推定で50億円以上は保有しているだろう相手をリストに含めました。貴社の価値を20

億円と考えると、少なくとも２倍以上の現預金保有量のある企業でないと適正な評価をしづらいだろうと考えました。あとは負債の大きい候補も除外しています。もちろん、これはあくまで数字的なスクリーニング結果であり、ここで落とした企業が買い手候補となる可能性がある場合もあります。その場合はまた適宜リストに復活させればいいのではないかと考えています。

さて、このリストをみてどう思われるでしょうか？　また、これ以外に可能性がある買い手候補としてはどのような企業があるでしょうか？」

佐藤COOが以下のように回答した。

佐藤　「樫村さん、ご作成いただきありがとうございます。ただ、ちょっとこの買い手候補一覧は違和感がありますかね。まず、弊社の商品や顧客リソースに魅力を感じなさそうな会社がかなり含まれています。たとえば、番号で言いますと、１や３、４、７、９、11、13、17から21等でしょうかね。実際の各社ホームページ上ではあまりわからないのですが、ここは明らかに顧客層が当社とも異なりますし、彼らが弊社の商品や顧客に興味をもってくれるという気はしないですね。あと、番号22から30はどういう意図で選定されたのでしょうか？　直接的には関係がない事業を行っている会社にみえるのですが……」

樫村　「非常に有用なアドバイスをありがとうございます。そういった事業面での相性等は私たちFAでは評価しにくい部分でして、やはり御社で評価いただきたいと思っていました。私たちは広く事業内容や規模からスクリーニングをしていますが、細かい部分までの評価力は当事者であるみなさんには到底及びません。したがいまして、御社側でそのように考えられるのであれば、上記の企業は買い手候補から削除してもいいと思います。また、番号22〜30の買い手候補群については私が選定しました。これら企業は実際に私が日ごろから接触していて、FT社のような事業を取り込みたいという個別のニーズを直接聞いている方々です。ここには是非紹介させていただきたいと思います。きっと積極的に検討してくれる会社があると思いますよ。また、もうひとつ。FT社さんが日ごろから業務をされるなかで、この会社なら興味を抱いてくれるかも、という会社はありませんか？」

これについては平井が回答した。

平井　「アフィリエイト関連事業を行っているＳ社という会社があるのですが、同社は以前から弊社の株式を譲渡してくれと冗談か本気かわからないようなトーンでずっと言い続けているんですよ。社長とは飲み仲間でもあるんですがね。一応、あたってみてもいいかなと思います。

次に、Ｔ社です。ここも社長との付き合いがあるのですが、以前から弊社の中小・中堅企業顧客ネットワークを評価してくれています。彼らは新事業として中小・中堅企業向けのとあるクラウドサービスを開始しようとしているのですが、『それらのスタートダッシュとなるようにクロスセルできれば面白い』といわれ続けています。まだ商品の内容がわからないので返答していないんですけどね」

樫村　「それはよい情報ですね。実はM&Aって、価格の良し悪しは別にして、日ごろから付き合いのある会社のほうがスムーズに進むことが多いんです。S社社長は冗談半分で株式譲渡の話をされるとのことですが、買収の話は冗談半分で言ってみて相手の出方を探るというのはよくあるパターンです。そういう意味ではとてもポテンシャルが高いようにみえます。

また、T社も魅力的です。新事業をはじめるというのは外部からはわからない情報で、T社にとって重要な情報です。投資額が価値に見合うと判断いただければ買ってくれる可能性は高いかもしれません。このS社とT社も買い手候補リストに追加しましょう。本日の議論の後、御社でもこのリストをブラッシュアップしていただき、適宜弊社と電話会議等で協議のうえ、休み明けの5月7日までには完成させましょう。この作業は最も重要な作業の1つであり、この成否にM&Aの成功がかかっているといっても過言ではありません」

このようなやり取りの後、FT社と川村が中心になって打診する買収者候補の選定作業を進めた。結局、この日に議論した内容で「買収者候補一覧」を更新した。最後には打診する企業が20社となった。樫村は、部下の川村に、想定問答集とFT社に用意してもらう開示資料の一覧表の作成を指示し、5月6日までに完成させた。作成した開示資料の一覧表を買収者側にチェックしてもらうことで、資料の開示有無で後々トラブルになることを防ぐことができる場合があるからだ。また、同時にIMの作成を指示した。

4-2 打診開始 ～2018年5月10日～

樫村は、すでにコンタクトがある買収者候補へ初期的内容の打診を行うため、各候補者へメールを送信した。また、必要に応じて電話をかけた。S社とT社はともに樫村にもネットワークがあったことから、これらもまとめて樫村から打診をした。樫村はIT関連業界についてはプロフェッショナルであることから、買収者候補の多くの企業の経営層へ直接的なアクセスが可能であった。樫村もFT社もルートがなかったD社、E社、F社、H社についても、樫村はほどなくアプローチルートを見つけ、打診を行った。しかし、以下のような内容の返信が大半だ。

「樫村さん、お世話になります。情報ありがとうございます。しかしながら、ちょっとこの分野は手を出しづらいですね。申し訳ないです。また、よい案件がありましたら共有、よろしくお願いいたします」

結局、「お会いして話をしてみたい」という企業はC社、E社、F社、K社、N社、P社、S社となり、それら候補には直接訪問することとなった。平井社長に対して冗談半分で買収したいと言っていたS社は、まだFT社という社名は伝達していない段階ではあったが、やはりFT社のような企業への買収意欲はあるようだ。一方で、T社は明確な理由がなく断られた。こちらは純粋に事業提携が目的で平井にアプローチしていただけだったのだろう。

なお、このFT社のように、数十億円前半くらいまでの案件の場合、ある程度多数の買収者候補に打診していったほうが最終的に売却者側に有利な結果となる場合が多い。しかし、あまりに広く打診するというのも情報リスクを考えると考えものだ。また、「売り歩く」ようなことはしたくないという平井の意向もあり、この程度の打診社数にとどめた。樫村は単身でティザーを持参のうえ、上記7社を回り、NDAの締結前に開示できる情報を伝達した。

樫村が訪問した7社のうち、結局、機密保持契約を締結して検討を本格的に開始することになったのは、F社、N社、S社の3社となった。

なお、樫村が買収者候補へ打診を続けるなか、部下の川村はIMの改良とプロジェクションの改良・更新に追われていた。FT社の会議室には平井と佐藤COO、白鳥CFO、川村の4名がIMの完成に向けて議論を交わしていた。川村が主導権を握って話を進めた。

川村 「現在は樫村中心に初期的な打診をしているところではありますが、NDAが締結できたらすぐに資料開示・面談を設営することを考えています。本日は、資料の中でも特に重要となるIMの内容に関して議論したいと思います」

そう言い終わると、川村は製作途中のIMをみんなに配った。

川村 「IMは、対象会社の基本情報に加えて、対象会社の性質や状況、取引の種類等に鑑みて個別にコンテンツを作成する必要があります。本案件では弊社の樫村はIM作成に負荷をかけるより、興味をもっていただいた買い手候補との面談を重視すべきと考えていますが、最低限の情報はIMに掲載したほうがいいと判断しました。そこで、今までに作成したページの他にどのようなコンテンツを追加していったらよいかという点を本日の議論の主要トピックにしたいと考えています。これは言い換えると投資家が質問したいであろう事項の先読みです。一定の分析を施して情報を整理し開示することで、買い手側の検討もスムーズになりますし、安心感を与えることもできます」

このような議論を経て、IMの見出しが追加されていき、実際にコンテンツの改良が進んでいった。作成にあたっては、FT社では平井と佐藤COO、BA社では川村が中心となり、徹夜を繰り返した結果、ようやくIMが完成した。これに加えて、前述のプロセスレター等をひとつの電子フォルダにまとめ、NDA締結後の買収者候補へ送付する準備をした。資料はパスワードをかけてBA社サーバーへ保存、樫村のほうで打診し、関心を示してくれたF社、N社、S社へ送付する準備が完了した。

4-3 なかなか現れない買収者 ～2018年5月13日～

結局、20社にティザーベースで打診を行い、NDAを締結したうえで資料開示をすることとなったのは3社となった。先のF社、N社、S社である。ここで、樫村は5月13日、もう一度FT社側を含めたミーティングの席を設けた。実際の資料の開示方法、初回面談への準備や注意点を伝えるためだ。会議の冒頭、樫村は買収者候補企業のリスト（84～85ページ参照）をみながら口火を切った。

樫村 「結局、F社、N社、S社の3社が詳細な検討に入ってくれることになりました。彼らからの意向表明書の取得、つまり条件提示をもらうプロセスが次の目標となります。ここからは、会社名や詳細情報を開示するため、より慎重に進めていく必要があります。簡単なアジェンダを作ってきましたので、こちらをご覧ください」

樫村はこう言って「本日のアジェンダ」と題された紙面を差し出した。その中には「今後のプロセス」、「進め方のポイント」という中見出しとともに、見出しごとに内容が記載されていた。

樫村 「まず今後のプロセスです。アジェンダにも記載していますとおり、弊社が本日の面談終了後すぐに買い手候補とのアポイントメントを取得していきます。ここでは可能な限り平井社長、白鳥CFO、佐藤COOにも同席していただきたいと思います。社名を開示して、資料を送付したら、次の大きなステップは買い手候補からの条件提示（いわゆる『入札』）です。この条件提示は、典型的にはLOIと呼ばれる書面により行われます。LOIとはLetter of Intent の略で、日本語では『意向表明書』と訳されるもので、買い手側が買収条件を提示する際に希望する買収条件を記載して提出する書面です。詳細DDの前に提出されるLOIは通常、法的拘束力をもたない形式となります。このため、あとになって価格を下げられてしまう可能性を極力低減するため、初回の条件提示の前の段階で可能な限り多くの情報を買い手に伝達するという考え方で進めていきたいと思っています。なお、LOIについては、少なくとも3社全社から受領できるように頑張ってみます。

続いて、今後の進め方のポイントについてご説明します。まず、想定問答集をもう一度確認してください。もちろん、準備した内容以外も聞かれると思いますが、その際は自然にお答えいただいて結構です」

ここで川村が事前に協議のうえ更新しておいた想定問答集を配り、みんなで1つひとつ確認しあった。そして、樫村が続ける。

樫村 「次に、先ほども申し上げましたとおり、NDAを締結したあとの資料開示および会社の説明では平井社長が中心となり、白鳥CFO、佐藤COOが財務面・事業面についてフォローする形で進めてください。事業をより近くでみている佐藤COO、管理をより近くでみている白鳥CFOに細かい質問をしてみたいと思う買い手は多いものです。社長が知らない細かい重要な情報を現場担当役員が知っているというのはよくあることなので、買い手側も現場担当役員への質問は重視します。

資料を開示後は様々な質問がリスト化されて送られてくるはずですから、2日以内ぐらいを目途に回答できる体制を整えてください。回答が早い会社は信頼されるものです。買い手候補の役員会や投資会議などでも、『FT社は反応が早いし、回答内容も的確だから開示情報も信用できそうだよね』というような論調になることもあれば、その逆のケースもまたあります。このあたりの作業分担としては、うちは川村を作業に充てますので、御社は平井社長メインでご担当ください。

続いて、お渡しした『相手先企業の詳細』をご覧ください」

その書面には、各社のコンタクト情報とともにコンタクトした人物の社内におけるポジションを考えた際のコメントなども記載されていた（下図参照）。

会社名	現在の本案件窓口	コメント
F社	島田取締役CFO	オーナーとCFOの間には権力的溝が存在。ゆえにCFOがリスクを過大評価したらオーナーまで話が上がらず却下となる可能性あり→オーナー社長も面談に参加してもらうべき
N社	堀口取締役CFO	堀口CFOは、社長と二人三脚でN社を大きくしたような立場の方。樫村とも社長を含めて3人で食事をすることもあり、堀口CFOに話をお持ちすればルートとしては問題ない
S社	飯田社長	BAはコンタクトがなく不明。平井さんへ要確認

みんなが資料に目を通し終わるのを待って樫村は続けた。

樫村　「これは検討に残った、F社、N社、S社のコンタクト窓口とそれに関するコメントで、実はとても重要な情報です。１つ参考になる事例があります。以前、私がある企業に買収案件を提案したことがありました。信じがたいことに、実務的には一定の魅力のある案件だったにも関わらず、実は提案先の担当者が決裁会議どころか、上司にもこの話を上げていなかったんです。会社としても正式に検討する前に、現場で潰してしまっていたんですね」

平井　「雇われている側である担当者の立場からすると、『できる根拠』を探すより、『できない理由』を探すほうが簡単だからね。やらなければ悪い結果も起きないから」

樫村　「そうですね、だからこのコンタクト窓口というのは大事なんです」

そう言って樫村は再び紙面に視線を落とした。

樫村　「さて、F社は有名なオーナー企業であり、私のコンタクトポイントの島田取締役CFOとオーナーの間には大きな距離感があります。よって、島田取締役CFOが何らかの問題点を過大に心配した場合等には、オーナー社長に話が届かないまま却下となってしまう可能性が高いとみています。幸い、同社オーナー社長に一度お会いしたこともあったので、面談設営時には、オーナー社長にも同席いただくよう島田CFOに依頼をするとともに、私からはオーナー社長に別途、面談参加を依頼するメールを送信しておこうと思います。続いて、N社ですが、こちらは問題ないと思います。堀口CFOと社長は二人三脚で会社経営をされているので、必ず共有されることでしょう。彼に聞いてNGであれば先には進みません。さて、S社ですが、こちらは平井さんのコンタクトですが、いかがでしょうか？」

平井　「ここの飯田社長は彼自身オーナーでもあることから、問題ないと思います。私が直接ヒアリングもできますしね」

樫村　「了解です。それでは特段の対策はとらず、このままアポイントメントを設営しましょう。最後に価格の面。これをどう買い手候補に伝えるかということも重要な論点です」

平井　「初回面談で価格の話まで聞かれますかね？」

樫村　「およそ半数のケースで、売却額の目線は聞かれると思います」

平井　「こういう場合ってどうすべきなのでしょうね。一応、セルサイドDDでは江村先生から簡単な価値評価の数字を出してもらいましたが、これを言えばいいんですかね？」

樫村は少し考えてから口を開いた。

樫村　「そうですね。まず、平井さんが売却されたい目線と江村先生の評価結果が同じである必要性はありません。江村先生の評価はあくまで客観的な評価の１つであり、特定の買い手の立場にたった買収可能価値ではないからです。特に大きなシナジーが期待できる買い手であれば、相場的な価格より高い金額で評価してくれる場合もあります。たとえば、実際にEBITDAが赤字の場合、利益倍率で企業価値を推定する評価方法は使いようがありませんが、それでも数百億円の価値がつく事例もあります。ちなみに、どのくらいの金額であれば売却してもいいと考えますか？」

平井　「う～ん、僕としては、江村先生がEV/EBITDA倍率法で評価してくれた20億円程度であれば、売却してもよいとは思っているんですよね。とはいえ、DCF法では30億円程度の価値が出るとのことだったので、それを基準に提案するというのがいいのではないかと思います。実際により重視しているのは、しっかり引継ぎしてくれる先か否かなんですけどね。また、シナジーが高い確率で発生するだろうという相手はいるので、そういう買い手が買収することになるのであれば、そういった価値も訴求したいとは思います」

樫村　「そうですよね。DCF法であれば、将来の期待FCF[12]とそのリスク[13]を材料に価値評価を行う手法なので、シナジーで生まれる期待FCFとそのリスクの指標を材料として用意できれば、シナジーを考慮した企業価値評価も一応はできます。もちろん、シナジーが大きく発生すると見込むことができても、できる限り安値で買収したいと買い手側は考えますから、それを積極的に価値に織り込もうとはしないでしょう。

　しかし、他の買い手も存在しているとなれば話は別です。魅力的な買収案件であれば、買い手が得られる価値、つまり対象会社の価値とシナジーの価値の全体価値と、競争関係にある他の買い手の状況を推測しながら価格を検討するでしょう。非常に巨大なシナジーが生まれるのであれば、交渉に勝つためにそのシナジー価値のたとえば半分を買収に費やして売り手に対価として払っても、競合にその巨大なシナジーが奪われるよりもよいですからね（216ページ参照）。だからこそ、売り手や対象会社側としては、自身の情報を整理し、特定の買い手にとってのメリットや、どうすればどの程度のシナジーが生まれうるのかということを訴求していくことも重要です」

少し考えてから平井が尋ねた。

12　FCFの期待値。期待値は重要な概念なので、詳しくない方はインターネットなどで調べておくとよいでしょう。

13　ここで言う「リスク」は「不確実性」を意味し、それを材料の１つとして「割引率」が求まります。

〈DCF法のイメージ〉

〈FCFの割引きとは〉
たとえば、あなたが銀行に金利2%で100円を預金したとする。預金はその価値がなくなる可能性がほぼないため2%の金利でもあなたは満足するだろう。一方、株式であれば同じ1年後102円の見返りでは投資しないであろう。リスクが高いため、たとえば少なくとも110円、つまり10%の期待収益率はほしい等と考えるだろう。逆に言えば、将来110円の価値が期待できてはじめて、この株式の現在価値100円で投資意思決定ができる。この場合、将来価値110円は現在価値100円と等しい。銀行預金の場合は将来価値102円＝現在価値100円となる。このように将来の価値はそのリスクに応じて割り引くことで現在価値に変換される

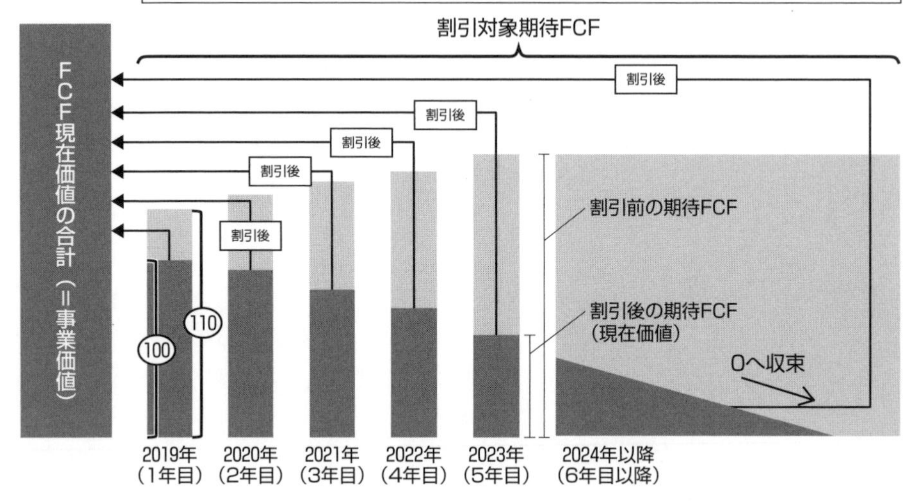

平井　「なるほど。ということは、やはりシナジーの価値は買い手によって異なるということですよね。そうであるならば、『基本的には30億円程度の企業価値とシナジー価値をいくらかは認めてほしい。最終的には他社へも打診しているのでシナジーを含めて最も高い価値を認めてくれた相手に譲渡したいと考えている』という言い方はどうですか？」

樫村　「悪くはないですが、できればどの程度のシナジーが生まれるのか？　という点を売り手側でもある程度は計算しておいたほうがいいと思います。実際にF社、N社、S社が御社を買収することによって得られるシナジーってどんなもんでしょうかね？」

樫村は、シナジー価値はセルサイド側でも仮説をおいて算定しておいたほうがいいという考え方であった。

平井　「F社のことは色々と知っているのですが、おそらくF社がうちを買収した場合にまず最初にできることはクロスセルだと思います。F社の商品を弊社で売るということです。この場合、彼らが扱う商品単価は450万円くらいですが、比較的早期に年間10件くらいはうちの営業部隊で売ることができるかもしれないですね。つまり、年間で4,500万円くらいは売上が計上できる可能性はあると思います。また、N社も業態からみて同様のシナジーが期待できるように思います」

樫村は少し考えてから話を続けた。

樫村「なるほど、ではその情報をもとに非常にざっくりですが、シナジー価値を計算してみましょう。まず、シナジー創出にまったくコストがかからないという前提は、少し非現実的なので、シナジーにより発生する売上の30%がコストとして発生するものとしましょう。また話を単純化するために、(一定のリスク＝不確実性のもとで) 1年〜2年目までは利益は0で、3年後にはじめて上記金額分のシナジーによる追加的な売上が生まれ、それが同額で継続するものとします。そうすると3年後の利益インパクトは4,500万円×(1－30%)＝3,150万円となりますね。税率を35%だとすると、税引後利益ベースでは3,150万円×(1－35%)＝約2,047万円となります。この金額が、シナジーにより買い手が追加的に得られる税引後利益の額です。買い手にとっては、「シナジー」という継続的に利益を生む資産ができたのと同じですから、逆に言うと様々な方法でこの価値を求めることができます。たとえば、PER20倍が妥当性のある倍率だと考えると、3年後に4.09億円 (2,047万円×20倍) の価格相場をもつ「シナジー」という資産ができたともいえます。ただし、将来の期待値はリスク (不確実性) を伴うためこのままでは現在価値とはみなせません。シナジー価値の期待値はすでに実現している既存事業の期待ＦＣＦよりもリスク (不確実性) が高そうですが、ここでは簡略化して割引率を同じ10.6%と考えます。

この前提で現在価値を計算すると、4.09億円÷ (1＋10.6%)^{3}＝約3億円となります。つまり、3年後以降に毎年税引後2,047万円生み出せるシナジーが形成されると考えられ、その不確実性が割引率10.6%で表される程度であれば、そのシナジーの現在価値は約3億円になるのです[14]。なお、買い手の立場に立つと、発生するシナジー価値を全額買収額に上乗せしてしまうと買収によるメリット、言い換えれば『NPV』が享受できないので、たとえば、シナジー価値の一部を買収額に上乗せするべきか？　といったことを考えます。もちろん、シナジー価値を取引額に含めるか含めないかは買い手側の判断によりますがね。こう考えていくと、シナジーの価値の算定方法もイメージがつかめるのではないでしょうか？」

平井「少し難しいですけど、なんとなく理解はできました。シナジーという意味ではほかにもコスト削減が図れたり、弊社の商品のクロスセルもできたりということが考えられますので、弊社自身の価値 (30億円) ＋認めてもらいたいシナジー価値を1.5億円として、31.5億円を希望価格とするというのはどうでしょう？　実際は相手先により発生するシナジーは異なってくると思いますが、現段階では正確な算定はできないので、差し当たりこの金額を全候補者向けに伝える希望価格としてしまおうと思います」

樫村「そうですね。DCF法の約30億円という結果は、前提にした将来数値が実績推移や業況、そして割引率の観点からみてやや楽観的だと考えられうることと、事業的にはEV/EBITDA

---

14 この「割り引く」プロセスはDCF法によるものと同様です。ただし、ファイナンスの理論を厳密に照らし合わせると、ここでの計算はかなり「ざっくり」しており、考えるべき要素がすべて含まれているとはいえません。実務ではより精緻に計算していきます。ここでは専門的な理解よりも、シナジーにより新たに発生したキャッシュフロー (≒利益) からシナジー価値が求められていくイメージをつかむだけで十分です。

倍率でみられやすいかなと思われることから、若干希望額としては高い目線な印象は受けますが、売却者側の案としては差し当たりよいのではないでしょうか？」

樫村との協議では、他にも様々な議論がなされた結果、最終的に売却希望額を31.5億円として交渉することになった。買収者候補向けにはより細かい数値ロジックで説明する必要があったため、川村はシナジー価値のモデリングをより精緻に実施した。実際に売却希望金額を決定するアプローチは様々でありこの事例はその一部である。もちろん、なかには上場した場合の時価総額も考慮してそれに匹敵する金額でないと売りたくないと考える売却者もいる。当然、EV/EBITDA倍率法や純資産法等による算定金額のようなわかりやすい価格から乖離すればするほど、最終的に成約できる可能性が下がるが、それを大きく上回るような高い売却希望額で成約できる場合もある。重要なことは、買収者に合理的な根拠とともに希望額の説明ができ、かつ買収者側も納得できるか否かだ。

また、本事例では平井自身が売却後に会社に残らないという前提を置いているが、社長等が残る事例であればまた異なったシナジー訴求も可能だ。たとえば、ある分野できわめて秀でた実績を有する人物が残るようなM&A取引であれば、その人物を買収するというストーリーを軸に提案することで、高いシナジープレミアムを買収者に認めてもらえる場合がある。なぜなら、買収者が大企業であれば、その優秀な（大企業には通常在籍しないような）人物が、それら大企業がすでに保有する大規模なプラットフォーム等にレバレッジをかける形で活躍すれば、ベンチャー企業単独でなしえる規模の数倍から十数倍、もしくはそれ以上の大きな追加的キャッシュフローを生み出しうるからだ。それほど「人」が莫大なキャッシュフローを生みうる「財産」となる業界もあるのだ。一方、買収者である大企業側もまだみぬキャッシュフロー増加への期待はあれど、そのリスク（不確実性）に不安を感じることが多く、それゆえに高いシナジー価値を評価することが容易ではないという場合もある。

なお、シナジーの実現性や事業計画の実現性の見方のギャップを埋める最適解となりうるスキームに「**アーンアウト**」（381ページ参照）や「**ベンダーローン**」（382ページ参照）を用いた買収スキーム等がある。

アーンアウトを用いた買収スキームとは、取引時点の対価支払いの他、数年後にあらかじめ決めた数値指標等を達成できていれば追加的対価を支払う（または追加的買収をする）ことを約する多段階買収スキームだ。これにより、買収者側の将来に対する不安が軽減し、かつ売却者側も自身が参画することにより生まれる価値の一部を享受でき、かつ売却者側にインセンティブが付与される。アーンアウトは、設定指標があいまいになりがちで売却者側にとって不利な結果を招くことも多いが、大きな評価額を認めてもらうのと引き換えにこのようなスキームを受諾するというのは１つの選択肢になる。

ベンダーローンを用いた買収スキームとは、買収者が対象会社を買収する際に売却者（オーナー経営者等）からの貸付を利用するスキームだ（やや複雑なので383ページの図をご覧いただくとわかりやすい)。売却者が対象会社の将来キャッシュフローの継続的創出に大きな自信をもっていることが前提になるが、このスキームを用いることで買収者側との価格ギャップが埋まる可能性がある。銀行ではなく売却者側からの借入を利用したLBOスキームともいえる。

話は戻るが、このように価格について話が落ち着いたところでこの日のミーティングは終了した。その後、川村がアポイントメントを調整し、7日にN社、14日にS社とのアポイントメントを設営した。しかし、F社についてはなかなか調整がつかず、結局6月20日にアポイントメントが設営された。

4-4 買収者候補との初回面談 ～2018年6月7日～

N社との面談日はすぐにやってきた。当日は樫村、川村の他、平井、白鳥CFO、佐藤COOが参加した。N社本社に着くと、すぐに役員会議室に通された。そこで待っていると、堀口CFOが入ってきた。

堀口 「お久しぶりです樫村さん。今日はご来社いただきありがとうございます。もうすぐ社長の戸村も参りますので少々お待ちください」

樫村 「あ、どうもお久しぶりです。今日はありがとうございます。まずご紹介しますね。こちらが平井社長です」

名刺交換がはじまり、間もなく戸村社長も入室し、全員が着席した。樫村と堀口がきわめて気心の知れた仲であることから、会議はスムーズに進んだ。平井も緊張することなく自然な表情で面談に臨むことができていた。大規模なM&Aではやや状況は異なるが、中小・中堅企業のM&Aでは、実はこういう人間関係が成否に影響を及ぼすことも多い。時には「あの社長なんか暗い感じがするからこの検討はもう止めよう」とか、「対象会社の経営チームと波長が合わない気がしたからもう止めよう」といった理由で中止になったという実例を樫村自身も複数経験していた。

この日までにNDAを締結していたことから、会議では樫村が先頭を切りプロセスレターを用いて今後のスケジュールを含めた全体像の説明を行い、その後平井によりIMを用いた自社の説明がひと通りなされた。その後、堀口らから様々な質問がなされたが、即答できないものはメールで後ほど回答することになった。結果的に、戸村社長より、入札日として設定している6月24日までにはLOIを提出できるというコメントをもらうことができた。樫村は手ごたえを感じた。

このようなミーティングに社長が参加し、かつ、相当タイトなスケジュール[15]の確約をもらえるというのは、M&Aに対して真面目にテンポよく検討する会社だからだ。M&Aに慣れた会社はFAも仕事がしやすいし、対象会社を合理的に評価してくれる場合が多い。

15 資料開示後、LOIを提出してもらうまでには通常、1か月以上はかかります。

M&Aに慣れていない会社だと意思決定が大きくぶれたり、“相場”ともいえるような条件でさえも受け入れてもらえない等、交渉が難航する場合がある。また検討期間が長期に及んだうえに意思決定ができない場合も多い。最後に堀口から重要な問いかけがなされた。

堀口　「それで、平井社長としてはいくらで売却されたいのですか？」

平井　「そうですね。私としては31.5億円程度を想定しています」

堀口　「それは企業価値ベースでということですか？」

平井が少し戸惑ったようにみえたので、樫村が間に入った。

樫村　「いえ。100%の株主価値ベースで31.5億円程度を考えています。ただ、有利子負債等は2,880万円程度なので、企業価値もあまり変わらないとご理解いただいていいです」

堀口　「なるほど。了解しました。……でも少し高いですねぇ。前期のEBITDAが約３億円と考えると10倍くらいということになりますよね？」

樫村　「そうですね。ただ、FT社は純キャッシュで３億円程度ありますから、EV[16]をキャッシュを含まない事業だけの価値、つまり事業価値で表現すると、31.5億円－３億円＝28.5億円位ともいえます。あと、おそらく平井さんの役員報酬額は御社が買収した後にその相当額が不要になってきますし、他にも明らかに削減可能なコストも複数ありますので、それらを考慮すると、EBITDAは3.5億円程度とみてもいいと思っています。したがって、28.5億円÷3.5億円＝８倍ちょっとという見方もできるということになります。あとは実は御社に本件をご紹介した背景として、御社であればFT社を買収することで相当程度シナジーが発生するのではないかと思っています。というのは……」

樫村と平井は、ここでシナジーがなぜ生まれるのかという内容を十分に堀口に伝達した。ひと通り説明を聞いたあとに堀口は一度ゆっくり考えてみたいという姿勢をとった。

堀口　「了解です。たしかにシナジーがどれだけ発生しうるのかというのも重要ですからね。それを前提に価格については考えてみたいと思います」

このような形で面談が終了した。帰社するとすでに堀口からメールが入っていた。

「樫村さん、川村さん。本日はご来社いただきましてありがとうございました。少し相場よりも高額な印象がありますが、お話そのものは非常に興味深いものだと考えています。これから、CCに付けました４名と社長の戸村、私の合計６名で本件を検討していきますので、今後の連絡はみなさんでの共有をお願いします。それでは資料データをお待ちしています」

面談時に堀口らから受けた質問に対しては、川村が平井らと回答案を作成後、すぐに回答メールを送った。なお、樫村と川村は協議のうえ、LOIのドラフトを売却側自ら作成して堀口宛てに送付した。こうすることで、買収者側はスピーディーに条件提示ができ、か

16「EV」は、「事業価値」と定義する場合と「企業価値」と定義する場合があります。それぞれの定義は214ページ参照。

つ売却者側が特に知りたい情報を買収者に記載してもらうことが可能となることから、様々な点で売却者側のメリットにつながる（375ページ参照）。

たとえば、価格の記載については、根拠をどこまで記載してもらうかが重要である。売却者側からLOIのドラフトを出す際には、「価格算定根拠をここまで明記してください」という文言を入れておくのだ。なぜなら、価格の根拠が明確であれば、買収者がDDを実施したあとに提示価格を下げる際にも両社が納得したうえでの合意につながるからだ。

資料データを送付したあと、N社の現場の４名から立て続けに質問リストが送付されてきた。川村はそれら質問を取りまとめ、FT社のメンバーと一緒に回答を進めていった。

同時期にはＳ社との面談も行われたが、樫村の手ごたえは悪かった。

残すはＦ社のみである。Ｆ社には、資料開示が遅くなったために検討結果が遅れることを危惧して、あらかじめ川村より先んじて資料データを送っていたが、その送信メールについての返答もなかった。樫村は心の中でこのように思った。「Ｆ社はトーンが下がったかな。もしこの案件が成約するなら、N社だろうな。Ｓ社も関心を示してくれているが、経営陣がM&Aに慣れていないので最終的に意思決定できない可能性がある」

4-5　買収者候補によるシナジーとプロジェクションの検証　～2018年6月9日～

N社との面談の２日後、樫村宛てに堀口CFOから連絡があった。

堀口　「樫村さん、色々と検討しているのですが、プロジェクションの信ぴょう性が気になっています。できればFT社さんと一緒に再度ご来社いただき教えていただきたいのですが」

樫村　「もちろんです。ちなみにどういった点が一番気がかりですか？」

堀口　「そうですね。内容としては今後の売上ロジックの部分が中心になります。プロジェクションをより詳細に分析しましたが、『現在設定している5.27%の解約率が今後、もっと上がってくるのではないか？』という点と、『顧客数が今後増加していくペースに合わせて本当に平均顧客単価が落ちないのか？』という点が気がかりです。あとは現在、代理店さんからの紹介顧客が月間30社程度ありますが、これも代理店との関係性次第ではこの数値が低下する可能性があると考えています。買収後に少なくとも現状が長期的に維持できるというエビデンスが必要なので、この点は代理店さんへのヒアリングや顧客ヒアリング等ができればよいなと考えています。

一方で、FT社のサービスに30万～40万円の月次支払いが可能な顧客を800社近くもっているネットワークはとても魅力的です。ここに弊社の既存プロダクトをクロスセルすれば、FT社のサービスと競合もしないので弊社商品の売上がアップする可能性は高いと推測しています。ただ、先ほど申し上げたとおり、これらもすべてFT社の顧客増加シナリオ次第ということになるので、この点は詳細に調査したいと思います。ここの確度いかんによっては希望価値を到底出せないということも考えられるからです。また、できれば面談にはCFO、COOもご参

コラム オーナー経営者と残存経営陣の利益相反

●「強気のプロジェクション」を好まない人（売り手側関係者）もいる

プロジェクションにも関連する重要な論点が、M&A取引において株式を売却して引退予定の「オーナー経営者」と、M&A取引後も残存を予定している「残存経営陣」の利益相反問題です。プロジェクションの策定にあたっては、通常オーナー経営者も残存経営陣も参加のうえで様々な協議を経て完成させていくことが多いものです。ここで、オーナー経営者や親会社等の「売却者側」は基本的には「強気」のプロジェクションを示したい一方、「残存経営陣」は彼らが主張するプロジェクションに反対するケースがあります。なぜなら、M&A取引成立後に「プロジェクション」の達成責任を追及されがちなのは「残存経営陣」だからです。特に、親会社が子会社を売却するときに、子会社つまり対象会社の社長等は「ここまで高いプロジェクションは出したくない」と主張するケースがあります。場合によっては、プロジェクションで定めた目標値を達成できないことが解任の遠因となったり、将来の役員報酬が減額される理由になることもあるからです。子会社社長や取締役という立場は、必ずしもアントレプレナーシップをもってリスクを厭わず成功を目指そうというタイプの方々ばかりではないため、よりこの傾向が強まります。「残存経営陣」からすると、「親会社やオーナーが高い金額で会社を売却することにつきあって、その数字に縛られて将来の自分たちの処遇に悪影響が及ぶのは承服しがたい」という心理になる場合があるのです。

プロジェクション策定に売却者以外の残存経営陣が関与することが明確である場合、あらかじめこの問題を解決しないままM&A取引を進め、プロジェクションの検証会議等を行うと、あとで思いもよらない問題に発展するケースがあります。このような場合は、基本的には売却者側となる経営陣や親会社と、そうならない経営陣の中での認識の共通化をうまく図りながら進めることが必要です。優秀なFAが関与している場合、ケースに応じて適切なアドバイスが得られるはずなので、相談してみるとよいでしょう。

加いただけませんか？」

樫村「了解いたしました。それではお打ち合わせをセットいたしましょう。たしかに今回、平井社長は売却後、退任される立場であり、実質的に本案件後の数字の責任は現在のCFO、COOにかかってくるところがあります。したがって、おっしゃるとおり当日は平井社長だけではなく、CFO、COOにも参加いただく形にしましょう」

堀口がCFO、COOといった売却後に残る経営陣の参加も要請したのには理由があった。オーナー経営者や親会社はプロジェクションをよくみせて高く売却したいと思うが、残存する経営者（今回のCFO、COO）は今後自身が数字責任を負うことになるため、プロジェクションを保守的にみせたいというインセンティブが働く場合がある。堀口はここを理解していたからこそCFO、COOの同席を求めたのだった。それゆえ、プロジェクション等を策定する場合は、社内のキーパーソン間でのコンセンサスをしっかりとっておくことが重要である。賢明な買収者候補であれば、残存する経営陣に対してヒアリングを実施するのが通常だ。もしその時に、売却後に退任するオーナー社長と残存する経営陣の将来展望に対する考え方が大きく異なっていると、買収者側はとても不安になるものだ。

堀口からの依頼を受けて、さっそく売却者側のメンバーが集まり、堀口との面談に備えるためのディスカッションを実施した。本案件では、平井、白鳥および佐藤の全員が意見を交わしたうえでプロジェクションを策定していたことから、大きな意見の食い違いが発生する余地は少なかったが、売上部分の説明についてはより補強すべきと考え、顧客の純増数を「顧客獲得チャネルごとの新規顧客数」、「解約数と解約理由」等に分けてより詳細に分析した書面を作成した。これらに対応する形で今後の営業戦略等も改めて検討し、紙面に落とした。

また、想定されるシナジーについてもより説明を補強すべきと考え、いくつかの戦略を検討した。1つの例を挙げると、FT社のビジネスは基本的には1社1アカウントを付与するビジネスモデルであったが、1社当たり複数アカウントを利用してもらっている大口顧客もいたことから、まずは買収者側と組んで大口顧客へのアプローチを積極的に行い複数アカウントを販売しようという戦略だ。これについては大口顧客を開拓した場合に考えられる売上増加シミュレーションを実施し、それも書面に落とした。また、堀口が気にしているであろう販売チャネル面での事実確認も行った。すなわち、営業代理店に連絡をして今後も継続販売してもらえる確約をとった。これらをすべて議事録として作成するなど、ひと通りの準備をしたうえで、堀口との会議を実施することにした。

4-6 幾度となくなされる質問事項への対処 ～2018年6月10日～

堀口CFOらとの面談は、翌日に行われた。面談では現在の重要顧客リストを資料として提出・説明し、営業マンごとの成績や、どのような営業方法を行っているのか、営業が案件受注した場合にどのような業務フローが発生するのか等について詳しい説明が行われた。これらの細部を分析したうえで、現状と今後の戦略や具体的な営業手法なども整理した。また、代理店との会議の議事録等も開示しながら説明を行った。

結果として、堀口CFOにも一定の納得感を得ていただいた。

堀口 「色々と教えていただきありがとうございます。顧客の新規獲得と解約の状況については弊社でもより深く調査してみたいと思いましたが、最初にもっていた不安の多くが解消できそうです。ただ、ご提示いただいた計画は少し楽観的ではないかと思っています。大口顧客に対して一緒に営業していくというのはアリですね。弊社はどちらかというと大口系には強いので、御社の商品の拡販も期待できると思っています。代理店については議事録をいただきましたので、特別なヒアリングはナシでけっこうです。一部の顧客について弊社メンバーから匿名でヒアリングをかけてみたいと思いますがよろしいでしょうか?」

平井は樫村の顔をみながら答えた。

平井　「弊社や弊社のサービスの固有名詞や本件取引についての情報は出さないようにしていただければかまいません」

堀口　「もちろんです。弊社の営業に電話をさせて、弊社の新商品としてFT社のような商品があるのでどうか？　という言い方で印象を聞いてみたいと思います。その会話の中で御社の名前が出てくれば利用している感想等も聞くようなイメージで考えています」

平井　「なるほど、それなら大丈夫だと思います」

当日は、プロジェクションで設定されているKPIについても、こと細かなヒアリングを受けたが、ほとんど想定どおりの質問ゆえ回答準備もできており、すんなり理解してもらえたようだった。この日から６月24日までに、複数回のやりとりやインタビューが入り、積極的に検討が進んでいった。

なお、６月20日にはＦ社との面談を実施したが、やはり当初の印象どおり、「今後の検討を進めるべきか否かまだ考えている」とのことであった。樫村としては、「宜しくお願いします」と型どおりの挨拶をして席を立ったものの、入札日までの時間があまり残されていないこともあり、心の中では「やはりＦ社はもうないな」という結論を出していた。こちらは速やかに平井へ報告された。

4-7 ディールの中間地点、意向表明受領　～2018年６月24日～

本文での解説は割愛するものの、詳細資料を提出以降、様々な質疑応答が行われた。そして、あらかじめ定めていた入札日の６月24日、とうとう買収者候補のＮ社とＳ社から条件提示書である「**意向表明書**」が到着した。Ｎ社からの提示額は企業価値21億円、株主価値20.7億円という結果だった（Ｓ社は略）。川村は両社のメールを確認するなり、プリントアウトしたＮ社とＳ社の意向表明書をもって樫村の部屋に入って行った。このときの意向表明書は付録ファイル「LOI_N.pdf」および「LOI_S.pdf」をご参照いただきたい。

樫村　「川村君、ありがとう。これみてどう思った？」

川村　「Ｓ社のほうがバリュエーション（企業価値評価額のこと）は高いですが、ちょっと意向表明書の構成と内容が雑ですね。算定方法もDCF（ディスカウンテッド・キャッシュフロー法のこと）でやっていると書いている割には、意向表明書の提出前にプロジェクションに関する質問もあまりなかったですからね。細かいこと言うと、Ｓ社の意向表明は誤字脱字も多いんですよね」

樫村が笑いながら返した。

樫村　「たしかに……。でも冗談抜きでこういうところがいい加減っていうことは、この意向表明書は、ちゃんと議論して正式な手続きを経て複数の人のチェックを受けて提出されたものではないかもね。『とりあえず出しておこう』というスタンスで意向表明書を出す会社は結局買ってくれないことも多いからね。ともあれ、川村君が感じた印象はオレが感じた印象と一緒だよ。一方のN社は31.5億円には届かなかったけど、きちんと書いてはくれている印象だね。やはりDCF法というよりは類似会社比較法の評価を重視している感はあるよね。若しくは、こちらが立案した事業計画が相当下方修正されるものと考えているのかもしれない。まぁFT社の過去実績や業況を考えるとしょうがないかもしれないね。まぁまずは平井社長に説明することにしようか。一応は平井社長の考える下限は超えているからね。すぐに平井社長に連絡して明日の予定を再確認して」

川村　「はい。わかりました。すぐに電話をかけてみます。一応この意向表明書のポイントを整理して、平井社長へのコメントを入れた資料を作っておきます」

4-8　意向表明書を受領したあとの決断　～2018年6月25日～

意向表明書を受領した翌日、売却者側のメンバーはFT社に集まっていた。樫村たちが、社長の平井に意向表明書の内容を説明するためだ。川村がひと通り説明を終えると、樫村に今後の流れについての説明をバトンタッチした。

樫村　「川村の説明どおり、意向表明書の内容は金額ではS社が勝っていますが、買い手候補としての確度という観点からではN社のほうが高いとみていいと思います。これは意向表明書の中身もそうですが、これまでの交渉の経緯からも推定できます。実際に意向表明書をご覧いただいても、N社のほうが具体的な記載になっていることがわかります。これはトランザクション実行後のことまで真剣に考えてくれている表れだと思っています。31.5億という提示額からは相当下がってしまいましたけどね。また、本件では、N社、S社のどちらの意向表明書も、『独占交渉権（377ページ参照）の付与がなければデュー・ディリジェンス（以下、「DD」という）に進まない』というような条件付きの価格提示の形にはなっていないので、この条件で平井さんとして進めるという意思決定ができるのであれば、両社にDDに入っていただきましょう。平井さんとしてはいかがでしょうか？」

平井　「そうですね。私としては20億程度であっても相手の印象がよく、きちんと引き継いでいただけるという印象があることのほうが重要です。その点、特にN社にはそういった印象を感じています。是非ともすすめましょう」

樫村　「了解しました。それより先は２社にDDに入ってもらうとして、最終入札、つまり最終的な条件提示をしていただく日を７月21日に設定しましょう。この後はDDの実施、最終入札、契約交渉と締結、クロージングと進みます。まずはDDの資料準備からスタートです。御社側ではここから特に大変になってきますが、一緒に頑張りましょう」

こう言って樫村は帰り際に平井と握手をした。

帰社後、川村は、２社に対して、DDに入ってほしい旨、１社だけではなく２社がDDに入った旨の連絡を入れた。また、DD後の最終条件提示を行う最終入札日を７月21日としたい旨も併せて伝えた。両社ともDDに入る旨について同意を得ることができ、準備が進められていった。川村は、両社から提出されたDD開示希望資料リストを取りまとめ、両社の希望資料をすべて網羅した**DD開示希望資料リスト**（付録ファイル「Required_Docs.pdf」参照）を作成するとともに、DD要綱（買収者向けのDDにかかる案内資料）を作成した。なお、ここで言う「DD」は、簡易的DDやプレDDではなく、買収者のコストで専門家をアサインしたうえで行う、より詳細なDD、「オンサイトDD」のことだ。また、これらの流れはすべて、常にホライズンには確認を得つつ進めており、ホライズンとしてはこのような進捗に満足しているようだった。

4-9 オンサイトDDの風景①　～2018年6月27日～

オンサイトDDの準備がある程度整ってきたところで、N社およびS社に対し、DD要綱を送付し、日程をFIXした。あらかじめ受領していたDDにおける開示希望資料リストにほぼ応える形で資料を準備し、有無の回答を含めてリスト化したものを両社宛てに送付した。日程はそれぞれ調整し、重複しないようにDDスケジュールを設定した。また、本案件では株式譲渡契約書（最終契約書）のドラフト案を売却者側から提示することで、交渉期間を短縮しようという意図があったため、売却者側で早速ドラフト作成にあたった。作成にあたっては平井の意見を十分に反映させ、清水弁護士のチェックを受けながら、BA社も作成に協力した。

DD終了後、買収者候補により最終的な条件提示が行われるが、売却者側からあらかじめ提示された株式譲渡契約書（最終契約書）ドラフトに、買収者候補として修正したいポイントを追記・修正（マークアップ）し、それをもって最終条件提示とするケースも多い。今回のケースもこの形式で進めることにした。そして、7月1日からはじまるオンサイトDDを迎えることになった。

4-10 オンサイトDDの風景②　～2018年7月1日～

この日はN社によるDDから開始された。BA社が作成したDD要綱にて指示されたとおり、N社のメンバーおよびN社が任命した会計事務所・法律事務所メンバーら合計6名が、10時にFT社の会議室（「データルーム」ともいう）に集まった。川村から当日の流れや注意点の説明が行われた。なお、DD中には売却者側のメンバーも可能な限り対応できるようにしておくことが重要だ。オンサイトDDでは、買収者候補のDDチームから様々な質問事項が出る。このとき、売却者側のメンバーがいれば細かいことは即座に対処できるのだ。この日も、ひっきりなしに別室にいた川村の携帯が鳴り、DDチームによる追加の書類請求やコピー依頼等をこなしていった。平井等もDDチームに頻繁に呼び出され色々な説明をしていくうちに時間が過ぎ、ついに2日間のDDが終了した。DDで不明な点は取りまとめてもらい、3日後に設定されるマネジメント・インタビューで質問いただきたい旨を伝達した。

S社によるDDも同様に行われ、こちらも滞りなく終了した。ただ、ひとつN社とS社で異なる点があった。それはN社は同社の開発部門の担当取締役、部長クラスも同席のうえ、製品の深い部分まで調査していったのに対して、S社はそのプロセスがなかった点だ。

なお、株式譲渡契約書ドラフトについてはすでに売却者案が完成していたことから、この日の夜、川村からN社およびS社宛に電子データで送付した（ここでN社側に送付したドラフトは付録ファイル「DA_draft.pdf」をダウンロードしてご覧いただける）。最終条件提示にあたっては、この契約書ドラフトファイルを変更履歴付きで修正する形で行ってほしい旨も伝えた。なお、株式譲渡契約書には当然、取引に伴う株式譲渡対価や場合によっては算定企業価値等の記載がなされる。付録ファイルの通り、N社向けのドラフト案には2,100,000,000円の企業価値を基準に計算された本件株式の譲渡代金である金1,560,960,000円という数値が記載された。なお、これは平井の持分である800株（持株比率:80％）の対価が1,560,960,000円（株価は1,951,200円）であることを意味するが、この計算式は以下のとおりだ。ホライズンが保有する種類株式（優先株式）の優先分配も考慮した結果だ。

〈平井にかかる株式譲渡対価の計算式〉

1. 株主価値は、企業価値21億円－有利子負債28.8百万円＝2,071,200,000円で算定される。
2. 株主価値から、優先株主に優先的に分配される1.2億円を控除した1,951,200,000円（＝2,071,200,000円－1.2億円）を優先株主・普通株主を併せた全株主で持株比率に応じて分け合う形となる。
3. よって、1,951,200,000円×80％＝1,560,960,000円が平井の株式譲渡対価となる。

※なお、ホライズンの普通株式および種類株式の株式譲渡対価合計額は、優先的に分配される1.2億円と、1,951,200,000円に持株比率である20%を乗じた金額を合算した510,240,000円となり、平井、ホライズン双方の対価を合算すると株主価値である2,071,200,000円となります。また、このような譲渡代金の計算を行う場合、原則として有利子負債等のBS指標は取引日時点の値を用いますが、本事例では便宜上2018年３月末における数値を代用しています。

4-11 オンサイトDDの風景③　～2018年７月４日～

７月４日はマネジメント・インタビューの当日である。早速、FT社会議室にてインタビューが開始された。ここでは、ほとんどの質問に滞りなく回答できたが、N社、S社とも同じ１つの事項について問題点を指摘した。それは、重要取引先であるX社との開発業務委託契約に関するものであった。このように重要な取引先との契約内容がM&A取引において議論の的となるのは珍しくない。X社は、FT社にとって自社商品の開発パートナーであり、かつ定期的なメンテナンスも依頼している重要な取引先である。N社の堀口

CFOは以下のような説明をした。

堀口「DDでは、色々とご尽力いただき感謝しています。ほとんどは想定どおりの内容となっており、資産等の内容についても、FT社から事前に伺っていた内容からそれほど乖離のない範囲で現状を認識することができました。しかし、法務DDの範囲で１つ問題が出てきています。それはＸ社との開発業務委託契約です。以前からのお話の中で、このＸ社が重要な取引先なのではないかと考えています。そのＸ社との開発業務委託契約をみると、解除条項の部分にこう書いてあります」

こう言って堀口は、契約書のコピーを配り、該当箇所を示して続けた。

〈FT社と開発業務委託先X社との開発委託契約の問題となっている条項（COC条項）〉

『（解除）○○条　甲（X社）は、乙（FT社）が合併した場合又は乙（FT社）の株主に議決権の50％を超える変動があった場合には何ら催告をすることなく本契約を解除することができる。』

堀口「実はこの部分について弁護士から指摘があり、私もたしかに問題点になりえると考えました。こちら買収後にＸ社との契約が切られてしまうリスクはないのでしょうか？　また、２点目として開発業務委託契約書内には開発会社の制作物の所有権がFT社に移転する旨は定められていますが、著作権の移転と著作者人格権の放棄が定められていないんです。こちらはクロージングまでに調整いただきたいと思っています」

もっともな質問であった。この前段はチェンジ・オブ・コントロール条項（以下、「COC条項」という）といわれる条項であり、たとえば、対象会社の支配株主が変わったり対象会社が**組織再編行為**（151ページ参照）を行ったりした場合に、取引の相手方が催告なく取引解除できる等ということを定めた条項だ。類似の取り決めとしてこのような状況が起こる前に当該取引先に「事前通知」を行う旨のみを定めている場合もある。FT社の場合「事前通知」義務はなく、FT社の支配権が異動した場合には取引先に「契約解除権」が発生するという形式のCOC条項となっていた。樫村もセルサイドDDでこの事実は把握していたものの、開発の相手方である会社は他にも多数存在すると考え、深く気に留めずに進めていた。

一方で、後段の著作権の部分は**法務面のセルサイドDD**を行わなかったことから論点として挙がっていなかった。著作権は契約上特別な定めがない場合は開発会社に帰属する（著作権法17条）。また著作者人格権はそもそも譲渡できない権利であることから、一部の開発業務委託契約では開発会社側が委託者に対して当該権利を「放棄」する旨を定めたりする。しかし、FT社の契約ではその内容がきちんと定められていなかった。樫村は平井のほうに目をやって回答を促した。樫村としても不安な瞬間であった。

平井「こちらですが、私としては問題ないと思っています。X社はたしかに弊社の商品を開発する際の外注先でもあり、かつメンテナンス業務も委託している重要な取引先です。また、取引金額も一定以上大きく、契約条件も非常によい条件で取引いただいています。X社との取引が解除されるとなると一定の損失はあるかもしれません。ここまでよい条件で継続して取引してくれる相手がすぐに見つからない可能性もあります。しかしながら、弊社のツールは比較的簡単な言語で作られたものであるため、他にも容易にX社と同様の業務を提供してくれる相手はいると考えています。また、X社からしても、御社の子会社となった弊社との取引関係を取り消す特段の理由もないと思います。特にN社さんとX社さんは競合関係もないですしね。著作権絡みの話も一緒で、こちらも特に弊社サービスのプログラムを別の場所で転用していることはないでしょうし、問題ないと思います。いずれにしても、株式譲渡契約後にX社にはお話に行く予定です」

堀口「なるほど。理解いたしました。実はこの問題はDDに同席した弊社外注の弁護士事務所からの指摘なんです。したがって、私もこの指摘はしっかり確認しなければいけないなということで、X社についてはよく調べてきました。また、DDで開発者にプログラムもみてもらいましたが、どの部分を自社で開発して、どの部分をX社に外注しているかについてもしっかり聞いてみたいとのことでした。結論から言うと、弊社としてもこのX社との取引が解消した場合にも、それほど利益インパクトはないのではないかという結論に取り急ぎは至ってはいます。平井社長の話でそれが裏付けられた感じですから安心しました。ただ、もし可能であれば、事前にX社に対して温度感を確認してもらえませんでしょうか？　著作権のところも実は弁護士サイドがかなり心配しているようなのです」

これを受けて樫村が平井にアドバイスした。

樫村「それでは平井社長のほうでうまく確認しておいてもらえませんか？　できれば清水先生にこれらがクリアになるような同意書をドラフティングしていただき、X社と合意しておくのがよいと思います。くれぐれも、この交渉が機密情報であることはご注意いただくよう併せてお伝えください」

平井「了解しました。それではうまく調整して株式譲渡契約を締結する前に同意書を取れるようにしたいと思います。あと弊社CTOと御社の開発者の面談を設定します」

樫村は、平井と堀口が「協力」して本案件を成功に導こうと努力している姿から、「この案件はN社が買収する形で決着しそうだな」というたしかな手ごたえを感じた。

樫村はよく、「M&Aで重要なことはなんでしょうか？」とクライアントに聞かれる。この質問に対する答えは非常にたくさんあるが、その中の1つとして間違いなく重要な要素を挙げるとすれば、「買収者候補と売却者側のキーパーソン同士が『トランザクションの成功』という同じ方向を向いて協力して取引を進めていく状況になること」ではないかと答えている。もちろん、案件を進めていく中で思いもよらない問題が発生し、双方が「ダメかもしれない」と考えるフェーズは少なくない。FAがフォローする場合、できる限りそのようなトラブルを未然に防ぐ努力をするが、短期間で進む交渉局面において、すべての問題を把握することは不可能だ。しかし、もし問題が発生しても、利益が相反しつつも両社が協力してM&A取引を成約させようという方向性で交渉できていれば活路は見い出せるのだ。むしろ、このような大きな問題を首尾よく解決すれば、クロージングも近いといえる。

一方、交渉の双方当事者のキーパーソンの「信頼関係」がくずれてしまうと、FAが解決策を出したところで機能しないことも多い。信頼関係があれば、いわゆる「ぶっちゃけ話」もでき、ボトルネックを解決するようなよいアイデアが見つかる場合も多い。特に、「一方当事者にとっては譲歩してもそれほど痛手はないが、他方当事者にとっては相手がその事柄に関して譲歩してくれると、多くの問題点がクリアになる」というシチュエーションでは、「信頼関係」を基軸としたコミュニケーションによって最適な帰着点が見つかりやすくなる。

さて、話を戻すがN社とはマネジメント・インタビューを含め、順調に話が進んでいた。しかし、S社では状況が異なってきたようだった。S社も、N社と同じく弁護士が主導してこのCOC条項および著作権の問題を指摘してきたが、S社の場合、あくまで弁護士が前面に立った形でインタビューが進んでいった。最終的には、次のようなクロージングの前提条件を突き付けてきた。

〈S社のクロージングの前提条件[17]の要旨〉

- 株式譲渡契約を締結後、払込み（クロージング）までの間にX社から取引継続に関して合意する旨の覚書が取得できなかった場合は、買収金額を10%減額し払込金額を再調整する。また、著作権の譲渡および著作者人格権の放棄覚書が締結できない場合は払込み（クロージング）を実行しない。

FT社や平井にとっては、著作権の部分は仕方がないにしてもCOC条項に関連して買収金額が10%も下がるという主張には大きな違和感があったことから、この条件の緩和を求めた。しかし、S社としてはこの条件は変えられないという一点張りだ。こうしたS社の交渉スタンスは平井に一定の嫌悪感を与えた。前述のとおり、FT社の取引相手であるX社は、他の開発会社に代替可能であり、X社との取引継続がFT社の事業の運営において

17 契約の締結からクロージングまでの間にM&A当事者（主に売却者側）が対応しておくべき取引前提条件のことを、「クロージング前提条件（クロージングコンディションまたはコンディションズプレセデント）」と呼びます。

絶対的に重要なものではなかったからである。平井としては、このあたりはＳ社のDDのスタンス（対象会社のビジネスDDに重要な役回りを本来果たすべきＳ社の開発担当者が積極的に関与しておらず、こういった事情の理解も薄いこと等）も影響しているのではないかと感じていた。

この場合のＳ社のように事業理解の薄い買収者の場合、ある懸念事項に対して、その問題が発生した場合の損失等を正しく見積もることができないケースが多い。些細な条件をうまくかみ合わせて落としどころを見つけることが重要なM&A交渉において、この一方当事者の事業理解の薄さは成約に対して大きな障害となる。事業理解のある買収者候補は適切に問題を評価し、受諾できる内容と受諾できない内容を適切に切り分けて考えることができるため、細かい条件交渉の中でもお互いに満足がいく全体最適につながりやすい。まさに、“細部に神は宿る”といっても過言ではない。細部のやり取りで成否が分かれるのがM&A取引なのである。

結局、平井がすぐにＸ社に状況を説明したところ、株主が変わっても同様の条件で最低３年間は取引を継続する旨、著作権が譲渡されている旨、著作者人格権を放棄する旨がすべて定められた合意書を何ら問題なく取得することができた。

5 最終的な条件提示からクロージングへ

5-1 買収者による最終的な条件提示　～2018年7月5日～18日～

マネジメント・インタビュー終了後も、Ｎ社とＳ社は五月雨(さみだれ)式にQAを送ってきた。様々な質問がなされたが、７月15日を過ぎると、徐々に質問数が減少し、最終入札日を待つ段階に入った。樫村は、Ｎ社とＳ社にDDの進捗状況を聞くために連絡した。まずはＮ社である。樫村は堀口の携帯宛てに電話をかけた。

樫村　「堀口さん、お世話になります。ご検討状況いかがですか？」

樫村は堀口が手慣れていることを知っていたので、状況をざっくりとした口調で質問した。

堀口　「ご連絡ありがとうございました。DDも終わって、弁護士事務所と会計士事務所からレポートが出ました。基本的には進めたいと経営陣も考えているので、いまはファイルでいただいた株式譲渡契約書ドラフトをこちらで編集しているところです」

樫村は安心し、もうひとつ気がかりな点を質問した。

樫村　「ありがとうございます。それで、スケジュールについてですが、以前、御社では、週１回の投資会議があってそこで全役員の方に情報共有していただいていると聞いていましたが、いまも同じですよね？」

堀口　「はい。やり方は変わっていませんし、いまのところ全役員が進めることに基本的には同意してくれています。社外取締役にも前月の取締役会で確認していますが、基本的には最終決議でNGにならないようにうまく根回ししていますのでご安心ください」

樫村　「そうですか。了解です。それでは最終入札予定日前には予定どおり御社内での決裁はできそうですか？」

堀口　「はい。その予定で動いています。また、いただいたお電話で恐縮ですが、弊社でも受入れに伴うチームを作りましたので、ぜひFT社の役員さんと現場の方を含めたミーティングを開始させていただければと考えています。日程調整をさせていただけませんか？　最終入札日に近いので、できるだけ早いタイミングでお願いしたいと思っています」

このようにコミュニケーションが進んでいった。なお、樫村は、上記のとおり、投資会議での共有の頻度とスケジュールを堀口に質問したが、これは非常に重要な確認事項である。通常の会社は代表取締役の他、複数の取締役（社外含む）を中心として意思決定がなされるが、これら取締役の全員の意見が一致するとは限らない。また、場合によっては、代表取締役よりも意見の強い取締役、取締役らの意見を一言で覆すほど力のある顧問や監査役が存在するケースもある（会社法に照らすと場合によっては適切なガバナンスとはいえないが）。したがって、会社の規模にはよるものの、可能な限り全役員（意思決定権者）に「M&A取引の検討過程」に関与してもらうように進めないと、最終決裁会議等の際に何が起きるかわからない怖さがある。堀口はそのあたりをうまく理解しており、全役員との調整を行っていたようだ。人はだれでも、「自分が主導して関与しているもの」に対しては愛着が湧くが、そうでない場合は逆の感情を抱くことも多い。このような感情論が原因でM&Aが破談になる…ということもあるのだ。M&Aに慣れている会社は、M&Aの責任者がこれらのことを理解しており、根回しが上手だったり、M&A責任者に十分な権限移譲がなされている場合も多く、最終段階でNGになる可能性は相対的に低い。

当然、同日中にＳ社にも連絡を入れた。Ｓ社も同様に株式譲渡契約書をドラフトしている最中だとの回答であった。

5-2 最終契約交渉の風景 ～2018年7月21日～25日

そして、とうとう最終入札日を迎えた。Ｎ社、Ｓ社両社の機関決定会議は、それぞれ午前中に行われると聞いていたことから、樫村は午前中はデスクで作業をしながら両社からの電話を待っていた。午前11時過ぎに電話が鳴った。Ｎ社の堀口からだった。

堀口　「樫村さんですか？　堀口です。会議通過しましたので、譲渡契約書の修正したものを、お２人にお送りしますね。また、本日の会議で、平井社長に一定期間、顧問として残っていただきたいという意見が多くありました。このことも念のため株式譲渡契約に明記していますので併せてご確認ください」

樫村　「ありがとうございます。それではメールをお待ちいたしますね。受領いたしましたらすぐに平井社長に転送します」

この電話の直後にＮ社から株式譲渡契約書ドラフトの修正版が樫村に送られてきた。入札日だったことから、皆のスケジュールを事前に調整していたので、早速、平井、樫村、川村および平井の顧問弁護士がFT社に集まり検討会議を行った。ドラフトは次ページのように修正されていた。

樫村が、契約書の全体を平井たちの前で読み直した。その後各項目について解説しつつ、平井に確認してもらう作業がはじまった。樫村が口を開いた。

樫村　「それでは清水先生が中心となって１つひとつみていただきましょう」

清水　「まず金額ですが企業価値が１億円減額されていますね。全体の企業価値が20億円で、全体の株主価値が約19.7億円。優先分配等も考慮して残る平井社長保有の普通株式の対価は約14.8億円となっています。これは別途、合理的な説明もありますので、問題ないと思いますがいかがでしょうかね？　いままでの経緯をみると私は致し方ないと感じますが」

〈N社による修正：第2条（譲渡代金）〉

> 第2条（譲渡代金）
>
> 本件株式の譲渡代金は金 1,480,960,000~~1,560,960,000~~ 円（以下「本件譲渡代金」という。）とする。
>
> 【N社コメント：デュー・ディリジェンスにより、直近の非事業資産（現預金残高含む）と一部資産額の修正及び利益指標の再調査等を行った結果、最終的に提示させていただく企業価値及び上記本件譲渡代金を減額させていただきました。】

意向表明書に記載されている金額からは減額されていたが、堀口より「合理的な説明」がなされていた。数か月前の現預金残高と、6月末の現預金残高が変化していたことや、一部、非事業資産項目で減額すべきものがみつかったこと、EBITDAの実質値についての若干の減額調整が必要だった等の理由から、企業価値から減額されたのだ。細かいことを言えば、このような減額調整の項目は、その一部に将来の税額を軽減する繰延税金資産ともいえるような項目が含まれている可能性があり、その税効果分を主張し減額幅を緩和するよう交渉することもある。しかし、ここでは影響が少ないので特段の主張はせずに進めることになった。樫村も清水の意見に同意を示し、平井のほうに視線を向けた。

平井は、たしかにそのとおりだという表情で答えた。

平井　「そうですね。これはしょうがないと思います」

清水が続けた。

清水　「次に、第4条の（クロージングの前提条件）です。まず2項(3)です。X社との著作権関係の合意書をクロージングまでに取得してほしいという内容ですが、これはすでに取得しているから問題ないでしょう。前もって処理をしていてよかったです。次に、2項(4)ですが、N社としてはVCであるホライズンの保有株式を同程度の条件で一緒に買収する合意書を事前または同時に締結したいと言ってきています。いままでもホライズンさんと常に確認をとって進めていますよね？　修正案に記載のとおり、種類株式の価格はホライズンさんと平井社長の株主間契約に定められた優先分配権およびみなし清算条項を勘案した金額で決定されるというスキームなので、これも想定どおりだと思いますがどうでしょう？」

〈N社による修正：第4条（クロージングの前提条件）〉

> 第4条（クロージングの前提条件）
>
> 1. 売主の前条第2項に定める義務の履行は、クロージング日において、下記各号に定める事由が全て満たされていることを前提条件とする。なお、売主は、その任意の裁量によ

り、下記の事由の全部又は一部を放棄することができる。

(1) 第5条第2項に定める買主の表明及び保証が重要な点においていずれも真実かつ正確であること。

(2) 買主に、本契約に基づきクロージング日までに履行又は遵守すべき義務についての重大な不履行又は違反が存しないこと。

2. 買主の前条第1項に定める義務の履行は、クロージング日において、下記各号に定める事由が全て満たされていることを前提条件とする。なお、買主は、その任意の裁量により、下記の事由の全部又は一部を放棄することができる。

(1) 第5条第1項に定める売主の表明及び保証が重要な点においていずれも真実かつ正確であること。

(2) 売主に、本契約に基づきクロージング日までに履行又は遵守すべき義務についての重大な不履行又は違反が存しないこと。

(3) 対象会社が、開発委託先企業である株式会社Xより、●●にかかる対象会社に対する著作権譲渡および著作者人格権の放棄を定めた合意書を取得していること。

【N社コメント：弁護士等と協議しましたが、知財関係の事前の整理はクロージング前までにお願いできればと考えています。】

~~(2)~~(4) クロージング日までに、買主と株式会社ホライズン・キャピタル（株式会社ホライズン・キャピタルが運営するHorizon Capital Value FundⅢ投資事業有限責任組合を含む。以下「ホライズン」という。）間において、ホライズンが保有する対象会社株式の全部につき、ホライズンから買主に対して本契約と同程度の条件（種類株式については優先分配額等を考慮した上で決定された条件）において譲渡する旨の合意が得られていること。

【N社コメント：本案件では、100%の株式取得を前提としております。そのため、ホライズン保有分の20%の株式につきましても同時に取得することの合意が得られていることを、クロージングの前提条件とさせていただきたく存じます。】

清水の言うとおり、平井と樫村は、ホライズンの渋谷とは頻繁に進捗状況を確認しあいながら進めていた。樫村が答えた。

樫村「ホライズンには常に確認をとって進めていますので問題ないと思いますよ。念のため確認してみましょう」

そう言って、ホライズンの渋谷に電話をしたが、想定どおり渋谷もこれまでの交渉経緯はすべて理解しており、社内調整や各種ドキュメンテーションも済ませていたことから「問題ない」と即答を得ることができた。

次に、第5条の（表明及び保証）条項だ。この条項は取引価格と双璧をなすほど重要な条項といえる。このうち、N社からは1項(4)と(6)において開示情報の正確性の保証にかかる条項、(7)において主要取引先との関係性にかかる保証条項、さらに(8)にて反社会的勢力排除条項の修正案が提示されていた。

〈N社による修正：第５条（表明及び保証）〉

第 5 条（表明及び保証）

1. 売主は、買主に対し、本契約締結日において、次に掲げる事項が重要な点において真実かつ正確であることを表明し保証する。売主は、買主に対し、本項において表明し保証した事項を除き、いかなる時点におけるいかなる事項についても、明示か黙示かを問わず、何らの表明及び保証をするものではない。

(1) 売主は、日本法に基づき適法に設立され、有効に存続している株式会社である。

(2) 売主は、本契約を締結し、これらに基づいて自らの義務を履行するための権能及び権限を有する。

(3) 売主は、本契約締結及び本契約に基づく義務の履行のために必要とされる一切の社内手続を適法に履行している。

(4) 対象会社の発行済株式総数は 1,000 株であり、全て適法に発行され~~ている。~~ており、売主又は対象会社が開示した株主名簿は本契約締結日現在の対象会社の株主を正確かつ適正に表示している。

(5) 売主は、本件株式を適法且つ有効に保有しており、本件株式につき、実質的かつ株主名簿上の株主である。本件株式には譲渡担保権、質権等の担保権は設定されていない。

(6) 売主又は対象会社が開示した直近 3 事業年度分の貸借対照表及び損益計算書は、日本国の会計諸規則及び一般に公正妥当と認められる会計原則に従って作成されており、また、本契約締結日現在の対象会社の財政状態及び該当期間中の経営成績を正確かつ適正に表示しており、虚偽の記載を含まず、また、軽微な点を除き、記載すべき事項及び誤解を生じさせないために必要な事実の記載を欠いていない。~~2018 年 3 月末日に終了した事業年度に係る対象会社の貸借対照表及び損益計算書（以下「本計算書類」という。）は、売主の知る限り、作成基準日時点に関する対象会社の資産及び負債の状況並びに該当期間に関する対象会社の損益の状況を重要な点において適正に示している。~~また、対象会社は、~~売主の知る限り、~~2018 年 4 月 1 日以降、その事業を従前遂行してきたところに従って継続して行っている。

【N 社コメント：冒頭で「重要な点において」という制限がありますので、具体的な保証範囲をより広範に設定させていただき、また「知る限り」は削除させていただきました。】

(7) 対象会社の開発委託先企業である株式会社Xおよび主要営業委託先である株式会社シーテクノロジーとの取引継続が困難になるおそれのある特段の事実が発生していないこと。

【N社コメント：弁護士等と協議しましたが、重要な取引先との間での取引継続可能性については表明保証条項として追記させていただきたいと考えています。】

(8)　売主又は売主の役員等が、~~売主の知る限り、~~次に掲げる者（以下「反社会的勢力」という。）のいずれにも該当しないこと。

【N社コメント：反社条項につきましては「知る限り」の削除をお願いします。】

・・・省略・・・

(9)　自ら又は第三者を利用して次に掲げる行為（以下「暴力行為等」という。）を行わないこと。

・・・省略・・・

2. 買主は、売主に対し、本契約締結日において、次に掲げる事項が重要な点において真実かつ正確であることを表明し保証する。買主は、売主に対し、本項において表明し保証した事項を除き、いかなる時点におけるいかなる事項についても、明示か黙示かを問わず、何らの表明及び保証をするものではない。

(1)　買主は、日本法に基づき適法に設立され、有効に存続している株式会社である。

(2)　買主は、本契約を締結し、これらに基づいて自らの義務を履行するための権能及び権限を有する。

(3)　買主は、本契約締結及び本契約に基づく義務の履行のために必要とされる一切の社内手続を適法に履行している。

(4)　買主又は買主の役員等が、反社会的勢力に該当しないこと。

(5)　自ら又は第三者を利用して暴力行為等を行わないこと。

※上記は、解説のため最低限の内容に限定しています。実際にはより多くの表明保証項目が定められることが多いといえます。

買収者候補によっては、開示したすべての資料の正確性等を保証する旨の条項（「キャッチオール条項」等という）や、提出した事業計画を保証する旨の条項を入れてくる等のケースもある。このような条項は売却者側に非常に不利になりうることから、一般的には売却者側としては拒絶すべきものだ（特に、後者の事業計画の保証等は支配権が異動するような通常のM&A取引等においては受託できないことは明らかである)。場合によっては、M&Aであるにもかかわらず“買い戻し条項”を入れようとする買収者もいるほどだ。N社の提案にはそのような条項が挿入されているわけではなかった。

しかし、樫村としてまったく気になる点がなかったかというとそうではなかった。N社による修正で少し気になったのは、第5条1.(6)の財務諸表にかかる表明保証の修正であった。この表明保証条項の中にある、「日本国の会計諸規則及び一般に公正妥当と認められる会計原則に従って作成されており」という記載だ。なぜなら、通常の小規模企業では、これが完全に満たされるほどに正確な経理処理をしていないケースが時々あるからだ。試しにインターネット等で「一般に公正妥当と認められる会計原則」と調べていただくとわかると思うが、各種のルールが細かく定められている。しかし、結局は、売却者側の関係者で協議しこの修正案は受諾することとした。なぜなら、第５条１項の前段部分に「次に掲げる事項が重要な点において真実かつ正確であることを表明し保証する」という記述があるからだ。当然、この「次に掲げる事項」には、この財務諸表にかかる表明保証も含まれることになるが、その場合、「重要な点[18]」で誤った処理をしていなければ問題にはならず、もし該当事項があっても第５条１.(6)の記載によっても金額的には軽微なものは除外されるとの解釈になるからだ。会計士の江村に確認したところ、FT社の会計処理が「日本国の会計諸規則及び一般に公正妥当と認められる会計原則」からかけ離れた処理にはなっていないということが確認できたことから、この財務諸表にかかる表明保証の追記案も受諾できると判断した。同(7)は主要取引先との取引継続についてであったが、契約締結日時点では実際に取引が困難になるおそれのある特段の事実の発生はなく、COC条項についての問題も先の合意書の取得ですでに解決できていたことから受諾できると判断した。また、同(8)の反社会的勢力に関連する部分では当初ドラフトで「売主又は売主の役員等が、売主の知る限り、……該当しない」となっていた部分のうち「売主の知る限り」という文言が削除された。「知る限り」という文言は表明保証する側のリスクを軽減する文言であり、それが削除されたことは気にはなったものの、FT社では一定の反社チェックは行っていたことから、これは許容するしかないという判断になった。

以上の検討を経て、「表明及び保証」についても合意することとなった。続いて第６条（売主の遵守事項。事例は省略）においては、売却後の顧問契約の定めが挿入されていたが、これも議論に上がったものなので受諾できると考えた。第７条（買主の遵守事項。事例は省略）は、残存する取締役の継続選任義務をＮ社側が何年間負うのかという取り決めにかかるものだった。Ｎ社からは、平井の希望する「３年間」に対して、「１年間」と修正リクエストがなされていた。本条項は、平井が残存する取締役に対する配慮から強く希望している条項であったため、一定程度譲歩するものの、「２」年間の義務をＮ社に負ってもらうよう再提案することとした。清水も「２年間であれば特段違和感はない」とのことだった。

最後に第８条の（補償）条項だ。Ｎ社からは以下のように修正リクエストがなされていた。

18 「重要な点」という用語の意味する法律上の解釈は重要ですが、本書の範囲ではないことから、解説を割愛します。

〈N社による修正：第8条（補償）〉

第8条（補償）

1. 売主及び買主は、次の各号に定める事由によって相手方に損害を被らせたときは、相手方に対し、当該事由により発生した~~直接かつ通常の~~損害を補償する責任を負う。
   (1) 本契約上の自己の表明及び保証が真実かつ正確でなかった場合
   (2) 本契約上の自己の義務に違反した場合
   【N社コメント：若干、損害賠償義務範囲の定めを変更させていただきました。】
2. 前項に基づき売主又は買主が相手方に対して負うべき補償責任は、本件譲渡代金~~の20%に相当する金額~~を上限とする。
   【N社コメント：補償は譲渡代金全額を上限とさせていただきたいと考えています。】
3. 第1項に基づく売主又は買主から相手方に対する補償の請求は、クロージング日から~~3~~12か月後までに、相手方に対し、具体的な請求の根拠及び損害の内容を特定した書面をもって請求した場合に限り認められるものとする。
   【N社コメント：期間については買収完了後初年度の決算が終了した後とさせていただきたいため、12ヶ月とさせてください。】
4. 本契約に関連して売主及び買主に生じる損害等の相手方に対する請求は、本条に従ってのみ可能であり、売主及び買主は、本条に基づく補償の請求を除き、債務不履行責任、瑕疵担保責任、不法行為責任、法定責任その他法律構成の如何を問わず、相手方に対して損害等その他の負担につき賠償、補償その他の請求をすることはできないものとする。

これについては、平井は、「第7条を通してくれればこちらを受け入れてもよいかな」と考えているようだった。平井としては残存してくれる取締役の権利を重視してあげたかった。それができるのであれば、一定程度自分の損害賠償責任を負うリスクが高まることを許容できた。これには、自身の表明保証の内容については正確であるとの自信があったことや、基本的には契約違反もしないだろうという一定の確信があったこともある。

清水は解説を加えた。

清水　「この損害賠償条項と補償に関する条項は、買収額と同じくらい大事なので慎重に考えたほうがいいと思います。基本的には売り手側としては様々な角度から損害賠償に制限をかけていくことになりますが、私どもの初期案では、1項と4項でこの取引における“損害”と“補償義務”の範囲を狭く定義し買い手側が損害賠償請求できる条件と範囲を定め、2項で損害が出た場合の補償上限を譲渡代金の20%にしてもらうよう設定し、3項で損害賠償請求できる期間をクロージング後3か月まで短縮することで、平井さんが損害賠償リスクを負う恐れを最大限低減させました。これに対し、N社からは4項を除きすべて修正を求めてきています。この問題を考えるのに一番大事なのは、“表明保証条項”の内容です。これとセットで損害賠償条項は効力を発揮するからです。特に、表明保証条項では“キャッチオール”といって『開示情報のすべてに誤りがないことを保証する』などといったような条項が入る場合があります。こういうケースでは、この補償条項において相当程度交渉が必要となりますが、今回はキャッチオールも入っていないですし、Valuationもそこそこつけてくれていますから、私の感覚ではN社側の修正案もそこまで違和感は感じません」

この第８条の内容は非常に重要だ。こちらは表明保証条項と対応するもので、なにかあった場合の損害賠償責任を定める条項だ。買収者候補としては損害賠償責任の範囲を限定されたくはない。逆に、売却者側としては何らかの制限をつけたいと考えるものだ。この事例のように、損害賠償を請求できる期間にも制限をつける場合もある。この場合、売却者側からは当初は「３か月」という期間を提案し、それについては修正リクエストがなされていたものの、譲渡日から１年間という制限をつけることにはN社は合意してくれていた。また、金額的にも無制限の損害賠償義務を負うという内容ではなかったことから、平井としては総合的にみてこの内容でよいと判断した。

以上で、N社による株式譲渡契約書の修正に対する売却者側の意見がまとまった。樫村は詰めの交渉であることに鑑み、平井同席のうえ、その場で堀口に電話かけることにした。樫村は契約交渉がある程度煮詰まってきたら、あとは電話や実際のミーティングによってキーマン同士が直接話したほうが妥結につながりやすいことを心得ていた。

樫村　「堀口さん、樫村です。お世話になります。いま少しお時間よろしいですか？　いま平井社長と一緒に御社からの契約書をみているのですが、その件でお話があります」

堀口も時間はあるとのことだった。また、幸運にも、堀口は丁度弁護士と打ち合わせをしていたようだったので、その場で電話会議を行うことになった。

樫村は先ほど売却者側チームで話し合った内容を伝えた。

樫村　「堀口さん、色々とご修正いただきありがとうございました。基本的にはほとんど御社のご修正内容で問題ないかなと思っています。ただ、第７条の役員の継続については２年にしていただけませんでしょうか？　平井社長のお考えとして、ここだけはどうしても譲歩しにくいとのことでした。なお、平井社長としては第８条の補償についても当初は受諾することを悩まれていましたが、この第７条さえこちらの提案を通していただけるのであれば、第８条はN社様側のご修正を受け入れるとのご判断をいただいています」

堀口　「わかりました。ではその方向性で再検討します。ほぼ役員会では合意ができている話で、細部については、私と弊社の弁護士ですべて調整することになっています。第７条は２年間とする案について弁護士とも協議してみます」

樫村　「ありがとうございます。あとは他社もありますので、御社の最終的な妥協点等を総合的に考えて平井社長に最終契約を締結するか否かを決めてもらいます」

N社とは、この日から1週間程度のやり取りを経て、堀口との電話で協議された点や、その他細かな論点につき、最終契約内容の合意形成が図られた。一方、S社については、最終入札の内容に鑑み交渉はストップすることを最終入札日当日に決定していた。N社と最終的な契約交渉へ進みたいと考えたのだ。

ちなみに、S社の入札内容といえば、修正希望箇所も多く、価格も大幅に削減されていた。価格が大幅に削減された根拠について確認しても、「プロジェクションを考慮したうえでの結果」という回答で明確な理由を最後まで明らかにしてもらえなかった。これらを勘案し、S社には交渉を中止したい旨を伝達することになった。

もちろん、S社もコストをかけて検討を継続してくれた買収者候補である。説明には十分に配慮する必要がある。平井と協議のうえ、①他の買収者の存在、②平井が他の買収者（N社）とのシナジーを強く期待している点、③価格が他の買収者より大幅に低くなってしまった点等を総合的に伝えた。S社には念のため価格を再考する余地があるのかを尋ねたが、この金額が最終提示額だということであった。このため、平井の意向としては受諾できないようだと伝えることで、S社との協議はこの時点で終了した。

S社との交渉が終了したことから、早速、最終入札日の翌日には堀口にN社と最終契約をする前提で進めていきたい旨を伝えた。

堀口は電話越しでクロージングについて触れた。

堀口「ご検討いただきありがとうございました。では、最終契約の詰めと並行して今後のクロージング手続きを詰めていきたいと思います。クロージング手続きや必要書類については、FT社さん側でなにかドラフティングしてもらえるということでいいですか？」

樫村「はい。平井社長と本件のFT社側の弁護士の清水さんとで、このあとクロージング手続きについて詰めてもらう予定です。私もフォローします。すみやかに手続きの詳細をお知らせします」

堀口「わかりました。それではご連絡をお待ちしていますね」

このようなやり取りのあと、早速清水も呼んでクロージング手続きの詳細を詰めた。特に契約締結日とクロージング日が同じ日付である場合、クロージング手続きの準備をしっかり整えていないとトラブルになるケースがある。川村はすでにクロージング手続きについてまとめた紙面を清水と相談して作成していた。簡潔に示すと次ページのとおりである。

〈クロージングの手続き例〉

•8/1	以前	譲渡承認にかかる書類準備、株主名簿書換請求書等、契約書原本の製本・作成
•8/1	9:00	N社での最終契約締結にかかる取締役会決議
•8/1	11:00	FT社での株式譲渡承認にかかる取締役会決議
•8/1	11:00	平井による最終契約捺印　FT社にて
•8/1	12:00	FT社にてN社、ホライズン宛契約添付資料の作成
•8/1	13:00～14:00	N社、ホライズンにて契約捺印および送金処理
•8/1	14:00～15:00	平井およびホライズンによる着金確認
•8/1	15:00以降	取締役の選任にかかる株主総会決議、株主名簿書換手続き、株主名簿への反映手続き

5-3 契約締結　～2018年7月26日～29日～

交渉が終了したことから、株式譲渡契約の最終的な原本を作成した。また、クロージング手続きについても、そのすべてにおいてN社堀口にも共有のうえ、プロセスを確認しあった。ホライズン側も、さすがにプロのVCだけあってすべての準備を完了させているようだった。なお、堀口は週次の投資会議において、最終契約を８月１日の取締役会で承認を受ける旨について内諾をもらっていた。また、念のため、根回しをして社外取締役にも合意を得ていた。役員就任に関しては、株式譲渡契約にも定められていたとおりN社としては譲渡当日に現代表取締役の平井に辞任してもらい、同時に顧問契約を締結するための準備をした。一方、N社からは堀口が当面の代表取締役として選任され、ほかに福島という者ともう１名の合計３名が新任取締役として選任されるように手配した。また、N社はクロージングに際して、FT社の株式譲渡承認が取締役会でなされたことを確認するため、当該事項を決議した取締役会議事録も契約時に渡してほしいとのことであった。FT社側としてはクロージング当日に備えてそれら書面も事前に作成しておいた。これらの作業を完了させ、あとはクロージングを待つだけという状態になった。

5-4 クロージングへ――　～2018年8月1日～

準備開始から約半年にも及ぶ長いトランザクションも、ついにクロージング日を迎えることとなった。N社では朝９時からの取締役会において本案件が最終決裁される予定であったことから、樫村は堀口からの電話を待っていた。電話は11時を過ぎた頃にかかってきた。

「堀口です。おはようございます。無事に取締役会で本件の最終承認がおりました。本日の入金処理もできるように手配しましたので、早速、株式譲渡契約の捺印を行いましょう」

電話を切ってから、樫村と川村は分担して、クロージング手続きに入った。そして無事午後には、すべての手続きが完了し、約半年にわたる取引はクロージングを迎えることになった。

【クロージング後の平井の様子】

クロージング直後より、平井は引継ぎを行っていた。譲渡日当日から代表権は堀口に移り、実質的なFT社の運営はN社から新しく取締役に選任された福島が行うことになった。平井は福島と毎日のように会議を行い、事業運営上の細かい情報を共有していくように努めた。１年間の顧問契約を締結していたが、３か月を経過したくらいから平井が行うべき業務のほとんどが現場に巻き取られていった。心配していた営業数値も、N社の営業部隊がクロスセルを成功させ、プロジェクションには届かないものの順調な仕上がりをみせていた。もちろん、想定していなかったトラブルも数多く発生したが、それらも平井の協力によって大きなトラブルになる前に解決することができた。福島の人望もよい方向に影響し、組織的にも人事的にも問題なく運営されていき、売却から６か月を過ぎた頃には、平井の仕事はほぼ終了した。しかし、それでも平井は常に譲渡後のFT社の動向には注意を払い、ことあるごとに何か問題が発生していないか等の確認をしたり、問題が発生した際にはできる限りの協力を怠ることはなかった。実は、樫村からはクロージングの前から次のようにアドバイスされていた。

「平井さん、もしクロージング後に取締役を継続したり、顧問契約等を締結したりといったことがなくても、売却後のFT社のケアは十分にやってあげてください。それがFT社の今後にもつながりますし、何よりもM&A実行後のトラブル回避にとても重要なことです。そのような姿勢をもってN社との協力関係と信頼関係があれば、ほとんどのトラブルが大きな問題にならずに解決できると思います」

もちろん、この言葉を忠実に守るようにしたというのもあるが、それ以上に平井としては自分が生んだFT社が心配だったというのが大きかった。

平井がコミットせずともFT社が問題なく運営されるだろうという確信がもてるようになったクロージング後おおよそ１年が経過した頃から、平井は世界中を飛びまわり、様々なビジネスチャンスの模索、医療事業にかかる情報収集を行った。結果的に、平井は当初の想定どおり、医療領域に非常に広大な潜在市場をもつ領域を見つけ、新たに会社を立ち上げた。M&Aの一連の流れを経験したことで、企業価値の考え方にも一定の理解を得ることができたことから、資本政策も十分に練りつつ事業運営を進めることができていた。再創業の１年半後には、M&Aイグジットの実績も評価され大型資金調達に成功して、現在では本当にやりたい事業を大きな資金力を背景に進めている。再創業し、資金調達を成功させた直後、平井は樫村に頼まれM&Aイグジットにかかるセミナーで自身の体験について講演した。その帰り、平井は樫村にこう言った。

平井　「もう、あれから数年ですか…。それにしても、樫村さんのおかげで色々と世の中を知ることができました。信用がどれほど重要なのか、資本市場がどういう仕組みで動いているのか、どうやって資産価値が評価されるのか、会社の財政状態をどうやって見通すのか、種類株式が実際どう作用するのか、挙げていけばきりがないです。こういったことをM&A取引の中で学ぶことができました。あのときに売却したことが正解だったんだなとようやく今確信をもてました。でも、いまは本当に最高に楽しく仕事ができています。本当にありがとうございます」

樫村　「また次に大型のM&Aを仕掛ける側に回ったら、また弊社を使ってくださいね」

平井　「もちろん」

２人は固く握手をして家路についた。

～終～

第三部

売却プロセスと売却戦略

1 売却プロセスの種類
～個別相対方式と入札方式～

1-1 売却手続きの一般的な流れ

第一部35ページで説明したM&Aの流れについて、さらに詳しく、いくつかのパターンに分解して説明します。もう一度前掲の図をご覧ください。

〈売却手続きの基本フロー〉（再掲） ※株式譲渡のケース

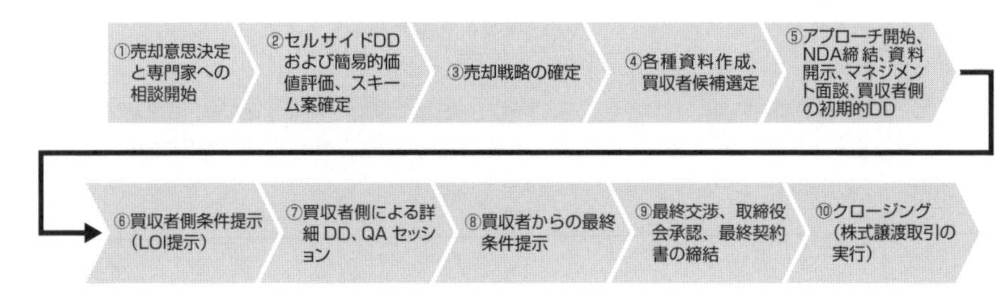

これはごく一般的な株式譲渡によるM&Aイグジットのフローです。しかし、実際には、以下の事例のように様々なケースがあります。

●よくあるその他のM&Aプロセス例

- 買収者から直接アプローチされ、売却者も条件に大枠納得し、そのまま上記⑦のプロセスへ進むケース。その場合、売却者としては他の買収者候補への打診をせずに相対交渉となるケースもあれば、改めて他の買収者候補へ打診する場合もあります。
- 会社分割等の組織再編のケース（151ページ参照）では、その種類により複数の手続きが追加的に必要になります。また、それらの中で株主総会で承認を要するものがあります。さらに、債権者保護手続等の「法令の定めにより一定の期間経過が必要な手続き」が必要な場合があります。
- 企業規模の大きい企業同士のM&A取引の場合、独占禁止法の規制に抵触する可能性があり、公正取引委員会への届出等が必要なケースがあります。また、上場会社が当事者となる場合には、取引所への事前相談等が必要になるケースもあります。これらの場合も相当の期間を追加して想定しておく必要があります。
- 対象会社が上場会社等である場合には、TOB規制およびインサイダー取引規制の影響を受けることになります。この場合、非上場会社（15ページ脚注１参照）の買収とは求められるプロセスが大きく異なることとなり、相当の期間を想定しておく必要があります。
- 合併等の対象会社が２社以上存在するケース。この場合、合併会社が他方を評価するのみならず、被合併会社も合併会社を評価することで最終的な合併比率が決まることから、双方が相手企業の評価をする等のプロセスが入ります[1]。
- 買収者側が買収ファイナンスを行う場合（LBO等による買収のための資金調達を行う場合等）、銀行への情報開示、行内稟議等を経るプロセスが必要となります。この場合、買収者によるDDが終了し、DD報告書が完成した段階で初めて銀行に対して詳細な情報開示がなされることから、DD実行後に相当の期間（最短で１～２か月程度）を想定しておく必要があります。また、買収者側が銀行から確実に買収ファイナンスを調達できるよう、売却者側も相応の協力が必要となります。
- 会社更生法や民事再生法等、法的整理[2]等に則った手続きの中でスポンサーを得ていくケース。この場合は、多くのケースにおいてFAが起用され、スポンサー（買収者）選定にかかる入札手続きが行われます。また、銀行等にも交渉状況を共有したうえで進める必要があり、銀行向けの説明手続等が必要となります。

このように、M&Aイグジットや会社売却という単語ひとつとっても、様々なケースがあります。しかし、本書では非上場会社の売却取引に特化して解説をしていきます。取引の類型が違っても、M&A取引の主要な要点はすべてのスキームに共通します。

1-2 個別相対方式と入札方式

売却プロセスを戦略面から考えてみます。次ページの図をご覧ください。

本書では、売却手続きを「個別相対方式」、「リミテッド・オークション方式」、「フル・オークション方式」と３つに区分していますが、必ずしも大別できる明確な定義があるわけではなく連続的な区分であるといえます。「リミテッド・オークション方式」と「フル・オークション方式」の２つは、個別相対方式に対して入札方式とも呼ばれるので、単純に個別相対方式と入札方式の２つに区分して理解してもいいでしょう。

しかし、本書ではあえて上記３種類に分けて特徴を説明することで、買収者への打診スタンス、複数者へ打診する場合の注意等をより容易にご理解いただけると考えました。図中で、それぞれのプロセスの内容とメリット・デメリットについても解説していますが、メリット・デメリットは絶対的なものではなく、M&A取引において個別に判断していくのが重要だということについては申し添えておきます。

1　株式交換やMBO等、両サイドの評価が必要となるケースは、これ以外にも存在します。
2　裁判所の管理下で債務整理を行うこと。対義語は私的整理。

〈売却戦略と直結する３つの売却プロセス〉

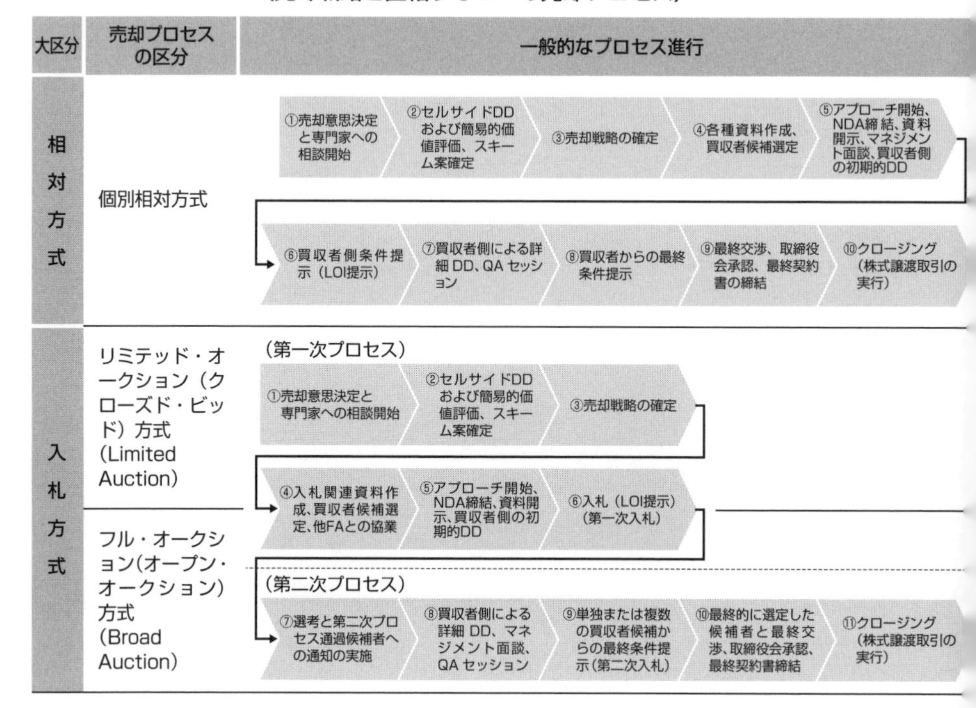

1-2-1　個別相対方式

個別相対方式では基本的には１対１で交渉していきます。そのため、面談を重ねることで買収者候補に対象会社の理解を促していくという流れが基本となります。

●メリット

・事業の妨げなく、最小限の負荷で交渉できる

代表的なメリットとしては、本方式が原則として１対１の交渉であることから、最小限の負荷で進めることができる点が挙げられます。多くの買収者候補に打診する場合に必要となる資料準備やスケジュール管理等、煩雑かつ負荷のかかる事務手続きが軽減できるからです。

・情報の拡散を最小限に抑えられる

M&A取引における情報の拡散防止は、注意してもしすぎることはありません。情報が拡散すると、買収者候補から「出回り案件」であると認識され、それだけで深く検討する価値がないと判断される場合もあります。「出回り案件」は、多数の買収者候補により検討されたにも関わらず、まだクロージングしていない案件ともいえ、「深くDDするとリス

メリット	デメリット
事業のオペレーションを妨げられる可能性を最小限にしつつ、売却交渉が進められる可能性が高い 関係者以外への情報拡散は最小限に留められる 相手次第では早期のクロージングを実現できる可能性が高い 買収者候補へ訴求しやすく、比較的難易度の高い案件でも実施可能 特定の買収者候補ときわめて大きなシナジーが生まれうる場合、それらの定量化等を協調して行いつつ進めることで、売却価額極大化が図れる可能性がある（ただし、まれ） 組織上の親和性、場合によっては役職員の希望等を十分に協議したうえで取引を進められる	①売却条件が不利になりやすい ②スポンサー選定プロセスの公正性・客観性の確保が困難
売却者に有利な条件で交渉できる環境をつくりやすい 売却条件等の公正性・客観性が確保されやすい 予期せぬ優良な買収者候補が現れる可能性がある フル・オークション方式の売却条件最大化という利点と個別相対方式がもつ秘匿性という利点の両方のメリットをもつ	①個別相対方式よりも企業情報が広く拡散する恐れがある ②買収者候補に、オークション方式に対する抵抗感があると、「競わされた」との心理的な軋轢が発生する可能性がある ③買収者候補において、オークション方式に不慣れな場合、売却プロセスが円滑に進まない恐れがある ④仲介会社では有効性の高い入札プロセスを構築するのは不可能であり、レベルの高いM&Aアドバイザーを採用する必要がある。アドバイザリーフィー(特にリテーナーフィー)が比較的高くなることも ⑤準備に時間と労力がかかる ⑥難易度の高い売却案件の場合、候補者が現れない可能性がある
記に加え、 売却価格等の公正性・客観性がより確保されやすい 予期せぬ優良な買収者候補が現れる可能性がより高い	上記に加え、 ①失敗に終わった時（買収者候補が現れなかった場合、売却交渉が最終的に不調に終わった場合等）に売却企業のイメージが損なわれる ②企業情報がより広く流出する可能性がある

クが発見されるから誰も買収しないのではないか。そうであれば検討コストをかけるのはリスクだ」と判断されがちなのです。また、売却が失敗した場合を考えても、可能な限り情報拡散していないほうが安心です。

・早期のクロージングが実現できる可能性が高い

最小限の負荷で交渉できるということは、準備や取引にかかる時間が短縮できるということも意味します。入札方式でも、買収者候補が「早期に意思決定しないと他社に買収されてしまう」と考えた場合は、きわめて早期の短期クロージングが実現する場合もありますが、一般的には個別相対方式のほうが検討スピードの速い相手であれば時間短縮が図れる可能性が高いといえます。

・難度の高い案件の場合に実施しやすい

業績や財務状態が芳しくない対象会社の場合、広範に入札募集をしたところで１件も入札がなされないということもしばしば起こります。一見して状態が芳しくない対象会社の場合、浅い説明と外形的な情報のみでは魅力が伝わらないからです。このような場合、対象会社の芳しくない点を如何によい点でカバーできるかということ等を、事前に深く検討したうえで特定の買収者候補に伝えていくという方法が有効に作用する場合があります。

また、スキームについても特殊なスキームも含め十分協議する時間をもつことが可能となります。それらの結果、特定の買収者候補に「たしかにそれなら買収する意味がありそうだ」と考えてもらうことができれば、入札方式で進めた場合には成立しえないような取引でも成立しうるということもあります。

・買収者側とシナジーについてゆっくり深い議論ができる

１社または数社の買収者候補に対して集中的に時間を費やすことが、幅広く打診する入札方式よりも有効に作用する場合もあります。対象会社の魅力を最大限にアピールしたり、M&A取引後のシナジー創出戦略等についても１対１で十分に事前議論を行うことが可能となるからです。これにより売却希望金額の根拠について理解を促すための説明等も重点的に行うことができます。ただし、著者の個人的な感覚としては、やはり完全に１対１の個別相対方式ではなかなか売却者側の交渉力が強くならないため、よい結果を生まない場合のほうが多いと感じます。そこで、入札日を設定するなど一般的な入札方式の形態はとらないまでも、相対方式のプロセスを踏襲しながら数社と並行して交渉するといった方法が現実的な選択肢としてとられる場合もあります（この場合、「相対方式」と呼ぶには違和感があるが）。

・組織上の親和性等を十分に協議・確認のうえ進められる

個別相対方式では、交渉の初期段階から特定の買収者候補と深い協議が可能となります。このことは組織上の親和性や役職員の進退または会社の将来像についての擦り合わせ等を初期段階から深く協議し、売却者側もある程度明確なイメージをもちながら交渉を進めていくことにつながります。そのような点は、幅広く入札させある程度厳密なスケジュールのもとで進めていく入札方式とは大きな相違点といえるでしょう。入札の場合は、そういった議論がディール後半にずれ込みます。

●デメリット

・売却条件が売却者に不利になりやすい

原則として、個別相対方式は入札方式に比べて売却者に有利な条件で売却できる環境を醸成しにくいという点が最も重要な課題です。本方式の場合、特に買収者候補が１社である場合は、その会社が検討を中止するとM&A取引自体が終わってしまいます。特に売却者が売却を急ぐ理由があれば、このことは交渉力の低下に直結します。

・公正性・客観性の観点では入札方式に分がある

本方式は法的整理等による再生フェーズにおけるスポンサー誘致、出資者の存在する投資ファンド等の投資先売却、上場会社子会社の売却等、プロセスの透明性や公平性が求められたり、妥当な価格で売却したことを第三者に説明すべき場合は不向きといえます。

1-2-2 入札方式

入札方式では、プロセスレター等により厳密に売却プロセスの詳細を定め、多数に打診をすることで売却価値の最大化を目指します。通常、事前に定められる入札日、入札の方法、入札条件、全体のスケジュール等に沿って、入札できる買収者を対象にプロセスを進めていきます。多数への打診を基本とするため、極力、面談を回避してIM等の書面のみで買収者が初期的判断できるよう、資料作成に手間をかけます。

●メリット

・売却者に有利な条件で交渉できる環境をつくりやすい

入札方式の最大のメリットは、売却者にとって有利に交渉が進められる可能性が高い点です。通常の商取引でも一定以上高額、かつ希少性が高く相場判断が難しい商品の販売は競売で行われることが多いと思いますが、これはM&Aの世界でも同じです。多数の買収者候補を擁立することができれば、対象会社が魅力的であればあるほど、それぞれの買収者候補は他の買収者候補に負けないような「売却者にとってのよい条件」を提示しようと努力してくれるものです。買収者候補が、競合に対象会社を取得されると将来の自社の事業計画に大きな悪影響が発生しうると考えた場合には、一層、売却者にとって有利になります。さらに、売却プロセスも必然的に売却者サイドがコントロールすることとなるため、プロセス設計次第では、ここでも売却者に有利な環境を醸成することが可能となります（売却者が受諾不可能な条件をあらかじめ整理し、当該条件を要求する買収者候補は入札ができない旨を入札条件として設定することで、交渉の初期フェーズで重要条件の調整を図る等）。また、M&Aの世界でも案件サイズに反比例して「数打ちゃ当たる」といった論理が働く要素が強まることも事実で、多くの買収者候補への打診は競争環境の醸成以前にそれだけでもメリットがあるといえます（前述のとおり例外あり）。

・売却条件の公正性・客観性が確保されやすい

入札方式によって売却が実現したということは、それを主導した者が株主価値最大化や公正かつ透明な売却プロセスの実現について最大限努力したことを主張しやすくなります。売却者＝対象会社の100％株主であれば、このような主張を第三者にすべき必要性は低いといえますが、上場会社が子会社を売却する等のケースにおいては、こういった主張ができることが売却者側のマネジメントにとっては重要になります。なぜなら、売却者である上場会社の取締役らは当該上場会社の株主にこれらの事項にかかる説明責任を負うことになるからです。もちろん、建前だけでなく入札方式が実際に株主価値最大化へつながる点はすでに説明したとおりです。

・予期せぬ良好な買収者候補が現れる可能性がある

複数の買収者候補に対して一定程度幅広く情報開示することになるので、予期せぬよい買収者候補が現れる可能性もあります。異業種の買収者候補がきわめて良好な条件で対象会社に関心を示してくれる場合もあります。M&A取引では、打診してみないと買収者候補の興味・関心レベルはわからないものですから、この点では一定程度広範に打診する意義は大いにあるといえるでしょう。

●デメリット

・情報拡散の恐れがある

当然のことですが、広範に打診すると情報漏えいリスクは上がります。この点は入札方式の典型的なデメリットです。

・買収者候補が「競わされている」と感じ心理的軋轢が発生する可能性がある

買収者候補側が「競わされている」という気持ちになり、相互に心理的な軋轢が発生することがあります。買収者候補の経営陣と売却者がすでに知り合いで仲がよいという場合等に「なんで他に話をもっていくんだ」という趣旨のことをいわれたという事例もあるようです。また、稀ではありますが入札案件は検討さえしないという買収者候補もごくまれに存在します[3]。

・買収者側が不慣れな場合、円滑に進まない恐れがある

買収者側がM＆Aに不慣れな場合、入札方式を経験したことがないことも多く、円滑に進まないこともあります。そこで、次項とも重複するのですが入札を取り仕切るFAにより結果が左右されがちとなります。

・レベルの高いアドバイザーを選定する必要がある

入札方式による会社売却は一定の専門性が求められます。少なくとも、売却者側のアドバイザリー業務の経験がない担当者にあたってしまった場合、入札のメリットを最大限生かすことができず、逆効果になる場合（情報漏えい等のマイナス面のみが発生する等）さえあります。優秀なアドバイザーにうまく出会えなければ有効な施策となりにくいという点は、入札方式のデメリットともいえる点でしょう。なお、仲介会社のように売却者側・買収者側の双方から報酬をもらう会社は、売却者側の利益最大化を目的とした本来の入札プロセスを仕切ることは契約上、不可能に近いといえます（357ページ参照）。

・準備に時間と労力がかかる

IM、プロジェクションまたはプロセスレター等、入札方式に必要な資料は相当量あります。これら準備に時間も労力もかかる点は入札方式のデメリットとなります。また、複数の買収者が絡む以上、これらの調整という面でも、個別相対方式に比べて一般的にはクロージングが長期化するのが通常です。ただし、時間はかかるものの、スケジュールはコントロールしやすいといえます。

・難易度の高い売却案件の場合、候補者が現れない場合もある

3　最近ではほとんどの買収者が入札方式に理解を示しているようです。会社の売却は売却者自身の過去の時間を売却するのとも似ていますので、売却者が最高の条件で売却したいと考えるのは自然でしょう。

個別相対方式では１社と深い協議をするので、対象会社の芳しくない点とともに魅力的な点や考えられるシナジー等も初期段階で深く買収者候補に伝達できます。一方、入札方式では、すべての買収者候補にそういう時間を割くことはできません。難易度の高い売却案件の場合、入札が１件もないということが起こりえます。個別相対方式であれば、各種資料の準備にかかる負担も軽く、また入札日を待つことも不要なため、協議しても特定の買収者候補が関心を示さなければ次の買収者候補へ打診していけばよいということになります。しかし、入札方式の場合、入札日までは結果が明確にはわからないため、多大な時間と労力をかけて１件も入札がなされないという状態も起こります。

1-3 どの方式を選択すべきか？

では、実際にM&Aイグジットを進める場合、個別相対方式と入札方式ではどちらの方式を選定すべきでしょうか？　これは、機械的な判断は難しく、以下のような様々な要素に注目して選択するのが妥当といえることが多いでしょう。

〈個別相対方式の採用を積極的に検討する要素〉

- 対象会社・事業の規模が極めて小さい場合（入札方式による取引コストの観点から）
- 利益額も小さく事業内容が複雑で、詳細な説明をせずには価値訴求しにくい場合
- 業績推移に深い説明を付記しないとリスクばかり際立ち、魅力が訴求しにくい場合
- 特定の魅力的な買収者候補が存在し、他は考えにくい場合
- 売却者が買収者との相性を事前に十分に理解し合ったうえで深い協議を進めたい場合
- 本格的な入札方式による売却プロセスの前に売却可能性をリサーチしたい場合
- 業績悪化傾向の場合
- 極めて短時間で進めるべきトランザクションである場合　等

〈入札方式の採用を積極的に検討する要素〉

- 価格を含めた売却条件最大化が最優先事項である場合
- 高水準の営業利益が継続的に出ている場合等、興味をもちそうな買収者が複数存在することが明かな場合
- 売却価格の公正性・客観性を求められる場合
- 時間をかけることができる場合
- 信用できるアドバイザーが周囲に存在する場合　等

なお、繰り返しになりますが、個別相対方式と入札方式に明確な定義があるわけではなく排他的な関係でもありません。したがって、ある程度それぞれのメリットを生かした形

でこれらの中間的なプロセスを設計するということも可能となります。M&Aのプロでもない限り、アドバイザーを起用しないで次節で説明するような厳密な入札方式によるプロセス進行をするというのはなかなか難しいことでしょう。しかし、どの程度の数の買収者候補に打診をしていくのかを決定し、それぞれの買収者候補から出てくる希望条件を取りまとめ、どのように最終的な買収者を決定するのかという点を考えてプロセスを設計していけば、入札方式のメリットを一定程度生かしたプロセス設計をしていくことはできるでしょう。たとえば、条件提示期限を決めて、それまでに複数の買収者候補に検討してもらうと取り決めるだけでも効果的な工夫になりえます。なお、アドバイザーを起用しないということは打診した瞬間に買収者候補に対象会社名を伝えるということになります。したがって、こういった情報リスクにかかる観点等も考慮して打診する買収者候補の数も検討していく必要があるという点には注意が必要です。

2 入札方式の特徴

2-1 スケジュール上の特徴

入札方式の場合は、個別相対方式とは異なり「型」ともいえる一般的な進め方があります。これを売却者側が主導して進めていきます。本書では、クローズド・ビッド方式を前提に第二部の物語およびスケジュール表を構成しているので、そちらもご参照ください。入札方式の場合、一般的な非上場会社のM&Aを例にとると、「入札日」を基準に「前半」(「第一次プロセス[4]」ということもある)と「後半」(「第二次プロセス」ということもある)に分けて考えるとわかりやすいでしょう。第一次プロセスはいわば「スクリーニング」が目的です。一定程度、間口を広げ、ある程度の数の買収者候補に検討してもらい、入札日にLOIにて条件提示をしてもらって、第二次プロセスに残ってもらいたい候補をスクリーニングします。そして、スクリーニングに残った買収者候補と、第二次プロセスでさらに深い交渉に入っていくことになります。第二次プロセスに残った相手には、より機密性の高い情報を開示し、より深い個別協議を行います。

なお、スケジュールという観点では、通常、入札方式では売却者側が一定のスケジュールを立案し、それに準じた形で検討を進めてもらうのですが、売却者側の判断次第では「入札日は○月○日とするが、その入札日に先だち一定の条件以上を提示した買収者候補がいれば、当該候補に独占交渉権を付与する。」というようなルールを設けることもあります。

2-2 作成すべき資料の網羅性と工夫

入札方式の場合は、対象会社の事業に精通した同業者から、その時点ではまったく見識のないような投資ファンドまで予備知識レベルの様々な買収者候補がプレDDに参加します。原則として、買収者候補全社と深い面談を複数回重ねることは難しいことから、基本的には売却者からの開示資料が買収者候補が検討する際の主材料となります。したがって、適切に情報が整理された資料を作成するため、しっかりとセルサイドDDを実施することが必要となり、作成資料も情報をある程度網羅的に掲載する配慮が必要となります。IM等の主要開示資料の記載情報が不十分であれば、買収者候補は妥当な価格算定および条件提示ができません。これは買収者候補から批判が出たり入札を控えられたりするだけでなく、交渉の最終段階で条件変更を迫られるリスクが高まることを意味します。したがって、入

4 ここで言う第一次プロセスにおいて買収者側が限られた情報をもとに第一次的な条件提示目的に行うDDを「プレリミナリーDD」、略して「プレDD」といいます。

札方式の場合はIM等の主要開示資料の記載事項が十分なものかについては深く検討する必要があります。

一方で、情報流出への配慮も重要なため、記載内容と情報流出リスクのバランスは十分に考えることが必要になります。特に、入札方式においては、それぞれの開示資料に対してIDを振る等の工夫をする場合もあります。たとえば、プロジェクト名を仮に「Project F」としたのであれば、「F-001」のようなIDを開示資料上に透過文字で記載することで、仮に情報流出した場合でも流出元の追跡ができますし、情報流出の抑止力を高める機能も期待できます。

2-3 その他の入札方式の特徴と工夫例

他にも入札方式の場合、買収者側の検討の足並みをそろえるため進捗コントロールをしていくことも重要です。投資ファンドであれ、事業会社であれ、投資検討は「タイミング」が大きく影響します。ある買収者が意向表明書（初期的買収提案）を提出したにも関わらず、他の有力な買収者が意向表明書の提出に時間がかかっていると、先行者を待機させなければならない場合もあります。１週間程度なら問題ない場合が多いものの、１か月以上になるような場合には、先行者側の投資環境が変化する可能性も大いにあります。

特に買収者側では、同時に検討できるパイプラインが限定される場合もあるので他により魅力的な投資プロジェクトの話が舞い込めば、本件をクローズしてその他の投資プロジェクトの検討を優先する場合もあります。この点では、売却者側としては買収者候補の検討状況を常に確認し、売却者側から積極的に支援していくことが必要な場合もあります。

NDA（Non-Disclosure Agreement：**機密保持契約書**）についても一定の配慮をします。入札方式では売却者側から一方的に情報開示を行うことが多く、また多数の買収者候補からの開示内容にかかる機密保持義務を売却者側が負うとなると煩雑な管理を行わなければならないケースも多いと考えられます。このことから、差入型（片務契約。買収者のみが機密保持義務を負う）NDAを買収者候補に提出してもらうことが基本になります。買収に慣れている買収者であれば差入型NDAに何らの抵抗も示しませんが、買収に不慣れな買収者の場合には、差入型NDAを提出してもらう理由等を説明しなければならない場合もあります。もっとも、相手が事業会社等であれば、初期プロセスを通過し、詳細DDフェーズになった場合には、買収者側の機密情報も開示しつつシナジーにかかる議論等を行っていくため、この時点で改めて双方向型のNDAを締結するというのはよくある流れといえます。

また、**プロセスレター**（370ページ参照）の活用も有効です。プロセスレターは、入札に参加しようという買収者候補に提供する「本案件の取扱説明書」のようなものです。もし、売却者側が絶対に受諾したくないような条件がある場合、それらを「入札にあたっての前提条件」として記述し、当該前提条件を受諾いただけない場合は入札できないようなルールにしてプロセス進行を設計することも可能となります。通常、M&A取引の細かな条件は最終契約書の交渉時に議論されることですが、このように入札の前提条件とすることで、売却者側が絶対に譲れない条件が交渉の最終段階で議論になるのを防止することが可能となります。もちろん、売却者が指定した「前提条件」を受諾できないという買収者候補も出てくることでしょう。そのような場合においても、もし売却者側が当該買収者候補を第二次プロセスに残したいと考えるならば、入札前の取引の初期時点で重要な交渉ができるということにもなります。

ここでは入札方式を採用する場合においての工夫をいくつか取り上げましたが、様々なプロセス設計が可能な点がこの方式の特徴です。

対談 ～米国企業のM&Aイグジットの現場～ 現Golden Gate Ventures, Founder, Vinnie Lauria氏

本対談では、シンガポールの有名VCであるGolden Gate VenturesのFounderであるVinnie Lauria氏から、米国のM&Aイグジットとの相違点などを聞きました。彼は過去にある会社を売却しており、これはその時の話です。

Q：売却の契機は？

A：既存株主経由である会社から買収提案をされ、それを受け事業提携先等数社へも打診をして、結局は当初買収提案を受けた会社とは別の会社へ売却した。

Q：御社の場合はどういった手順で評価額が算定されていったのか？

A：当初はFAが算定した価値にシナジー価値が入っていなかった。我々がもつユーザーは買収者側の将来の利益を生むことが確信できていたため、これによるシナジー価値は相当考えて買い手と交渉した。何を「価値」として買収者側と議論するのかは重要だ。

Q：開示できる範囲で、価格以外ではどういった条件に固執した？

A：キーマンズロックがなかったのが良かった。若い我々の今という時間は一番貴重なものだからだ。ただ、法的義務はなかったがしっかりとフォローはした。また、アーンアウト条件もよかった。利益等の買収者側が意図的に調整できる指標ではなく、共に成長を目指すべき特定のKPIを設定することに合意できた。具体的には3つのKPI（月次トラフィック成長率等）が設定され、その推移により3つのケースを設定し、ケースに応じて追加的対価が支払われるようなスキームだった。結果、目標としたKPIは最も良い形で達成することができた。

Q：アメリカではアーンアウトは一般的なのか？

A：私の感覚では、6割以上の成長企業のM&Aイグジットはアーンアウトスキームを利用している。ただ、日本の事例を聞いていて思うのは、将来成功した場合には両者がその果実をシェアしようという考えではなく、現在の評価額の分割払いになっているという事例があるように感じたことがある。

Q：最後に、アメリカでは高額なM&Aイグジットが盛んだが、それは何故だと考えるか？

A：米国でも、ニュースに出るような高額M&Aはごく一部の話だ。高額なM&Aをする買い手も限られている。こういった買い手は、どうしても買収したいと考える対象会社に対して非常に高額な条件を提示し、独占交渉期間を設けて交渉するスタイルをとるようだ。

3 会社や事業の売却スキームとその比較

3-1 スキームにより何が変わるのか？ ～簡単な事例～

一口に会社や事業の売却といっても、様々なスキームがあります。またスキームについても、税務的観点、法務的観点またはビジネス的観点等複数の観点で考えなければならないので、適切なスキームを選定することは容易ではありません。本書では、主に個人のオーナー経営者が会社または事業を売却する場合を想定してスキームについて解説していきます。

最も代表的なスキームである「株式譲渡」および「事業譲渡」を「オーナー経営者の手取り額」にフォーカスして、少し比較検討してみましょう。

まず基本的な点ですが、株式譲渡とは、対象会社の保有者である株主が保有する株式を第三者に譲り渡す取引です。一方、事業譲渡とは、売却者＝会社となり当該会社の事業を買収者に売却する取引です。

ケースにより異なりますが、株式譲渡と事業譲渡をオーナー経営者の手取り額を基準に比較すると、原則的には売却者側にとっては「株式譲渡」のほうが有利となり、買収者側にとっては「事業譲渡」が有利と判断できるケースが多いといえます。

より具体的に売却者の立場から考えてみましょう。株式譲渡で売却すれば低率のキャピタルゲイン課税（20％程度）[5]が適用されますから、受領対価から、売却額に基づいて計算された所得に当該税率を乗じた税額が控除された金額をオーナー経営者の手取り額と考えることができます。とてもシンプルに金額のイメージができるでしょう。一方、事業譲渡の場合、売却対価がまずは法人に入ることになり、この時点で売却対価に基づいて計算された所得に法人実効税率（35％程度）程度を乗じた税額が課されます（他の損益が0の場合）。この時点ではまだオーナー経営者にキャッシュインしていないので、売却対価を法人から個人に移そうとすると法人税とは別に、さらに個人に対して高率の（みなし）配当課税等が課されます。ただし、事業譲渡においては、対象会社に多額の欠損金がある場合には当該欠損金を事業売却による所得にぶつける（相殺させる）ことで課税所得を低減させて法人税額を圧縮したり、事業譲渡対象となる資産の選定を工夫する等により法人税額の圧縮や最終的なオーナー経営者の手取り額を高めることができる場合もあります。もちろん、オーナー経営者に売却対価を移さず、法人自体にキャッシュを貯めておきたい場合

---

5 本項で記載している税率は2018年時点のものですが、諸条件により税率は前後します。

もあり、その場合は事業譲渡を選択するメリットは相対的に高まります。

次に買収者の立場で考えてみます。株式譲渡であれば、会社の法人格自体が移転することから法的な問題等が見越される場合にも原則としてそれらをそのまま引き継ぐことになりますが（契約上で売却者に一定の補償義務を負わせることは可能だが）、事業譲渡であれば契約上の工夫により、「会社自体」に存在するそのような問題点を売却者である対象会社に残し、買収者側がそのような問題点を除外して事業を引き継ぎやすくなります。また、「税務上ののれん」の取扱いをみても大きく異なります。会計の世界における「のれん」とは、買収した子会社株式の時価純資産額（事業譲渡の場合は対象となる純資産相当額）を上回る投資金額（買収金額）の部分のことです。「超過収益力」等が含まれるような価値だとイメージすればわかりやすいと思います。買収者としては、これが毎年償却されていくことによって、減価償却費のようにその償却額が販売管理費等にコストとして計上されることで連結営業利益の低減要因となります。この「のれん」は当然、買収金額に紐づいて発生することから、その毎年の償却額も買収金額が大きければ大きいほど多額になりえます。

株式譲渡と事業譲渡の比較の観点では、この「のれん」の償却額が税務上損金算入できるか否かという点で大きな相違があります。株式譲渡により発生する「のれん」は連結決算上に計上されます。一方、買収者の単体決算上は「のれん」は発生せず、「子会社株式」が計上されます。通常、税額計算は連結ではなく会社単体でなされ（連結納税等の例外はあるが）、連結会計上の「のれん償却」は会計上の費用にはなっても税務上損金算入できません。一方、事業譲渡であれば、一定の条件を満たせば、資産調整勘定（=「税務上ののれん」。性質は会計上の「のれん」とほぼ同じ）が買収者である法人に認識されることとなり、税法上５年間で均等償却できるものとされており、それらを損金算入できます。

仮に、純資産ベースで２億円の会社を12億円で買ったとしましょう（事業譲渡の場合は切出対象となる純資産が２億円で12億円の対価で買収というケース）。この場合、事業譲渡であれば、買収者は買収後に12億円－２億円＝10億円を５年間にわたって税務上均等償却し、当該償却額を損金算入することができます。税率が35％だと仮定すると3.5億円の税務コスト削減になることから、中期的にみれば単純計算では株式譲渡の場合に8.5億円で買収したのとCF上はそう変わらないともいえることになります。

次に、（これも税務に関係する点ですが）繰越欠損金を多額に抱えた対象会社を買収しようという場合を考えます。株式譲渡であれば会社自体の買収なので原則的には繰越欠損金を引き継ぐことができますが、事業譲渡であれば引き継げないこととなります[6]。したがって、買収者側としては繰越欠損金が多額にある対象会社または事業を買収しようという場合には株式譲渡を用いたいと考えるケースが多いものと考えられます。

6　株式譲渡でも、一定の事由に該当する場合は繰越欠損金が消滅します。繰越欠損金の取扱いやそれをどのように評価に織り込むかという点は税理士と十分に協議したほうがよいでしょう。

ここでは、典型的な2つのスキームによる双方当事者のメリット・デメリットを1つの側面から検討しましたが、このように買収者側のメリット・デメリットも含めて検討していくことも交渉を進めるにあたって非常に重要です。当然ですが、それは買収者側の提示条件にダイレクトに影響してくるからです。また、本書で挙げたポイントは考慮すべき事項のごく一部ですから、検討にあたっては専門家のアドバイスを十分に活用されるとよいでしょう。なお、本書では非上場会社の売却を想定して解説しています。

3-2 各スキームの全体像

M&A取引にかかるスキームには様々な種類があります。従来は組織再編法制や税制が難解であり、また整備が十分になされていませんでしたが、会社法の制定や様々な法改正を経て、現在では多くの企業が柔軟に組織を組み換えることができるようになり、経済環境の変化にも対応しやすくなったといえます。また、組織再編税制もここにきてようやく整備されつつあるといえます。

まずは以下の表で全体像をみてみましょう。なお、一部「売却」とは必ずしも呼べないものが含まれますが、会社売却を考えている方（法人を含む）がスキームを検討する際に考えるであろう事項は含めました。

〈経営権取得スキームの種類〉

		取得の対象	完全支配か否か	対価受領者
取引行為	• 株式譲渡	株式	△	株主
	• 第三者割当増資（新株発行）	株式	×	会社
	• 事業譲渡	事業	○	会社
（会社法上の）組織再編	• 合併	事業	○	株主
	• 会社分割	事業	○	会社／株主
	• 株式交換	株式	○	株主
	• 株式移転	株式	○	株主

上表のとおり、会社売却の典型例である株式譲渡は、相対の契約取引により実行されるので、買収者・売却者の両者の合意があれば基本的には成立します（非上場会社等、譲渡制限のある会社の場合は、譲渡承認等の取締役会決議等が必要）。また、100％の株式譲渡とすることもできれば、たとえば60％程度の支配に留めておくこともできます。対価の観点では、株式譲渡をした売却者自身がその対価を受領します。

一方、特定事業の売却の場合は事業譲渡または会社分割が主に用いられます。会社分割により事業の売却を行う場合、本取引は一般的に次項で解説する「組織再編行為」に該当することから、会社法等に則った手続きを経ないと無効事由ともなりかねない点は重要です。また、売却対象事業は会社分割承継会社へ承継されます。税務的問題を度外視すれば、会社分割の対価は現金であっても株式であってもよく、会社分割の対価の受領者は、基本的なケースともいえる分社型分割では会社分割を行った会社自身となります。また、分割型分割といって当該対価を配当として株主へ分配することも可能です。なお、前掲の表では「合併」の「取得の対象」を「事業」として整理していますが、これは「合併」スキームの法的な整理が、「合併＝会社の法人格と法人格の結合」ではなく、消滅会社がその事業にかかる権利義務の全部を存続会社へ承継（移転）させ、同時に消滅会社が消滅するという法的手続きであることによります。

3-3 スキームの具体的手法と用途

それでは前項掲載のスキームについて、対象会社が非上場会社である場合を主に想定し1つひとつみていきましょう。本書では、スキームの検討に十分と言えるほどの情報は掲載していません。あくまで各スキームのイメージとよく出てくる一部の論点の解説に留めています。実務を進める場合には参考となる書籍[7]も多数あるので、必要に応じてご参照ください。実際のスキーム検討に際しては、専門家への相談をおすすめします。

①株式譲渡

「株式譲渡」は最も基本的なM&Aの類型です。対価は多くの場合「現金」となります。オーナー経営者または親会社等が保有する対象会社株式を譲渡し、譲渡者に対して現金などの対価が支払われます。売却対価は、売却した者、つまりオーナー経営者または親会社等が受領することになります。代表的なM&Aイグジットスキームです。対象会社が上場会社等である場合は、一定の条件に該当すれば株式公開買付けという手法により取引を実施する必要があります。また、平成26年度会社法改正により一定の基準（154ページ参照）

〈株式譲渡の取引イメージ〉

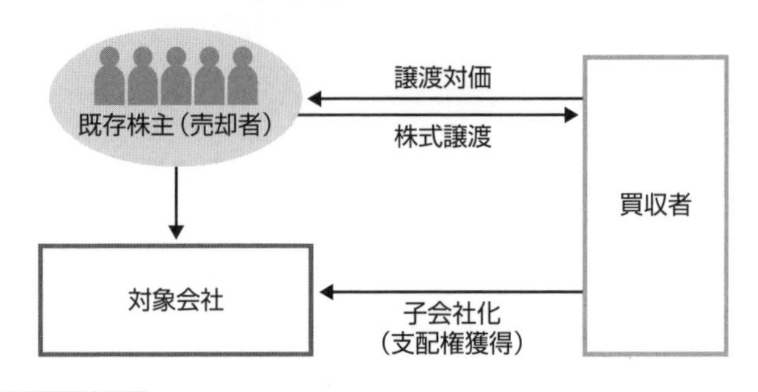

7　スキームの解説がわかりやすい書籍としては、『企業買収の実務プロセス』（木俣貴光著、中央経済社）、『企業再編』（菊地伸、有限責任監査法人トーマツ他著、清文社）等があります。

を超える重要な子会社の株式譲渡については、親会社において株主総会特別決議による承認が必要となりました。

②第三者割当増資（新株発行）

続いて「第三者割当増資」です。オーナー経営者が株式等を手放すわけではないので、厳密にはM&Aイグジットには該当しません。しかし、支配権が異動する可能性のある取引であることから解説に含めました。通常、第三者割当増資というと企業の資金調達手法を指すケースが多いのですが、第三者割当増資を実施したあとにその引受先が対象会社の議決権の過半数を取得することになれば、対象会社の支配権を取得するM&A取引であるともいえます。同時に、既存株主の保有する議決権は希薄化します。この場合、株式を引受先（新株主）に対して発行するのは対象会社であることから、株式発行の対価は「対象会社」が受領することになります。要するに、支配権の異動と対象会社の資金調達が同時に実現できるスキームともいえます。

第三者割当増資を用いて買収するスキームは、たとえば、オーナー経営者等が第三者に支配権を譲りたい何らかの理由がある一方で「売却した」という印象を社内外にもたれたくない場合に提案されることがあります（ただし、この時点ではオーナー経営者に対価が支払われないので、将来的にオーナー経営者自身の実入りになるようなインセンティブ・プランが検討されることが多い）。また、第三者割当増資は同じ（プレ）バリュエーションにおける株式譲渡の場合に比べ、同率の議決権比率を獲得するため買収者が拠出しなければならない資金が多額になりますが、当該買収資金は買収対象会社自身に注入されます。つまり、買収者としては、第三者割当増資により議決権の過半数を取得し支配権を得てしまえば、買収に際して拠出した資金は支配権が及ぶ形で管理できることになり、資金の完全な外部流出にならないというメリットがあります。なお、新株発行以外にも、新株予約権の割当てを行うスキームや現物出資等によるスキームもあります。

〈新株発行の取引イメージ〉

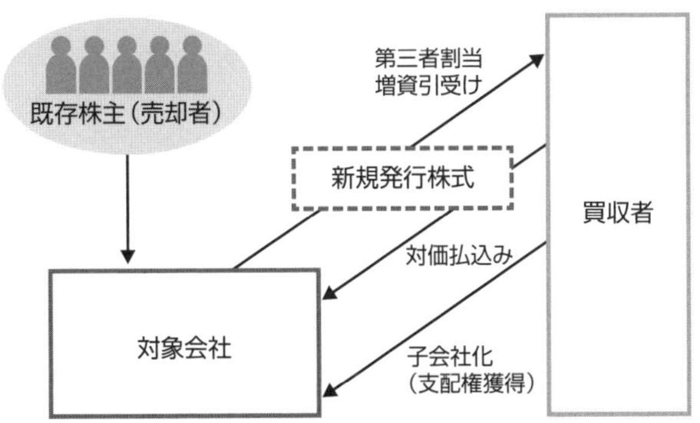

③事業譲渡

事業売却の代表的スキームといえるのが「事業譲渡」です。売却対価は「対象会社（譲渡会社）」が受け取ります。事業譲渡は旧商法では「営業譲渡」と呼称されていた取引で、以下の図のような「事業」についての売買取引であり、会社法上の組織再編行為である合併、会社分割、株式交換、株式移転等とは区別されます。一般に組織再編行為とは、会社法の第五編「組織変更、合併、会社分割、株式交換及び株式移転」という項目に定められた企業組織再編の各手法に該当する行為を指し、会社法でその手続きが厳格に定められ、かつ契約当事者以外への対外的効果が制度的に認められた組織法上の行為といえるものです。事業譲渡はこの組織再編行為には該当しませんが、スキーム検討上は会社分割と類似する行為であり、組織再編行為と並列的に検討すべき手法といえます。

〈事業譲渡の取引イメージ〉

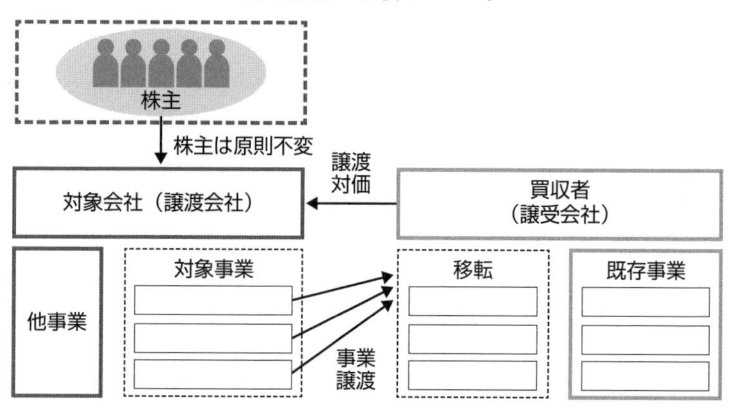

また、事業譲渡にも組織再編と同じように簡易要件や略式要件があります。事業譲渡の手続きを考える場合、実質的に会社の売却となる「全部譲渡」なのか、「事業の重要な一部の譲渡」なのか、いずれにも該当しないのかに分けて考えると理解しやすいでしょう。

たとえば、譲渡会社側の視点では「事業の全部の譲渡」を行う場合と「事業の重要な一部の譲渡」を行う場合については株主総会の特別決議が必要となります。譲受会社側の視点でみると、「事業の全部の譲受け」を行う場合には原則として株主総会の特別決議が必要となります（他にも子会社株式等を譲渡する場合等、株主総会特別決議が必要なケースがあります）。

事業譲渡においては、会社の財産のうちどの部分を譲渡し、どの部分を残すのかについて明確に区分したうえで、事業譲渡契約において、それらの内容を明記することが必要となります。要するに、会社のBSから、どの資産・負債が対象事業のものかという視点で分解し、譲渡対象となる資産と負債で構成される「切り出し対象事業のBS」を作成していきます。なお、この作業により資産と負債の差額が算出されますが、これが事業譲渡における「純資産相当分」ということになります。買収価格が10億円でこの差額部分[8]（純資産相当分）が1億円の場合は、一定の条件を満たせば、9億円の「税務上ののれん（厳密には『資産調整勘定』)」が認識されます。この点は会社分割でも同様です。

〈事業譲渡における資産調整勘定のイメージ〉

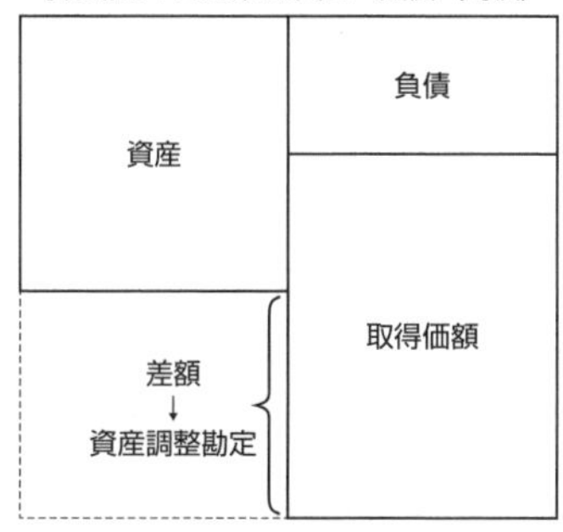

※買収者（譲受会社）としては、この税務上の「資産調整勘定」を将来5年にわたって償却し、損金算入することで税効果が得られる。このような「(税務上の) のれん償却の損金算入」は株式譲渡ではできない。この点が株式譲渡と比べた買収者側のメリットと捉えられている。ただし、その一方で事業譲渡は、移転資産の中に消費税の課税資産があれば買収者側に消費税が課されることになる点には留意すること（後述の会社分割では消費税がかからない）

譲渡対象資産・負債を調査して切り出しBSが完成したら、それらのデータに加えて引継対象となる従業員等の明細を事業譲渡契約書の末尾に添付資料として付す場合もあります。なお、似たような手法に会社分割がありますが、**事業譲渡と会社分割との大きな違いは、「事業にかかる権利や義務を包括的に承継させるか否か」にある**というのが主な見解です。事業譲渡は権利や義務を包括的に承継させるものではなく、事業にかかる債権債務や契約上の地位を、取引行為として個別に移転するものです。この点は後述いたします。

なお、事業譲渡と株式譲渡はよく比較されることが多いものですが、論点となる事項を挙げるとすれば、①買収者（譲受会社）側の税務上ののれんの償却可否（事業譲渡であれば可能)、②繰越欠損金の引継ぎ（株式譲渡であれば可能[9])、③売却者側の対価受領主体が異なる点（株式譲渡は株主、事業譲渡は譲渡会社)、④偶発債務・簿外債務等リスクの引継ぎの遮断（事業譲渡の場合、偶発債務・簿外債務等リスクの引継ぎを遮断しやすいという見解もある)、⑤手続きの煩雑性（事業譲渡はやや煩雑)、⑥対象事業が許認可を要する事業である場合の引継可否、⑦雇用条件の変更の有無（有りなら事業譲渡）等があるでしょう。これらの要素を勘案しながらスキームを検討する場面はよくあるものです。

8　正確には、資産・負債について時価評価を行ったあとで計算される差額部分です。
9　例外規定があります。詳細は税務専門家にご確認ください。

④合併　～組織再編行為～

「合併」は組織再編行為[10]に該当します。「合併」とは、会社法に則って複数の会社（厳密には「消滅会社の権利義務の全部」）が一体化して１つの会社となることで、大きく「吸収合併」と「新設合併」に区分されます。基本的には両当事者はクロージング前に株主総会特別決議により承認を受ける必要があります。

「**吸収合併**」とは、対象会社である消滅会社の中身（権利義務の全部）が買収者である存続会社に承継され、対象会社が消滅するものです。また、「**新設合併**」とは、対象会社（消滅会社）を含む２つ以上の会社の中身を合併時に新設される会社に承継させ、新設会社以外の会社が消滅するものをいいます。

なお、第三者間のM&A取引を考える際には、多くの場合「吸収合併」のみを理解しておけば足りると思われます。なぜなら、実際のM&A実務では「新設合併」に触れる機会はまれだからです。その理由は、新設合併では当事会社のすべてが消滅するため、諸官庁の許認可、財産権の移転登記等をすべての会社で行う必要があり、また登録免許税の算定においても不利になるという事情があるためです。このことから、本書では「吸収合併」を主に取り扱います。

〈合併の取引イメージ〉

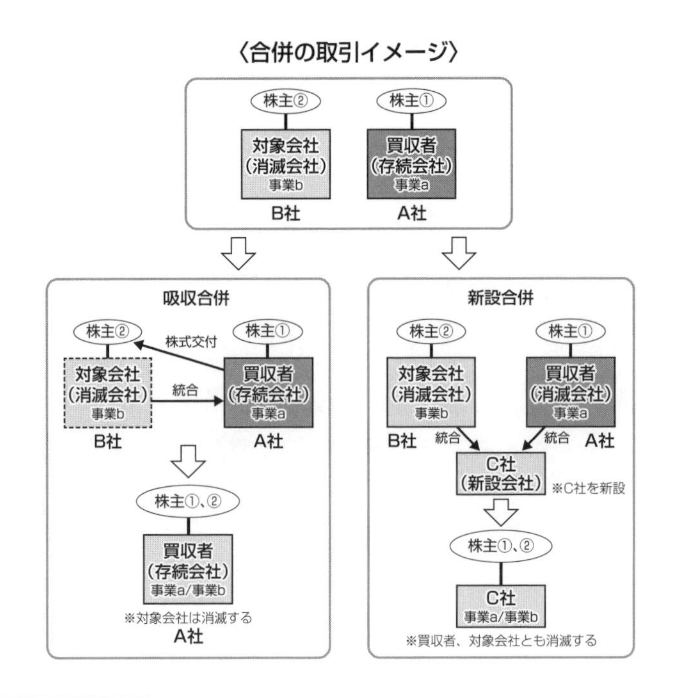

10　組織再編行為については、151ページの「組織再編行為とは何か？」で詳しく解説していますので、そちらをご参照ください。

また、最も基本的ともいえる、合併対価が存続会社（買収者側）の株式であるケースにおいては、その存続会社の株式を消滅会社の株主（売却者側）が受領することになります。なお、吸収合併の場合には、合併の対価として株式の他、金銭等を対価にすることもできます。現金対価等の場合には、よく「**キャッシュアウト・マージャー**」「**交付金合併**」等と呼ばれます。買収者の立場からみると、消滅会社の既存株主で好ましくない者が存在する場合、吸収合併により当該人物または法人が買収者側である存続会社の株主になることを避けたいと考える場合があります。このような場合、キャッシュアウト・マージャーにより、実質的に存続会社側の株主構成を変えずに合併を実施し、かつ現金交付により望ましくない株主を排除（「**スクウィーズ・アウト**」または「**キャッシュ・アウト**」等と呼ばれる）することが理論上は可能となります[11]。なお、このようなスクウィーズ・アウトを行うスキームは、他にもより一般的な手法がいくつか存在します。ただし、現金対価の交付を行う場合等、一定の場合は非適格合併となるため、税務的には、対価交付を受けた消滅会社株主はみなし配当課税として高率の課税が課される場合があること、消滅会社の時価評価対象資産について課税が生じうることになる点には注意が必要です。

消滅会社の株主が存続会社の株式を対価として受け取ることをはじめとした税制適格要件を満たす合併の場合には、「消滅会社の株主による投資が継続している」とみなされることから、当該株式を売却するときまで原則として課税は繰り延べられます。この他にも、対価を株式にするか株式以外とするかにより手続きが一部変わってきますので、このあたりは専門家に確認しながら進める必要があります。さらに、これは株式交換も同様ですが、株式と金銭等を折衷して対価とする場合、株主Ａには株式を多めに、株主Ｂには現金を多めにという具合に株主に応じてこの折衷割合を変えることはできません。

●売却者が「合併」を考える状況

次に、どういった場合に売却者（この場合は「消滅会社の株主」の意）が「合併」を考えるのかという点について考えてみましょう。典型的には、消滅会社の中身のすべて（権利義務の全部）を存続会社に承継させ、かつ売却者が存続会社側の株主になりたいという場合（存続会社側が上場会社である場合は当該上場会社の株式を取得することになり株式の流動性が上がる〈＝将来的に売りやすくなる〉）や、当事企業の企業規模が同程度であ

11　なお、スクウィーズ・アウトについていえば、より代表的な手法として、議決権の10分の９以上を有する「特別支配株主」であれば、株式等売渡請求の制度が利用できます（平成26年会社法改正により制度創設）、他にも株式併合を利用したもの（平成26年会社法改正後、使いやすくなり増加傾向）、全部取得条項付種類株式を利用したもの（最近は事例が急減）、株式交換、金銭対価型の略式組織再編等複数手法があります。以前は、正当な事業目的がなければ財産権の侵害等が問題になる等の議論があり、相当の議論を経たうえで実行されていましたが、最近では会社法との関係性が不明瞭な議論であるという観点から、スクウィーズ・アウト自体は許容されるという考えが主流のようです。とはいえ、実施にあたっては法務専門家への確認は必須でしょう。また、平成29年度税制改正ではスクウィーズ・アウト周りの税務も大幅に変更がなされていますので平成26年会社法改正と併せ注意が必要です。

りどちらかが株式譲渡等により買収することが現実的ではない場合等には存続会社株式を対価とした「合併」が選択肢として挙がるでしょう。

「株式交換」と異なる点は、「合併」の場合、存続会社の「子会社」になるのでなく、元の会社が消滅し中身（権利義務の全部）のすべてが存続会社に承継される点と消滅会社側の課税の取扱いです。前者の観点では、「合併のほうがシナジーは強く生じそうだけど、人事や組織設計をするうえでは、当初は会社は分けておいたほうが軋轢が生まれにくいからまずは株式交換とすべきではないか？」といった議論がなされることがあります。これらに加えて会計・税務的な論点からも両当事者に与える影響を検討します。これらについては専門家にシミュレーションしてもらいながら、総合的に両当事者によって有利となるスキームを決定していきます。

⑤会社分割　～組織再編行為～

会社分割は、事業譲渡の類似スキームともいえ、「新設分割」と「吸収分割」に大別されます。「**新設分割**」とは、下図のように、ある会社の特定の事業部を子会社化する場合等のグループ内再編等において用いられます。この場合、対象会社である分割会社には新会社の株式が対価として交付されます（現金対価が許容されると、新会社の株主がいなくなってしまう）。一定の条件のもと、追加的に新設会社の社債、新株予約権等の交付はできます。なお、いったん新設分割により子会社化を実施したあとに株式譲渡により当該子会社を売却するということも可能ですが、この場合は税制適格・非適格の判定をはじめとした税務上の重要検討事項（グループ法人税制等）がいくつかあります。

〈新設分割のイメージ〉

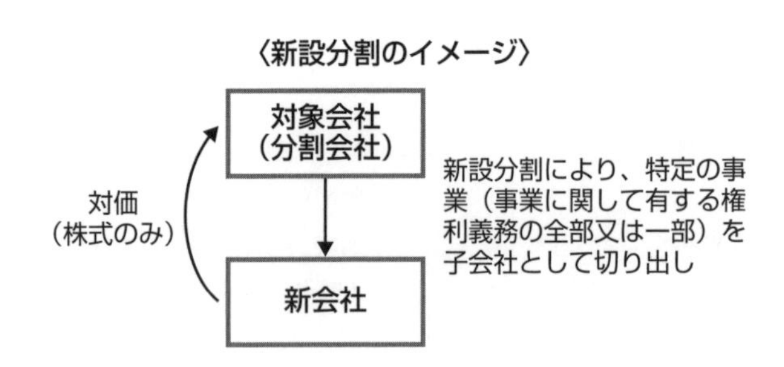

一方、第三者間のM&A取引で用いられることがより多いのが「**吸収分割**」です。一般的には、分割会社は買収者（承継会社）の株式を対価として受領します。分割対価に金銭等の株式以外の対価を用いることは可能ですが、この場合には合併や株式交換等と同様、税制適格・非適格等の税務上の重要検討事項やその他手続上のポイントが変わってきます。

事業売却の際に「新設分割＋株式譲渡」により売却をするのか、「吸収分割」により直接的に売却するのかという点においては実務上よく議論になる点です。「新設分割＋株式

〈吸収分割のイメージ〉

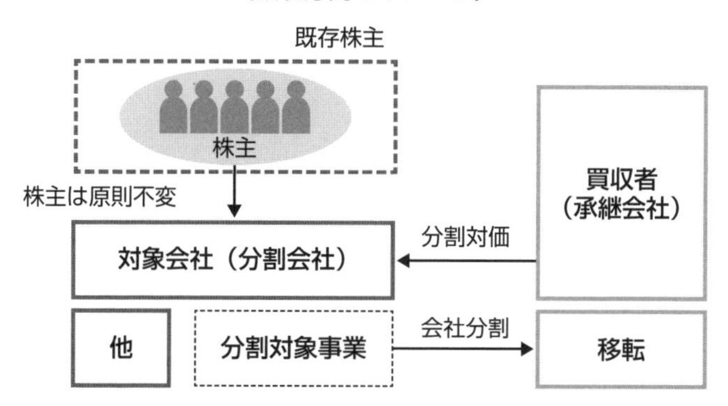

譲渡」スキームの場合、対象会社の分割対象事業の事業部長等が「社長になりたい」等のこだわりが強い場合等には有効な手段になりえます[12]。そういった場合は、買収者である承継会社側としても「事業買収には興味があるが、安易に吸収分割して組織に取り込むことで事業部長が辞めると言い出すようなことは避けたい。それであれば新設分割で新会社をつくってもらって、その株式を取得して子会社として運営したほうがよいかもしれない」と判断する場合もあります。また、この方法によればアーンアウト等の特殊な定めを設定する際の自由度も上がります。

●会社分割と事業譲渡の相違点

なお、「会社分割」については、事業譲渡と絡めてご理解いただいたほうがよいと思います。過去の判例によると、「事業」とは、「一定の営業目的のため組織化され、有機的一体として機能する財産」をいいます。これには、単純な資産・負債といった財産のみならず、当該事業目的により雇用している従業員との労働契約や取引先との取引契約等も含まれます。この前提の中、「事業譲渡」の場合、売却者（譲渡会社）は対象となるそれぞれの資産、負債、労働契約、取引契約などを個別に同意を得て買収者（譲受会社）に対して譲渡していくことになります（事業譲渡はこの「個別同意」を得る手続きがあるという点が重要なポイント）。実務的には、資産は第三者対抗要件を付す形で譲渡し、負債は債権者に譲渡の承認をとり、労働契約は一旦解除のうえ再度労働契約を巻き直し（実務的には転籍合意書等の名目で労働条件を明示して対処する。労働契約の承継も可能だが、退職と再雇用の方法をとることで退職金支払債務や未払賃金の支払債務承継を回避可能）、取引契約自体は一旦譲渡会社と取引先間の契約を解除して譲受会社と取引先間の契約に巻き直す（または、契約地位移転合意書等を締結して対応）等といった手続きを行って、関連す

12 分割対象事業の事業部長らが「事業の売却をするならしょうがないが、それならこれからは私が社長になるような形でストックオプションや株式等ももらいながら経営したい」というケースは時々あります。

る項目の１つひとつが確実に譲渡されるようにしていく必要があります。

一方で、「会社分割」であれば、「包括承継」であるという見方が主流であり、一部の第三者対抗要件具備などの手続きや登記手続きは必要になるものの、基本的には個別対処せずとも株主総会決議および求められた手続きの実行により包括的（労働契約は労働契約承継法に則って）に承継されるものと解されます。これにより、「事業譲渡」の煩雑性を回避しながら事業の売却ができる点は実務者にとって魅力的な選択肢となっています。

ただし、それでも「事業譲渡」を選択するケースも存在します。具体的には、早期に事業売却を実施したい場合で、かつ対象事業の債務者の数が少数であり、事業譲渡を実施してもそれほど負荷がかからないケース（「会社分割」の場合、債権者保護手続きに最低１か月を要する）と、買収者側が簿外債務等を心配するがゆえに引き継ぐ対象の債務を明確に確定したいというケース（会社分割は基本的に「包括承継」であることから、対象事業に関連する偶発債務等がのちに発覚した場合に当該偶発債務が売却者〈分割会社〉に存するのか買収者〈承継会社〉に譲渡されているのかという認識の違いが問題になる可能性が相対的に高いという見解もある。とはいえ、契約書に定めることで一定の効果は期待できる）が代表的なものです。

〈会社分割と事業譲渡の実務手続きのイメージ比較〉

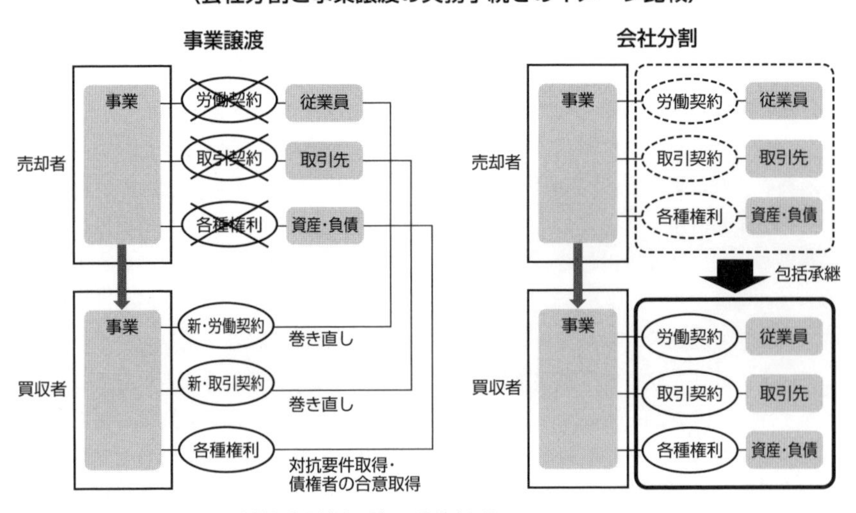

※会社分割の場合、労働契約は労働契約承継法に則って承継される。

なお、やや応用ですが重要な論点を１つご紹介します。売却対価の受取り主体にかかる税務についてです。会社分割でも、一般的な手法といえる「分社型分割」では対価の受領者は「会社」となり、既存の個人株主（オーナー経営者等）とはなりません。しかし、「**分**

割型分割」というスキームを用いることで分割会社の既存の個人株主（オーナー経営者等）が対価を受け取ることも可能となります。ただし、税制適格要件を満たさない場合は、当該分割会社の株主には高税率のみなし配当課税が課せられる可能性があります（キャピタルゲイン課税ではなく）。分割対価が高ければ高いほど、該当する資本金額との差額に課税されることになるのです。したがって、なんとか税制適格要件を満たしつつ、分割型分割を実施したいというニーズが出てきます（159ページ参照）。

なお、分割型分割は、①剰余金の配当として承継会社株式を分割会社の株主に交付する方法や、②定款変更を行ったうえで全部取得条項付種類株式の取得対価として承継会社株式を交付する方法があります。分割型分割を実際に実施する場合、これに詳しい法務及び税務の専門家の双方を交えたうえで進めていくことが重要です。

〈会社分割と事業譲渡の主な相違点〉

	事業譲渡	会社分割
性質	取引行為	会社法上の組織再編
消費税	課税資産があれば、当該資産に課税される	かからない
不動産取得税	発生	非課税措置あり
債権者の事前承諾	必要	不要、債権者保護手続きが必要（1か月）
契約上の地位等の移転	個別同意が必要	個別同意が不要（包括承継）
労働者の移転	個別同意が必要	個別同意が不要（労働契約承継法に則る）
その他	リスク等の引継ぎを若干防ぎやすいという見解がある	• リスク等が引き継がれる可能性がある • その他会社法に則った手続きが必要

⑥株式交換　～組織再編行為～

株式交換による会社売却とは、原則として対象会社である完全子会社となる会社の株主総会特別決議によって、対象会社の各株主の個別同意を得ることなく、全株主が有する対象会社株式のすべて（発行済株式の全部）を買収者である完全親会社に取得させる形で対象会社を売却する手続きをいいます。したがって、株式交換実行後は対象会社は買収者の完全子会社となります。買収者（完全親会社）による対象会社株式取得の対価は、一般的に買収者（完全親会社）自身の「株式」となることから「**株式交換**」と呼称されます。なお、買収者（完全親会社）が自己株式を有していない場合は買収者（完全親会社）株式が新たに発行される形で株式交換が行われます。

株式交換は、株式譲渡と同様に完全子会社となる対象会社の既存株主（つまり、オーナー経営者や親会社等）が売却対価を受領します。株式交換を利用するケースの典型例は、「キャッシュはあまりないが時価総額が大きい」といった上場会社が買収者（完全親会社）となる場合で、かつ、（対象会社がオーナー企業であれば）売却者であるオーナー経営者が売却後も新たに対価として取得した買収者（完全親会社）株式をインセンティブとして保有し、継続して経営に関与し、買収者（完全親会社）と共に企業価値を上げていきたいと考えているような場合でしょう。買収者（完全親会社）としては既存株主のシェアの希薄化と引き換えに現金対価なく買収することができます。また、簡易株式交換の要件を満たせば買収者（完全親会社）側は株主総会特別決議なしで取締役会決議のみで実行できます。

一方、売却者としては、当該買収者（完全親会社）の株価が長期的に安定または上昇していくという確信がもてれば受け入れやすいものです。また、買収された対象会社（完全子会社）の今後の成長は買収者（完全親会社）株価に織り込まれていくともいえるので、将来の大きなシナジーが生まれうるという強い確信がもてれば売却者にとってはさらに期待が膨らむ手法ともいえます（もちろん、逆もまた然り）。このとき買収者（完全親会社）の規模が小さければ小さいほど、シナジーや対象会社の業績向上は、完全親会社の株価に大きな影響を与えます（これも、逆もまた然り）。

株式交換は100％の親子関係（完全子会社化）を構築する手法です。また、株式交換の対価としては「株式」のみならず「金銭等」とすることも可能です。このため、対象会社（完全子会社）のオーナーは現金対価を得ることもできますので、「会社法上の手続きが必要」という点と「完全子会社化が可能」という点以外においては株式譲渡と結果が類似した取引であるともいえます。また、現金対価の交付を受けた対象会社（完全子会社）の株主（売却者）は合併のようにみなし配当課税がかかるわけではなく、株式譲渡損益が認識されることから、低率のキャピタルゲイン課税となる点は合併と異なる点です。

この他にも、対価を株式にするか株式以外にするかにより手続きや税務等[13]が一部変わってきますので、このあたりは専門家に確認しながら進める必要があります。基本形である対象会社（完全子会社）の株主が買収者（完全親会社）の株式を対価として受け取る等により税制適格要件を満たす場合には、「対象会社（完全子会社）の株主（売却者）による投資が継続している」とみなされることから、当該株式を売却するときまで原則として売却者に対する課税は繰り延べられます。また、買収者（完全親会社）に親会社が存在する場合、当該親会社の株式を対価とすることもできます。これにより、買収者（完全親会社）が非上場会社で買収者（完全親会社）の親会社が上場会社である場合等においても、売却者側にも受け入れられやすい柔軟なスキームを構築することができます（非上場会社の株式は流動性が低く、売却しづらいことから、売却者側としては上場会社の株式を対価にしてもらうほうが都合がよいということになるでしょう）。さらに、これは合併も同様ですが、全株主に対して同様の所定割合で株式と現金等を折衷して対価とすることは可能

---

13 株式交換対価に現金等の株式以外の対価を含めた場合、税制非適格となり、交付を受けた株式等を含む代価のすべてに譲渡益課税を受けることになります。また、税制非適格となるため対象会社にかかる時価評価課税を受けることになります。

ですが、株主に応じてこの割合を変えることはできません。

〈株式交換のイメージ〉

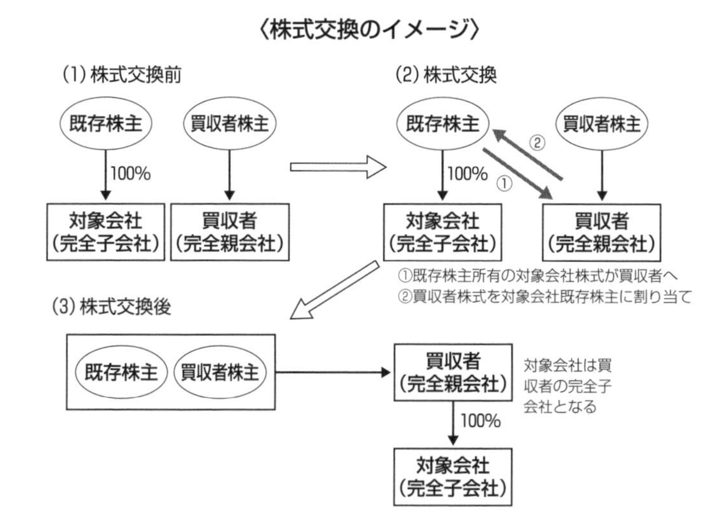

●自社株対価M&Aにおける重要な改正

株式交換が全部買収を前提としたものであることや、組織再編行為であり税制非適格の場合に時価評価課税がなされる等の問題があることから、それと比較して「自社株を用いた現物出資」によるスキームが検討される場合があります。

「株式」による「現物出資」スキームは、売却者がX社という会社のオーナー経営者であるとすれば、売却者が保有するX社の株式を買収者Y社に現物出資し、Y社は（新株発行または自己株式処分により）自社株であるY社株を売却者に割り当てるスキームとなり、Y社からすると自社株であるY社株を対価としたX社の買収と同義になります。X社の一部の株式を対象に買収することもできます。

株式交換と併せ、これらはよく「自社株対価M&A」と総称されますが、法務上及び税務上の理由で利用しにくいものでした。具体的には、法務面では有利発行規制や現物出資規制（検査役の調査等）、税務面では上記例でいうと売却者がY社株式を割り当てられた時点で、現金化（売却）の有無にかかわらず譲渡損益に対して課税される（課税が繰り延べられない）等の問題がありました。

しかし、平成30年度税制改正と平成30年7月9日に施行された産業競争力強化法等の一部を改正する法律の2つが組み合わさることで「自社株対価M&A」が法務上及び税務上実施しやすくなりました（他にも様々な重要な変更あり）。今後、一部の株式を自社株対価で取得したい場合や組織再編上、本手法を組み合わせることでメリットが生じる場合等、この手法が検討される機会も多くなるように思います。

⑦株式移転　～組織再編行為～

株式移転とは、１つまたは複数の、対象会社（株式移転完全子会社）を含む株式会社が、その発行済株式の全部を新たに設立する株式会社（株式移転完全親会社）に取得させ、新たに設立する株式会社（株式移転完全親会社）の株式をそれらの株式移転完全子会社の株主に交付する手法により持株会社を組成するスキームをいいます（先に下図をご覧いただいたほうがイメージをつかみやすい）。

〈株式移転の取引イメージ〉

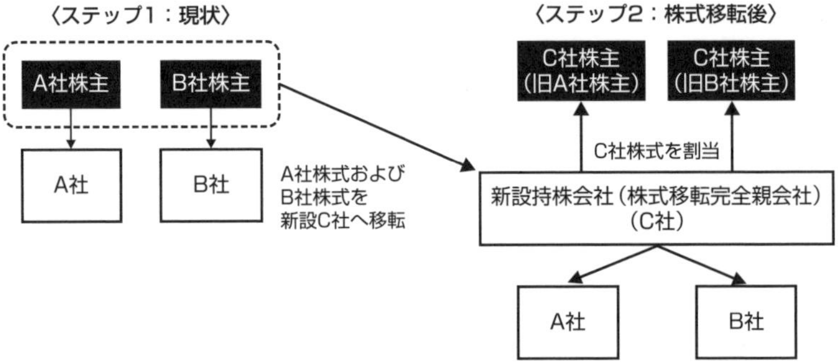

〈ステップ1：現状〉
A社株主
B社株主
A社
B社
A社株式および
B社株式を
新設C社へ移転

〈ステップ2：株式移転後〉
C社株主
(旧A社株主)
C社株主
(旧B社株主)
C社株式を割当
新設持株会社（株式移転完全親会社）
（C社）
A社
B社

株式移転により新設された株式移転完全親会社の株式は、対象会社を含む株式会社（株式移転完全子会社）の既存株主（図で言うＡ社株主およびＢ社株主）に対して、移転対価として割り当てられることになります。こちらも、100％の親子関係が構築されます。なお、この移転の対価として認められているのは他の組織再編手法と異なり「株式移転完全親会社株式」のみとなります（新設分割も同様に対価の柔軟化は認められていない）。なぜなら、株式移転完全親会社株式を対価としなければ、その会社自体が設立できないからです。しかし、一定の条件のもと、追加的に株式移転完全親会社の社債、新株予約権等の交付はできます。

株式交換は上記の説明のとおり、M&Aイグジットに活用されることはご理解いただけると思いますが、株式移転はやや特殊なケースに用いられます。株式移転は、①単独で親会社（純粋持株会社）を新設するケースと、②複数の対象会社が１つの親会社（純粋持株会社）を新設するケースがあります。①の場合、株式移転により純粋持株会社を設立したあとに他の会社を買収するなどによりホールディングス経営を行うといったことができるようになります。②は特に「**共同株式移転**」と呼ばれます。「株式移転」は会社法の条文上は株式交換と同章で扱われていますが、共同株式移転について実態的な効果（２つの会社が１つの集合体になるということ）を考える場合、「合併」との実質的な類似性は注目すべきポイントです。共同株式移転は、法的にはまったく異なる行為ですが、誤解を恐れずに言えば「合併の両当事会社が消滅せず存続するスキーム」という実務的な捉え方もできます。合併と類似した効果を生む一方で、法人自体はそれぞれ独立したままで経営統合できる点が特徴です。

〈株式移転の特徴〉

1. 合併は消滅会社となる対象会社の権利義務関係の包括承継であるのに対し、株式移転は対象会社の完全子会社化による株式の承継という形態。したがって、新株予約権付社債を承継する場合を除き、合併の場合にみられる対象会社（消滅会社）の権利義務の承継問題がなく債権者保護手続き等が不要
2. 合併と異なり、あくまで「新会社の設立」となり、「当事者の法人は（合併のように消滅せずに）残存する」ことから、純粋持株会社の役員人事等をスムーズに進めやすくなるなど、「緩やか」に統合が可能。また、これにより人事制度等の統合なども独立して行うことが可能

3-4 組織再編行為とは何か？

一般に組織再編行為とは、会社法の第五編「組織変更、合併、会社分割、株式交換及び株式移転」に定められた各手法のことです。会社法でその手続きが厳格に定められ、かつ契約当事者以外への対外的効果が制度的に認められた組織法上の行為といえるもので、株式譲渡や事業譲渡などの「取引上の行為」とは区別されます。紹介したスキームのうち、「(吸収・新設）合併」「(吸収・新設）分割」「株式交換・株式移転」「事業譲渡」は、一般に実務家からは「組織再編行為」、「企業組織再編」などと呼ばれています。「組織再編行為」には「組織変更（有限会社から株式会社への変更等)」も含まれますが、M&Aの文脈では関連性が薄いため説明を割愛します。また「事業譲渡」は厳密には会社法上の位置づけでは「組織再編行為」ではないと考えられますが、本書では類似するものとして扱います。これらのスキームは、会社法により手続きが厳密に定められているため、各手法の説明に入る前にこの「組織再編行為」についての重要な論点をいくつかご紹介します。

3-4-1 組織再編行為の手続きとスケジュール

●組織再編行為とは

「組織再編行為」は既存の会社組織自体が大幅に変更されますから、株主、従業員または取引先等への影響が多大です。また、一般的には株主間の株式所有関係のみが変わる「株式譲渡」よりも関係者への影響が大きいものです。このことから、「組織再編行為」の実行にあたっては原則として買収者[14]・対象会社双方において株主総会の特別決議（定足数

14 株式移転では「買収者」という概念はありませんが。

を満たしたうえでの３分の２以上の賛成）による承認が必要となります（なお、株式譲渡においても平成26年会社法改正により、一定の場合に親会社の株主総会特別決議が必要になった）。

これら組織再編行為では、以下のような様々な法定手続きが必要となります。ただし、これらのすべてが各組織再編手法において必要というわけではなく、手法ごと、各手続きの主体ごと、簡易または略式組織再編か否か等により細かく定められています。

〈組織再編行為で必要となる代表的な手続き〉

- 会社法に則った契約書・計画書（株式移転・新設分割の場合）の作成
  ⇒各手法ごとに「法定記載事項」があり、それらを明記する必要がある
- 事前備置書類、事後備置書類の作成と実際の備置
  ⇒当事会社が法定書類を作成し本店に据え置く義務が、効力発生日前および後に発生する（備置開始日も定められている）
- 株主総会特別決議（株式譲渡でも必要な場合あり）
  ⇒原則的には当事会社双方において必要
- 株式買取請求手続き
  ⇒組織再編に反対する当事会社株主の株式を買い取る義務が定められている。このことから、当事会社はこれらを伝達するため、法定のスケジュールどおりに公告や通知を行う義務がある
- 新株予約権買取請求手続き
  ⇒場合によっては、株式買取請求手続きと同様に新株予約権買取請求手続きが必要な場合がある
- 債権者保護手続き
  ⇒当事会社の債権者（買掛取引先や銀行等）に影響を与える場合で当該債権者が組織再編に異議を述べた場合、当事会社は弁済や担保の供与をしなければならないと定められている。このことから、当事会社はこれらを伝達するため、法定のスケジュールどおりに公告や各別の催告を行う義務がある
- 会社分割の場合であれば、「会社分割に伴う労働契約の承継等に関する法律」（以下、「労働契約承継法」という）に則った労働者承継手続き
  ⇒当事会社は「労働者に理解と協力を求める措置」、「労働者への個別協議」、「労働者への通知」等を適法に実施しなければならない
- 「私的独占の禁止及び公正取引の確保に関する法律」（以下、「独占禁止法」という）に則った手続き（株式譲渡でも必要な場合あり）
  ⇒当事会社の規模が大きいなど独占禁止法上の規制に該当する企業は、独占禁止法

に則った手続きを実施しなければならない

●法定手続きについてのスケジュール

法定手続きにかかるスケジュールについては、少し説明しておいたほうがよいでしょう。上記の「債権者保護手続き」の対象となる債権者が異議を述べることができる期間は、「1か月以上」とされています。また、独占禁止法にかかる手続きを実施する場合、公正取引委員会が関連する届出書を受理してから少なくとも原則として30日を経過するまでは効力発生日を設定できません（つまり、事実上「クロージング」できないということ。ただし、短縮する手続きあり）。また、「債権者保護手続き」をスムーズに実施するために、定款の公告方法を変更すべき場合もあり、その場合はさらに時間がかかることがあります。したがって、組織再編行為によりM&A取引を実施する場合には、スケジュールが長期化し、それを細部にわたって管理する必要がある点には特に注意が必要です。

参考までに交渉初期段階からクロージングまでに必要となる作業について、吸収合併を例にとり、株式譲渡と比較する形でまとめたのが以下の図です。なお、独占禁止法の要件に該当する場合は公正取引委員会等への事前届出等のプロセスが必要であったり、クロージング後に登記や株式関連事務等が必要となりますが、本図ではこれら手続きを割愛しています。

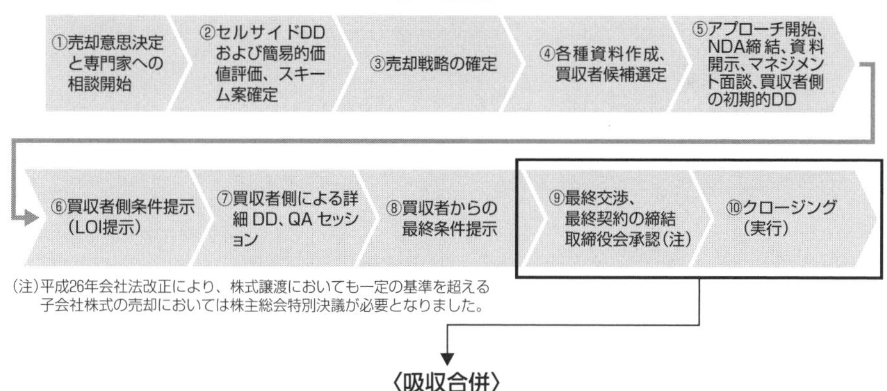

※本事例では、対象会社が非上場会社であることを想定し、会社法上の手続きに絞って記載しています。また、株式交換の場合にステップ⑧以前の段階で売却者が買収者側の株主価値評価を実施する手続きを行うことがある等、上図に記載されていない手続きもあります。

なお、組織再編行為は、前項に挙げた一般的な手続きの瑕疵や、後述する簡易組織再編等の簡易手続き可否にかかる判断ミス、略式組織再編時の差止仮処分（命令）等への違反、許認可取得手続きの不備などがあった場合に、「組織再編行為」の「無効事由」となりえます。このような場合、当事会社の株主、取締役等、特定の債権者、破産管財人等が「無効の訴え」を起こすことのできる提訴権者となり、裁判所の判断により「無効」とされてしまう可能性があります。組織再編行為を行う場合は、細部にわたり専門家のアドバイスを受けるべきというのはこの点からも重要なことです。

3-4-2 注意すべき事項と最近の法改正

組織再編関連の税務は平成29年度税制改正により大幅に変更がなされましたが、法務についても直近の法改正は重要です。一部を例にとると、以下に挙げたような改正がなされています。

●差止請求が可能に（平成26年会社法改正）

平成26年会社法改正により当該組織再編が法令または定款に違反する場合であり、その会社の株主が不利益を被るおそれがある場合には、株主が対象会社に対して当該組織再編に対する差止請求権を行使することが可能となりました。以前であれば組織再編であれば、それが法令または定款に違反していても、株主による差止請求はできず（略式組織再編時等の例外あり）、反対株主株式買取請求権を行使したり、無効事由を理由に訴えを起こして対応するというのが通常の実務の考え方でした。

なお、事業譲渡は会社法が定める組織再編行為に該当しませんので、組織再編における差止請求制度はなく、株主側としては会社に著しい損害が生じるおそれがあると判断できる場合であれば、取締役の行為に対して差止請求権を行使するという形で対応するというのが実務的な株主側の手段といえます。

●株式譲渡でも株主総会特別決議が必要に（平成26年会社法改正）

平成26年会社法改正により、一定の場合においては、子会社の株式譲渡について親会社の株主総会特別決議が必要になりました。一定の場合とは、以下の両方の条件を満たす場合をいいます（改正会社法467条、309条）。

①譲渡対象となる子会社株式の親会社の帳簿上の価額が、親会社の総資産額の５分の１を超えるとき
②当該株式譲渡により、その効力発生日において親会社が子会社の議決権の総数の過半数を有しなくなるとき

①については後述の事業譲渡における株主総会特別決議が必要とされない場合の基準（譲渡会社におけるもの。156ページ参照）と比較するとわかりやすいでしょう。なお、事業譲渡と同様に、当該株式譲渡に反対する株主に対しては株式買取請求が認められることとなります。

3-4-3 簡易組織再編と略式組織再編

組織再編行為には、「簡易組織再編」または「略式組織再編」という手続きがあります。これは一定の条件を充足した場合には、当事会社のいずれか一方または双方に株主総会決議の省略を認めるものです。「簡易組織再編行為」の要件に該当すると、「買収者側（後述の「存続会社等」）」または「対象会社側（後述の「分割会社等」）」の株主総会を省略し取締役会決議により組織再編行為を実行できることになります。

また「略式組織再編行為」の要件に該当すると、「被支配会社側」の株主総会を省略し取締役会決議により組織再編行為を実行することが可能となります。

前者の「**簡易組織再編行為**」とは、当事者にとって影響の少ない組織再編行為を意味するものです。買収者側の視点でみると、対象会社に交付する対価額が買収者側の純資産規模の一定基準より小さい場合にこの要件に該当します。一方で、売却者側の視点でみると、組織再編により承継対象となる資産額がその会社の総資産額の一定基準より小さい場合にこの要件に該当します。

「**略式組織再編行為**」は、基本的にはグループ内組織再編を意味します。ある親会社が子会社の議決権の10分の９以上を保有している（＝特別支配会社である）場合に「略式組織再編」が可能となります。子会社の議決権を10分の９以上を親会社が有していれば、子会社の株主総会を開いたところで親会社の意向どおりに組織再編行為が承認されるのは確実です。このことから、略式に組織再編を実施できるように「略式組織再編」という制度があるといえます。

なお、一部の組織再編類型には「略式組織再編」または「簡易組織再編」が定められていなかったり、前述のとおり「略式組織再編」とはいっても一定の条件下では少数株主（非支配株主）による差止請求権が認められたり、他にも会計・税務上の判断が求められる場合（差額が生じうるケース等）があるなど専門的判断が求められるので、実務では法務および会計・税務専門家に連携してもらいつつアドバイスを受けることが重要です。

次ページ図中の「５分の１以下」基準について、上場会社が買収者の場合、その担当者等が「うちの上場市場での時価総額は100億円だから20億円の会社までなら簡易株式交換で買収できる」と主張する場合があります。これは実は正しいようで厳密には完全に正解ではありません。これを考えるには「５分の１以下」基準の分子と分母をより正確に理解する必要があります。重要なのは、分子が「交付対価の帳簿価額（つまり株式であれば時価ではなく簿価）」であるという点と、分母が買収者側（存続会社・承継会社・完全親会

〈簡易組織再編と略式組織再編（例外規定があることには注意）〉

簡易組織再編（株主総会決議が不要）					略式組織再編
吸収合併	存続会社	交付対価（株式・金銭等）の帳簿価額の存続会社純資産額に対する割合が5分の1以下の場合は総会承認不要	消滅会社	規定なし	議決権の10分の9以上を支配する会社間（特別支配関係）の組織再編行為または事業譲渡においては、被支配会社の総会承認が不要
吸収分割	承継会社	交付対価（株式・金銭等）の帳簿価額の承継会社純資産額に対する割合が5分の1以下の場合は総会承認不要	分割会社	承継させる資産の帳簿価額の分割会社の総資産額に対する割合が5分の1以下の場合は総会承認不要	
株式交換	完全親会社	交付対価（株式・金銭等）の帳簿価額の完全親会社純資産額に対する割合が5分の1以下の場合は総会承認不要	完全子会社	規定なし	
事業譲渡	譲受会社	事業の全部の譲受に該当しない場合は原則として総会承認は不要。該当する場合であっても、譲受対価の帳簿価額が譲受会社の純資産額に対する割合が5分の1以下の場合は総会承認不要	譲渡会社	事業の全部譲渡および事業の重要な一部（譲り渡す資産の帳簿価額の譲渡会社の総資産額に対する割合が5分の1以下の場合、重要な一部には該当しない）の譲渡に該当しない場合は総会承認は不要	
新設分割	—		分割会社	承継させる資産の帳簿価額の分割会社の総資産額に対する割合が5分の1以下の場合は総会承認不要	規定なし

※新設合併および株式移転には簡易組織再編制度がなく、新設合併、株式移転および新設分割には略式組織再編制度がない
※事業譲渡は正確には簡易組織再編、略式組織再編とは呼称されない
※5分の1という基準は、これを下回る割合を定款で定めることも可能
※上記各項目における基準には例外あり。たとえば、差損が生じる場合（会社法795条2項）や会社法784条1項但書に該当する場合等

社等）の「純資産」であるという点です。

たとえば、買収者側の時価総額が100億円、純資産が10億円、発行済株式数が100株であるとしましょう。ここで株主価値10億円の対象会社を株式交換により買収する場合を想定します。この場合、単純に考えると、株式交換対価をすべて買収者側の株式とするならば10億円分の買収者側の株式を交付することになります。時価総額100億円で100株を発行しているので10億円分の買収者側の株式は10株となります。つまり、1株1億円の時価が株式についているということです。一方、これを簿価で帳簿価額でみるとどうなるでしょう？株式の帳簿価額は純資産を発行済株式数で除した金額となるので、純資産10億円を100株で除すと1株当たり帳簿価額は1,000万円となります。ここで、先の「5分の1以下」基準に当てはめると、分子が1億円（1株当たり帳簿価額1,000万円×交付株式数10株）、分母が買収者側の純資産額である10億円となりますから、「1/10」となり簡易株式交換が可能といえます。しかし、同じ株式交換取引において、交付対価を半分現金とする場合を想定するとどうなるでしょう？　この場合、時価5億円分の買収者株式と現金5億円を交付することになります。時価5億円分の買収者株式の帳簿価額は、先の計算でいくとその純

資産に該当する部分である5,000万円になるということはご理解いただけると思います。

しかし、現金の交付分はその現金交付額がそのまま帳簿価額となります。よって、「5分の1以下」基準でみると、分子である「交付対価の帳簿価額」の合計は株式5,000万円＋現金5億円＝5.5億円となって、分母の買収者側の純資産額である10億円から計算すると、「5.5/10」となってしまいます。この場合は簡易株式交換が不可能となります。このように現金等の存続会社等（後述）の株式以外を対価として用いる場合には注意が必要ということになります。あくまでも判断の基準は「時価総額」ではなく、交付対価の帳簿価額と純資産額の対比であるということは重要です。

なお、実務的によく議論になるポイントを列挙すると以下のとおりです（説明にあたって、「存続会社」「承継会社」「完全親会社」については「存続会社等」とし、「消滅会社」「分割会社」については「消滅会社等」とした）。

〈簡易組織再編と略式組織再編の主なポイント〉

- 判定は効力発生日の直前に行われる。分母となる純資産額・総資産額の算定基準日は通常契約締結日（または計画作成日）または別途契約締結日から効力発生日までの間で任意に定めることが可能。一方、分子については株価変動により株式発行数が決定されないことから、クロージング直前になって存続会社等側の株価が下がると想定以上の発行割合が必要となることがあり、それにより要件が満たされない可能性があることに注意が必要
- 簡易組織再編における「5分の1以下」という基準は定款変更により変えることも可能（下回る割合にのみ変更可能）
- 会社分割の簡易組織再編の判定において「分割会社」については、承継する資産と総資産の対比であることに注意（承継する負債があっても、それを控除した「承継純資産」を分子とすることはできない）
- 簡易組織再編の判定において「存続会社等」側については、「差損が生じる場合」は簡易組織再編ができない。たとえば承継債務額が承継資産額を超える場合、合併等対価（存続会社等株式以外）の帳簿価額が承継資産額から承継債務額を控除した額を超える場合、株式交換対価（上に同じ）の帳簿価額が取得する完全子会社株式の額を超える場合等。債務超過会社等が対象会社の場合や、存続会社等がすでに有する消滅会社等の株式簿価が適切に減損処理されていない場合等には注意が必要
- 簡易組織再編および略式組織再編において「存続会社等」側については、自らが非上場会社である場合において自社の譲渡制限株式の発行等を伴う組織再編行為を実行する場合は、簡易組織再編および略式組織再編ができない
- 簡易組織再編において「存続会社等」側については、その総議決権の6分の1以上

の反対がある場合には簡易組織再編はできない

- 略式組織再編においては、自社の他、自らの完全子会社またはその完全子会社（孫会社）等の合算による対象会社保有議決権により10分の9の基準が判定される
- 事業譲渡の場合は簡易組織再編という概念はなく、「事業の全部の譲渡（譲渡側）」、「事業の重要な一部の譲渡（譲渡側）」、「事業の全部の譲受（譲受側）」、「他人と事業上の損益の全部を共通にする契約その他これらに準ずる契約の締結、変更又は解約」の4類型において株主総会の承認が必要となる。ただし、「事業の重要な一部の譲渡」については5分の1基準の他、売上高割合、従業員割合等を総合的に判断して1割を超えない場合等も例外として株主総会決議を不要とするという見方もある。また「事業の全部の譲受」の場合にも5分の1基準により譲受会社の株主総会決議が不要となる。つまり「事業の一部の譲受け」の場合、譲受規模が大きい場合においても譲受会社における株主総会決議は不要となる

本書ではよく取り上げられる論点を記載しましたが、実務的にはこれ以外のポイントも非常に多くあります。また、日々制度が変化しています。自社が検討する取引において簡易または略式による組織再編が可能か否かについては、専門家のアドバイスを受けるべきです。この論点における判断ミスは無効訴訟の代表的な要因でもあり、非常に重要なものとなります。

3-4-4 組織再編にかかる「税制適格」と「税制非適格」の問題

税務の観点からみると、組織再編行為には「税制適格」「税制非適格」という2つの類型があり、それにより税務上の取扱いが異なります。本論点は前項と同じく、士業領域専門的な論点であり、本書の趣旨と異なりますので、実際に組織再編スキームを用いた売却取引を行う場合には、組織再編の専門書の確認または専門家のアドバイスを受けていただくことをおすすめします。

さて、税制適格である場合と非適格である場合に何か変わってくるのか？　という点では、その主たるものとして「①課税のされ方」と「②繰越欠損金の引継ぎの可否」の大きく2点を押さえておくとよいでしょう。「①課税のされ方」という意味では、①対象会社、②買収者、③売却者（株主等）それぞれについて、税制適格であるか否かによって課税関係が変化してきます。

ここでは、③売却者にフォーカスし、会社分割の例を題材にして考えてみましょう。たとえば、ある個人株主がA事業、B事業という2つの事業を有する資本金及び資本準備金（資本金等）3億円のX社を100％保有していたとします（次ページ図を参照）。また、単純化のため、この個人株主の株式の取得費も3億円だったとします。彼が、X社のうちB

事業を自身の別の会社へ移管しようと企図しているとします。会社のBSをそれぞれの事業ごとに資産・負債に分割すると、A事業の資本金等相当額が1億円、B事業の資本金等相当額が2億円に切り分けられたとします。ここで当該個人オーナーが別の受け皿会社（Y）を設立し、その会社に対してB事業を吸収分割により分割し、受け皿会社の株式をオーナーが受領する（株式を対価とする吸収分割という意味）ことにより、2つの会社に分けて2社の株式を100%保有するような場合を考えてみます（⇒ステップ①）。この時点で、オーナー自身がB事業を取得した受け皿会社の株式を継続して保有することが見込まれる場合（株式継続保有要件が満たされる場合）、課税が繰り延べられます（＝課税されない）。

しかし、この吸収分割後にY社株式のすべてを他社に対して10億円の価値で売却することが予定されていたとしましょう（⇒ステップ②）。この場合、個人オーナーが10億円で売却したことから、譲渡益の8億円（売却対価－株式取得費のB事業相当部分）に約20%課税される（約1.6億円の税金がかかる）という整理は正しいものでしょうか？

〈みなし配当課税のイメージ〉

ステップ① 吸収分割
ステップ② B社の売却
個人株主
100%
X社 A事業 B事業
個人株主
100% 100%
X社 Y社 B事業
B事業を吸収分割
個人株主
100% 100%
買収者
買収
A B事業
税制適格要件の充足
みなし配当課税：なし
株式譲渡損益　：なし
※金銭交付等がない場合
あり
みなし配当課税……：なし
株式譲渡損益………：あり
のはずが
ステップ①の時点でステップ②の実行が予定されていた場合、税制適格要件（株式継続保有要件）を否定されることとなり、株式譲渡損益の一部が「みなし配当課税」として課税される

〈税制適格と非適格の判断基準の一部〉

			合併	分割型分割
100%（完全支配関係）	対価要件		消滅会社株主に存続会社の株式以外の資産（合併直前に存続会社が消滅会社の発行済株式等の総数又は総額の2/3以上を有する場合における当該存続会社以外の株主に交付する金銭等を除く。）が交付されないこと[1]。	分割対価として分割承継会社の株式以外の資産が交付されないこと。
	完全支配関係継続要件	当事者間による完全支配関係		分割後に分割会社と分割承継会社との間の完全支配関係の継続は不要。
		同一者による完全支配関係	合併後に同一の者[2]と存続会社との間に完全支配関係が継続することが見込まれていること。	分割後に同一の者と分割承継会社との間にその同一の者による完全支配関係が継続することが見込まれていること。
50%超100%未満（支配関係）	対価要件		100%要件と同じ	100%要件と同じ
	支配関係継続要件	当事者間による支配関係		分割後に分割会社と分割承継会社との間の支配関係の継続は不要。
		同一者による支配関係	合併後に同一の者と存続会社との間に支配関係が継続することが見込まれていること。	分割後に同一の者と分割承継会社との間に同一の者による支配関係が継続することが見込まれていること。
	主要資産・負債引継要件			分割会社の分割事業に係る主要な資産及び負債が分割承継会社に移転していること。
	従業者引継要件		消滅会社の合併直前の従業者の概ね80%以上が存続会社の業務に従事することが見込まれていること。	分割会社の分割直前の分割事業に係る従業者の概ね80%以上が分割承継会社の業務に従事することが見込まれていること。
	事業継続要件		消滅会社の合併前に行う主要な事業が、合併後に存続会社において引き続き行われることが見込まれていること。	分割会社の分割事業が、分割後に分割承継会社において引き続き行われることが見込まれていること。
共同事業	対価要件		100%要件と同じ	100%要件と同じ
	株式継続保有要件		消滅会社に支配株主がいる場合には、合併により交付される存続会社の株式のうち、支配株主に交付されるものの全部が、支配株主により継続して保有されることが見込まれていること。	分割法人に支配株主がいる場合には、分割型分割により交付される分割承継会社の株式のうち、支配株主に交付されるものの全部が支配株主により継続して保有されることが見込まれていること。
	支配関係継続要件			
	主要資産・負債引継要件			50%超要件と同じ
	従業者引継要件		50%超要件と同じ	50%超要件と同じ
	事業継続要件		50%超要件と同じ	50%超要件と同じ
	事業関連性要件		消滅会社の主要な事業と存続会社の事業が相互に関連すること。	分割会社の分割事業と分割承継会社のいずれかの事業とが相互に関連すること。
	事業規模要件または経営参画要件		消滅会社の主要な事業とその関連する存続会社の事業のそれぞれの売上金額、従業者数、資本金額等の規模が概ね５倍を超えないこと。 または、消滅会社の特定役員のいずれかと存続会社の特定役員のいずれかとがが合併後に存続会社の特定役員となることが見込まれていること。	分割会社の分割事業とその関連する分割承継会社事業のそれぞれの売上金額、従業者数等の規模が概ね５倍を超えないこと。 または、分割前の分割会社の役員または重要な使用人のいずれかと分割承継会社の特定役員のいずれかとが分割後に分割承継会社の特定役員になることが見込まれていること。

（注）三角組織再編、多段階組織再編、平成30年度税制改正及び改正産業競争力強化法による論点等は除きます。また、各種例外事項がありますが、それらを網羅していないことにご留意ください。
1　ただし、平成29年度税制改正により例外が設けられましたので注意が必要です。
2　同一者（同一の者）について、株式所有者が個人の場合は、一定範囲の「親族」を含めて判断されます。

支配株主がいない単独新設分割型分割	分社型分割	株式交換	株式移転
	分割対価として分割承継会社の株式以外の資産が交付されないこと。	完全子会社株主に完全親会社の株式以外の資産（株式交換直前に完全親会社が完全子会社の発行済株式の2/3以上を有する場合における当該完全親会社以外の株主に交付する金銭等を除く。）が交付されないこと[1]。	完全子会社株主に完全親会社の株式以外の資産が交付されないこと。
	分割会社と分割承継会社との間にいずれか一方の会社による完全支配関係が継続することが見込まれていること。	株式交換後に完全親会社と完全子会社との間に完全親会社による完全支配関係が継続することが見込まれていること。	（単独株式移転）完全親会社による完全子会社の完全支配関係が継続することが見込まれていること。
	分割後に同一の者による分割会社及び分割承継会社との完全支配関係が継続することが見込まれていること。	株式交換後に同一の者と完全親会社及び完全子会社との間に完全支配関係が継続することが見込まれていること。	株式移転後に同一の者と完全親会社及び完全子会社との間に完全支配関係が継続することが見込まれていること。
	100%要件と同じ	100%要件と同じ	100%要件と同じ
	分割会社と分割承継会社との間にいずれか一方の会社による支配関係が継続することが見込まれていること。	株式交換後に完全親会社と完全子会社との間に完全親会社による支配関係が継続することが見込まれていること。	株式移転後に完全親会社と完全子会社との間に完全親会社による支配関係が継続することが見込まれていること。
	分割後に同一の者による分割会社及び分割承継会社との支配関係が継続することが見込まれていること。	株式交換後に同一の者と完全親会社及び完全子会社との間に支配関係が継続することが見込まれていること。	株式移転後に同一の者と完全親会社及び完全子会社との間に支配関係が継続することが見込まれていること。
	分割会社の分割事業に係る主要な資産及び負債が分割承継会社に移転していること。		
	分割会社の分割直前の分割事業に係る従業者の概ね80%以上が分割承継会社の業務に従事することが見込まれていること。	完全子会社の株式交換直前の従業者の概ね80%以上が完全子会社の業務に引き続き従事することが見込まれていること。	株式移転直前の完全子会社の従業者の概ね80%以上がそのまま完全子会社の業務に従事することが見込まれていること。
	分割会社の分割事業が、分割後に分割承継会社において引き続き行われることが見込まれていること。	完全子会社の主要事業が株式交換後もその会社において引き続き行われることが見込まれていること。	完全子会社の主要事業が、株式移転後もそれぞれの会社において引き続き行われることが見込まれていること。
割型分割と同じ	100%要件と同じ	100%要件と同じ	100%要件と同じ
割前に分割会社に支配株主おらず、かつ分割後に分割継会社が他の者に継続して配されないことが見込まれいること。	分社型分割により交付される分割承継会社の株式の全部が、分割会社により継続して保有されることが見込まれていること。	完全子会社に支配株主がいる場合には、株式交換により交付される完全親会社の株式のうち、支配株主に交付されるものの全部が、支配株主により継続して保有されることが見込まれていること。	完全子会社に支配株主がいる場合には、株式移転により交付される完全親会社株式のうち、支配株主に交付されるものの全部が、支配株主により継続して保有されることが見込まれていること。
		株式交換後に完全親会社が完全子会社の発行済株式の全てを継続して所有することが見込まれていること。	株式移転後に完全親会社が完全子会社の発行済株式の全てを継続して所有することが見込まれていること。
割型分割と同じ	50%超要件と同じ		
割型分割と同じ	50%超要件と同じ	50%超要件と同じ	50%超要件と同じ
割型分割と同じ	50%超要件と同じ	50%超要件と同じ	50%超要件と同じ
	分割会社の分割事業と分割承継会社のいずれかの事業とが相互に関連すること。	完全子会社の主要事業のいずれかと完全親会社のいずれかの事業が相互に関連すること。	一方の完全子会社の主要事業と他方の完全子会社のいずれかの事業が相互に関連すること
業規模要件は適用されない。割前の分割会社の役員また重要な使用人のいずれかと割承継会社の特定役員のいれかとが分割後に分割承継社の特定役員になることが込まれていること。	分割会社の分割事業とその関連する分割承継会社事業のそれぞれの売上金額、従業者数等の規模が概ね５倍を超えないこと。 または、分割前の分割会社の役員または重要な使用人のいずれかと分割承継会社の特定役員のいずれかとが分割後に分割承継会社の特定役員になることが見込まれていること。	完全子会社の主要事業とその関連する完全親会社事業のそれぞれの売上金額、従業者数等の規模が概ね５倍を超えないこと。 または、完全子会社の特定役員の全てが、その株式交換に伴って退任しないこと。	一方の完全子会社の主要事業と他方の完全子会社のその関連する事業のそれぞれの売上金額、従業者数等の規模が概ね５倍を超えないこと。 または、いずれの完全子会社の特定役員の全てが、その株式移転に伴って退任しないこと。

答え。これは「不正解」です。なぜなら、分割時点で売却が予定されていたことから、「支配関係継続要件」を満たさないこととなり、ステップ①時点での課税繰延べが否定され、ステップ①時点で「10億円－B事業の資本金等相当部分」に対して「みなし配当課税」というものがかかります（「資本金等相当部分－株式取得費相当部分」には約20％の譲渡益課税。本例ではこの部分は無し）。また、分割会社について譲渡対象の部分に含み益がある場合、それらに対して時価評価課税がなされます。「**みなし配当課税**」とは、「配当で収入を得たものとみなし」て配当所得として課税するものであるため、個人の場合は原則として総合課税であり、かつ最高税率が住民税と併せて55％となる（2018年７月時点）など税率がきわめて高くなります。本例ではB事業の「資本金等相当部分」と「株式取得費相当部分」が共に２億円と仮定しているので、みなし配当課税は先と同じ８億円にかかってくることになります（ただし、譲渡時点ではすでに10億円分の株式を10億円で売却したこととなりみなし配当課税は発生しない）。これらの実務上の税額発生の有無は最終的には税務当局の判断にもよりますが、基本的には上記のような課税判断がなされます。１つ重要な点を付記すれば、平成29年度税制改正により、先の事例のY社、つまり承継会社を買収者への売却対象とするのではなく、分割会社であるX社側を売却対象とすることで、支配関係継続要件が満たせることとなりました。このため、「残したい」事業を分割し、おおもとの会社を第三者に売却する対象とするような形でスキーム設計するケースが増加しています。

「②繰越欠損金の引継ぎの可否」も、その可否判断にかかる考え方は似ていますが、さらに満たすべき要件がある等、複雑になりますので本書では詳しい説明を割愛します。いずれにしても、このような問題は、必ずM&A取引に強い税務専門家を選定のうえ、相手先との既存の資本関係、事業内容の詳細、売却者が組織再編によって得る対価の種類（買収者または買収者の親会社等の株式かそれ以外（現金等）か）をまとめて相談するとスムーズでしょう。なお、税制適格か否かの論点をめぐっては、ヤフー社によるIDCS社合併等の一連の取引にかかる裁判で深く争われたことが記憶に新しいものです。ここでは会社分割を例に説明しましたが、合併等他の類型にも同じような観点での検討が必要です。

なお、税制適格か否かにより、ここで挙げたもの以外の論点（時価評価課税等）もあるので、詳しくは税理士に確認してください。

3-5 状況に応じた最適なスキーム検討

最後に、ここまでに説明してきたスキームのうち、どのスキームを各ケースのM&Aイグジットとして用いるべきかについて考察したいと思います。それぞれの代表的な特徴については、前項のスキーム説明の中で取り上げましたが、実務上は、買収者の立場や意向を含めて、より詳細にみていく必要があります。

次ページのフローチャートは、売却者側からみてどういった観点でスキームを考えてい

〈売却者からみたスキーム決定チャート〉

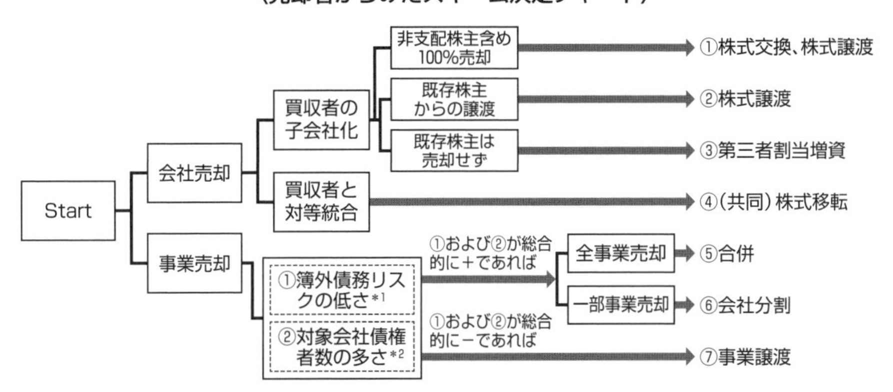

＊1「簿外債務リスク」が高い場合、買収者側が会社分割や合併よりも事業譲渡を選択したい意向が高まります。
＊2「対象会社債権者数」が多い場合、「事業譲渡」の場合に必要となる債権者との個別同意を取得する実務が非常に煩雑となります。

くべきかという流れを表しています。もちろん、最終的なスキーム決定は様々な論点から総合的に決定されるべきであり、数値計算も必要になってくるため、これですべてを判定できるというチャートにはなっていないことに注意が必要です。しかし、実務家がM&A取引実施時に最低限必要となる論点は記載されています。また、164～165ページの表は、各スキームについて様々な側面から特徴をピックアップしたものです。ここに掲載されている内容は一部高度な論点が含まれますが、実務においては細かい専門知識から導かれる最適解を探していくことが必要になります。

なお、この判断は、ビジネス面（事業と組織の発展が阻害されないかという論点が特に重要)、財務・会計・税務的側面、法務的側面等の高度な知識・ノウハウと経験が必要になります。したがって、専門家の意見を聞くだけでなく、売却者が主体となって対象会社の事業環境を含めて十分に専門家と議論していくことで、より最適なスキーム案がみえてくるものと思います。なお、M&Aの取引スキームを考える場合は、上のチャートの要素以外にも取引条件や対価の支払方法に工夫を加えたり、借入れを組み合わせていったりと本項で説明した枠組みを超えた領域においても様々なアレンジを行うことが可能です。これらを総合的に組み合わせることで、法的にも会計的にも税務的にも問題なく、かつ取引当事者にも最大限のメリットを享受できるような形に整えていくことが、重要な検討事項になるといえるでしょう。

〈M&Aイグジットスキーム〉

	①株式譲渡	②第三者割当増資	③事業譲渡
会社法上の区分	会127にて、株式譲渡自由の原則が定められている。ただし、譲渡には対象会社の譲渡承認が必要(特に非上場会社)	会199にて定められた「募集株式の発行等(公募・第三者割当・株主割当)」に該当する。売却型M&Aでは、「第三者割当」が利用される	会467等にて、その手続きを含め定められている
概要	最も一般的な売却型M&Aの形態。株式譲渡を行うことで、売却者である既存株主が対価を得る。株式交換と要比較。 一定の場合に株主総会特別決議が必要(平成26年会社法改正)	買収者が対象会社の新株または自己株式を引き受け、その引受け後の保有議決権比率が過半数超となるように設計することで、結果的に買収者へ支配権が異動する。既存株主への対価はなく、発行株式の対価は対象会社が得る	対象会社の一部または全部の事業を買収者へ売却することで、売却者である対象会社がその売却対価を得る。会社分割と要比較
売却者からみたポイント	移転対象は対象会社株式。売却者としては完全売却も可能である一方、一部株式を残すことで将来シナジー価値の共有により、より高い価値で将来売却することも交渉により可能(アーン・アウトスキーム等)	移転対象は新規発行株式or自己株割当。既存株主への対価支払いはなく、議決権が希薄化する。買収者側が対象会社の過半数超の議決権を第三者割当増資により取得する場合、買収者が支配権を獲得することから買収資金を自己管理できるためリスクを限定化可能であり、その点は買収者側に安心感を与えられる。 一方、既存株主への対価が支払われないにも関わらず支配権を譲り渡すことになるともいえる	移転対象は事業(事業に関する権利義務、特定の資産・負債も含まれる)。一定の場合、買収者側は税務上ののれん償却にかかるメリットがあり、それを見越して株式譲渡の代わりに用いるケースもある(買収者税務メリットを売却者も享受できるよう交渉余地が生まれることもある)
対価の受領者	株式を売却した(対象会社)既存株主	対象会社	対象会社
対価	現金が主な対価	通常は現金であるが、現物出資も可能。しかし、検査役調査等が必要になるため煩雑かつ問題が発生するケースもある	現金が主な対価
買収者側の視点とスキームの特徴	•「のれん」が連結財務諸表に計上される。税務上の「のれん償却」はとれず、タックスメリットはない •会社に「リスク」が認められる場合、そのリスクを引き継ぐことになる(偶発債務が引き継がれる) •好ましくない非支配株主が対象会社に存在する場合に対策が必要となる	•会社に「リスク」が認められる場合、そのリスクを引き継ぐことになる(偶発債務が引き継がれるリスク) •株式譲渡と比較して同じ議決権を取得するのに必要な資金が多額になる •好ましくない非支配株主が対象会社に存在する場合に対策が必要となる •買収後に買収に要した資金を自己の支配下におけるため買収者としてはリスクが低減される •株主総会の特別決議が必要	•損金算入可能な「税務上ののれん」の償却が可能 •債権者が多い場合、手続きが煩雑になりエキュセキューション上のトラブルが起こる可能性がある •偶発債務の引継ぎを事業譲渡契約により明示的に避けることができる •反対株主買取請求権の行使がなされる可能性がある •詐害行為取消請求権を債権者に行使されるリスクがある •従業員の個別の同意が必要。また転籍させる場合、有休等の取扱い慎重な検討が必要 •買収者としては消費税が発生する •全部事業譲受の場合、株主総会の特別決議が必要(簡易手続き、略式手続きを除く)
対価受領者の譲渡益にかかる課税関係	個人株主の場合、キャピタルゲイン課税(約20%)	なし	売却法人に対して法人税課税(約30～35%)

(注)この表で言う「会」とは、会社法のことを指します。また、各種例外事項がありますが、それらを網羅していないことにご留意ください。

④合併	⑤会社分割	⑥株式交換	⑦（共同）株式移転
会社法上の組織再編行為の１つ。会748～にて、その要件など詳細が定められている	会社法上の組織再編行為の１つ。会757～にて、その要件など詳細が定められている	会社法上の組織再編行為の１つ。会767～にて、その要件など詳細が定められている	会社法上の組織再編行為の１つ。会772～にて、その要件など詳細が定められている
複数の会社を１つの組織とする手法。吸収合併と新設合併があり主に用いられるのは吸収合併。対象会社が合併される会社である場合、対象会社の株主は合併する側の会社の株式等の対価を得る。組織が統合され強いシナジーが期待できる。株式移転や株式交換と要比較	会社の一部または全部を分割して切り出し、切り出された新会社の株式を買収者へ譲渡するケース（新設分割＋株式譲渡）や分割された事業を直接買収者側へ移転するケース（吸収分割）等がある。その他、分割型分割と呼ばれるスキーム等により事業部の切り出し等にも用いられる。事業譲渡と要比較	買収者が新株発行または自己株式により、買収対価となる株式を用意し、対象会社の株式との交換対価として、買収者株式等を売却者である対象会社既存株主に付与するもの。株式譲渡やその他の手法と要比較	新設の株式会社を対象会社の100%親会社として設立する手法。複数の対象会社の100%親会社を新設することも可能。純粋持株会社を組成することもできる。既存株主としては完全な売却にはならないものの、持株会社の株式を有することとなり、将来的なシナジー価値の共有が期待できる。合併や株式交換と要比較
移転対象は対象会社の権利義務の全部。対象会社（被合併会社）の権利義務の移転に伴い対象会社は消滅する。株式譲渡等により親子間の関係になるのではなく、シナジーの観点で一気に買収者（合併会社）と統合を図りたい場合にも用いられる。株式譲渡後に合併という場合もある	移転対象は事業。吸収分割の場合、一定の場合、買収者側は税務上ののれん償却にかかるメリットがあり、それを考慮できる点は事業譲渡と同じ。事業譲渡と比較すると、組織再編行為であり厳密な手続きが必要	移転対象は対象会社株式（100%）。買収者が上場会社であり一定の時価総額を有していれば、売却者としては交渉がしやすい。非支配株主排除等に用いられることもある。売却者は買収者株式を取得でき、シナジー実現価値を将来的に享受できる可能性もある	移転対象は対象会社株式。法的にはまったく異なる取引だが、統合するという意味で実質的な効果は合併と類似である。当事者法人がそのまま存続することが大きな相違点。組織の状況や段階的統合のニーズがある場合に有用。対象会社に上場企業が含まれる場合、テクニカル上場の議論が必要になる
（対象会社）既存株主	原則は対象会社、ただし、分割型分割等により既存株主が対価を得ることも可能。ただし、M&Aイグジットの観点では、個人株主の場合は税務的問題が発生する可能性は留意すべき	（対象会社）既存株主	（対象会社）既存株主
株式対価が主流。しかし、金銭等を対価にすることも可。併用も可	株式対価が主流。新設分割の場合の分割会社が受領する対価は新設分割設立会社の株式。吸収分割の場合は株式の他、金銭等を対価とするのも可。併用も可	株式対価が主流。しかし、金銭等を対価にすることも可。併用も可	新設会社の株式が対価
• 損金算入可能な「税務上ののれん」の償却が可能（非適格の場合） • 債権者保護手続きの実施が必要であり、契約締結後最低１か月をクロージングまでに要する。また、場合によっては公告方法を変更するための定款変更を目的とした株主総会決議が必要 • 偶発債務が引き継がれる • 反対株主買取請求権の行使がなされる可能性がある • 事業譲渡と異なり従業員各人の合意は不要 • 買収者としては消費税が発生しない • 原則、株主総会の特別決議が必要（簡易手続き、略式手続きを除く） • 株式対価の場合、買収者株式が好ましくない対象会社既存株主に渡る可能性あり	• 損金算入可能な「税務上ののれん」の償却が可能（非適格の場合） • 債権者保護手続きの実施が必要であり、契約締結後最低１か月をクロージングまでに要する。また、場合によっては公告方法を変更するための定款変更を目的とした株主総会決議が必要 • 偶発債務の引継ぎリスクが事業譲渡に比べて高い • 反対株主買取請求権の行使がなされる可能性がある • 詐害行為取消請求権を債権者に行使されるリスクがある • 従業員は労働契約承継法に則った包括承継（有休や労働条件も当然に承継）であり、事業譲渡と異なり各人の合意は不要 • 買収者としては消費税が発生しない • 原則、株主総会の特別決議が必要（簡易手続き・略式手続きを除く） • 株式対価の場合、買収者株式が好ましくない対象会社既存株主に渡る可能性あり	•「のれん」については株式譲渡と同じ • 特定の場合に限り、債権者保護手続きが必要となり時間がかかるケースがある • 会社に「リスク」が認められる場合、そのリスクを引き継ぐことになる（偶発債務が引き継がれる） • 反対株主買取請求権の行使がなされる可能性がある • 原則、株主総会の特別決議が必要（簡易手続き・略式手続きを除く） • 株式対価の場合、買収者株式が対象会社既存株主に渡る • 買収者が株価の高い上場会社であれば比較的実施しやすい • 買収者としては株式交換後に自社株式が売却される可能性を忌避しがち	•「のれん」については株式譲渡と同じ • 特定の場合に限り、債権者保護手続きが必要となり時間がかかるケースがある • 反対株主買取請求権の行使がなされる可能性がある • 株主総会の特別決議が必要（簡易手続き・略式手続きは存在しない） • 非支配株主に好ましくないものがいる場合、それら株主が新設持株会社の株主になる • 当事者に上場会社が含まれる場合、テクニカル上場について検討する必要がある
既存株主（個人）に対してキャピタルゲイン課税（約20%）やみなし配当課税、法人株主に対して法人税課税（約30～35%）。ただし、税制適格の場合は繰延べ	売却法人に対して法人税課税（約30～35%）、分割型分割の場合は既存株主に対する高税率なみなし配当課税が課される場合もある。ただし、税制適格の場合は繰延べ	• 既存株主に対しては税制適格・非適格に関わらず株式対価であれば売却時まで課税繰延べ、売却時に売却分に課税 • 株式以外の対価の場合、個人であれば取引額の全額に対しキャピタルゲイン課税（約20%）、法人であれば法人課税（約30～35%）	• 既存株主に対しては税制適格・非適格に関わらず株式対価であれば売却時まで課税繰延べ、売却時に売却分に課税 • 株式以外の対価（主に社債）の場合、個人であれば取引額の全額に対しキャピタルゲイン課税（約20%）、法人であれば法人課税（約30～35%）

4 M&Aイグジットと「清算」の比較

買収者から一定の評価がなされDCF法や類似会社比較法等により、ある程度高額で売却できる場合が「M&Aイグジット」のすべてではありません。買収者から一定の評価がなされない場合においては、「純資産価格」での買収を要求されることがあります。このような場合は、売却者としては「清算」との比較により手元に残るキャッシュをシミュレーションしておくことが重要です。

ただし、結論から言うと通常、清算は税務的デメリットが大きく最終的な既存株主の手取り額が少なくなりがちな点、清算ではいままでの事業がよい形で残らず、従業員等の継続雇用も担保されない点等の理由から、M&Aに利がある場合が多いようです。しかし、一定の場合においては役員退職金等のスキームを活用することで清算のほうが有利となる場合もあります。

本書では紙面の都合上、M&Aイグジットと清算（および役員退職金を絡めたスキーム）の比較については詳細な解説ができません。別途著者のウェブサイト「https://buy-out.jp/book」にて追加的な解説をすることも検討していますので、時間に余裕のある方はチェックしてみてください。なお、大まかな点は上記ウェブサイトに掲載していますが、細かい規定が複数ありますので、これらについて関心がある場合には専門家からアドバイスを受けたほうが安心です。

5 買収者によるDD

5-1 デュー・ディリジェンスとは何か？

グループ内再編等のケースを除き、通常のM&A取引においては、当事者同士が相手のことを知り尽くしているということはあまりありません。したがって、売却者・対象会社側と買収者の間には「情報の非対称」が存在するため、買収者は対象会社が投資に値する価値を有しているか否かを精査する必要があります。この精査が「デュー・ディリジェンス（以下、「DD」という）」、「買収監査」です。DDの分析項目は非常に多岐にわたりますが、基本的には「①ビジネス面」、「②財務・会計税務面」、「③法務面」の三分野が中心で、対象会社や買収者の考える対象会社の価値の見方または企業規模等によっては、「人事面」「IT面」「環境面」等の調査を加えます。

DDの一般的な流れとしては、まずDDを実施する範囲（スコープ）を確定し、その後DDチームを組成、DDチームより必要資料のリスト（付録ファイル「Required_Docs.pdf」参照）や事前QA等を対象会社側に提示し、数日から数週間にわたる資料精査やインタビュー等を行い、調査後にDDチームから顧客（買収者）に報告書が提示されます。顧客（買収者）からの要請があれば、DDチームは株価算定書等も同時期に報告書と一緒に提出されることになります。

場合によっては、「フェアネス・オピニオン」と呼ばれる意見書も株価算定書に添付されることがあります。フェアネス・オピニオンとは、「評価額（合併比率や株式移転比率等を含む。）や評価結果に至る会社の経営判断を、独立の第三者が、様々な観点から調査し、その公正性について財務的見地から意見を表明すること」（日本公認会計士協会発行の経営研究調査会研究報告第32号、以下、「企業価値評価ガイドライン」という）であり、また、それらを記載した書面を意味することもあります。すなわち、「取締役が、忠実義務や善管注意義務を履行して適切に投資意思決定を行った旨を、財務的見地から補完する」（同ガイドライン）役目をもちます。

5-2 買収者側DDの目的

買収者が行うDDの目的は、買収者が買収の実施可否判断、買収額の最終決定、対象会社のリスク把握、スキームの検討、買収実行にあたってのボトルネック調査、統合後の戦略策定等多岐にわたります。

具体的には、**財務・税務DD**では基本的なビジネスや会計の仕組みに加えて、過去の正常な収益力（過去の業績の特殊要因把握と特殊要因がない場合や買収実行後の収益力）の把握、過去のトレンドに鑑みた将来収益力の分析、金額の大きな勘定科目の精査、資産の含み損益把握による時価純資産の把握、運転資本や設備投資等を含めたキャッシュフロー（以下、「CF」という）の分析、偶発債務（隠れた債務）等の抽出、買収にあたっての当事者の税務にかかる問題点の調査等を行います。

ビジネスDDでは、過去から現在さらには将来にわたる市場環境等の外部環境分析、対象会社の強みや弱み等の内部環境分析、戦略的競合優位性、競合企業分析、事業リスクと課題、KPI抽出、KPI改善、過去のKPIと今後の分析を基にしたプロジェクションの策定検討等を行います。当然、ビジネスの定性的な情報が背景となり定量的な数値が生み出されるという関係性から、財務・税務DDとビジネスDDは密接に関係します。したがって、双方の結果を踏まえて初めて、より妥当性あるプロジェクションを策定することができます。対象会社側からプロジェクションが出ている場合はそれらを検証していく作業も同時に行います。

法務DDにおいては、定款・謄本等による会社基本情報の把握、真正な株主の把握、大口取引先等の特に重要な相手方との契約の継続性、他社と締結している契約にかかるリスク評価、株主間の契約を調査することによるM&A取引へのボトルネック把握、過去の取締役会・株主総会議事録調査、独占禁止法にかかる調査、過去の労務リスク等各種リスクの調査、事業内容に応じた各種法令遵守にかかる調査等を行います。これにより、現在の会社が法的に有効な形で運営されているのか、会社自体やM&A取引におけるリスクの有無、プロジェクションへの影響等を把握していきます。これら手続きにより完成したプロジェクションや各種リスクに鑑み、買収者側の経営陣は買収実施の可否判断はもとより、対象会社の評価、契約条件の検討、リスクヘッジ策立案と実施、統合戦略の検討等を行っていきます。

また、買収者側の経営陣にとって、DDの実施は株主等の第三者に対する説明責任を果たすことにつながります。この点においても、特に上場会社やLPを擁する投資ファンドがM&A取引を実施する場合には、外部専門家の活用が重要になります。

5-3 オンサイトDDの準備とその風景

オンサイトDDとは、対象会社の会議室などを「データルーム」として設営し、そこに各種資料を用意し買収者候補および各種外部専門家が集まってDDを実施することをいいます（本書では「データルームDD」「詳細DD」等と呼称している場合もある）[15]。

売却者にとって、DDを実施するうえで特に気をつけたいのは、「DDの準備」と「オンサイトDDの開始日の取り計らい」です。オンサイトDDでは、公認会計士等により編成さ

15　なお、各種外部専門家に委託する前のDDプロセスを「プレリミナリーDD（プレDD）」と呼称する場合もあります。

れた財務DDチーム数名と、弁護士等により編成された法務DDチーム数名、買収者側の経営企画室メンバーで構成されたビジネスDDチーム数名が、対象会社の会議室に籠り、数日間から数週間、調査を行います。案件によっては（特に海外企業が買収者である巨大案件の場合等）、数十人規模のDDチームが組成されるケースもあります。当然、買収者側としては、事前の段取りにより、彼らが対象会社の会議室に集められた頃には、すでに資料一式がそろっていると考えます。重要なのは、買収者側も外部DDチームにコストをかけて連れてきていることから、ここで資料に重大な不備がないようにすることです。私が聞いた事例では、相手先の資料整備状況が事前報告とまったく異なっていることに買収者のCFOが激怒してディール自体が停止したということもあります。

対象会社の広めの会議室にファイルがずらっと並べられ、財務DDであれば総勘定元帳等をはじめとするデータを１つひとつみていきます。法務DDであれば、各種契約書、取締役会議事録等が対象です。そこで「この資料はコピーしたい」、「この資料についてCFOに確認したい」等のオーダーが次々になされます。資料だけでは対象会社の全貌を理解するのは不可能な場合がほとんどですので、一定のオンサイトDDが進行した時点でマネジメント・インタビュー等が設営されるのが通常です。ビジネスDDチーム、財務DDチーム、法務DDチームはそれぞれ深く連携してDDを実施しますので、この調整は買収者側のFAが行います。ビジネスモデルがある程度複雑な企業の場合、ビジネスDDチームが先にDDを実施し、その情報を財務DDチームに正確に伝達してから財務DDチームが調査を始めたほうが効率的だと判断できれば、そのような手続きをとります。また、財務DDチームが調査の過程で知った事実の中で、ビジネスDDチームから伝達を受けた事実と異なる事実が判明することもよくあります。このような裏取作業を行っていくことで、徐々に対象会社の実態を浮き彫りにしていきます。また、ビジネスDDで重要な取引先の存在を確認できれば、当該取引先との契約について徹底的にリスク調査をしてもらうよう法務DDチームに依頼するというようなビジネスDD・法務DDの連携も行われます。このように、各DDチームが上手く相互に機能することで、買収者としてはより深く対象会社を理解することができます。

一方、売却者側としては様々な質問や資料要求に応えていく必要があり、非常に負荷がかかる時期になります。対象会社が一定程度以上の規模であれば、オーナー経営者１名での対応は難しくなるほどの負荷がかかります。場合によっては、対象会社の顧問税理士・会計士、顧問弁護士、顧問社会保険労務士にも協力を仰ぎます。このプロセスの中で買収者のDDチームからの質問に明確に回答できない、資料がきちんと準備できていない等となると、買収者から対象会社にかかる不安要素ともみられかねないので、FAがいる場合はFAと十分に協議のうえで臨みたいものです。少なくとも想定問答集を作成したり、資料の正確性を再チェックしたり、といった準備は行っておきたい事項です。

5-4 DDの結果報告

DDチームはデータルームDDの後、調査で判明した事実を根拠として調査報告書を作成します。小規模案件では2週間程度で作成が完了するケースもありますが、大規模な案件では1か月以上かかる場合もあります。また、調査報告書の内容も、数十ページから数百ページに及ぶものまで多岐にわたります。この報告書をもとに、必要に応じて買収金額を再度検討し、取締役会決議等の機関決定を行うことになります。また、場合によっては、DD報告書とともに、株式価値算定書の提出を買収者側が財務DDチームに依頼することもあります。これにより、DD結果を踏まえた企業価値評価を行います。

5-5 DDと企業価値評価

DDと企業価値評価は非常に密接に結びつきます。一般的に買収者は、オンサイトDDを実施する前にプレDDとも呼ばれる予備調査を行うことにより大枠の買収価格を決定し、意向表明書（LOI）等により条件提示を行います。DDではこれら条件提示の根拠となった数値の検証を行うことで、本当にその提示額でよかったかを検証します。なお、ビジネスDDについては、プレDDのタイミングで深く実施する場合も多いのですが、ビジネスDDを外部専門家に任せない場合もあります。コストのかかる外部DDチームをアサインする前の段階で、ビジネス的に「価値がある」となって初めて、買収者側としては外部専門家をアサインしてリスクを洗おうというフェーズに入るのです。もちろん、投資ファンドが買収者となる場合や一定規模以上のM&A案件である場合等においては、コンサルティング会社にビジネスDDを依頼するケースもあります。この場合はオンサイトDDの実施と同時期にビジネスDDも外部委託されるのが通常です。

なお、ケースバイケースではありますが、BSがシンプルな中堅規模以下の企業の場合に特に重要となるDDは「ビジネスDD」です。プロジェクションや価値評価に最も大きな影響を及ぼす場合が多いからです。ビジネスDDは前述のとおり、オンサイトDDに先行して深く実施されることが多く、オンサイトDDにおける財務・会計・税務DDにおいてこれらビジネスDDの結果が一部検証されていきます。ビジネスDDの結果を基礎として、将来予測PLを含むプロジェクションの策定（すでに実施していれば、DD結果に鑑みて再策定する）が行われます。このプロジェクションの策定は、外部専門家が実施するケースもあれば、買収者の経営企画部等の部門が中心となって作成されるケースもあります。DDの結果、プロジェクションや純資産額に修正の必要があると判断されれば、最終的な企業価値評価額に影響を及ぼす場合もあります。

6 セルサイドDD

6-1 実施者によるDDの分類

ここまで、買収者によるDDについて説明してきました。しかしながら、DDは買収者だけが行うものではありません。以下に記載したとおり、DDの種類を「DDの実施者」を軸に考えた場合、大きく2つに大別することが可能です。

〈DDはその実施主体から2つに大別できる〉

買収者によるDD	買収者の立場に立った外部専門家を交え、買収可否、リスクの抽出、企業価値評価、株主等第三者への説明責任を果たすため等を目的として実施するDD。いわゆる通常のDD
セルサイドDD	売却者の立場に立った外部専門家を交え、売却価格最大化、売却取引におけるボトルネック把握、交渉戦略立案、交渉の円滑化等を目的として行うDD

1つ目の「買収者によるDD」は、いわゆる買収者側が行う通常のDDです。M&Aに携わっていない方にも「M&Aにおいて、買収者側がDDを行う」こと自体はよく知られています。一方、2つ目の「**セルサイドDD**」は、M&Aに携わっていない方には聞きなれない言葉かもしれません。しかし、これこそが本書で強く重要性を強調したいDDです。FAがアサインされない場合、FAが経験不足のためセルサイドDDの重要性を理解していない場合、メリットがコストに比較して弱い場合等には、セルサイドDDが実施されないケースも多くみられます。しかし、私は最低限の「セルサイドDD」はほとんどのケースにおいて、売却者にとって実施しておくべき重要な手続きであると考えています。買収者によるDDでは、会計事務所や法律事務所等の外部専門家をアサインして調査報告書を作成してもらいます。

一方、セルサイドDDでは外部専門家をアサインして調査報告書を作成依頼するケースもあれば、自社の経営陣やFAが最低限の範囲で実施するケースもあります。中規模以下の案件、特に小規模取引では、外部専門機関へ支払うコスト（数百万円程度になることも多い）に鑑みると、外部専門家をアサインしてセルサイドDDを実施するケースは少ないといえるでしょう。もし、コスト以上のメリットを有すると判断できれば積極的に実施すべきでしょう。

6-2 セルサイドDDの目的

セルサイドDDは大きく３つの目的に分類できます。

①売却価値の推定と最大化（買収者候補の選定にあたっての材料把握を含む）
②価格交渉、条件合意時に問題になりそうな課題の抽出とその事前対処
③最適な譲渡スキームの立案

「①売却価値の推定と最大化」という目的は、第二部の事例でもみてきました。実施すべき項目は対象会社やケースによって非常に多岐にわたりますが、内容的には前出の買収者によるDDと類似します。特徴的なこととしては、実質的なEBITDAの算出（買収後不要コストの把握）、対象会社側で策定するプロジェクションにおいて根拠の薄い部分を補正しうる情報収集、売却可能価額の推定、特定候補が買収者となった場合のシナジー価値の検討と試算、その他買収者によるDDにおいて指摘されそうな項目の抽出と事前対処等が挙げられるでしょう。

「②価格交渉、条件合意時に問題になりそうな課題の抽出とその事前対処」についても、実施すべき項目は多岐にわたります。特徴的なものとしては、オーナー経営者による表明保証可能範囲にかかる議論、対象会社や売却取引全体にかかる想定問答集の策定、取引スキームごとの税務リスクの把握、偶発債務の把握、重要な取引先との関係確認、株主構成等に鑑みたディール・フィージビリティ（案件の実現可能性）の検討、法令遵守の再確認、その他買収者によるDDにおいて指摘されそうな項目の抽出と事前対処等が挙げられるでしょう。

「③最適な譲渡スキームの立案」は、株主構成、対象会社財務状況、誰が対価を受領したいのか、残存する繰越欠損金、取引先との契約状況と多寡、希望売却金額と相場観等を総合的に鑑みたうえで、最適なスキームは何か、各スキームがどのような経済的インパクトを当事者にもたらすのか等を検証していきます。

売却者が、対象会社の情報を買収者に比べて豊富に有しているということは言うまでもありません。このことから、セルサイドDDにおいては外部専門家のアドバイスを受けつつも、売却者自身が主体的に実行することでよい結果をもたらします。

6-3 簡易的なセルサイドDDとその準備

6-3-1 「簡易的セルサイドDD」のすすめ

比較的規模の大きい案件においては、売却者側または対象会社側も一定の予算をもっていることが多いので、FA等が中心となり専門領域は外部専門家に完全に任せる形でセルサイドDDを実施していきます。しかし、本書で対象にしている中小規模のM&Aでは、

可能な限りコストをかけたくないという事情もあろうかと思います。

そこで、売却者が最低限押さえておくべき内容を厳選して調査することを「**簡易的なセルサイドDD**」と名付け、その手順について説明していきたいと思います。M&A経験のない売却者個人であっても、ある程度までは本書とインターネット等を駆使して実行可能ではありますが、社内財務担当者やFA等の協力を得ることができれば、より深く実施することができるでしょう。その過程の中で特に重要な点についてのみ会計士、税理士または弁護士等のDDの専門家に対して部分的なアドバイスを仰ぐことで、最低限のコストで大きな効果を得ることができるものと思います。

買収者側によるDDでは、対象会社についてほぼ情報がない状態から調べることになります。また、売却者の主張が実際の帳簿と合致しているのかという、いわゆる「裏取り」的な側面も重要となります。事業運営上、日々起こる複雑な取引関係等を財務資料を専門的な視点で綿密にチェックしながら、固有の情報についてヒアリング等で確認していくことで、可能な限り短期間で対象会社の実態を浮かび上がらせねばなりません。

一方、セルサイドDDの場合、買収者によるDDに比べ実施側の知識量も多いことから、果たして買収者側が行うDDと同じように外部専門家等に依頼をしつつ、ビジネスDD、財務DD、法務DD等を実施する必要があるのか、売却者が主導してある程度調査できるのではないかという疑問が生じます。特にベンチャー企業や中小・中堅企業の立場では、セルサイドDDにどれほどのコストをかけるべきかという論点が出ます。売上10億円程度の会社のセルサイドDDを外部専門家主導で実施して正式なレポートを作成してもらおうとすれば、たとえ調査範囲（スコープ）を絞ったとしても、財務DD・法務DDそれぞれ100万円以上のコストはかかるものです。

FAを起用する場合でも、FAや仲介会社というのは業務範囲や能力に大きな差があると考えるべきです。この点では①投資銀行やM&A業務を行うコンサルティング会社での勤務経験をもち、かつ②対象会社の事業領域に精通しているという２点を満たすような人物が当該FAの担当者である場合には一定の安心感があるといえます。優秀なFAであれば「自社の場合どのような領域を重点的にチェックしたらよいか？」「買収者側がその業種特有のどのような点に関心があるか？」、ひいては「特定の業界の、特定の買収者である○○社ではどのような点を重要視してM&A判断を行うか？」まで理解している場合があります。

FAを起用しない場合は売却者自身、対象会社の財務責任者、顧問税理士等と協力して実施しますが、彼らは通常M&A取引に精通していない場合も多いことから、売却者が本書やインターネット情報を参考に主導的になって進めていくほうがよいでしょう。

6-3-2　簡易的セルサイドDDの準備

資料準備が最初のプロセスです。ここでは弊社が実際に簡易的セルサイドDDを実施する場合に通常請求する資料リストを次ページに掲げました（一部編集）。これらは一般的なものであり、ケースにより必要な情報は変化します。たとえば、財務指標で大きな項目や重要なKPIがあれば、それらも同様に重点的に調査すべきです。また、特定の法規制が関係する事業を行う対象会社である場合や第三者との特殊な取引等がある場合等には、それらにかかる情報も集めておきます。このあたりは「自分が買収者側であったら何が気に

〈簡易的セルサイドDDにおける基本資料〉

種別	項目	事業売却	会社売却
基本・ビジネス	定款	○	○
	会社商業登記薄謄本	○	○
	株主名簿と資本政策（優先株式等詳細も）	○	○
	ビジネスモデル、強み等がわかる資料	当該事業のみ	○
	サービス説明資料、商品カタログ、実際の商品	当該事業のみ	○
	売上構成がわかる資料（取引先別、商品別等）	当該事業のみ	○
	主要顧客リスト	当該事業のみ	○
	月次KPI関連資料（自社が最も重視するExcelデータ等）	当該事業のみ	○
	部門別損益	当該事業のみ	○
	仕入構成（取引先別、部門別、カテゴリー別等）	当該事業のみ	○
財務	決算書、法人税申告書（各種明細と別表含む）過去３期分	○	○
	固定資産課税台帳（最新分）	当該事業のみ	○
	直近月次試算表（今期直近までと過去３期分）	当該事業のみ	○
	固定資産税評価証明書（最新分）	当該事業のみ	○
	子会社・関連会社決算書過去３期分	当該事業のみ	○
	オフバランス資産/負債、偶発債務等の存在にかかる資料	○	○
	会社経営陣、キーマンとの取引がある場合、当該取引の明細	当該事業のみ	○
	事業計画（中期計画含む）とKPIおよび根拠資料	当該事業のみ	○
法務	組織図、部門構成図（主要人員の名前入り）	当該事業のみ	○
	子会社・関連会社・グループ会社図（オーナー保有別会社含む）	○	○
	主要役員・部門長の経歴書	当該事業のみ	○
	従業員名簿（勤続年数、役職、保有資格等。個人情報不要）	当該事業のみ	○
	社内規定（特に就業規則、退職金規程、賞与規程）	○	○
	土地建物の賃貸借契約書	当該事業のみ	○
	借入明細（銀行名、借入金、月額返済、利率、残高、担保）	当該事業のみ	○
	資産明細	当該事業のみ	○
	保証の存在および詳細	当該事業のみ	○
	保険契約一覧、直近月の解約返戻金	当該事業のみ	○
	土地・建物の登記簿謄本	当該事業のみ	○
	取引先との取引基本契約書（頻繁に利用される雛形）	当該事業のみ	○
	生産販売委託契約書	当該事業のみ	○
	リース契約書	当該事業のみ	○
	連帯保証人明細（債権者、契約日、取引内容、金額、保証人）	当該事業のみ	○
	既存株主の投資契約書および株主間契約書	○	○
	その他経営に関わる重要な契約書	○	○
	許認可証のコピー	当該事業のみ	○
	特許証のコピー	当該事業のみ	○

※本件取引が事業売却（事業譲渡・会社分割等）か会社売却（株式譲渡・株式交換等）かにより要望資料の内容が異なる。事業売却の場合、「○」となっているものについては売却当事者会社にかかる資料を、「当該事業のみ」となっているものについては該当事業にかかる資料を用意していただくという意。

なるだろうか？」という視点で考えていくと、必然的にある程度の答えが出てきます。

また、DDの観点で買収者側が特に気になる主な項目は「今後のCF（売上・コスト・設備投資・運転資本)」、「CFの確実性の程度」、「シナジーの可能性とその定量的予測」、「シナジー発生の確実性の程度」、「買収後の人事」、「会計・税務・法務領域にかかるリスク」といった事柄です。これらの視点をもって必要と考えられる情報をまとめておけば、M&A経験が豊富ではない方でも、ある程度は買収者の気になるポイントをカバーできるでしょう。なお、ここに掲載した資料一覧は、実際に売却者が買収者と機密保持契約書等を締結したあとに提出を要求される可能性が高い資料ともいえます。

6-4 簡易的セルサイドDD実施のポイント

簡易的セルサイドDDで調査すべき内容は、買収者によるDDと同じように「ビジネス」、「財務・会計・税務」、「法務」の３領域に分けることができるでしょう。ここでは専門家でない方が、最も効率よく簡易的セルサイドDDの効果を発揮しうる検討項目をしぼりました。したがって、ここで挙げた項目はあくまで氷山の一角ですが、最低限これらの項目を本書に従って調査していくことで一定の効果は期待できるのではないかと考えています。

6-4-1 ビジネス面における簡易的セルサイドDD

●基本的な考え方

ビジネス面における簡易的セルサイドDDを実施する場合、①過去から将来にかけての対象会社自身にかかる分析と、②買収した場合の買収者に与える影響分析の２点が特に重要といえるでしょう。ここでは、対象会社を単独（「スタンドアローン」という場合もある）でみた場合のビジネス面における簡易的セルサイドDDの実行方法、特定の買収者にとってきわめて大きなシナジーが生まれる場合にどのような分析を行うべきかという点について説明します。なお、シナジーの定量化手法については後述のプロジェクションの解説において掲載しています。

●対象会社自身にかかる分析の実施方法

結論から言うと、**ビジネス面の簡易的セルサイドDD**（以下、本項においては「ビジネスDD」という）を実施する場合、売却者自身で「プロジェクション」(204ページ参照)、つまり今後の計数計画を策定し、その過程の中で「インフォメーション・メモランダム（以下、「IM」という)」を作成しつつ情報を整理していくという手順が最も効率的ではないかと考えます。その理由は「プロジェクション」を策定する過程の中で必要になる要素（たとえば、いつの時点でどの程度販売数が伸びるか等）を検証しようとすれば、必然的に必要な調査項目が定性面・定量面含めて浮き上がってくるからです。

これは教科書的な回答ではありませんが、私は売却者側に立ったビジネスDDの重要目的は、「過去から現在の情報を起点として将来の数値計画を根拠をもって買収者側に伝達できるようにすること」だと考えています。その意味ではビジネスDDは過去の正常収益力等の情報が基礎情報となります。それを起点に過去の外部環境、内部環境、競争環境等を分析し、それが今後どうなっていくのかを基準に将来の予測をしていくという手続きを経ます。後述の「プロジェクション」の策定も当然、過去データの入力と分析からスタートします。この過去データを基準に、将来の成長を描いていくプロセスへ移ります。定性的側面と定量的側面が絡み合う点では、「財務DD」の要素と一部重複します。よって、ビジネスDDと財務DDは、簡易的セルサイドDDにおいても、通常の買収者によるDDと同様、同時進行で相互補完しながら進めていく必要があります。

したがって、ビジネスDDを実施しようという場合は、まず本書204ページ以降で解説する「プロジェクション」を策定してみるとよいでしょう。また「プロジェクション」を策定する前に、372ページで解説するIMの掲載項目も確認しておくとよいでしょう。これらIMで記載すべき事項の多くは「プロジェクション」の根拠となります。これらの手続きどおりに「プロジェクション」とIMを同時並行的に策定していくことで、本書で言う「簡易的ビジネスDD」の目的の一部は達成できるはずです。

●シナジーストーリーの作成方法

企業買収には様々な目的がありますが、その多くはシナジーの獲得です。典型的なのは、対象会社の販売チャネルや既存顧客に買収者の商品をクロスセルしたいというケース、製造機能、開発機能、特許等を取得し、製造機能を強化したいというケース、対象会社の経営陣が非常に優秀であり会社ごと取り込みたいというケース等があります[16]。したがって、通常は買収後にどのようなシナジーが生まれるか、またそのシナジーにより新たに創出できるCFは定量的にどの程度か、それがどの程度の価値を有するかを検討します。特に、企業価値と相関する当期利益、EBITDAまたはCFの長期的な拡大可能性、そしてそのリスク（不確実性）が買収者側の最も大きな関心事です。これらを分析する過程の中で、対象会社の本質的価値を見出していきます。

クロスセルを目的とする場合は、対象会社の顧客や販売チャネルやその購買単価、潜在ニーズ、商圏等を評価し、対象会社の商品またはサービスの買収者側での拡販可能性や、複合化による価値向上の可能性等を評価して計数計画を策定する、顧客や会員の獲得を重要視する場合には、顧客・会員数やそれらの増加見通し、獲得チャネル、獲得コスト等を評価してそれに伴う定量的なメリットを分析する、開発力強化を目的とする場合は設備や人員を評価してそれに伴う定量的なメリットを分析する……等を行います。

---

16 単純なシナジー獲得以外の買収理由としては、上場等の何らかの目的のために売上やEBITDAを獲得したいというケース、対象会社の欠損金を目的とするケース、転売によるキャピタルゲインを目的とするケース、単純に事業ポートフォリオを広げたいケース等が挙げられるでしょう。

シナジーの評価を行う際には、対象会社の販売量が買収者のリソースにより増加するケース等に代表される「①対象会社に直接的に発生する価値向上効果」だけでなく、開発力の強化や有能な経営陣獲得等に代表される「②買収者グループ全体に対して発生する価値向上効果」を含めて評価します。もちろん、これら2つのシナジーは多くの場合、対象会社側と買収者側で同時に発現するため、分類の重要性が理解しにくいものです。しかし、シナジー効果の測定をしようとすると、このように分類していくほうが正確に見積もることが可能となります。

世間では、ときどき非常に高額なM&A取引が発表されます。EBITDAの3倍～7倍等といったような「よくある水準」をはるかに凌駕し、EBITDAの数十倍またはEBITDAが出ていないのに数十億～数百億円の価値がつくような取引もあります。このようなニュースをみると困惑するプロも多いようです。なぜなら、対象会社のスタンドアローン価値を考えた場合には、通常の企業価値評価手法を用いても合理的に算定しづらい場合が多いからです。しかし、シナジーが大きく期待できるのであれば、こういった価値が現実味を帯びてくる1つの根拠になります。

したがって、特定の買収者が買収すれば当該買収者のグループ価値が大きく上がるだろうと考えるような組み合わせが見つかれば、当該買収者に対して後述する事例のような具体的なストーリーを売却者側から積極的に描いてあげることでシナジー価値を訴求できる可能性があります。また、初期段階における買収者候補側によるM&Aの検討は、経営企画部や取締役が主体となって進められることが多いものですが、必ずしもその窓口の人物が買収者候補側のキーマンではない可能性もあります。そのような場合にも、この「買収ストーリー」の提案は有効に作用し、買収者候補側の社内担当者が同社の事実上のキーマンに対してM&Aの概要と魅力を説明しやすくなるという効果も期待できます。

さらに、売却者としては複数の買収者候補に打診するケースが多いことを考えると、打診予定の買収者候補同士が事業上の「競合関係」にある場合も多いと思います。このような場合、シナジーストーリーを明確に伝達し、買収者に「他社に買収されると大きな損失になる」と理解してもらえれば売却者側の交渉力も強まります。買収者としては、対象会社を競合他社に買収されることで将来的に自社に大きなCF低下（競合への流出）が見込まれる場合、当該マイナス価値分の対価を追加してでも買収すべきという意思決定を行う場合もあるからです。

なお、後述しますが、シナジー価値等の評価はDCF法等で行うことができます。将来シナジーにより創出される（シナジー創出に伴うコストや税額分を控除した）CFの合計額を、そのリスク（不確実性）により現在価値に割り引いたものをシナジー価値とするのです。業界経験豊富なFA等が傍らにいれば、彼らに相談してシナジー価値を算定し積極的に買収者候補側へアプローチしていくというのも、1つの有効な手段といえます。ここでは1つの売却ストーリーの事例をみていきたいと思います。以下の事例では、対象会社であるＸ社のオーナー経営者がＡ社とＢ社に買収の打診をしようと考えています。

〈売却ストーリーの例〉　※実際にはより詳細に作成すべきです。

- 対象会社であるＸ社は、500万人の月次ユニークユーザー数を有するスマートフォンの健康管理アプリを運営する企業。ユーザー属性は女性全般とシニア層であり、会員属性データや行動履歴等のデータも十分に蓄積済み。自社で健康にかかる研究所と専門人材を有しており、業界の最有力非上場会社。健康関連サービスの専門性、女性とシニア向けのマーケティング力、運用力、アプリ開発力等に強みを有する。
- 買収者候補であるＡ社は、日本全国で3,000万人程度の会員を有するリアル店舗とネットサイトで音楽コンテンツ等を販売する企業で、Ｂ社と競合している。Ａ社では子供向けのコンテンツ（あるライセンサーから独占提供を受けている）がけん引してCFを生んでいたが、人口動態からみると今後の低調が予想され、足元も低調傾向。リアル店舗も縮小傾向。一方、あとを追うＢ社は業態が同じではあるものの、ポイント運営会社との提携により顧客の囲い込みとデータ・マーケティングにより、会員数が増加傾向。両社ともシニア領域のマーケティングに強く関心をもち、それら領域の強化の必要性を感じている。また、店舗による健康相談サービス等、店舗を活用したシニア向け事業にも関心がある。Ａ社もＢ社も会員属性は類似しており、両社が行った調査により既存会員は健康に対する興味が高いことを確認済み。

  このことから、対象会社の健康管理アプリとその背景にある専門ノウハウを活用することで、①相互送客による会員数拡大、②リアル店舗での類似サービス提供による新たなビジネスモデル開発および会員サービスの魅力度向上の可能性、③非常に巨大かつ高単価が期待できるシニアマーケットの開拓と同市場における競争力強化、④店頭での指導を含めたダイエット関連サービス等の新たな課金サービスの開発等が期待できる。シニアマーケットの獲得によりＡ社の現在の売上を短期間で1.5倍程度にすることも一定程度現実的であり、逆にＢ社も同様の状況にある。これらのメリットを数値で表すとすると……。

以上のようなストーリーを策定し、後述のプロジェクションやシナジー価値算定の技術（343ページ参照）を用いて、当期利益、EBITDAまたはCFに与えるインパクトを定量的に算定しておくことで、Ａ社およびＢ社に対してより魅力を訴求していくことが可能となります。また、シナジーにより生まれるCFが予測できれば、本書で解説するDCF法等の技術を応用することで、シナジー価値を計算することも可能となります。

6-4-2 財務・会計・税務面における簡易的セルサイドDD

●基本的な考え方

財務DDは内容が多岐にわたります。そこで、本書では以下のとおり重要な論点とされやすい事項に絞って解説します。

〈簡易的セルサイドＤＤの主な確認事項〉

①実質的EBITDA（実質的EBITA）と過去の正常収益力の把握 ②会計基準および資産・負債項目の理解および資産の含み損益の把握 ③運転資本と資金繰り、CAPEXにかかる分析 ④偶発債務・簿外債務の把握 ⑤スキームと税務上の問題点の把握 ⑥事業譲渡や会社分割の場合、資産や負債、PLの切分け、スタンドアローン問題の把握

①実質的EBITDA（実質的EBITA）と過去の正常収益力の把握

M&A取引時には、売却者側は決算資料等の資料一式を買収者側に開示することになります。しかし、過去の決算書は、そのまま提示するだけでは売却者側が本来得られる正当な売却対価を得られない可能性があります。オーナー経営者の高額な役員報酬（買収者のもとに新たに送り込まれる社員に支払われるであろう金額との差額部分）や、オーナー経営者の親族への報酬で業務対価としては相場的にみて高額だと考えられるもの等、実質的には買収後に不要となるコスト（買収後不要コスト）が発生している場合は、それらを控除した利益指標こそが実質的な利益指標だといえるからです。

買収後不要コストが多額に計上されている場合、これらを控除したあとの実質的なEBITDAや当期純利益が大きく向上する可能性があります。そこで、これらを明確にして実質的な利益指標を示すことで、正当な企業価値評価を実施してもらえるようにすべきです。買収後不要コストとしては、上に挙げたような削減可能な役員報酬、買収後には不要となる旅費交通費や交際費、削減しても事業上悪い影響を与えないような車両コスト、保険関連コスト、節税目的の各種費用、退任予定役員等の社宅費用、実態より多額な各種引当金の計上費用、年金制度変更が可能な場合はその変更により削減される費用、赤字契約がある場合その解除に伴い改善される利益効果等が代表的なものです。他にも、特殊事情等により発生した、今後継続的に発生しないような非経常コストも買収後不要コストと同様の考え方を適用できます。

基本的には、「買収者が買収実行したあとに事業への悪影響なしに不要となるコストか否か」を基準に、買収後不要コストを抽出していきます。買収後不要コストの考え方は、売却者側から示すことなしには、通常買収者候補側は積極的に評価することはしませんから、この作業を省くというのは売却者にとっては非常にもったいないことです。買収後不要コストについて、売却者側が買収者候補側に対して正確に訴求する方法は、「総勘定元帳」などの決算数値の根拠となるデータのうち、金額の大きい費用項目を１つひとつ確認し、リストアップしていくことです。ただし、注意すべき点もあります。買収後不要コストは、それらのコスト項目が事業にまったく関係しないという場合には、将来の税務調査等において「損金算入」を否認される税務リスクを伴う場合もあるということです。これらについては税理士等とも十分に協議をし、そのリスクを見極めておくことも場合によっては別の視点として必要です。

また、同時に事業コストのうち、必ずしも「不要」になるとまではいえないが削減可能性のあるコスト項目があれば、それらについても取りまとめておきます。これにより、買収者候補に、それらコスト削減により生まれる利益向上効果も併せて、対象会社の実質的な利益指標として捉えてもらえる場合もあります。

他にも過去の経営状況に鑑みた場合に、一定の特殊要因により一時的に損益状態が悪くなった等の事実があったときは、これらについても分析しておくとよいでしょう。事実を明らかにし、買収者候補としても当該要因が本当に「特殊要因」とみなせるものであり、かつ今後そのような要因に伴うコスト増加はないと判断すれば、それら特殊要因を控除した利益指標を実質的な利益とみなしたうえで損益トレンドを評価してもらうことが可能となります。代表的なものとしては、大口顧客の特殊な理由による離反、赤字プロジェクトを特定の理由で継続していた状況、為替レート等の影響による一時的な損益悪化、不採算事業部閉鎖による一時的なコスト圧迫、事務所移転に伴うコスト増、採用関連費用、訴訟関連費用、構造改革費用等々、挙げればきりがないほど様々な要素がありえます。特にこの観点でわかりやすいのは、過去の損益が次のような「ホッケースティックカーブ」を描

〈ホッケースティックカーブ〉

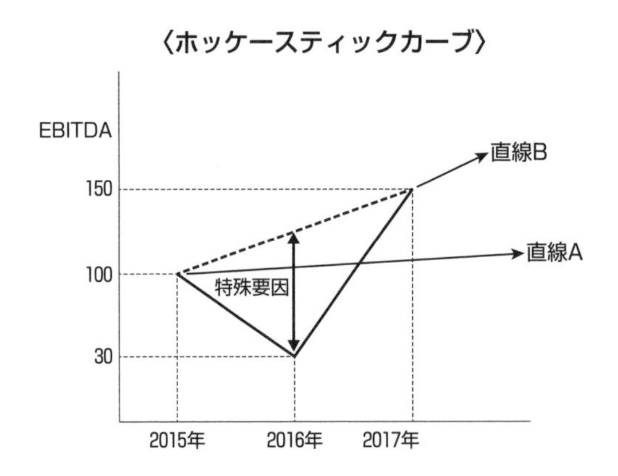

いている場合です。

このグラフは、ある対象会社の過去実績のEBITDA（「営業利益」に読み替えてもかまわない）の推移を表現したものです。EBITDAの推移をみると、2015年に100、2017年に150と、この２期間を比較すると増加が認められます。しかし、2016年は30まで落ち込んでいます。このグラフの形状が、ホッケースティックに似ていることから、これを「**ホッケースティックカーブ**」と呼ぶ場合があります。

特殊要因等により一時的に損益状況が悪化した場合等においては、利益指標がこのカーブのように推移することがありますが、このような利益推移を明確な説明なく開示した場合、買収者側は直感的に「直線Ａ」のような利益推移を予測するでしょう。一方で、売却者側としては2016年の落ち込みが本当に特殊要因によるもので、2018年以降は「直線Ｂ」のような成長を確信していたとしても、口頭での説明や定性的側面のみによる説明では、買収者側の見立てを変えるのは意外と難しい場合が多いのです。したがって、売却者側で当該特殊要因の説明、コストの分類とそれぞれの金額、今後発生しない理由について合理的根拠をもって説明することで「直線Ｂ」の推移となる信憑性を説明していく必要があります。

②会計基準および資産・負債項目の理解および資産の含み損益の把握

売却者側が提示した決算書の各種数値は、買収者によるDDにより深く検証が行われた結果、正確な数値ではないと判断される場合もあります。これには様々な背景が考えられますが、中堅企業以下の非上場会社でよくありがちなのは「会計方針」の相違に起因するものです。非上場会社では、基本的に外部監査を受けていない場合が多いため、売上、売上原価計上方法、棚卸資産や仕掛の評価方法、減価償却方法が適切に実施されていないことが多いのです。特に、売上の計上基準は非常に重要です。たとえば、損益計算書の作成には、「実現主義／発生主義の原則」というものがあり、上場会社は基本的にこの原則を採用しています。一方で、監査を受けていない非上場会社の場合は、「現金主義」「入金主義」といった入出金ベースの損益計上を行っている場合がまれにあります。他にも、工事進行基準（2021年３月末までに開始される事業年度をもって廃止される予定）が適切に運用されていない場合または各種引当金の計上が適切になされていない場合もあるでしょう。このような場合、会計方針を変更することで、大幅に売上や利益が変動することがあります。M&A取引を実施しようとするならば、これらの項目については特に確認しておくとよいでしょう。

また、大きな資産・負債項目について相手先を含めて一覧化し、各項目の詳細を把握しておくことも重要です。たとえば、売掛金が多額に計上されている場合であれば売掛金年齢表を作成して、それら内訳の中で特に金額が大きいものが滞留売掛金となっていないか等はチェックすべきです。長期間滞留し、回収目処が立たない売掛金が多額計上されている場合、それらを専門家が時価評価すると「０」と評価されるのが通常です。この場合、当該売掛金の簿価計上額の分だけ、実質的な純資産が少ないものとみなされます。いわゆる「含み損」の調整です。

対象会社の有する資産の時価（調査時点の市場価格）が簿価（帳簿上の金額）を上回っている場合は「含み益」が、下回っている場合は「含み損」があると判定され、買収者側で認識する実質的な純資産は増減します。資産の「含み損」は、売掛金のほかにも、棚卸資産（在庫）、仕掛品、受取手形、未収入金、投資有価証券、子会社株式等、各種設備にかかる資産、不動産、貸付金等に発生する場合が多いものです。買収者側が資産の「含み損」を認識した場合、買収者が時価純資産法で対象会社の価値評価を実施している場合は、その減額分が（税効果を考慮のうえ）企業価値の修正額として買収対価から減額されます。また、純資産倍率法を基準に評価している場合は、その修正額に該当する倍率を乗じた金額分が企業価値の修正額として買収対価から減額されます。さらには、DCF法等の理論的には（非事業資産を除く）資産額と評価額の関係性の薄い評価手法を採用している場合でも、事業用資産に「含み損」がありそうな場合には、何らかの減額交渉を受ける場合があります。このあたりは専門家と協議のうえ、大きな資産については重点的に確認して、時価と簿価の乖離が大きいと思われるものについては、場合によっては専門家による時価評価を実施し時価をあらかじめ想定しておくことも有効です。

逆に、非事業資産である不動産が簿価１億円であり、売却者からみると明らかに時価評価により２億円を超過する価値（含み益があるケース）があるとしましょう。この場合、売却者側から買収者側にそれら事実を訴求せずにはこの部分の価格向上効果を交渉材料として使いにくいものです。当然、一般的には買収者は含み損については徹底的に指摘してくる一方で含み益を認識してもそれを売却者側には伝えないこともざらです。

また、在庫を抱えるような事業モデルの場合、在庫評価において売却者側、買収者側双方の意見が大幅に異なる場合があります。売却者側が「この在庫は売れる。帳簿価額どおり10億円の価値はある」と主張しても、買収者側は「いやこの在庫の10億円のうち、半分の５億円分は不良在庫であり価値があるとは言えない」と主張するような場合です。セルサイドDDにより、このような買収者から含み損が指摘されそうな資産を認識した場合で、売却者側としてはそれら資産を簿価で売却可能だと判断できる場合には、M&A取引の開始前または途中に当該資産を売却し現金化することで含み損を指摘されるリスクを防止し、かつ非事業資産である現預金を増加させることによりDCF法等における評価額を増加させることも可能です（DCF法においては最終的に余剰現金を価値に加算するから）。

さらに、在庫評価で双方の主張が折り合わない場合には、買収後一定の期間内における在庫の販売成果を基準として売却者側に追加的対価を支払うという方法がとられることがあります。このように、M&A取引を開始しようとする場合には、どの資産に対して含み損が指摘されるか、または含み益がないかを事前に理解することで適切な対策をとることが可能となります。負債項目についても、金額の大きいものについて重点的に説明できるようにしておく必要があります（負債の時価評価の論点はやや難解ですので割愛する）。また、特に事業の売却においては、「債権者」となる相手先のリストをあらかじめ作成しておくことで、スキームの判断にも活用できるという追加的メリットが出てくる可能性もあります。下表に、「会計基準」と「資産負債」で重要だと考えるいくつかのポイントをまとめました。もちろん、専門家をアサインして本格的な財務DDを実施する場合には、より多くの項目を確認していきます。

〈会計基準と資産負債に関する注意点〉

	項目	内容と目的
①	売上・収益計上基準	実現主義（出荷基準や検収基準）となっているか、入金基準となっていないか、工事進行基準(注)が正しく適用されているか等。確認事項③にも関連する
②	原価・費用計上基準	発生主義となっているか、出金基準になっていないか。確認事項③にも関連する
③	日本GAAP等に修正した場合の影響	BS、PLともに日本GAAPやIFRS（一部の上場会社等が採用している会計基準）に修正した場合に大幅な数値インパクトがないか
④	法人税や消費税の処理	法人税と消費税の計上方法。特に消費税が売上に含まれる税込処理をしているか否かで売上は大きく変動し、プロジェクションにも影響する。したがって、近未来に免税事業者でなくなる場合、それを考慮したプロジェクションとなっているか。租税公課の内訳はどうか
⑤	連結会計の適用の有無	連結会計が適用されている場合、連結仕訳の詳細、各子会社の事業年度、のれん償却方法等を整理しておく必要がある。連結処理の詳細は買収者は必ずチェックしたいポイント。連結決算をしていない場合、したらどうなるか
⑥	金額の大きい資産の内容と含み損益の把握	金額の大きい資産については内容を把握し、含み損益があると考えられる場合は、場合によって専門家アドバイスが有効なこともある。交渉材料が得られる可能性あり。また、特に売掛金が多額の場合、売掛金年齢表などを作成し相手先からの回収可能性の評価をする等は重要。他にも、棚卸資産、仕掛品、受取手形、未収入金、投資有価証券、子会社株式、各種設備にかかる資産、不動産、貸付金等は「含み損益」発生の可能性を慎重に評価すべき。棚卸資産や仕掛品はその計上ロジックも要確認（買収者が気にするポイント）。固定資産については明細を作成。価格交渉にダイレクトに影響するポイント
⑦	各種引当金の計上方法等にかかる確認	採用している会計基準、貸倒引当金の有無、破産更生債権の有無、賞与引当金の有無、退職給付引当金の有無等と各種引当金の繰入率や貸倒引当金における貸倒実績率などは要確認
⑧	その他	リース取引、退職給付会計の適用、デリバティブ取引などがある場合は、その詳細を説明できるようにしておくべき

（注）工事進行基準は、2021年３月末までに開始される事業年度をもって廃止される予定です。

③運転資本と資金繰り、CAPEXにかかる分析

運転資本がいかに資金繰りと将来CFの推定に大きな影響を与えるかは、281ページを読めばご理解いただけることでしょう。資金繰りに一定のリスクがある場合には資金繰り表

を作成しておき、その対策を説明できるようにしておくことは大前提です。運転資本が急拡大することによりCFリスクが高まり、企業価値評価に対して悪影響を与える場合があります。特に、大企業との大口取引が多い成長企業においてこの傾向は強くなります。

また、会社のCFに大きな影響を与えるもう1つの事項が「**設備投資（CAPEX）**」です。多額のCAPEXが必要な事業ではそれだけCFを創出しにくくなるため、DCF法上の評価額や類似会社比較法の利益倍率は低くなりがちです。この観点では買収者側としては今後のCAPEXがどの程度必要になるのかという点は重大な関心事です。したがって、過去のCAPEXの実績および今後のCAPEX計画について、売却者側が把握して正確に買収者側に伝達できるように準備しておく必要があります。これらについては、特に以下の項目をチェックし、Excelなどにデータ化しておくとよいでしょう。なお、これらの分析は後述のプロジェクション策定においても重要となります。

〈運転資本・資金繰り・CAPEXにかかるチェック項目〉

- 売上に対する売掛債権額にかかる指標（売掛債権回転期間など）の過去の推移の確認。顧客との取引を見据えたうえで同指標にかかる今後の予測とその背景の確認。特殊要因は除外したうえで正常な場合の水準を検証する
- 入金サイトの短縮化の可否にかかる検討
- 売上に対する棚卸資産にかかる指標（棚卸資産回転期間など）の過去の推移の確認。同指標にかかる今後の予測とその背景の確認。特殊要因は除外したうえで正常な場合の水準を検証する
- 適正在庫水準になっているか否か（在庫を減らして事業運営が可能か否か）の確認
- 仕入に対する買掛債務額にかかる指標（買掛債務回転期間など）の過去の推移の確認。将来の仕入先との関係や取引増加等に伴う力関係などを見据えたうえで、同指標にかかる今後の予測とその背景の確認。特殊要因は除外したうえで正常な場合の水準を検証する
- 出金サイトの長期化の可否にかかる検討
- 売掛金、棚卸資産、買掛金以外に運転資本とみなせるものがあるか否かの確認とそれがある場合には該当項目にかかる回転期間の分析と今後の予測を上記に準じて行う
- 事業運営上必要な最適資金量の確認
- 資金繰りの月次変動および年次変動の確認
- 過去のCAPEX計画の確認と分析。分析においては過去の設備投資額の適正性などを確認し、将来的に自社の製品生産計画や販売計画、研究開発計画などに照らし合わせた場合にどの程度のCAPEXが必要になるのかを確認する。また、同時に減価

償却費の発生シミュレーションを行う
- 資産の老朽化・陳腐化などに伴う更新投資が必要となるCAPEX[17]の有無を確認し、当該CAPEXにかかる減価償却費を把握

④偶発債務・簿外債務の把握

第二部でまとめたような偶発債務・簿外債務（78ページ参照）の有無について、重点的に調査しておくとよいでしょう。また、特にベンチャー企業等においては労働債務があるケースが多いので、どれくらいの金額になるかを専門家と協議し、事前に把握しておくことも重要です。労働債務としては、未払残業代、不適切な給与改定、賞与の未払い等に伴う従業員等からの請求リスクが代表的なものです。これらは過去２年間[18]に遡って支払義務が生じることとなるため、これらが発生した場合の最大額を見積もっておくとよいでしょう。なお、偶発債務は、ほぼすべての企業価値評価手法においてその期待債務額または全額が企業価値評価額から減額される可能性があります。

⑤スキームと税務上の問題点の把握

売却者は、売却スキームを十分に検討しておくことは重要です。本書においても説明をしていますが、一部の解説にとどめました。特に専門家への確認が必要な内容です。

⑥事業譲渡や会社分割の場合、資産や負債、PLの切分け、スタンドアローン問題の把握

事業譲渡や会社分割においては、最終的に譲渡対象となる資産・負債等を金額とともに一覧化し、当事者間で合意・確定させたうえで実行します。したがって、これらについてはあらかじめ抽出しておいたほうがスムーズです。基本合意や意向表明のやり取りのタイミングで、「事業譲渡の対価は○○億円です。」と決めていたとしても、その時点ではまだ厳密な譲渡対象資産・負債を定めないケースもあります。しかし、トラブル回避の見地から考えると、価格目線についての議論をする場合には、どの資産・負債をどれだけ譲渡対象とするのかについて同時に示したうえで議論を行うべきです。買収者が価格提示の際に譲渡対象資産・負債を明示していない場合、あとになって「この資産は含まれている認識だった」「この負債は引き継ぐつもりはない」というように前提条件の認識に違いが生じ、議論がイチからやり直しになる場合もあります。また、場合によっては、譲渡対象資産・

---

17 更新投資が必要なCAPEXが多く発生する会社の場合、EBITDAでは実態的な税引前CFを表現できない場合があります。なぜなら、これらCAPEXに関連する「減価償却費」は「将来の大型更新投資のための貯蓄」とも捉えることができるからです。このことからEBITDAではなくEBITA指標を重視すべきという意見もあることに留意してください。

18 労働基準法では、賃金の消滅時効について、「賃金（退職手当を除く。）、災害補償その他の請求権は二年間、この法律の規定による退職手当の請求権は五年間行わない場合においては、時効によつて消滅する。」と規定されています（同法115条）。

負債をあえて定めずに交渉を進め、交渉後半になって「この資産は引き継ぐが、この負債は引き継がないつもりだった」という主張により、実質的には買収価格の減額交渉を受ける場合もあります。特に、現預金、売掛金、買掛金など、事業の売却において譲渡対象になるかならないかについての議論が出やすい項目については、価格と同時にそれらの取扱いを定め、それを買収者側と議論したうえで交渉に臨むことが重要です。なお、法律家による一般的な見解[19]では取引日以前の売掛金や買掛金は、譲渡対象となる契約から発生したものであっても、売掛金や買掛金になった時点で単純な金銭債権債務になってその契約から分離していると解され、「譲渡対象に含めない」とする判断になるようです。しかし、このような一般的な見解を当たり前のものとして交渉を進めていくのは危険が伴います。

また、事業PL（事業譲渡または会社分割の対象となる事業の切出しPL）の作成も重要な論点です。会社全体の決算書ベースのPLはすでに税務申告の際、ある程度統一的な基準の元に作成されますが、事業PLは一定の前提を置いて作成されるため、取引当事者間で「作成にあたっての前提」に対して認識のズレが生じることがあります。たとえば、以下が議論となりやすい項目です。

a　事業PL作成に用いた配賦コスト（本社コストの当該事業への配賦額）の適切性。配賦コストが適切に計上されていない場合には修正すべき場合がある
b　譲渡対象となる資産とそれに伴う将来の償却費の見積もり額の妥当性
c　事業売却後の売却者（親会社等）と対象事業間の取引関係継続に伴うPLへの影響
d　スタンドアローン問題の影響

特にdの**スタンドアローン問題**は重要な検討論点です。スタンドアローン問題とは、事業売却等により対象事業（または会社が）がグループから離脱し単独で運営された場合、売上や仕入構造・経営管理体制の変化等に伴って発生する諸問題をいいます。複数の事業を有するグループにおいては、それぞれの事業部間での取引や本社機能等の共通利用等を行っているのが通常です。したがって、たとえばA事業部を売却する場合、もしグループ離脱前にA事業部の仕入をB事業部の強い仕入交渉力をもって共同で行っていた場合、A事業部が単独企業になった場合に仕入単価が増加する可能性があります。ほかにも、A事業部の人材採用や経理機能等を本社が有している場合にA事業部を単独の企業にすると、人事機能や経理機能がないため単独で運営しにくくなる場合もあります。このように、事業部をスタンドアローンでみた場合に損益への影響や追加的に必要となるコストが出てくる場合などがあり、これらの問題発生可能性については評価のうえ、対策を検討しておく必要があります。

19　この点については『会社分割ハンドブック　第２版』（酒井竜児編著、商事法務、P38）をご参照ください。

買収者側のよくある主張はこのようなものです。「事業PLをもらったが、これは評価できない。なぜなら、うちは大企業だから本社コストが大きい。よって、うちがこの事業部を買収する場合、御社で運営した場合に比べて本社コストの配賦額を考えると事業営業利益が減るものとして評価せざるをえない。」というものです。このような主張が想定される場合、事業部売却前に売却対象事業部において一定の本社業務（採用や経理等）を行える体制を整えておく等の準備が有効な場合があります。また、先の仕入の例のような事業部間取引が行われている場合、売却後においても同様の条件が少なくとも1年～数年は継続できるように取り決めを行うということも解決策になります。

以下にスタンドアローン問題に関してよく議論になる項目を抽出してみました。事業売却後にこれらの問題が発生した場合に、どの程度のCFインパクトがあるのかを把握しておくことは交渉上有益でしょう。ほかにも、「ビジネス」「財務（PL、BS)」「人事」「法務」のそれぞれに、事業売却にあたって何か問題が起こる可能性はないか？　という視点から検討することで、気付いていなかったポイントがみえてくる場合もあります。

〈よくあるスタンドアローン関連の問題〉

本社機能の喪失 （配賦コスト問題に派生する場合がある）	• システム・人事　• 特許・ライセンス • 経理・財務・法務　※顧問やパートナーを含む
売却者（親会社）および売却者グループとの有利な取引関係の喪失	• 販売・運用　• 顧客情報　• ブランド • その他売上にかかるもの　• 仕入　• 物流　• 製造 • その他コストにかかるもの　• ファイナンス（グループ内貸付など）

6-4-3　法務面における簡易的セルサイドDD

●基本的な考え方

法務DDとは、M&A取引実施上のリスクや対象会社のリスク等を法務の観点からチェックするもので、その領域は多岐にわたります。設立手続きや事業運営の方法（各種議事録確認)、真正株主の確認、株主間契約等株主との契約の確認、債権者との契約の確認、関連会社間の契約の確認、取引先との契約その他各種締結済契約書の確認、動産の権利にかかる事項の確認、固定資産の権利にかかる事項の確認、知財・許認可等事業特有の事項の確認、事業特有の法制度にかかる法令遵守の確認、人事労務面における確認、訴訟・裁判等の確認、偶発債務につながる法的問題の確認等が対象です。これらについて、法律上問題がないか、M&A取引実施上の障害にならないか、対象会社運営上問題ないか等の観点でチェックしていきます。

ただし、法務面におけるセルサイドDD（以下、本項では「法務DD」という）の実施は、ビジネスや会計・税務の領域に比べると、より一般的に行われているとはいえない状況です。しかし、最低限の項目であれば外部専門家に委託せずとも実施可能であることから、簡易的な法務DDとして重要と考えられるものとして以下の４項目を取り上げます。

〈簡易的な法務ＤＤで重要な項目〉

①表明保証の対象になりそうな事項についての事前調査
②重要な取引先との取引関係におけるチェンジ・オブ・コントロール条項の有無とその内容の確認
③既存株主との契約およびM&A取引への影響の評価
④事業売却・子会社売却の場合、特有の要調査事項の確認（該当する場合）

また、これらに加えて特定の法令に基づいた業務を行うべき事業、許認可等が必要となる事業、著作権等が関連する事業等については、それぞれ個別の対応が必要となる場合があります。本書では説明を割愛しますが、顧問弁護士等に確認してもらうことである程度内容を抽出しておくことも有用でしょう。

①表明保証の対象になりそうな事項についての事前調査

M&A取引には、「情報の非対称性」がつきものです。基本的には売却者側は買収者側よりも情報量が多く、通常は対象会社に対する情報量は「売却者＞買収者」の関係となるでしょう。しかし、買収者としては限られた時間の中で調査し、「全部ではないが可能な限りの情報」に基づいて買収の意思決定および価格決定を行います。一方、「足りない情報」がある以上、買収者としてはリスクが残存します。

ここで買収者としてリスクヘッジの観点から重要になるのが「**表明保証**（Representations and Warranties）」、通称「**レプワラ**」です。これは定められたいくつかの項目について保証を求めるものです。本条項はM&Aの最終契約書内において通常別条項として定められる「補償条項」と一体として機能します。つまり、「表明保証違反」があった場合には、「補償条項」に定めるとおりに売却者に何らかの補償義務が発生することが規定されます（これらの義務は買収者側にも定められる）。特に、親会社による子会社売却のケース（特に親会社からの取締役の派遣がなく子会社の全貌がつかめていない場合）や、売却者である株主が経営にほぼ参画していない対象会社を売却する場合等、売却者が対象会社に詳しくない場合には注意すべき度合いが高まるといえるでしょう。売却者が買収者と締結する最終契約はあくまで売却者と買収者の二者間になるのが原則です。つまり、対象会社の経営陣は情報開示の責任を負わない場合も多いということになります[20]。

20　対象会社経営陣があえて悪い情報を隠していたという場合であっても、売却者が当該情報が存在しないことについて表明保証していれば、売却者がリスクを被ることになりえます。

「表明保証」の代表的な内容としては、対象会社が適法に設立されていること、開示した情報の真実性や完全性等を保証すること等ですが、これ以外にも様々な内容が規定されます。その意味では最終的な契約交渉の際に、「これは表明保証できる、できない」といったようなやり取りが非常に多くの項目について議論されます。したがって、「最低限これは表明保証できる」というものをあらかじめリストアップし、不確実な内容があった場合には事前に正確性や完全性を調査しておくというのは有意義です。もちろん、一般的な買収者が要望する表明保証対象項目を知っておくことが大前提です。

本書では以下のとおりその代表的な項目を抽出してみました。顧問弁護士や税理士等と協議のうえで少なくとも以下の項目について事前調査を行い、表明保証できるもの／できないものは何か等について、十分に検討・調査・準備しておくとよいでしょう。

〈表明保証の代表的な項目〉

①対象会社が適法に設立されていること
②対象会社の株主名簿が正確であること（第三者対抗要件の具備）
③株式への質権設定等がないこと
④株式に関して完全な権利を有すること（株主間契約等第三者との契約の有無、その内容）
⑤対象会社の過去の重大な意思決定が適法になされていること
⑥対象会社のM&Aにかかる意思決定に必要な手続きを経ていること
⑦法令違反、定款違反、許認可等について過去から現在まで問題がないこと
⑧過去の財務諸表が正確であること（場合によっては、月次試算表を含む）
⑨過去の財務諸表の会計基準が一般に公正妥当な会計基準に則っていること（場合によっては、月次試算表を含む）
⑩偶発債務・簿外債務がないこと（未払賃金や残業代等の労働債務や租税債務等を含む）
⑪重要な資産の所有権があること、譲渡担保権等の設定や紛争の不存在
⑫知的財産権を保有していること、紛争の不存在
⑬実務上移転に困難が生じる事項の不存在（ドメイン、モール出店権、アカウント、著作者人格権等）
⑭事業上重要となる契約に債務不履行事由がなく、またM&A後も有効に存続すること
⑮反社会的勢力との関係の不存在

特に、インターネット領域に属する対象会社では、⑫または⑬において問題が発生する

場合があります。これはウェブサイトを外注先が開発しており、当該ウェブサイトが収益の柱になっている場合には、その著作権、所有権を自社が保有しており、著作者人格権を当該外注先に放棄してもらっている等を確認する必要があります。また、ドメインの利用権・登録者についても自社に帰属していることを確認するとよいでしょう。さらに、モールサイトへ出店しているEC事業者が事業譲渡を行う等という場合、モールの運営者を容易に変更登録できるのかという点も確認すべき点となります。

②重要な取引先との取引契約におけるチェンジ・オブ・コントロール条項の有無とその内容の確認

チェンジ・オブ・コントロール条項（以下、「**COC条項**」という）は、上記の⑭「事業上重要となる契約に債務不履行事由がなく、またM&A後も有効に存続すること」に関係する論点ですが、非常に重要なものなので本項で詳しく説明します。「重要な取引先」との契約については契約書を確認のうえ、M&A取引実施に伴って契約解除等のリスクが発生しえないかを十分に確認しておくことが肝要です。また、買収者がこの「重要な取引先」の競合企業であれば、その買収者が対象会社を買収するのに伴って「重要な取引先」との取引が解除されるまたは更新されないという事態に陥る可能性があるといえます。この前提で上記⑭のような表明保証条項を入れたままクロージングしてしまうと、最終契約の内容次第では売却者が責任を追及される可能性もあります。

なかでも、このCOC条項は重要な確認事項です。これは対象会社の支配権者が変わったり、対象会社が組織再編行為を行う場合等に、「当該契約の相手方はその意思で契約を解除できる」といった内容を定めるものです。私が経験した事例でもM&A取引を契機として、「COC条項に基づいて御社との契約を解除したい。ただ、取引条件を優遇してくれるなら考える。解除されるよりいいだろ？」というようなニュアンスで、取引条件の変更を迫られたケースもありました。

それでは具体的に、COC条項の内容をみてみましょう。特に、継続的な対価を伴う顧客との契約、代理店契約、ライセンス使用契約等といったものによくみられますので注意が必要です。

〈COC条項の例〉

（契約の解除）
第10条
甲（取引先）は、乙（対象会社）が合併又はそれに準ずる組織再編行為を行った場合または乙の現在の株主が保有する乙の議決権が50%を超えて変動した場合には何らの催告なく、本契約を解除することができる。

このケースでは「契約の解除権」が定められていますが、ほかにも事前承諾義務を定めているケース、事前通知義務のみを定めているケース等、COC条項の書き方は様々です。

COC条項への対処法としては、まず、「重要」[21]と考えられる契約をリストアップすることからはじめます。次にCOC条項が重要な取引先との契約に存在していた場合、それら契約とCOC条項の詳細について抽出・整理しておきます。そのうえで当該取引先との取引状況や関係性に鑑みつつ、取引が先に進みそうな段階等適切な段階がきたらそれらの調整方法を検討していきます。経営者であれば、ある程度「多分この会社は何も文句を言ってこないだろうな」とか「この相手は何を言うかわからないな」という判断ができるでしょう。これらの判断に基づいて、たとえば、①通知義務だけのものは個別に通知する、②解除権が発生するものについてはあえて何もアクションを起こさない、③事前承諾が必要な場合には最終契約締結からクロージングまでの期間において承諾書取得を試みる……等と相手ごとに対処策を分けて考えていきます。この観点は企業価値評価額に大きく関わってくるものなので非常に重要です。場合によっては、買収者側の協力を仰いで調整していく必要もあるでしょう。

③既存株主との契約およびM&A取引への影響の評価

対象会社に外部株主が存在する場合、株主構成、株主間契約、投資契約等を確認しM&A取引において問題となる事項はないか、経済的な影響はどうかといった事柄を整理しておくことは重要です。以下の株主名簿をご覧ください。

〈株主名簿の例（その１）〉

現状の株主構成

	普通株式数	顕在比率
オーナー社長	1,000	62.9%
Ａ取締役	300	18.9%
Ｂ取締役	250	15.7%
社員Ｃ	20	1.3%
社員Ｄ	20	1.3%
合計	1,590	100.0%

※潜在株式なし

21　これに関連して、法的文書の中で「重要な」という単語が出てきた場合には、一般的には売上等の取引金額等の定量的側面やライセンス等に代表されるように事業運営上必須であるか否かによって判断されたり、何らかの定義がなされる場合があります。

オーナー社長（オーナー経営者）に株式を売却する意向があり、現在Ａ取締役のみに話をしており、Ａ取締役も株式の売却に合意しているとします。賛成している株主の有する議決権が３分の２以上となることから、株主構成という観点ではM&A取引をスムーズに進めることができるでしょう。なぜなら、オーナー社長が売却すると決断すれば、買収者は過半数を取得できますし、買収者が３分の２以上にこだわる場合でもその議決権がすべて確保できているからです。また、買収者が100％取得したい場合においても、株式交換スキーム等を用いることで実行可能となります。続いて、以下のケースをご覧ください。

〈株主名簿の例（その２）〉

現状の株主構成

	普通株式数	顕在比率
オーナー社長	600	36.6%
Ａ取締役	100	6.1%
Ｂ取締役	100	6.1%
社員Ｃ	20	1.2%
社員Ｄ	20	1.2%
社外協力者	800	48.8%
合計	1,640	100.0%

※潜在株式なし

このケースにおいては、ややオーナー社長からみた自由度が下がると考えられます。オーナー社長および全取締役が売却意思を有していても、買収者からみると過半数の取得もできない可能性があるからです。本株主構成においては、「社外協力者」が誰なのか、どういう意向を有するのかというのがキーポイントになるでしょう。「社外協力者」がエンジェル投資家のような人物である場合もあれば、創業時の元取締役であるケースもあるでしょう。この場合、社外協力者の意向をM&Aの交渉前の段階で確認し、可能であれば共同売却の合意書等を取得しておくことでM&A取引をスムーズに進めることが可能となります。たとえば、「仮の話として、もし売却できる機会があったら売却したいですか？またいくらなら売却に合意できますか？」というような話をして意向を確認するということもよく行われます。さて、最後にこのケースはどうでしょうか？　さらに複雑になりました。

〈株主名簿の例（その３）〉

現状の株主構成

	普通	A種優先株式	顕在比率	転換社債	潜在払込比率
オーナー社長	1,000	0	42.6%	0	22.4%
A取締役	200		8.5%	50	5.6%
B取締役	200		8.5%	50	5.6%
社員C	50		2.1%	10	1.3%
VC1		500	21.3%	2,000	56.1%
VC2	200		8.5%		4.5%
VC3	200		8.5%		4.5%
合計	1,850	500	100.0%	2,110	100.0%

※全株式に議決権が付されている前提
※上記以外に潜在株式なし

まず、この会社は普通株式の他に、エクイティ性をもつものとして優先株式と転換社債を発行しています。オーナー社長に売却の意思があったとしても、転換社債が転換された完全希薄化後ベースではオーナー社長の議決権比率が22.4%に下がってしまいます。普通株式だけ考えた場合、オーナー社長とVC2およびVC3が売却に応じてくれた場合、過半数を買収者が保有することができます。しかし、この場合、転換社債の性質によってはVC1が転換社債を転換すれば議決権の過半数を有することとなってしまい、買収者からみると過半数を下回るリスクが残っていることになります。こうなると、この状態のままで買収を進めるという意思決定をしづらいでしょう。さらに、仮にVC1〜VC3の全VCが取引に応じてくれるとなった場合でも、まだボトルネックは残ります。本例ではVC1が優先株式として増資に応じていることから、投資契約・株主間契約等（そして定款等）に「残余財産優先分配権」が設定されている可能性があります。これは57ページで説明したとおり、清算等の場合における財産分配の特別な取り決めを意味します。通常は会社法に定める「株主平等の原則」により、株主に対して均等に残余財産が分配されます。しかし、会社法に定める「異なる種類の株式（いわゆる「種類株式」）」を用いることで、この際の残余財産の分配を特定の種類の株主（この場合「優先株主」と呼ぶ）について優先的に分配する仕組みを構築できます。

たとえば、投資額と同額を最初に優先株主に対して優先分配し、残った金額を優先株主を含めた株主で保有比率に応じて分け合うというような取り決めが定められます。また、株主間契約等に特別な条項を入れることで、「清算」時のみならず「合併」や「株式譲渡による売却」に際しても同様の効果をもたらすように設計されることがあります。これらは会社法で定められたものではなく、いわゆる当事者間の「契約関係」による取り決めで、よく**「みなし清算条項」「譲渡対価の優先受領権」**等と呼ばれます。このような権利を特定の優先株主等に付与している場合は、M&A取引においても「対価の優先分配」をしなければならないことも考えられます。

これらの条項に記載されたとおりに分配額を調整した場合、オーナー社長や取締役、従業員に対価として付与される金額がきわめて小さくなってしまうケースも想定しておかねばなりません。たとえば、オーナー社長が90%の議決権保有、優先株主であるVCが2億円（議決権比率10%）出資しており、「1.2倍、参加型[22]」の「優先受領権」を保有している状況を想定します。売却額が5億円であった場合、この「優先受領権」をVCが有していなければ、オーナー社長には4.5億円の対価が支払われ、VCへは5,000万円の対価が支払われるはずです。しかし、「優先受領権」が投資契約等に定められている場合、2.4億円（2億円×1.2）をまず優先的にVCに対価として支払い、さらに残額の2.6億円をオーナー社長とVCで分け合った場合の経済効果を基準として種類株式価値、普通株式価値が定められることとなります。この場合、オーナー社長としては2.34億円（2.6億円×0.9）の対価しか受領できません。なお、優先株式に「累積型」の優先配当条項が付されている場合、優先株主に支払うべき複数年にわたる「未払累積配当額」を含めて、先んじて優先的にVCに対価として支払われる額としてさらに加算されます。

これら条項はM&A取引において効果的に機能する場合もあれば、ボトルネックになる場合もあります。これだけでなく、VCとの投資契約等において「事前合意事項」等が定められ、その合意が必要な項目として主要株主の株式譲渡や株式交換などの組織再編行為が含められていることも多く見受けられます。このような場合、「オーナー社長にとってはよい条件だがVCにとっては悪い条件」であるM&A取引については、契約を遵守する前提では実施できない可能性があります。もっとも、契約違反をしてでも強制的に取引を実行する場合もあります。この場合は、それに伴う法的リスクなどを弁護士等の専門家に評価してもらったうえで意思決定・実行することになるでしょう。なお、最近では欧米にならい「コンバーティブル・ノート」と呼ばれる、将来株式に転換できる、または株式を取得できる権利を有する貸付スキームをはじめとする、新しいスキームにより資金調達が行われているケースも散見されます。本邦では貸金業法との関係で「転換社債型新株予約権付社債」としてスキームが構築されるケースが多いようです。このような「転換社債」スキームにおいては、転換条件などに様々な工夫がなされている場合が多く、場合によっては先の「優先株式」以上に複雑な判断が求められることがあります。たとえば、M&A取引において評価されるバリュエーションが「コンバーティブル・ノート」発行時に定められたバリュエーションより低い場合に、転換価額が大幅に下方修正されるようなスキーム等も見受けられます。このような場合において、転換社債保有者が転換権を行使できるイ

22 残余財産優先分配権にかかる「参加型」とは、「非参加型」の対照的な取り決めです。詳しい内容は類書等を参考にしてください。

ベントが発生すると、オーナー経営者にとってさらなる株式希薄化が起こる可能性もあります。この転換により取得できる株式が優先株式である場合は、上記の優先分配によるオーナー経営者の取得可能対価の減額効果がさらに強まることも考えられます。

このように、現在の株主構成と過去の資金調達はM&A取引に大きな影響を及ぼすので、十分に事前に把握して想定されるケースを考慮しておくことは重要です。併せて、過去のどの時期にどの投資家が、どの程度のバリュエーションで投資をしてきたのか、現状の投資簿価はいくらか等の情報も、できる範囲内で確認しておくと、M&A取引に伴う各株主の反応を事前に推測することが可能です。

④事業売却・子会社売却の場合、特有の要調査事項の確認（該当する場合）

事業売却の場合、まず議論されるのは「どのスキームを用いるべきか」という点です。基本的には事業譲渡を用いる方法、会社分割を用いる方法を主要な２軸として考えますが、これらにはメリット・デメリットがあります[23]。これら手法ごとの特性を理解したうえで、どのスキームを用いるべきかという点はよく検討しておくべきです。たとえば、事業譲渡の場合、売却会社と対象事業の取引先と買収会社の三者は、契約の地位の移転手続き（または「契約の巻き直し」）を実施することが必要になります。それらのすべてまたは一定程度完了する目途が立つことが、クロージングの前提条件となる場合があります。この場合、最終契約書の締結からクロージングまでの間に一定の期間を確保し、対象事業の取引先に対して同意書等の紙面を徴収するという実務を行う必要があります。基本的にはすべての取引先に対して行う場合が多いことから、これがスムーズかつ短期間に実施可能か否かという点は重要な評価ポイントとなります。また、事業譲渡においては、実務上、従業員も「転籍」扱いとなることが多く、その場合、全従業員に対して新たな雇用条件を示したうえで転籍の合意を取得する等の必要があります。

一方、会社分割の場合、この契約の地位移転の手続きや全従業員に対する転籍合意取得等は不要となりますが、債権者保護手続きや労働契約承継法に則った手続き等が会社法において定められており、これらがスムーズに実施可能かの検証が必要です。事業売却の場合、手続き面に鑑みた場合、事業譲渡と会社分割どちらを選択すべきかという点は事前に十分に議論すべきであり、その判断材料として対象事業の取引先一覧、債権者一覧などを準備・把握しておき、専門家に相談しておくことは意味があるでしょう。

子会社売却の場合にも、単純な株式譲渡でよいのか、株式交換や合併のほうがよいのか（また、その場合「対価」をどうしたいか）、株主総会決議が必要か否か等の側面は確認すべき事項です。たとえば、子会社に少数株主（非支配株主）が存在し、当該少数株主（非支配株主）を子会社売却のタイミングで排除したいと子会社経営陣が考えているような場

---

23 145ページ参照のこと。

合は、株式交換や合併などを用いることでそれらが達成できる場合があります。

以上のように、子会社・事業売却の場合にはそれら特有の問題を想定しておくことが肝要です。

6-4-4 簡易的セルサイドDDの確認テスト

ここまで、簡易的セルサイドDDとしてどのような事項を調査すべきかという点についてまとめてみましたが、ここではチェック項目を簡単なリストにしてみました。もちろん、すべてをカバーできているわけではありませんが、あくまで未公開のベンチャー企業、中小・中堅企業、大企業の子会社等のケースを想定しながら重要な点をランダムにピックアップしています。おそらく、本書で述べた簡易的セルサイドDDを実施したあとであれば、対象会社についての説明がより正確かつ深くできるようになっていると思います。

これらの質問にほぼすべてスラスラと回答できるようになっていれば、ある程度深く対象会社に対する理解が進んだと判断してよいでしょう。

●会社売却を考えている経営者への「50の質問」

(ビジネスとプロジェクションについて)

Q１　希望売却価額を考えている場合、その金額の根拠を説明できるか？

Q２　過去３年間の売上の推移について詳しく説明できるか？（上下変動がある場合、その理由。増加または減少傾向がある場合、その理由。根拠となるデータとともに）

Q３　過去３年間の原価率の推移とその理由について詳しく説明できるか？

Q４　対象会社が仕入、紹介、製品製造にかかる外注またはそれに類似する事業プロセスを有する場合、それら仕入先等の上位５社はどこか？　また、それらとの関係は同一条件で継続的に維持できるか？　さらに、条件変動が起こる可能性がある場合、その理由は何か？

Q５　特定の高い販売管理コストについて、その過去推移の理由（人件費、広告宣伝費、その他費用等高額になりがちな費用がある場合、その変動の理由）が説明できるか？　また、それらコストが今後上昇するリスクはあるか？　その場合どういった対策ができるか？

Q６　今後５年間の売上高はどういうモデルで予測しているか？　また、そのモデルで用いたKPIのうち、不確実性（変動リスク）の高いものと低いものを指摘できるか？

Q７　Q６に関連し、予測した最終年度の売上高を達成する場合のKPI（販売数量×単価等）を説明でき、それが達成できる理由を会社の強みや競合や顧客および市場環境等を材料に説明できるか？　将来の市場規模と推定される自社の市場シェアからみても予測売上高が妥当といえるか？

Q８　(BtoBの場合) 現在の顧客の上位５社はどこで、販売高はどの程度か？　取引のきっかけおよび継続いただいている理由は何か？

(BtoCの場合) 現在の売上高上位５店舗はどこでどの程度の売上か？　およびその理由は何か？　１年前のユーザーデータと現在のユーザーデータの詳細と月次ユーザー増加数はどの程度か、および変動の理由は何か？　売れ行き商品上位５位はどれか？　およびその理由等を説明できるか？

Q９　競合企業および顧客のニーズに応える類似サービスを提供する企業（代替品提供企業）はどこか？　当該競合企業の売上高はどの程度か？

Q10　競合企業および代替品提供企業のビジネス提供方法と対象会社のビジネス提供方法にどのような違いがあるか？

Q11　競合企業および代替品提供企業と比べて対象会社はどのような強みをもっているか？　そしてその強みゆえになぜ売上高成長につながるのか？　また、今後競合を意識して継続して実施したい取組みはどういったものか？

Q12　自社のターゲット市場はどこか？　また、市場を広くとらえすぎたり狭くとらえすぎたりしているということはないか？　またはなぜそういえるか？

Q13　自社のターゲット市場は現在どの程度の規模で、５年後に当該市場はどの程度の規模になっているのか？　また、変動する場合、その明確な数字的根拠は何か？

Q14　自社のサービスまたは商品は顧客の強力な需要を叶えるものか？　また、強力な需要を叶えるといえる場合、それはなぜか？　また、競合企業および代替品提供企業の提供サービスでそれらのニーズに応えられないにも関わらず対象会社によりそれらニーズを充足できる理由は何か？

Q15　自社サービスの参入障壁はあるか？　また新規参入が自社に追いつけないといえる理由にはどういったものがあるか？

Q16　商品の価格設定はどのように決めているか？　またそれを今後変動させるべき理由はあるか？

Q17　(BtoBの場合) 現在の販売チャネルはどこか？　また、それらとの取引条件はどうなっているか？

Q18　現在の営業および顧客獲得方法はどのように行っているか？　また、(BtoBであれば) 優秀な営業人員の年間販売高はどの程度で、売上の80％を何割の営業人員が獲得しているか？ (BtoCであれば) 現在最も効果的なプロモーション手法は何で、その数値データ (ROIやCPA等) はどの程度か？　また、過去に失敗したプロモーション手法と比較して、なぜ当該プロモーション手法が優れた結果を出しているのか？　その理由は明確か？

Q19 （BtoBであれば）優秀な営業人員と優秀でない営業人員の違いはどういったものか？　また、優秀な営業人員を増加するために行うべき施策にはどのようなものがあるか？

Q20 組織の中で、いわゆる営業部門や管理部門、開発部門等の大部門の人員数はどの程度か？　また、今度５年間でどのように人員を増加していき、５年後の人員構成は各部門でどうなっているか？　また採用は困難でないか？

Q21 販売管理費の上位５位まではどういった費用項目で、それら費用項目の前期の内容をある程度いえるか？　また、特に重要な販売管理費項目の対売上高比率をいえるか？　そして、それら費用項目が今後５年間でどのように変動していくか？

Q22 営業外損益項目および特別損益項目が過去実績である場合、それは何か？　また今後発生する可能性はあるか？　さらに、多額の場合はどの程度将来発生しうるかという簡単なシミュレーションが可能か？

Q23 自社の営業利益率を上げるための施策にどのようなものがあるか説明できるか？　また、その場合、どの程度の営業利益率上昇効果が見込めるかを根拠を示して説明できるか？

Q24 月次損益計算書を過去12か月分みた場合に、売上高に月次変動がある場合の理由は何か？　また、変動が大きい月についてその詳細をいえるか？（特定の○○社が取引を中止したことにより○○円の売上減少が起こった等）

Q25 月次損益計算書を過去12か月分みた場合に、売上総利益率または営業利益率に変動がある場合、その理由をいえるか？（たとえば、前期は○○月の利益が落ち込んだがそれは○○に対するコストが一時的に高騰したことによる等ということを把握しているか？）

Q26 （人員に依存するビジネスの場合）採用戦略とマネジメント戦略はあるか？ある場合は、なぜそのような手法をとっているのか？

Q27 どのような買収者であればシナジーが発生しやすいか？　また、特定の買収者を念頭においた場合、対象会社と買収者それぞれ単独で達成できる営業利益が、数年後にどの程度まで増加するかという点をシナジーのストーリーとともに説明できるか？　またその計算式はどういったものか？

（財務・会計・税務について）※PL要素は前項と一部重複しています

Q28 売上の計上基準は実現主義、費用は発生主義となっているか？　また、なっていない場合、実現主義または発生主義に修正した場合のPLの変動はどうなるか？返品や値引きがある場合どのような処理をしているか？　その他、日本版GAAPやIFRSに従って会計処理した場合に大きな変動をもたらす要素はないか？

Q29 直近月の貸借対照表をみた場合に、金額が小さいものについてはざっくりとした内容を、金額が大きいものはその詳細がいえるか？

Q30　特に金額が大きい資産について、減損の可能性とその場合の時価評価額のイメージがつかめているか？　また、権利関係で問題がないといえるか？　特に不動産等。

Q31　売掛金等の売上債権と買掛金や未払金等の買掛債務のそれぞれ上位５社程度について相手先と金額、入出金タイミングをいえるか？

Q32　売掛金等の売上債権、在庫・仕掛について、売上債権であればその年齢表などからみて回収不可能なもの、在庫・仕掛であれば売残りなど売上計上不可能なものなどが存在しないか？　あるなら金額的にはどの程度か？

Q33　繰越欠損金が存在する場合、その繰越欠損金が過去のどの期に、どの程度発生したものかをざっくりといえるか？

Q34　「偶発債務」「簿外債務」の有無とその内容、発生可能性についていえるか？特にベンチャー企業の場合、未払残業代等の過去２年分の労働債務が偶発債務として存在するケースが多いことから、これらの金額をある程度説明できるか？

Q35　自社の資金繰りについて今後12か月の見通しをいえるか？

Q36　自社の正味運転資本額と今後予測される変化について理由とともに説明できるか？　また、事業環境がどうなった場合に正味運転資本が増加し、事業資金がより必要になるのか？

Q37　今後の設備投資計画はどのようなものか？

Q38　買収者により買収された場合に削減可能な買収後不要コストがどの程度になり、実質的なEBITDAまたはEBITAがどの程度になるかを説明できるか？　また、なぜそれらが「買収後不要コスト」といえるのか？

Q39　事業売却の場合、事業BS（切り出す対象の資本・負債）および事業PLは作成されているか？　また、その場合、本社コストの配賦は明確に行われているか？明確に行われていない場合、本社機能を利用していないか？

Q40　事業売却の場合、スタンドアローン問題としてどのような問題が発生しうるか？

Q41　組織再編行為を実施する場合、「税制適格組織再編」に該当したほうが当事者にとって有利となる事情（含み損益や繰越欠損金等）があるか？

（法務）

Q42　自社の過去の資本政策、発行済みストックオプションの詳細について説明できるか？　また、過去の株式の移動等にかかるすべての証憑書類が揃っているか？

Q43　外部株主が存在する場合、彼らの事前承認が必要な事項にM&A取引が含まれるか？　また、M&A取引実施にあたり、他にもどのようなボトルネックが考えられるか？　（「株式譲渡契約の締結」が事前合意事項であるというケースのみな

らず、「特許権」等の対象会社の特定の権利について譲渡が禁止されているという場合もあることから注意が必要)

Q44　外部株主が存在し、種類株式（優先株式を含む）による投資である場合、残余財産優先分配権の付与やみなし清算条項（優先受領権）にかかる取り決めが定められているか？　また、定めがある場合はどのような条件になっているか？

Q45　転換社債や新株予約権などが発行されている場合で、M&A取引の最中にそれらが転換または行使されることで既存顕在株主の議決権比率の大幅な希薄化が起こる可能性はないか？

Q46　株主総会決議に必要な要件で特殊な定めを定款に入れていないか？（通常、3分の2以上で株主総会特別決議が通せるところを、定款の定めにより4分の3にする等していないか？）

Q47　事業に適用される許認可が取り消される恐れはないか？　事業運営上、法令違反を指摘される要素はないか？　その対処法は何か？

Q48　重要な取引先との契約において、チェンジ・オブ・コントロール条項がある契約または契約の更新を迎える契約があるか？　ある場合にM&A取引にかかる影響がどの程度考えられるか？

Q49　現在抱えている訴訟案件があるか？　ある場合は金額的なリスクはどの程度か？

Q50　事業売却の場合、どのスキームが本件の場合に適切か？　その理由は何か？　また、子会社売却の場合、売却プロセスに疑問を呈するような少数株主（非支配株主）は存在するか？　存在する場合、それらの対処はどうするか？　会社法改正に伴う株主総会決議は必要か？

コラム EBITDAとEBITAの有用性を考える

2014年２月28日にウォーレン・バフェット氏率いるBerkshire Hathaway Incがアニュアルレポートを開示しました。そのアニュアルレポートの子会社にかかる現況説明を行う文脈の中でEBITDAについての考え方についての指摘があります。内容的には、EBITDAが本当に企業価値を正確に表現するのかという点に疑問をなげかけたものとなっています。この内容に触れる前に、もう一度EBITDAについて基本的な考え方をみてみたいと思います。

EBITDAは英語で表記すると、Earning Before,Interest,Tax,Depreciation and Amortizationということになり、以下の算式で求めます。

EBITDA＝EBIT＋Depreciation＋Amortization

英語でDepreciationというと、「有形固定資産にかかる減価償却費」を意味し、Amortizationは、「無形資産にかかる償却費（のれん償却等）」を意味します。バフェット氏は以前よりEBITDAの有用性について考え方を公表してきた人物ですが、本アニュアルレポートでより詳しくこのことに触れています。彼の説明をまとめると以下のとおりになるでしょう。

- 長期的に保有する事業用資産にかかるDepreciation（減価償却費）をEBITに足し戻したEBITDAを企業評価手法に用いることは、現実的なコストを無視することに等しく、企業の現実的なコストを低く見積もることにつながる
- Depreciationに関しては全額を「現実にかかるコスト」として捉えるべき場合が多い。また、Amortizationに関しては「のれん償却費」は足し戻してよいコストであるが、ソフトウェア償却費等の更新投資が必要なものについては、Depreciationと同様、「現実にかかる」コストと考え、足し戻してはならないコストである

つまり、EBITDAのように「減価償却費」および「償却費」を一括して足し戻した数値は企業の現実的なコストを低く見積もることに繋がりかねない場合があるから、利益指標として適切とはいえないといっているのです。

それではなぜDepreciationは現実的なコストとして「足し戻すべきコスト」とは考えず、のれん償却費等のAmortizationは「足し戻してもよいコスト」と捉えるのでしょうか？それはこう考えるとわかりやすいと思います。減価償却費は、長期間にわたって使用される事業用固定資産に対する（一時的に大きくキャッシュアウトする）設備投資を、その使用期間にわたって費用配分する手続きといえます。また、事業用固定資産はその実質的な耐用年数が経過すると更新投資が必要になります。このことは、「減価償却費」は将来的な更新投資のための「貯金」と考えることができます。一方で、のれん償却費などの一部のAmortizationは、将来において償却が完了した際には、定常的・追加的に発生しうるもの

ではありません。関連して「EBITA」という指標がありますが、これはまさに「Depreciation（減価償却費）」を足し戻さない、つまりコストとみなしたうえでの利益指標です。

以上のように考えると、「EBITA」を用いるべきか、「EBITDA」を用いるべきか、あるいはより詳細に「D」と「A」の中身を分析すべきなのかについて対象会社ごとに十分に検討する必要があるといえるでしょう。場合によってはM&A取引の交渉の過程の中で、「D」と「A」が実際に更新投資を必要とするのかしないのか？　といった文脈で交渉すべき場合もあるといえるでしょう。

第四部

プロジェクションと
企業価値評価

1 プロジェクションとは何か？

1-1 プロジェクションと企業価値評価

プロジェクションとは、ざっくり言えば「事業計画」です。具体的には、予測損益計算書（PL）モデル、予測貸借対照表（BS）モデル、予測キャッシュフロー（CF）モデルの3つを主軸に、それらを決定づける複数のシミュレーションを包含した財務予測モデルの集合体のことです。M&A取引の現場、企業価値評価等、様々なシーンで用いられます。

〈プロジェクションと企業価値の関係および買収者の評価プロセス〉

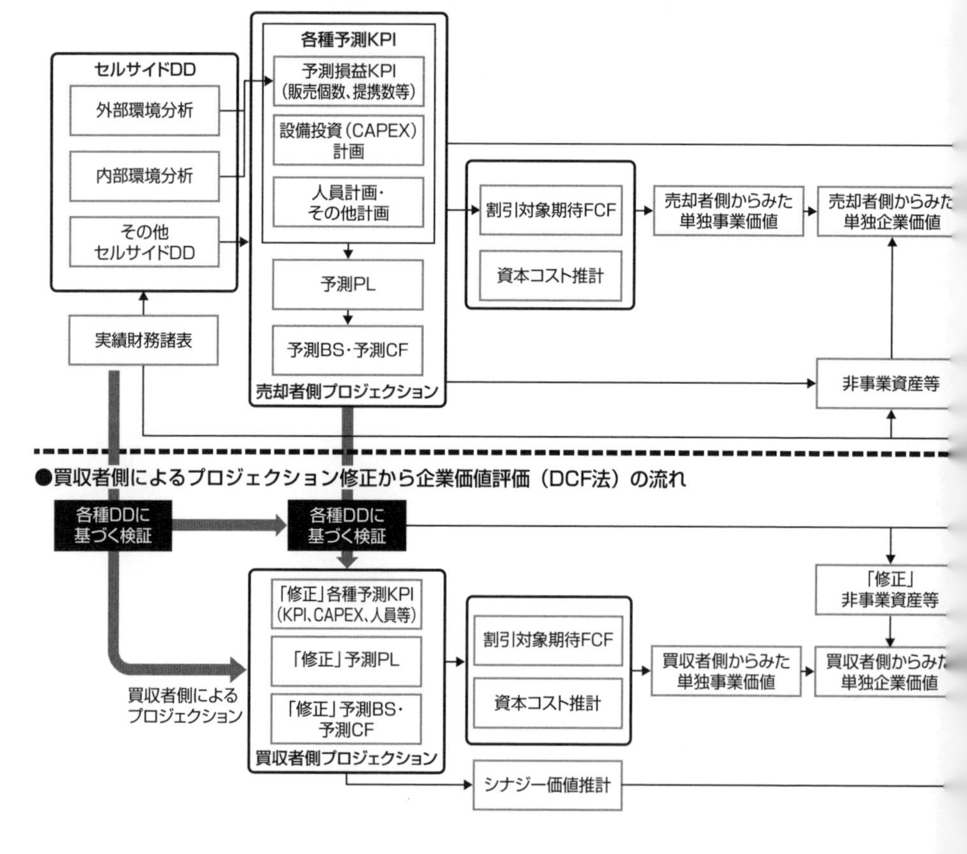

また、買収者側がリターン目的の投資家であれば、リターン分析にも活用できる等多岐にわたる用途があります。売却者側はこれを用いて自社の将来性を伝達し、買収者側は企業価値評価の材料とします。売却者側が策定したプロジェクションが十分に合理性を有しており根拠とともに買収者側が納得いくものであれば、買収者から大きな信頼感を得ることができます。

ここでは、代表的な企業価値評価手法であるエンタープライズDCF法（以下、「DCF法」という）を例に、売却者と買収者それぞれが、プロジェクションをどのように用いて最終的な企業価値評価を行っていくのかをみていきます。前ページの図は、プロジェクションの全体像とDCF法による企業価値評価とのつながり、売却者側の策定したプロジェクションが買収者からどう修正を加えられるのか、さらにそれらが最終的に買収者側ではじき出される企業価値、株主価値にどう影響するのかという原則的な流れを示しています。

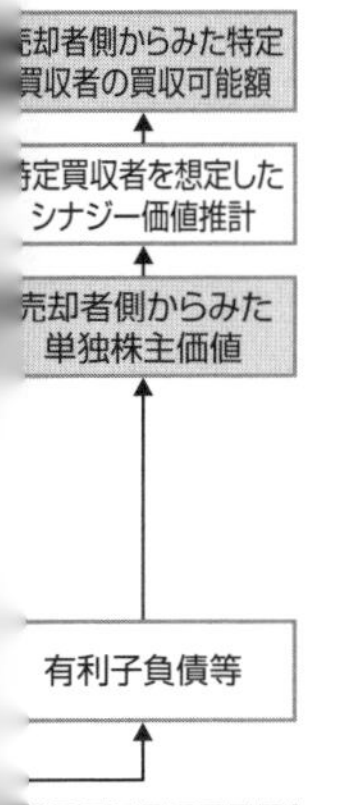

まず、売却者側からみていきましょう。スタートとなるのは売却者側の過去の「実績財務諸表」です。これに自社のセルサイドDD結果を踏まえ、予測KPI、予測PL、予測BSおよび予測CFを策定します。これらプロジェクションを正確に策定すれば、そのデータを基にDCF法で用いる割引対象期待FCF（以下、「期待FCF」という）を算出することできます。この結果、別途適切な資本コストを設定して現在価値に割り引くことにより、事業価値、企業価値および株主価値が求められます。

プロジェクションは実務家の間ではExcel等により構築されます。本書ではプロジェクションについて紙面の関係上、詳しく記載することはできないので、著者の管理するウェブサイト（https://buy-out.jp/book）でより深く解説しました。ここでは第二部で取り上げた架空の会社FT社をベースとして、サンプルのプロジェクションを策定しました。付録ファイル「Projection&DCF.xlsm」をダウンロードできますので、このファイルをみながら自社に合ったプロジェクションを策定していくのが理解に向けた一番の近道です。まずは本ファイルの構造を一度確認してみてください。

1-2　プロジェクション策定の意義とDCF法

プロジェクション策定の重要な目的の１つに企業価値評価があります。なかでも、応用性が高く重要な情報を織り込むことができ、さらに共通言語としての認知度の高い評価手法が「DCF法」と呼ばれるものです。近年の関連する裁判等をみていても最近ではDCF法が主要な評価手法であるという考え方が定着しているようです。

DCF法は、成長が止まって横ばいに近くなる将来の一定時点までプロジェクションを策定し、プロジェクションの数値データを材料に計算される期待FCFをその不確実性を反映した割引率で割り引くことで現在価値を算定し、それらを合算したものを事業価値とするものです。ですから、評価の最も基本的な材料は将来の期待FCFであるといえます。この意味では、プロジェクションの策定とそこから期待FCFを算出する過程は企業価値を考えるうえで最初の、そして最も重要なステップになるといえます。なお、Excelモデル策定の基礎は以下の書籍に適切かつ詳しく解説されていますので、実際に策定される際は併せてお読みいただくと、細かいルールなどを確認することができます。

〈参考書籍〉

『外資系投資銀行のエクセル仕事術』（熊野　整著、ダイヤモンド社）

『外資系金融のExcel作成術』（慎　泰俊著、東洋経済新報社）

なお、上記書籍ではすべて年単位でプロジェクションが策定されています。一定程度安定した収益推移をもつ中堅以上のクラスの企業等においては年単位でのプロジェクションを引く場合が多いですが、成長性の高い企業や月次の推移が重要な企業の場合は「月次単位」でのプロジェクションを策定すべき場合もあります。本書の「Projection&DCF.xlsm」ではPLモデルについては月次で策定し、BSモデル、CFモデルについては年次で策定しています。

1-3 プロジェクション策定の全体像

本書では、プロジェクション全体の構造を解説します。付録ファイル「Projection&DCF.xlsm」をご参照いただきながらお読みください。

なお、この付録ファイルと本第四部をご理解いただくためには、財務三表にかかる最低限の知識が必要です。財務諸表の基本を入門書等でご理解いただいたあとに読み進めることをおすすめします。また、プロジェクションには決まった形式が定められているわけではありませんが、専門家が策定するプロジェクションの基本的な構造は次ページの「プロジェクションの全体像」に示す事例に類似します。

この図は、「Projection&DCF.xlsm」の各シートがどのような構造になっていて、どの項目がどのシートから参照されているのかを視覚的に説明したものです。ただし、「シート：KPI分析およびKPI設定」は２枚のシートを１つで表現しています。この図の矢印の向きからもわかるように、右側の予測財務諸表がプロジェクションで最終的に導きたいデータです。本モデルでは左側の７つのシートを用いて、最終的に求めたい予想値を算出しているといえます。また、それぞれのシートから矢印が出ていますが、これは元のシートの特定の指標が矢印の先のシートにある特定の指標に参照されている、または元のシートの特定の指標を用いて先のシートで何らかの計算がなされていることを意味しています。

〈プロジェクションの全体像〉

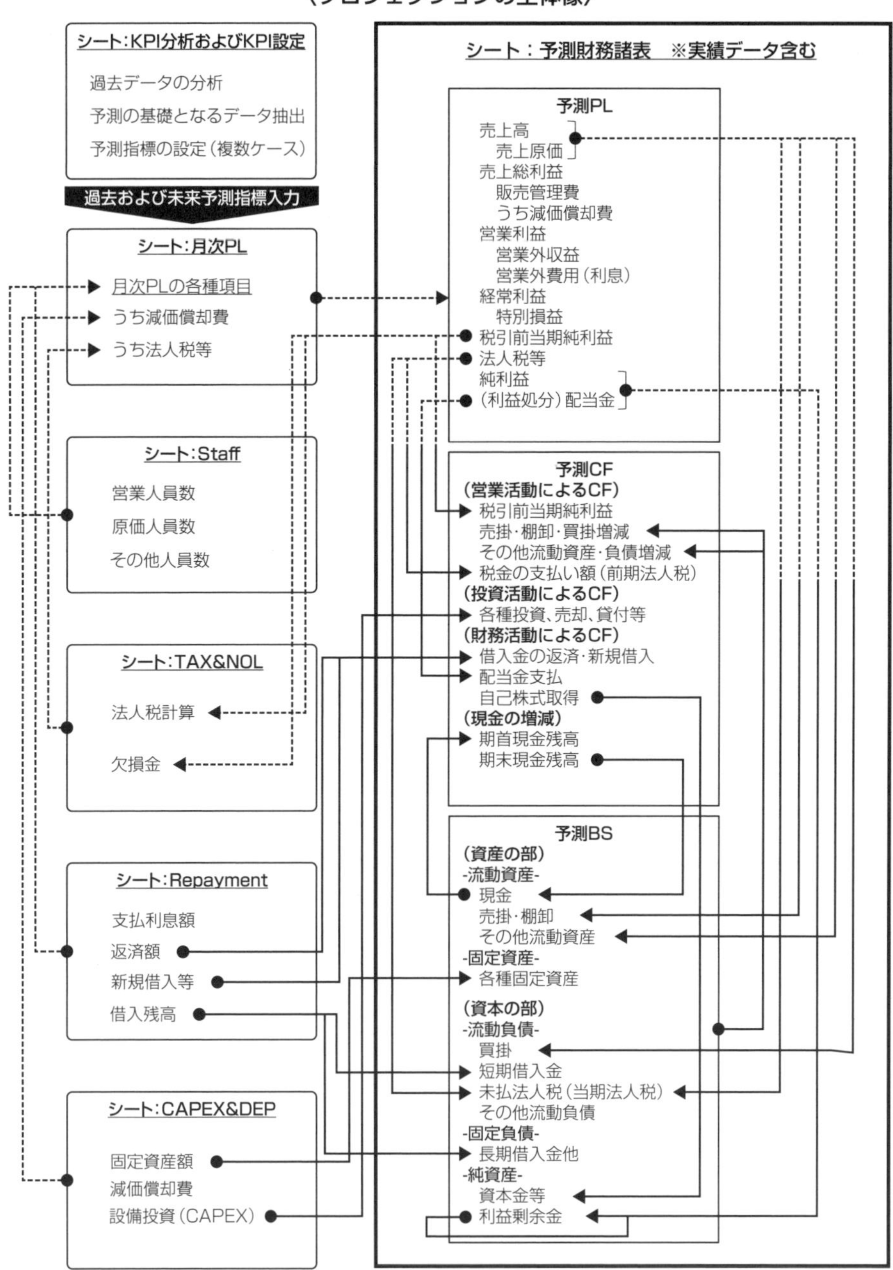

（注）「………」は主にPLに関連するもの、「――」は主にBS、CFに関連するものを意味します。

1-4 プロジェクション策定のポイント

前ページの図をみると、いかに「予測PL」が予測財務諸表全体の土台になっているかということがご理解いただけるはずです。なかでも、「売上高」の予測こそがほとんどのケースにおいて最も重要なイシューとなります。著者の管理するウェブサイト（http://buy-out.jp/book/）で詳解しますが、売上高の予測は、下図のようにKPIを積み上げることにより予測売上高を算出する手法である「ミクロアプローチ[1]」と、将来予測される市場規模と市場シェアから予測売上高を算出する手法である「マクロアプローチ」の両面から数値を検証していくという作業が重要になります。

この２つのアプローチの数値根拠は、前者では主に社内データから、後者では主に市場データ等の社外データから主に導き出されることになるでしょう。したがって、根拠の出所が異なる２つのアプローチにより論理的に妥当といえる予測売上高の数値を算出し、その２つの数値が近しい数値であれば、それは予測した売上高の妥当性を説明する１つの根拠となりえます。

〈2つのアプローチによる予測売上高の検証〉 ※月額課金型サービスを行う会社の例

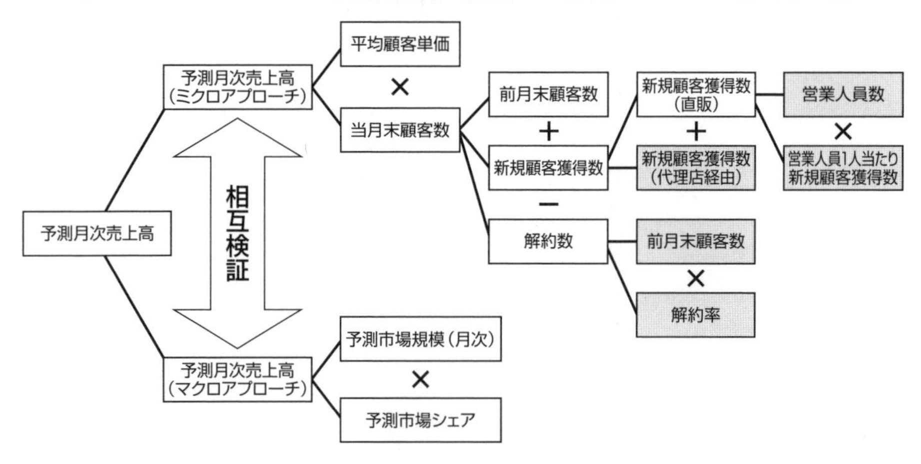

なお、すべてのプロジェクションが「Projection&DCF.xlsm」と同じではありませんが、本モデルを理解するにあたっては、他にも以下のようなポイントにご注意ください。

① 予測財務諸表シートにおける財務三表の基礎は予測PLであり、ここで計算された各指標を主要な材料として、予測CFおよび予測BSの数値が計算されている

1　ミクロアプローチ、マクロアプローチという呼称は株式会社ブルームキャピタル内でのものです。

② 予測PLは月次PLシートから導き出されている
③ 月次PLシートは、KPI分析およびKPI設定シートで実施された過去データの分析結果および未来の予測指標を主な材料として策定されている。また、月次PLにおける人件費関連コストはStaffシートから、税務コストはTAX&NOLシートから、支払利息はRepaymentシートから、減価償却費はCAPEX&DEPシートから参照されている
④ 予測財務諸表シートのうち、予測CFは、予測PL以外にもRepaymentシートにて計算している新規借入または返済や、CAPEX&DEPシートにて計算している設備投資・資産売却等も材料として策定されている
⑤ 予測財務諸表シートのうち、予測BSは、予測PLを材料とするのに加えて、Repaymentシートから借入の残高等が参照され、CAPEX&DEPシートから固定資産の簿価等が参照されている。また、予測BSの現預金は予測CF末尾の計算結果である「期末預金残高」を参照して設定される（論理的に最も最後に算出されるのが予測BSの現預金となる）

本書ではプロジェクションの策定を細かくみていくことはできませんが、「Projection&DCF.xlsm」の各シートの簡単な説明のみしておきます。

〈プロジェクション「Projection&DCF.xlsm」のシートについて〉

シート名称	シートの内容
予測財務諸表	プロジェクションの集大成としてのシートで、PL、BS、CFの実績値と予測値が表示されている。
月次PL	月次PLを記載している。
KPI分析	過去12か月の財務データおよびKPIデータを入力し、予測指標として用いるKPI（平均顧客単価等）を検討するためのシート。
KPI設定	重要なKPIについては、楽観・中立・悲観等の複数のストーリーを検討し、それぞれにおいて異なるKPIを設定し、ストーリーの切り替えができるシート。
Staff	人件費の基礎となるシート。役職ごとの平均給与単価、人数、合計報酬額を記載している。
CAPEX&DEP	「固定資産」「減価償却」「設備投資（CAPEX）」にかかるデータを実績から予測期間にかけてまとめている。
Repayment	借入返済モデル。具体的には、BSにおける「短期借入金」「社債」「長期借入金」、PLにおける「支払利息」、CFにおける「返済額」を算出するためのシート。
TAX&NOL	税額計算モデル。NOLとはNet Operation Loss、「繰越欠損金」の意味。
買収効果	本第四部では利用しない。後にシナジー効果を加味させる目的で作成している。
Capital Cost	DCF法等を実施する場合に利用する。
DCF	DCF法を実施する場合に利用する。

最後に数字の色分けについても説明しておきます。これはM&Aの専門家がプロジェク

ションを策定する場合にほぼ慣例化しているルールです。実務ではこのような色分けが数値チェックの容易化や読み手の理解促進に非常に有用です。これらの色分けには以下のような意味があります。

〈プロジェクションに使われる「色」のルール〉

数字の色	意味
黒色	シート内参照。そのセルがある同一のシート内の数字から算定式にて算定されたセルを意味します。
緑色	他シート参照。そのセルのあるシートとは別のシートを参照した数式により数値が算出されているセルを意味します。
青色	直接入力セルを意味します。

本書では解説はここまでとしますが、さらに関心のある方は、ぜひ著者のウェブサイトをお訪ねください。プロジェクションの策定方法について詳しく解説しました。

2 企業価値とは何か？

2-1 企業価値の定義と株主価値、事業価値との区別

最近、とみに「企業価値」という単語を耳にするようになりました。ただ、気になるのはその言葉が正しく用いられていないケースが多いことです。「企業価値」という言葉が正しく用いられていない理由は、「企業価値」の概念に類似するものが複数あり、それらと混同されがちだからだと考えています。それは、「株主価値（≒株式時価総額）」と「事業価値」です。注意すべき点は、株式譲渡によって株式を売却する場合に対価となる価値は「株主価値（≒株式時価総額）」[2]であることです。「株主価値」は「企業価値」とは異なります。

この理解にあたっては、「会社の価値は債権者と株主で分け合うものだ」と考えるとわかりやすいでしょう。会社全体が100の価値（企業価値＝100）だとすると、債権者が20の貸付をしていれば（つまり、対象会社が借入や社債発行を行っていれば）、債権者に帰属する価値は20であり、残額の80が株主にとっての価値になります。買収者が許容できる企業価値が100であるという場合に、対象会社に優先株主等が存在すれば、債権者に帰属する価値を控除した80の価値を優先株主と普通株主で分け合う形となります。この前提の中で、会社全体の価値である100の価値というのが「企業価値」であり、株主に残る80の価値が「株主価値」となります。

なお、上場会社等の「時価総額」データ等をインターネット等で入手できますが、この場合の「**時価総額**」は、通常「普通株式の時価総額」を意味します。つまり、優先株式を発行する会社の株主価値を正確に測るには、これに加えて「優先株式の時価総額」も加算しなければいけません。優先株式を上場している会社も一部ありますが、多くの上場会社は普通株式のみ発行しています。もちろん、優先株式も上場していれば市場において時価がつきます。

「**事業価値**」という概念も大切です。「事業価値」とは、企業価値から会社の非事業資産（余剰資金や短期的取引を目的とした有価証券、遊休資産等）を除いた会社の事業そのものの価値を意味します。DCF法等による評価を実施する際に、「はじめに」算出される価値です。数式上は、企業価値から非事業資産を控除したものであると定義されますが、実務においては、DCF法で算出された事業価値に非事業資産を加算して企業価値を求める

2　なお、種類株式（優先株式等）を発行している企業においては、「優先株主に帰属する株式価値」と「普通株主に帰属する株式価値」の複数の「株式価値」があるということになります。

場合が多いでしょう。DCF法は、企業の事業資産により将来発生するであろうキャッシュフローを割り引いて現在の事業の価値を算出するものですから、算出された価値には非事業資産が含まれていないというわけです（将来の予測キャッシュフローには「遊休不動産」は貢献しないですよね）。ここで一度、「企業価値評価ガイドライン[3]」（平成19年５月16日　日本公認会計士協会）による定義をみてみましょう。

〈事業価値、企業価値、株主価値の定義（例）〉

・事業価値	事業から創出される価値である。会社の静態的な価値である純資産価値だけではなく、会社の超過収益力等を示すのれんや、貸借対照表に計上されない無形資産・知的財産価値を含めた価値である。
・企業価値	事業価値に加えて、事業以外の非事業資産（たとえば、遊休資産、余剰資金等）の価値も含めた企業全体の価値である。
・株主価値(注)	企業価値から有利子負債等の他人資本を差し引いた株主に帰属する価値である。なお、株主価値の算定に当たっては、種類株式等の取扱いや少数株主持分（非支配株主持分）を減算する等の処理が必要となる。

（出所）「企業価値評価ガイドライン」（日本公認会計士協会）より作成
（注）株式価値という表現もありますが、これは株主価値全体の中で特定の株主が保有する特定の株式の価値を指すと考えるほうが自然です。

これらをイメージ図化したものが下図です。

〈事業価値、企業価値、株主価値のイメージ〉

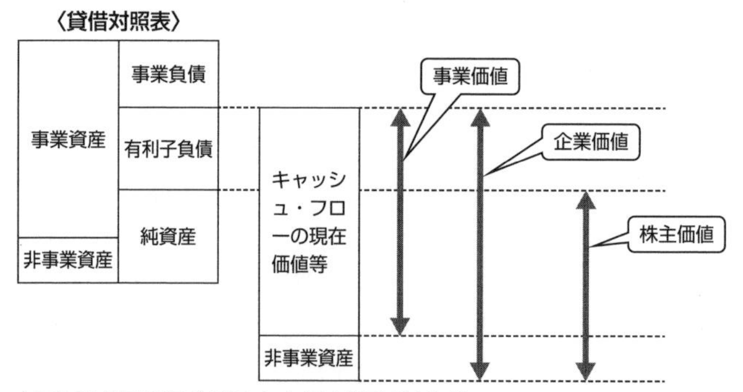

（出所）「企業価値評価ガイドライン」（日本公認会計士協会）

上図から各価値の関係だけを抜き出して整理すると、次ページ図のようにまとめることができます。企業価値評価においては、まず「事業価値」を算出し、「非事業資産」を加算して「企業価値」を求め、その後「有利子負債等」を控除して「株主価値」を算出する

3　「企業価値評価ガイドライン」とは、日本公認会計士協会が研究報告として企業価値評価にかかる実務についてまとめたものです。

という順番を経ることが多いので、上からこの順番で表現しています。

〈事業価値、企業価値、株主価値それぞれの関係〉

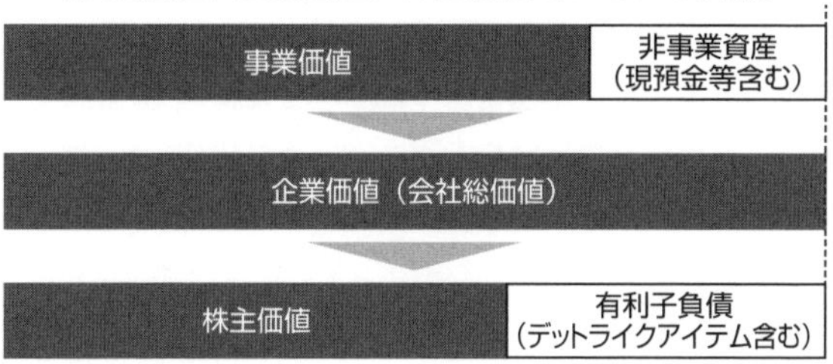

事業価値	非事業資産（現預金等含む）
企業価値（会社総価値）	
株主価値	有利子負債（デットライクアイテム含む）

※非支配株主持分がない場合

「企業価値」と「株主価値」の概念の違いを理解することは、本第四部を理解するうえで非常に重要ですから、もう少し深堀りしましょう。

企業は「債権者」と「株主」が拠出した資金を基に事業運営をしていきます。それぞれの資金拠出者は、当該資金投下に対するリターンを期待して「融資」や「投資」を行います。したがって、「株主」にとっての価値（株主価値）を算出するには、「企業価値」から「債権者」に帰属する権利部分（有利子負債等）を控除する必要があるのです。また、「優先株式」等を発行している企業においては、「普通株式にかかる株式価値」を算出する場合、「優先株式」の価値をさらに株主価値全体から控除する必要があるというのは前述のとおりです。

それ以外にも、親子関係にある連結グループ等の企業グループを評価する場合で、子会社株式の一部を、親会社以外の株主（少数株主〈非支配株主〉）が保有している場合、連結会計上は「非支配株主持分」として、外部が保有する価値が貸借対照表上に計上され、子会社の価値の一部をグループ外の他者が有していることが表示されます。親会社が全部権利を有するわけではないとすると、企業全体の価値である「企業価値」は変わりませんが、その親会社の株主が保有する「株主価値」を考えるにあたっては、当該外部流出分である「非支配株主持分」の時価をさらに控除することが必要です。実務上は簡易的に「非支配株主持分」の簿価をそのまま控除して計算するのが通常ですが、厳密には子会社の評価も行ったうえで「非支配株主持分」を時価評価する必要があり、それを控除することで正確な株主価値を求めます。

2-2 各価値と企業価値評価の関係

これらの価値は、企業価値評価と密接な関係があるので、本節は後述する基本的な企業価値評価手法をご理解いただいてから再度お読みいただくのもよいでしょう。

実務的に非常によく用いられるEV/EBITDA倍率を基準とした**類似会社比較法**（マルチ

プル法）においては、「事業価値（または企業価値）」[4]が直接的に求められます。EV/EBITDA倍率の類似会社平均が5倍であり対象会社のEBITDAが10億円であれば、EV＝50億円ということになります。一方で、PER倍率を基準とした評価においては、「株主価値」が直接的に求められる価値となります。これは、PERという数値指標の分子が株主価値を基準とした株価だからです。時価総額は株主価値とほぼ同義[5]ですので対象会社の当期純利益が5億、PERの類似会社平均が20倍とすると、株主価値＝100億円ということになります。一方、前述のとおり、企業価値評価手法の代表的手法であるDCF法により直接的に算出される価値は事業価値です。このように、企業価値評価手法によって、はじめに求められる「会社の価値」が異なることは重要な論点です。

2-3 非事業資産とデットライクアイテム

「事業価値」から「企業価値」を求めるには、「非事業資産」を明らかにする必要があります。また、「企業価値」から「株主価値」を求めるには、「有利子負債（社債を含む）」だけでなく、有利子負債に類似する負債である「デットライクアイテム」も含めて減算する必要があります。ここでは、この「非事業資産」と「デットライクアイテム」について説明します。

・非事業資産とは

「非事業資産」は比較的容易に算定可能です。まず事業運営に必要でない現預金が代表的なものであり、それ以外に事業の用に供していない資産があればこれらの金額を合算します。現預金以外の代表的なものとしては、換金可能な上場有価証券、遊休不動産（これにかかる敷金なども）、確実に返済される貸付金などがあります。1つの考え方としては、買収者が買収後にすぐに売却（回収・現金化）できる資産であり、かつ事業に何の影響も及ぼさない資産は何かという視点で考えるとわかりやすいでしょう。なお、現預金のうち拘束性預金[6]や担保に供している預金等は「非事業資産」に含めて考えないのが通常です。

4　EV/EBITDAにおける「EV」は、「事業価値」を指すケースと、「企業価値」を指すケースが混在しています。しかし、著者としてはEV/EBITDA倍率法を実施する際には「EV＝事業価値」とみなすべきと考えています。EBITDAを創出するのはあくまで事業資産であり、非事業資産（遊休資産等）ではないことから、論理的にはEBITDAの倍数は非事業資産を含まない価値である「事業価値」とするほうが合理的だと考えられるからです。このことから、EV＝事業価値を算出し、そこに非事業資産を加算し、有利子負債を減じることで株主価値を求めます（以下の数式参照）。本書では「EV/EBITDA」と表記する場合の「EV」は、「事業価値」を意味するものとして説明します。ただし、EV/EBITDA倍率法を実施する際に参考にした類似会社の倍率の分子が企業価値となっている場合は、それに合わせてEV＝企業価値と考えるべきでしょう。また、以下の数式もよく実務で用いられます。

EV＋非事業資産－有利子負債等＝株主価値　　有利子負債等－非事業資産＝ネットデット

EV－ネットデット＝株主価値

5　より正確には「自己株式」を控除した時価総額を用いて計算します。

6　銀行預金等のうち、自由に払い戻すことができないように金融機関等が拘束している預金をいいます。

また、事業運営上の最低限の現金（たとえば売上高の１～２％程度）を「非事業資産」に含めないという考え方が採用される場合もありますが、わが国の実務上はこれらも「非事業資産」に含めて計算していることが多いようです（過去の裁判例でも同様の解釈あり）。

・デットライクアイテムとは

「企業価値」から「株主価値」を算出する場合、有利子負債の控除に加えて、「デットライクアイテム」も控除します。言い換えると「将来的な支出、損失または収入減少」になりうる負債（帳簿に載らないオフバランス負債も含む）がこれに該当します。具体的には、退職給付債務、リース債務（ファイナンス・リースにかかるもの）、資産除去債務、偶発債務等が挙げられます。

なお、「非事業資産」および「デットライクアイテム」は、常に「時価」で算定していきます。簿価２億円の不動産であれば、現在いくらで売却できるかという考え方に立って「非事業資産」に算入すべき金額を算出します。「非事業資産」と「デットライクアイテム」および「有利子負債」がわかれば、「事業価値」、「企業価値」、「株主価値」の相互変換が可能になります。

3 買収者はどうやって買収価格を決定するか？

3-1 買収者の考える買収価格の妥当性

「買収者はどうやって買収価格を決定するのか」。結論から言うと「買収者によって異なる」というのが正しい回答です。１つの事例を紹介しましょう。

ある日、自身の会社を売却したい経営者が、オーナー経営の大企業A社に呼ばれました。自身の会社は、売上やKPIは急成長しているものの、大きな赤字でした。この経営者は、売上もほぼなく赤字の会社を「百億円近くで売却したい、そうでなければ上場を目指す」といったそうです。通常の会計士が評価した場合、おそらくこの会社に百億円の価値をつけるのには無理がありました。ところが、A社のオーナー社長はこの会社をどうしても買収したいと考え、結局は売却者の主張する金額とそれほど違わない額で買収したそうです。A社オーナーは頭の中で、その金額で買収しても潜在的成長力とシナジー等により超長期的には莫大なキャッシュフローを創出しうると考えたのだと思いますが、A社の現場は価値の正当化をするのに苦労したそうです。

この例は少し極端ですが、買収者側の資産規模が大きく、意思決定構造が単純であり、かつ買収者側のニーズに対象会社の事業がぴったり一致すれば起こりうるケースです。もちろん、多くのM&A取引においてはこのような会社にこのような金額はつきません。例外がないとは言いませんが、原則的には、買収者は「将来どの程度のキャッシュフローを生むか」という点を過去から現在の状況をベースに検討したうえで買収価格を決定します。

もちろん、こういった予測をきちんとモデル化せず、ざっくりした計算で評価される場合もありますが、教科書的に言えば買収者は以下のステップで買収価格を検討します[7]。

① プロジェクションを検討したうえでDCF法や類似会社比較法等の企業価値評価手法により対象会社単独の現在価値を算出する

② シナジー等の現在価値を算出して①の価値に加算し、競合上の論点、買収者側の会計・

7 もちろん、ここまで厳密に検討しない場合も多く、その他様々なケースがあり、これは一例です。また、対象会社が上場会社の場合は市場株価を基準に評価するのが通常であるといえますが、ここでは企業の単独価値の評価にかかる議論ではなく買収者の立場から買収できる上限額がいくらなのかという議論であることに注意してください。

税務上の論点、財務状況等に鑑み、必要に応じてさらに価値を加減調整する
③　②の価値から買収に伴うFA費用等の諸経費を控除する（＝最大買収可能価額）
④　③の最大買収可能価額から買収者側の価値創造部分を控除して最終的な買収価格を決定する
※③と④の価値の差額である「買収者側の価値創造部分」は、「NPV（正味現在価値：Net Present Value）」と似た概念です。

一般的な「企業価値」の評価は①の手続きを指しますが、買収者にとっての「買収できる最大の価額（＝最大買収可能価額）」は、対象会社単独の現在価値にシナジーの現在価値を加算した価値を基準に必要に応じた調整をかけ、さらに諸経費を控除して算定します。そこから④の調整を行うことで、買収者側の価値創造部分を確保したうえで最終的に売却者側へ提示する買収価格が決定されるといえるでしょう。

なお、②の「競合上の論点」とは、対象会社を買収者の競合企業に買収されてしまった場合の評価を意味します。競合会社が対象会社を買収し、当該買収により競合会社の競合優位性が強化されてしまうと将来的には買収者自身の事業に大きな悪影響を与える場合があります。この場合の悪影響の程度を価値評価（防御価値の評価）することがあります。同じく②の「会計・税務上の論点」としては、代表的なものに「のれん償却[8]」等のトピックがあります。買収にあたって買収者側に多額の「のれん」が計上されると、買収者側の連結損益計算書上で「のれん償却」費用が発生します。通常、過半数超の買収を実施して対象会社を連結子会社にすれば、買収者の連結営業利益は対象会社の営業利益の分だけ増加します。しかし、「のれん償却」が対象会社の営業利益より大きければ、「のれん償却」は販売管理費に計上されるため、その差額分だけ買収者側の連結営業利益が買収前と比べて低下してしまうことになるのです。この点を気にする買収者は非常に多いといえるでしょう。「財務状況」というのは、まさに買収者側の資金繰りや借入れを用いた場合の財務的問題点等の検討等が挙げられるでしょう。

最後に、④の「買収者側の価値創造部分」についてです。買収者は最大買収可能価額すべてを実際の買収価格とすることはできません。なぜなら、最大買収可能価額は当該買収により買収者が実際に得ることのできる価値であり、その全額を支払ってしまっては当該買収により買収者側の価値創造が図れないからです。

8　簡単に言えば、「のれん」とは、100％株式譲渡による買収の場合、買収額から対象会社の純資産を控除した金額をいい、買収者の連結財務諸表に資産として計上されるものです。会計基準等にもよりますが、通常「のれん」は５年間等の一定年数で償却し、償却額を販売管理費に費用として計上する必要があります。ブランド価値等に例えられることがあります。買収者側の判断にあたり非常に重要な論点です。詳しくはウェブ検索等により調べておくことをおすすめします。この影響を緩和しようと、会計基準をIFRSに変更する上場会社もあります（IFRSでは償却のルールが異なるため）。

このようなプロセスを経て、買収者は最終的な買収価格を決定していくことになりますが、買収者側内部での算定過程は通常、売却者側には開示されません。買収者としては安く買収できればそれに越したことはないので、売却者とのコミュニケーションの中では、シナジー価値については算定に含めずに評価しようとする場合があります。しかし、優良な対象会社であれば、「他の買収者」という競合が現れます。こうなると買収者側も①の価値、つまり対象会社本来の価値のみを算定根拠としていては買収競争に勝てない場合もあります。そこで、魅力的な企業を対象とする多くの場合で、シナジー価値を含めた評価を前提に買収価格が決定されています。したがって、シナジー価値の算定は売却者にとっても、買収者にとっても重要なトピックになるのです。シナジー価値の算出については後述しますので、まずは企業価値について説明していきます。

〈買収の意思決定〉

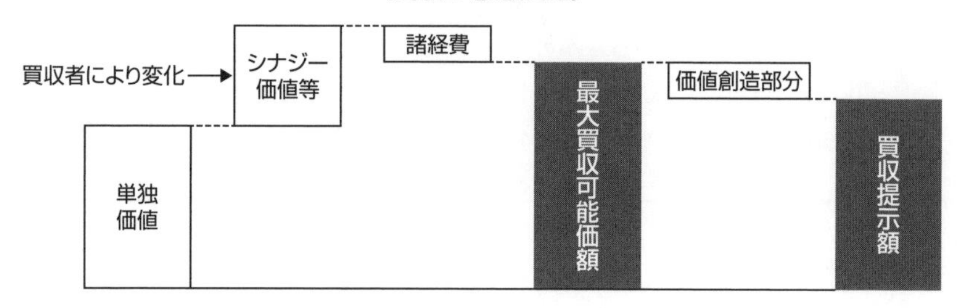

4 企業価値評価の手法

4-1 企業価値評価手法によって異なる算定結果

世の中には様々な資産が存在します。実物資産、権利、不動産、株式等です。私は、その精度の高低はあれど、どのような資産であっても評価はできると考えています。すべての資産の評価方法について、基本的な考え方は類似していますから、代表的な資産評価手法を学ぶことにより、様々な資産の価値を直観的に見積もることが可能となり、また、どのような要素が価値を上げ、あるいは下げるのかということを直感的かつ理論的に知ることもできます。

また、特定の企業価値評価モデルによって独立して評価された価値は、唯一の絶対的な評価額にはなりにくいという点は重要です。企業価値算定業者が企業価値評価を行う場合、通常、顧客に対して以下のようなサマリーが提示されます。これは**フットボールチャート**(foot ball chart）と呼ばれ、採用した複数の企業価値評価モデルによって求められた価値の幅を視覚的に表現したものです。このチャートは評価の要旨を説明する際によく用いられます。

なお、この企業価値評価モデルでは評価手法で求められた算定値の上下15%を「幅」としています。たとえば、以下のチャートはEBITDAの前期実績を基準にEV/EBITDA倍率を用いて求めた対象会社の株主価値は495億円であり、その上下15%である421億円～569億円の間にチャートが描かれています。

〈フットボールチャート〉

アプローチ別	評価手法名	細目	85%	算定値(億円)	115%	評価額チャート（億円、株主価値）0 100 200 300 400 500
マーケットアプローチ	類似会社比較法(Comps)	EBITDA実績値ベース	421	**495**	569	
		純資産実績値ベース	133	**156**	179	
		EBITDA予測値ベース	323	**380**	437	
インカムアプローチ	ディスカウンテッド・キャッシュフロー法(DCF法)	永久成長モデル	196	**230**	265	
		売却マルチプルモデル	241	**283**	325	

公認会計士等に依頼して作成するような「株価算定書」では、複数の算定結果を単純平均または加重平均する（「折衷法」等と呼称される）ことによる価格算定が過去多く行われていましたが、折衷割合を合理的に見積もりにくく否定的見解もあります。このため、前ページのようなチャートにすることにより各算定される価値の理論上の分布を示したうえで、適切な手法を検討するということが行われます。

本来、どの手法を用いても、前提条件が完全に正しい値であれば、どの手法の算定結果も同じ値をとるはずですが、このように、それぞれの評価手法で前提条件を独立して設定して算定を行った場合、合理的に説明できる評価額が異なってきます。また、算定手法ごとにそれぞれの根本的な考え方があります。前ページ図記載の２手法についていえば、類似会社比較法（Comps）は、利益や資産額が株主価値等の関数であるという考えのもと、類似会社の各種株価倍率を対象会社の利益や資産額に乗じた価額が対象会社の価値であると考える評価手法です。一方、DCF法は、将来の対象会社の期待FCFをリスクと資本構成が反映された割引率で割り引いた現在価値こそが対象事業の価値であると考える評価手法です。市場株価法のように実際に市場取引の中で決定される株価以外は、算定方法だけでなく価値の表現の仕方についても様々なのです。

4-2 企業価値評価手法の種類

企業価値評価の評価アプローチは複数ありますが、本書では前述の「企業価値評価ガイドライン」に則って大きく３つに区分していきます。

1．**ネットアセットアプローチ**（投下された資産によるアプローチ。コストアプローチと同義。純資産価値法等）
⇒対象会社のBS上の純資産を株主価値として評価するもの。本書では後段「その他の企業価値評価モデル」にて説明しています。
2．**インカムアプローチ**（将来キャッシュフローと割引率によるアプローチ。DCF法等）
⇒対象会社等の期待キャッシュフローを現在価値に割り引いた合計額を事業価値等として評価するもの。多くの評価アプローチが存在する。
3．**マーケットアプローチ**（利益倍率等を用いたアプローチ。類似会社比較法等）
⇒上場類似会社や類似取引における利益倍率や資産倍率を用いて対象会社の企業価値（事業価値）や株主価値を評価しようとするもの。または、市場株価を基準として評価する市場株価法や非上場株式の直接の取引価格を基準として評価する取引事例法がある。

それぞれの評価アプローチは異なる特徴をもつことから、評価の目的や対象会社の特性等に鑑みたうえで適切な評価手法を選定していく必要があります。また、実際の評価の際には、複数の評価方法による算定結果を比較検討する場合があります。ここから、各評価手法について説明していきますが、まず大原則を言うならば、多くの評価手法では、企業価値は、以下の３点により左右されるといえます。

①キャッシュフローの創出力
②キャッシュフローの期待成長率
③将来のキャッシュフロー創出にかかるリスク（不確実性）

「市場株価法」と過去の投下資産を基準に価値算定を行う「ネットアセットアプローチ」以外の企業価値評価モデルでは通常、モデルのどこかに上記要素が入ります。222〜223ページの表は、企業価値評価モデルを少し細かく分類したものです。

なお、それぞれのアプローチは直接的に求められる価値が「株主価値」である場合もあれば、「事業価値」の場合もあります。M&A取引においてはこれらの価値を株式譲渡であれば該当する株式１株当たり価値に変換して譲渡株価を算定します。

本書は企業価値評価の専門書ではなく、企業経営者または現場で実務に携わっている方が簡易的な企業価値評価ができるようになること及びより専門的な評価手法を学ぶ場合の導入的解説をすることを目的としています。本来、これら評価手法について１つずつ詳細に説明したいところですが、本書ではM&A実務でよく用いられる類似会社比較法、エンタープライズDCF法（通常のDCF法）、ベンチャー投資実務で最もよく用いられるベンチャーキャピタル法、その他著者が頻繁に用いている手法を中心に説明します。その他の手法についても、簡単にみていきます。

〈企業価値手法の種類と特徴〉

区分	アプローチ別	評価手法名	概要
時価ベース	マーケットアプローチ	市場株価法	前日終値、1か月間の終値の平均値、3か月間の 終値の平均値、6か月間の終値の平均値などを用いて算定
		取引事例法	非上場会社における直近の取引価格を基準として評価するもの
純資産ベース	ネットアセット（コスト）アプローチ	簿価純資産法	純資産帳簿価額を株主価値とする方法
		時価純資産法（≒修正簿価純資産法）	企業の所有する全財産の価値を評価時点の時価に引き直して時価純資産等を算定。修正簿価純資産法では一部の資産のみ詳細評価を行い時価への引き直しを行う。時価純資産法では、全資産を評価対象とし時価への引き直しを行う
純資産または利益指標ベース	マーケットアプローチ	類似会社比較法（Comps）	EV/EBITDA倍率、PERまたはPSR等を用いた評価手法。対象会社と類似する複数の上場会社を選定し、当期純利益、EBITDA、純資産額、PEG比率等の指標を入手し、当該指標からみて時価総額または企業価値がどの程度の倍率で評価されているかを分析する。その後、各社の平均（または中央値）倍率を求め、対象会社の該当指標へ乗じることで株主価値または企業価値等を算出する。基本的には、「予測指標」を基準に計算された倍率を用いる。なお、類似性の判断は、対象会社の事業内容、成長性、ROIC等を主軸に、その他収益性やリスク等に鑑みて決定する
		類似取引比較法	類似する過去の取引を参考に、株主価値を算定。特定のM&A取引について、「企業価値評価額/重要指標」のデータを取得して、対象会社の重要指標に乗じることにより企業価値等を算出する。特に成長過程にあり、利益、EBITDA、純資産等が0に近いまたはマイナスの場合、この手法が用いられることがある
利益指標ベース	インカムアプローチ	エンタープライズDCF法	対象会社の財務プロジェクションを策定し、そこから得られる対象会社将来FCFおよび最終年度以降の継続価値を「債権者および株主の加重平均期待収益率」を意味する加重平均資本コスト（WACC）により現在価値に割り引くもの。算定された現在価値合計額から債権者等に帰属する価値を控除して株主価値を算定する。いわゆる通常の「DCF法」。FCF算定時には、NOPLAT（みなし税引後営業利益、Net Operationg Profit Less Adjusted Taxes）を基準とする
		アドジャスティッド・プレゼント・バリュー（調整現在価値、APV）法	エンタープライズDCF法と異なり、まず「無借金フルエクイティ」企業の前提でFCFを株主資本コストのみにより割り引くことで株主価値を算出し、次に「有利子負債による節税効果（タックス・シールド）」、また場合によっては負債に伴う「倒産コスト」等を加算して、最終的な株主価値を確定させる。FCF算定時には、NOPLAT（みなし税引後営業利益、Net Operationg Profit Less Adjusted Taxes）を基準として算出する
		エコノミック・プロフィット法（経済的利益法）	「NOPLAT（みなし税引後営業利益）」から「資本コスト額」を控除した超過リターンである「経済的利益」の現在価値合計に投下資産額（株主資本簿価+（純）有利子負債簿価）を合算した数値を事業価値とする手法。なお、「資本コスト額」とは、投下資産額に資本コスト率を乗じたもの。根本的な考え方はDCF法と同じであり、理論上は算定結果が一致する。類似手法として「残余利益法」や「EVA法」等がある
		エクイティDCF法	株主価値を直接求めることができるDCF法の一種。株主に帰属するキャッシュフローのみを株主資本コスト（WACCではない）で割り引くことにより実施する。本手法では、FCF算定時には当期純利益を基準として算出する（支払利息も控除され債権者リターンを控除済みであるから）
		収益還元法	当期純利益を一定の割引率で割り引くことで株主価値を計算する
		配当還元法（DDM）	1株当たりの配当金を一定の割引率で現在価値に還元することで株主価値を算定するもの。ただし、安定志向・未来の投資ニーズ等があり配当性向が低値になる場合は株主価値を過小評価してしまうことがある。場合によって、自社株式の買い戻しをキャッシュフローに加算する等の処理を行う修正配当割引モデル、配当成長率が複数段階にわたり変化することを仮定した多段階配当割引モデル等を用いるべき場合もある
		リアルオプション法	解析式や近似式、多項モデル等をモデル化してフレキシビリティを含めて評価する手法。モンテカルロ法などと組み合わせる場合もある。ベンチャー企業評価の応用例として、成長率の平均回帰プロセス等をモンテカルロ法に組み込んだSchwartz & Moonモデル等が知られる
		確実性等価キャッシュフロー（CEQ）法	DCF法の変化形。確実なキャッシュフローを無リスク利子率で割り引く手法。CAPMを変形させることで確実性等価キャッシュフローを算出して割り引く方法。対象会社の独自の不確実性を織り込んで評価することが可能
		ベンチャーキャピタル法	主にベンチャーキャピタルやバイアウトファンドが投資時に用いる手法。対象会社の将来PLモデルおよび予測PER等から、流動化イベント時に得られる収益を算出し、当該収益額からハードルレートを用いて現在価値を求めることで採算性を測る手法
		ファーストシカゴ法	複数のシナリオ（早期IPOケース、IPO遅延ケース、ホラーケース、中途イグジットケース、シナジー発生&継続保有ケース等）を作成し、かつシナリオの発生確率を設定して、複数のシナリオから得られる評価額を加重平均することで現実に即した評価を行おうとするもの。ベンチャーキャピタル法に類似

(注)「客観性」とは、算定主体により大幅な算定結果の乖離がなく、恣意性が入りにくいという意味です。
「のれん・将来収益力の加味」とは、純資産水準のみならず将来収益に対応する価値部分をどの程度具体的に表現できるか否かという意味です。

適するケースと注意	買収プレミアム計上の有無	客観性	のれん・将来収益力の加味	対象会社毎の個別特性反映
最も客観的な評価が可能であるが、非上場会社の評価では用いることができない。上場会社のみ利用可能	無	◎	○	○
非上場会社で直近に取引事例があり当該取引における評価に合理性がある場合に用いることが可能	有／無	◎	○	○
客観的な評価が可能であるが、資産価値をベースとする評価となり、将来の収益（のれん）が正確に反映されない（再調達原価法により一部反映させることは可能）。資産型経営ではない多くのベンチャー企業、知識・労働集約型企業、IT関連企業等には用いるのは不適切。一方で、設備投資型企業（製造業等）等や、清算・裁判時の評価には本手法を用いる一定の意味はある	無	◎	×	○
上記の純資産法と基本的には同一。清算・裁判時の評価には主にこちらが用いられることがある	無	◎	×	○
上場類似会社の指標を参考に対象会社の株主価値を算出する手法。算定手法は簡便だが、対象会社の類似会社の選定は難しい	無	○	○	△
公開されている適切な類似取引が存在する場合は利用可能だが、存在しない場合は利用できない。ただし、情報取得が可能であればベンチャー企業評価には有用。ただし、利用する重要指標は財務的指標との関連が説明できるものに限定すべき	有	○	○	△
最もよく用いられる手法。様々な要素が勘案できることから信頼性が高い手法と考えられ、多くのケースに対し適用可能。しかし、レバレッジ比率およびキャッシュフロー成長の長期安定、収益率の正規分布を前提としており、銀行やベンチャー（特に負債の大きいベンチャー）には適用しにくい。しかし、ベンチャーには代替手法が少ない点から多く用いられている。事業計画と割引率の妥当性の検証は難しい。このため期待FCFではなく、成功ケースのFCFを用い、ベンチャーキャピタル法で用いる割引率で現在価値を見積もろうというアプローチもある	有	△	◎	◎
エンタープライズDCF法では、一定のD/Eレシオが永久に継続する継続企業を前提として評価される。一方で、APV法ではこれらの仮定を設けない（キャッシュフローの長期安定とCFの正規分布は前提）。このことから、APV法はD/Eレシオが一定との仮説を置くことに問題があるLBO等のケースや投資不適格企業の評価に適する。弱点は負債増加による「倒産コスト」算定が難しい点である	有	△	◎	◎
資本コストからみた超過リターンを期間を区切って測定する場合にはEVAを用いた本手法のほうが有益な示唆を与える。内部管理指標として用いられることもある	有	△	◎	◎
実際に用いられるケースは限定的。しかしながら、金融機関の評価には配当還元法と共に用いられることが多い（負債の性質が一般企業等と異なる等複数の理由により株主価値を直接求められるこれら手法がより正確性をもつため）	有	△	◎	◎
FCFの安定する不動産の評価等に主に用いられる	有	△	◎	◎
通常、制度上一定の自己資本の維持を要求されるような財務面で特殊性のある銀行その他金融機関等の株主価値評価に用いられる	無	△	◎	◎
創薬系企業やベンチャー企業等、重要なイベントにより価値評価が大きく上下したり、撤退により大きな損失回避が可能な企業を評価する場合に用いられることが多い。経営者による意思決定、事業リスク、開発成功リスク等を織り込んだ合理的な算定が可能であるが、理論が若干複雑。リスク中立測度やBSモデルや伊藤のレンマ等の数学的知識なしにはモデルの理解が困難	有	△	◎	◎
ベンチャー企業や非上場会社等で自社の株価変動実績もなく類似会社も選定しにくい対象会社を評価する場合に有効	有	△	◎	◎
ベンチャーキャピタルの出資における対象会社評価に用いられる。バイアウト投資においても参考として評価が行われる場合も多い。ベンチャー企業等、ベンダー側が提出した事業計画を割り引く場合にはCAPMによる割引率は用いずに、特殊な割引率を用いる場合もある	無	△	◎	◎
ベンチャー企業評価に多く用いられる。複数のシナリオを織り交ぜるということは、「期待値」的なCFを割り引くのと同様であるため、割引率はCAPMと同じ考え方により求めることが可能	有／無	△	◎	◎

「対象会社毎の個別特性反映」とは、対象会社の財務情報に加えて、強み・弱み等、競合と比較した対象会社固有のさらに詳細な情報を織り込めるか否かという意味です。

5 類似会社比較法（マーケットアプローチ）

5-1 類似会社比較法と類似取引比較法の概要

実務家によく用いられる企業価値評価モデルの中で直観的に理解しやすいものが、「類似会社比較法」と「類似取引比較法」です。「類似会社比較法」がわかれば、「類似取引比較法[9]」も理解できることから、ここでは「類似会社比較法」に焦点を当てて解説していきます。

類似会社比較法とは、対象会社と類似する上場会社を複数社選定し、各類似会社の倍率指標データ（時価総額／利益等）を取得し、これらから適切と考えられる倍率指標（類似会社倍率指標の平均値または中央値等）に対象会社の利益等を乗じる等により対象会社の価値を算出しようというアプローチです。たとえば、対象会社の当期純利益が１億円で、上場類似会社の当期純利益が３億円、時価総額30億円（つまり当期純利益の10倍という「倍率」）で評価されているとした場合に、対象会社の時価総額（株主価値）は１億円×10倍＝10億円ではないか？　と考えます。実際には、複数の類似会社を選定しその平均倍率や中央値（中央値の利用がより推奨される）などを材料として倍率計算を行います。

一方、**類似取引比較法**は、たとえば過去に会社売却等を行っている類似する会社にかかる財務データ・買収価格等が公表されている場合に、それらのデータを類似会社比較法で行うように「取引において用いられた企業価値（または株主価値）」を「利益指標」等[10]で除すことで倍率を算出し、当該倍率を用いて対象会社を評価しようというものです。仮に、半年前に類似会社のM&A事例があったとしましょう。この際の当該類似会社の当期純利益が１億円、売却時の株主価値が10億円であった場合、対象会社の当期純利益が２億円であれば20億円の株主価値であると考えます。

類似取引比較法は、まとまった利益・資産がない場合でも、財務指標以外の事業KPIを用いて行うことも可能です。類似会社の売却時に会員数が10万人、売却時の株主価値が10億円であれば、対象会社の会員数が５万人であれば株主価値を５億円といった具合です。ただし、本手法を用いる場合には、事業KPI指標がCFと連動していること（または将来CFが生まれた場合に連動しうるか）が説明力を高めるための条件になります。

---

9 「類似取引比較法」は、過去のM&A取引を参考に企業価値評価を行うものなので、過去のM&A取引の情報がない場合は利用できません。

10 資産指標やKPI指標を用いる場合もあります。

5-2 類似会社比較法の代表格 ～EV/EBITDA倍率～

●EV/EBITDA倍率による評価

類似会社比較法の中でも特によく用いられるのが、「EV/EBITDA[11]倍率」による評価です。「EV」とは「事業価値」を指し（214ページ脚注参照）、「EBITDA」は「営業利益＋償却費」という簡易的算式で求めることが可能です。「EV/EBITDA倍率」を用いた類似会社比較法では、「対象会社のEBITDAに対して、何倍のEVが妥当な対象会社のEVであろうか？」という視点から上場類似会社の当該倍率平均値または中央値等により適正倍率を検討し、当該倍率を対象会社のEBITDAに乗じることで「EV」を算出します。「EV/EBITDA倍率」は、EBITDAがキャッシュフローに類似する性質をもつ点、各国間の税制・償却制度等の違いに影響を受けにくい点、支払利息支払い前であり株主・債権者双方に分配されるべき利益指標である（資本構成に影響されない）点、特別損益項目等の特殊要因を受けにくい点等から企業価値を評価する際に重宝されます。

なお、「EV/EBITDA倍率」を議論する場合、「EV」を「事業価値」として定義している場合もあれば、「企業価値」として定義している場合もあります。本来はEBITDAが「事業および事業資産からもたらされる利益指標」であることに鑑みると、平仄を合わせようと思えば「EV」=「事業価値」とすべきです。「企業価値」は事業に関係ない非事業資産も含めた価値であり、会社によりその保有量は異なるからです。しかし、類似会社のEV/EBITDA倍率の分子である「EV」が「企業価値」となっていれば、それにならって「EV」=「企業価値」とみなして評価しなければ算定を誤ってしまいます。本来「EV」=「事業価値」とすべきですが、実務では「EV/EBITDA」=「企業価値/EBITDA」として用いられている場合もある点にはご注意ください。

「EV」を「事業価値」とみなす場合は、そこから「ネットデット」を控除することで「株主価値」を求めますが、「EV」を「企業価値」とみなす場合には、有利子負債等のみを控除することで「株主価値」を求めます。

●PERによる評価

「PER」も、「EV/EBITDA倍率」に比べると利用しにくいものの、場合によっては有効です。「PER」とはご存知のとおり「１株当たり株主価値／１株当たり当期純利益（EPS）」で算出される倍率をいいます。これを「EV/EBITDA倍率」で行ったのと同じ要領で、類似会社平均や中央値を算出後、当該倍率に対象会社の当期純利益を乗じることで、株主価値を算出します。投資ファンドが投資する場合に、将来対象会社が上場したときにどの程度の株価がつきそうか？　等を検討する場合にはPERがよく用いられます。なぜなら、特

11 ただし、「投資の神様」と呼ばれるWarren Buffettをはじめ、この「EBITDA」より「EBITA」マルチプルを用いるべきだという意見もあります。201ページを参照してください。

に個人投資家比率が高くなりがちな新規上場銘柄や（主にマザーズ等の）上場銘柄等の市場株価を評価する場合には、市場においてPERを用いて評価する個人投資家が多く、それに準じて評価された価額に株価が収斂しやすいからです。注意すべき点は、PERを用いる場合、求められる価値は「株主価値」や「時価総額」である点です。いずれにせよ、ケースによりどういった指標を用いるべきかということは個別に検討すべきです。

なお、ここで利益指標の性質とこの類似会社比較法の関係性について少し考えてみましょう。「EBITDA」という指標は、利息も配当も支払う前の利益指標であることから、「債権者」にも「株主」にも帰属する利益指標と考えることができます。このため、この倍率と平仄があう価値は「債権者」にも「株主」にも帰属する会社全体の価値である「EV」となり、株主だけに帰属する「株主価値」とはなりません。一方で、「PER」は「利息支払い後、配当を支払う前」の利益指標である「当期純利益」を基準として算定します。分母となる利益指標である「当期純利益」は、債権者へのリターンである利息の支払いを済ませたあとの利益であることから「株主に帰属する利益」です。そのため、平仄を合わせるためPERの分子は「株主価値」となるのです。

ちなみに、類似会社比較法には、他にもPBR（純資産）を用いたもの、PSR（売上高）を用いたもの、EBITAを用いたもの等、様々な方法が存在します。

5-3 株価倍率の理論的背景

類似会社比較法では、主にPERやEV/EBITDA倍率等の利益マルチプルを用いて評価を行うのが主流ですが、この利益マルチプルを別のアプローチで分解すると面白いことがわかります。まず、次ページ図のような業績推移の会社をイメージしてください。

なお、図中のNOPLATとは「みなし税引後営業利益」を意味し、「営業利益×(1－税率)」で算出される、事業への投下資産のみから生み出された利益指標です。純投資とは投資の純額を意味し、「設備投資額＋運転資本増加額－償却費」で計算されます。また、投下資産とは事業に投下されている資産の純額を意味し、「総資産－非事業資産(余剰現金等)－事業負債(買掛金等)」で計算されます（230ページ下図参照)。

この会社では、2016年のNOPLAT100から永続的に５％の利益成長が見込まれています(少し非現実的ではあるが)。また毎年、NOPLATの25％(投資比率）を投資に充当し続け、かつ新規投下資産（純投資）の20％にあたるNOPLATを追加的に生み出しています。本例では、2016年に行った純投資がもたらすNOPLAT増加分は「５」となっていますが、これを新規投下資産である純投資分「25」で除した20％が「(新規投資にかかる）投下資産利益率」となります。同図では新規投資分にかかる利益率という意味で「RONIC（Return of new invested Capital：新規投下資産利益率)」と表記しています。一方、すでに行っ

〈ROIC（投下資産利益率）の算定例〉

前提条件　(M&A等を行っておらず、「のれん」がないと仮定する)

永久成長率	5%	(a)	投資比率*	25%	(b)

FCFの計算

		2016年	2017年	2018年	2019年
NOPLAT	(c)	100.0	105.0	110.3	115.8
純投資	(d)	25.0	26.3	27.6	28.9
対象会社の当期FCF	(e)	75.0	78.8	82.7	86.8
投資により翌期に増加するNOPLAT	(f)	5.0	5.3	5.5	5.8
RONIC	(g) ← (f)／(d)	20.0%	20.0%	20.0%	20.0%
投下資産	(h)	500	525	551	579
ROIC	(i) ← (c)／(h)	20.0%	20.0%	20.0%	20.0%

＊当期の「NOPLAT」に対してどの程度「純投資」を実施するかの比率です。

た投下資産全額に対する利益額は**投下資産利益率**（ROIC）[12]と呼ばれます。ROICとRONICが等しいものとすれば2016年末の投下資産は500（100÷20%）ということになります[13]。要するに、ROICやRONICは、ROE等と異なり、実際に事業に活用している資産にフォーカスした収益性指標であるといえます。ここでは、あらかじめ「25%」の投資比率を設定していますが、投資比率を逆算により求めようとすれば、「一定の成長率」と「投下資産とNOPLATの関係」を前提とすれば「成長率／ROIC（またはRONIC)」で算定することができます。この事例に当てはめてみればそのような結果になることがわかるはずです。ここでは「投資比率」が「成長率／ROIC（またはRONIC)」で計算できるということが重要な点です。これを覚えておいていただきながら、次にDCF法をより簡易化した企業価値評価モデルともいえる、配当割引モデル[14]の考え方を用いて企業価値評価式をみていきましょう。

●配当割引モデル（ゴードン・モデル）による企業価値評価式

一定の成長率でFCFが永続的に増加する企業の事業価値（EV）を簡易的に求める数式は以下のとおりとなります。配当割引モデルの分子をFCFに変形したものです[15]。一定の制約はありますが、初年度のFCFと、rおよびgがわかっていれば、次ページの（式4-1）のように簡便に評価する方法があります。

---

12 ROICは投下資本を分母に定義される場合もあります。230ページ下図参照。
13 長期的に安定した会社であればこのような仮定が十分に成り立ちうるといえます。
14 338ページに配当割引モデルの詳解があります。
15 244ページ（式4-7）で解説する永久成長モデルによる継続価値算定も同じ考え方です。

$$事業価値(EV)=\frac{FCF}{r-g} \quad r\cdots\cdots 割引率、g\cdots\cdots 永久成長率 \qquad (式4\text{-}1)$$

また、FCFは以下のとおり、みなし税引後営業利益（NOPLAT）を材料に計算します(274ページ参照)。

$$FCF=NOPLAT+減価償却費-設備投資-運転資本増加額$$

このとき、先の例にならい「設備投資＋運転資本増加額－減価償却費」を「純投資」とすると（上式の符号を逆にしている)、FCF式を以下のように書き換えることができます。

$$FCF=NOPLAT-純投資$$

ここで先の例にならいNOPLATに占める「純投資」の比率を「投資比率」と定義すると、

$$FCF=NOPLAT\times(1-投資比率)$$

となります。ここで先ほどみたように、「投資比率」を「成長率／ROIC（またはRONIC)」に置き換えてみましょう。仮にROICを用いて「投資比率」に代入すると以下のようになります。成長率は「g」に置き換えました。

$$FCF=NOPLAT\times\left(1-\frac{g}{ROIC}\right)$$

次に本式を先ほどの（式4-1）に代入し、両辺を「NOPLAT」で除してみます。

$$EV=NOPLAT\times\left(1-\frac{g}{ROIC}\right)\Big/(r-g)$$

$$\frac{EV}{NOPLAT}=\left(1-\frac{g}{ROIC}\right)\Big/(r-g) \qquad (式4\text{-}2)$$

また、NOPLATを分解すると$EBIT\times(1-t)$となるので(274ページ参照)、以下のように表現することも可能です(t=税率)。

$$\frac{EV}{EBIT}=(1-t)\times\left(1-\frac{g}{ROIC}\right)\Big/(r-g) \qquad (式4\text{-}3)$$

（式4-2）と（式4-3）の左辺をみてください。この数式をみると「価値指標／利益指標」となっており、まさに類似会社比較法で用いる「利益倍率（マルチプル）」にそっくりな形になっているといえます。（式4-1）には、様々な制約条件があるため、実際のケースすべてに（式4-3）のような関係性が成り立つわけではありませんが、「利益倍率（マルチプル）」を、DCF法等のインカムアプローチで利用する材料である「g」、「$ROIC$」、「r」により表現できるということは、類似会社比較法を理解するうえで非常に重要なポイントです。これより、対象会社の永久成長率、投下資産利益率（どれだけ少ない事業資産で利益を生み出すか）、FCFの不確実性が反映されたリスク指標（rに相当）がマルチプルを決定づける重要な要素であるということがわかります。

221ページにて企業価値を決定づける大原則として、「①キャッシュフローの創出力」、「②キャッシュフローの期待成長率」、「③将来のキャッシュフロー創出にかかるリスク（不確実性）」が、企業価値を左右する重要な要素であるという説明をしました。これに鑑みると、まさに「ROIC」とは「キャッシュフローの創出力」を意味し、「g」は「キャッシュフローの期待成長率」に近い指標を意味し、「r」は「将来キャッシュフロー創出にかかるリスク（不確実性）」をそれぞれ意味する指標であるということができます。

次項以降、類似会社比較法の詳細な説明に入りますが、この３つの要素が企業価値や類似会社比較法上の「利益倍率（マルチプル）」に影響を与える重要指標であることを理解すれば、自ずと類似会社選定の精度も高まるのではないでしょうか。また、この考え方をDCF法に置き換えると、予測BS、予測PL、予測CFのすべてを含んだプロジェクションとは、まさに詳細な「ROIC」および「g」に相当するデータに近いものであることがご理解いただけるはずです。よって、「ROIC」と「g」の要素を含んだFCFを「r」で割り引くことで評価額を算出するというプロセスは、まさにマルチプルの考え方に通じるものがあるといえるのです。

5-4 類似会社比較法の具体的手順

それでは「EV/EBITDA倍率」を用いた類似会社比較法についてみていきたいと思います。230〜231ページの表は、類似会社比較法による企業価値評価の例です。

この表は、まさに類似会社比較法の算定結果ともいえるものです。最上段の表は類似会社の基礎データで、上から二段目の表は類似会社の類似性評価、価値指標および各種倍率データ、左下の表は対象会社のデータで、右下の表で類似会社の各種倍率の平均値や中央値を計算し、当該倍率を用いて対象会社の価値算定をしています。まずはこの表の構成を十分に理解したうえで読み進めていただければと思います。ここからは、231ページ下部の罫線で囲んだ手順に沿って実際の算定方法をみていきましょう。

〈類似会社比較法による企業価値評価〉 ※第二部において行った評価結果と

類似会社分析　　　　　　根拠データ

コード	会社名	EBITDA（百万円） 2018年度実績	EBITDA（百万円） LTM	EBITDA（百万円） 2019年度予測	当期純利益（百万円 2018年度実績
XXXX	A社	2,018	2,879	3,241	1,05
XXXX	B社	190	196	203	5
XXXX	C社	253	216	158	52
XXXX	D社	572	219	265	32
XXXX	E社	1,821	2,368	2,654	1,24
XXXX	F社	644	647	675	36
XXXX	G社	768	791	795	48
XXXX	H社	771	808	854	54

類似会社比較

コード	会社名	事業類似性	財務的類似性	時価総額（百万円、自己株調整後） 2018/3/31	EV（百万円 自己株調整後 2018/3/3
XXXX	A社	◎	△	16,532	19,65
XXXX	B社	◎	△	2,356	13,17
XXXX	C社	◎	○	4,047	3,12
XXXX	D社	○	○	5,896	6,85
XXXX	E社	○	△	6,845	8,54
XXXX	F社	○	△	5,486	3,56
XXXX	G社	○	○	7,623	5,54
XXXX	H社	○	△	6,013	4,48

対象会社（FT社）財務データ

	2018年3月期実績	直近12か月実績	2019年3月期予測
売上高	3,084,556,844	3,084,556,844	3,202,488,608
営業利益	282,177,502	282,177,502	323,558,823
償却費等	12,500,000	12,500,000	12,500,000
EBITDA	294,677,502	294,677,502	336,058,823
当期純利益	245,010,782	245,010,782	211,612,275
対象会社Net Debt	▲ 296,855,019	▲ 296,855,019	▲ 594,819,635
非支配株主持分	0	0	0
優先株等（簿価）	0	0	0
EBITDA成長率	—	—	14.0%
総資産	462,016,129	462,016,129	743,238,489
事業負債	92,516,676	92,516,676	169,326,762
非事業資産	325,655,019	325,655,019	616,419,635
投下資産	43,844,434	43,844,434	▲ 42,507,907
NOPLAT	245,425,023	245,425,023	211,935,306
ROIC	559.8%	559.8%	N/A

こちらでは簡便化のため実績値と同値を入力しています。

⇒ 本事例ではROICの分母を「投下資産」

※表計算ソフトで計算しており、小数点以下の取扱い等により一部手計算と誤差が生じます。

〈参考：投下資産とは何か？〉

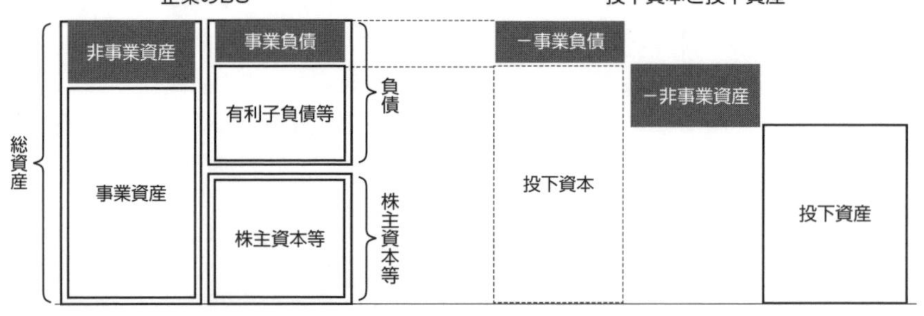

本書ではROICの分母を「投下資産」と統一しています。この場合、事業に純粋に投下されている資産の効率性を意味します。一方、ROICの分母を「投下資本」と定義する場合もあり、この場合、調達資金の投資効率を測る指標に意味合いが変わってきます（非事業資産も考慮されるため）。投下資産の詳細は『企業価値評価 第6版［上］』（マッキンゼー・アンド・カンパニー他著、ダイヤモンド社）に詳しいので必要に応じご参照ください。

異なっていますが、こちらはより精緻に評価したものとお考えください。

		売上高増加率　(%)		EBITDA増加率　(%)		ROIC(%)
LTM	2019年度予測	2018年度実績	LTM	2018年度実績	LTM	LTM
1,354	1,421	34.7	32.5	42.7	6.2	15.3
78	82	15.2	17.4	3.2	87.2	150.2
123	94	▲ 0.2	13.5	▲ 14.6	27.1	12.5
152	175	▲ 4.2	49.6	▲ 61.7	30.2	28.3
1,352	1,524	21.4	56.9	30.0	76.6	53.4
364	382	12.3	10.2	4.3	3.5	43.2
495	496	30.8	17.9	3.0	11.0	215.0
574	602	10.3	9.3	4.8	6.4	12.4

出来高(百万円、1か月平均値)	PER (倍)			EV/EBITDA　(倍)		
	2018年度実績	LTM	2019年度予測	2018年度実績	LTM	2019年度予測
856	15.7	12.2	11.6	9.7	6.8	6.1
523	42.1	30.2	28.7	error	error	error
102	7.8	32.9	43.0	12.4	14.5	19.8
235	18.1	38.8	33.7	12.0	31.3	25.9
56	5.5	5.1	4.5	4.7	3.6	3.2
124	14.9	15.1	14.4	5.5	5.5	5.3
102	15.7	15.4	15.4	7.2	7.0	7.0
201	11.1	10.5	10.0	5.8	5.5	5.3
類似会社マルチプル						
平均(A~C社)	21.9	25.1	27.8	11.1	10.7	12.9
平均(all)	16.4	20.0	20.2	8.2	10.6	10.3
中央値(A~C社)	15.7	30.2	28.7	11.1	10.7	12.9
中央値(all)	15.3	15.2	14.9	7.2	6.8	6.1
最大	42.1	38.8	43.0	12.4	31.3	25.9
最小	5.5	5.1	4.5	4.7	3.6	3.2
対象会社の株主価値の推定値						
平均(A~C社)	5,353,766,172	6,150,985,512	5,883,933,318	3,553,305,991	3,436,167,544	4,940,017,550
平均(all)	4,009,914,215	4,903,723,682	4,267,096,092	2,710,948,509	3,423,785,957	4,072,946,573
中央値(A~C社)	3,850,302,517	7,400,582,082	6,079,981,950	3,553,305,991	3,436,167,544	4,940,017,550
中央値(all)	3,751,413,691	3,732,939,911	3,145,660,592	2,424,097,987	2,308,522,829	2,632,740,063
最大	10,307,953,614	9,503,839,281	9,109,907,989	3,939,790,845	9,519,318,940	9,286,695,759
最小	1,351,409,188	1,240,457,694	950,450,146	1,679,784,142	1,360,332,186	1,676,944,240

て算出しています。この場合、投下資産額がマイナスとなる場合があり、この場合のROICは「N/A」と表記しています。

〈類似会社比較法の実施手順〉

①対象会社財務データおよび定性情報の分析
②類似会社の選定
③類似会社マルチプルの検証
④類似会社マルチプルの平均値・中央値の算出
⑤評価結果の導出と検証

5-4-1 対象会社財務データおよび定性情報の分析（①）

まず対象会社の情報整理と分析からはじめます。この作業は選定する「類似会社」を考えるうえで重要です。調査する項目を幅広にリスト化すると、以下のとおりです。もちろん、慣れてくれば「この案件なら、こういう切り口で類似会社を設定しよう」という判断ができるので、要点を絞って調査できるようになります。

〈対象会社の分析ポイント〉

対　象	分析ポイント
事業	• 事業内容（事業内容の一般情報） • 市場環境（成長市場に属するか、参入障壁があるか、脅威はないか等） • 競争優位性（技術力、コスト競争力、地域性でみた強み、独占契約、良質の施設、強いブランド・顧客ロイヤリティ等を有するか等） • 強み／弱み（競合と比べた明らかな強みがあるか等） • 取扱い商品と特性（商品力に新規性があるか、他社に真似できない魅力を有するか等） • 収益が安定しやすい会社か否か • その他の事業上の特性
財務	• 売上高（直前期実績、LTM*、できれば今期予測も） • EBITDAとEBITDA成長率（直前期実績、LTM、できれば今期予測も） • EBITDAマージン（直前期実績、LTM、できれば今期予測も） ※上記は「NOPLAT」でもよい • 有利子負債等と非事業資産（直近） • 総資産と事業資産（直近） • ROIC（直前期実績、LTM、できれば今期予測も） • 売上高成長率（直前期実績、LTM、できれば今期予測も） • 時価総額（直近） • FCFの不確実性またはβ値 • Z-Score（対象会社の倒産リスクが比較的高いと思われる場合。倒産リスクを表現するスコア）
その他	• 対象会社が連結グループである場合、非支配株主持分の有無、金額 • 株主構成とその投資簿価または時価

＊LTMとは、Last Twelve Month。つまり直近12か月合計値を意味します。上場会社の場合、直近四半期合計と考えてもかまいません。

なお、上表の情報は対象会社が上場会社であればEDINET上の有価証券報告書や、最近ではSPEEDA等の金融情報サービスを利用して瞬時に入手可能です。非上場会社の場合等であれば、対象会社から入手するか『会社四季報』やインターネット等を材料に数値や定性的情報を収集します。もちろん、自身で対象会社の情報を有するようなオーナー経営者である等の場合はすぐに情報はそろうでしょう。この作業により230〜231ページ表の左下にある「対象会社財務データ」の数値を埋めることができると思います。これらの情報が集まったら、対象会社の情報と比較して類似会社の選定を行っていきます。

5-4-2 類似会社の選定とマルチプルの検証（②、③）

対象会社の情報をまとめたら、次に類似会社比較法で最も重要なプロセスともいえる類似会社選定プロセスに入ります。原則的には、まず「事業内容」の類似性を根拠に幅広く類似会社といえそうな企業群を抽出し、そこから事業内容以外の要素を含めて類似会社を絞り込むアプローチを行うとよいでしょう。場合によっては「類似会社といえる会社がない」という結論もありえますが、この場合の対処法については後述します。

230～231ページの表では、A社からH社まで合計８社の上場類似会社を選定しましたが、実務でも少なくとも４社程度の類似会社は選定したいものです。しかし、この類似会社選定は難しい作業であり、このステップを正しく行うことができなければ「合理的かつ適切な」類似会社比較法になりません。ただし、対象会社と完璧な類似性をもつ企業は通常存在しませんから、ある程度の「非類似性」は許容されます。類似会社の選定は、大きく分けて、以下の３つのステップを踏んで行います。

〈類似会社を選定するための３つのステップ〉

１．事業類似性の確認
２．財務・その他類似性の確認
３．類似会社マルチプルの検証

１．事業類似性の確認

事業類似性の検討に際しては、事業内容や市場の類似性はもちろんのこと、「強み／弱み」（いわゆる、「SWOT」分析的な要素）、「競争優位性」、「顧客層」など、「事業」の周辺情報も活用して類似会社を選定していきます。これらが類似していればいるほどよいといえます。たとえば、同じコンテンツ配信事業でも、その扱うコンテンツが何なのかによって「類似性」の強弱を判断します。また、通信販売事業であれば、高齢者向けの健康食品を主に扱う会社と、若者向けのアパレルを扱う会社では「類似性」は弱いといえるでしょう。「販売するコンテンツ（商品）が異なる」「対象顧客市場が異なる」ということは、株価マルチプルの重要指標ともいえる将来の「成長率」、「リスク（不確実性）」または「事業投下資産の収益性（ROIC）」等も変わってくるということは容易にご理解いただけるのはないでしょうか？

したがって、広い類似会社群から、実際の算定に用いる「本当に類似しているといえる会社」を検討する場合には、これらの要素へ大きな影響を与える事実を中心に「類似性フラグ」となりえる要素を抽出し、それらの有無に基づいて類似会社を選定します。たとえば、保険会社などの場合には、「対象会社は『少額短期保険業者』として業務を行っているから『損害保険業免許』をもつ上場会社を類似会社と判断すると合理的な評価にならないのではないか？」等と考えていくのです。また、事業内容がユニークな対象会社であれば、まったく同じ事業を行う上場類似会社がない場合もあるでしょう。その場合は、「事業」そのものではなく、「事業以外」の類似性（たとえば顧客層など）を基準に上場類似会社を選定せざるをえないケースもあります。重要なことは、どのような要素が対象会社およびその周辺事業領域において、市場から評価されるポイントになっているのかを見極めることです。つまり、「対象会社の属する業界においては、どういった指標が各種マルチプルに影響を与えているか？」を十分に考えていくのです。

2．財務・その他類似性の確認

事業類似性の検討によってある程度の候補に絞れたら、次に財務類似性を検証します。特に重要視すべき指標としては、売上高やEBITDA（営業利益やNOPLAT等でもよい）の成長率の類似性、株価βやキャッシュフローの安定性（リスク・不確実性の程度）、ROIC（投下資産利益率）の類似性に加えて、売上高規模の類似性およびEBITDAマージン（または営業利益率）等が挙げられるでしょう。また、特に倒産リスクが一定程度あるような製造業を評価するような場合であれば、Z-score等が類似性評価、特にリスク度の評価に用いられることもあります。

このように、財務・その他の類似性を評価対象会社と対比しながら検証していきますが、「どの程度指標が近ければ類似会社として合理的に選定できるのか」という疑問が生じます。これは難しい問題です。類似性を強く求めすぎると類似会社として選定できる企業数が少なくなり、その結果、類似会社比較法の精度が落ちますし、逆に類似性を極端に広く考えてはこれもまた類似会社比較法の根幹が揺るぎます。この意味では、5～10社程度の類似会社が抽出されるくらいに類似性のレベルをケースごとに定めていき、合理的な評価ができないと判断できれば類似会社比較法による評価を中止するというのも1つの選択肢といえます。230～231ページの表でも財務的類似性が強い類似会社、弱い類似会社がわかるように評価結果を記載しました。

3．類似会社マルチプルの検証

類似会社を選定したら、類似会社の各指標を入力していきます[16]。これらの数値入力が完了したら、類似会社マルチプルに「異常値」がないかを確認・検証します。たとえば、極端にマルチプルが高い場合は、特殊要因によりそうなっていることもあり、評価に含めることが適切でない場合があるからです。この異常値の排除を簡便に行う場合[17]、マルチ

---

16 SPEEDA等の金融情報サービス等があれば自動的に類似会社情報が取得できますが、ない場合にはYahoo!ファイナンスや有価証券報告書から数値を探します。

17 本書では割愛しますが、専門家が異常値について検討する場合、市場全体のマルチプル分布を統計解析（正規化）し、マルチプルの異常値を検討することもあります。

プルが他社に比べてきわめて高い・低い等という類似会社があるかをまずみてみましょう。そのような対象会社があれば、何らかの特殊な原因でEBITDAや当期純利益等の指標が少額となっていないか、「時価総額」と「企業価値」に大きな乖離がないか（巨大な負債がないか）、過去のマルチプルの推移はどうかという視点で原因を探っていきます。一概には言えませんが、私の感覚ではEV/EBITDA倍率であれば50倍、PERであれば100倍、PBRであれば10倍を超えている場合は「異常値」となっている可能性がないか特に注意が必要です。なお、マルチプルの平均値を算出する際に、平均値ではなく「中央値」を用いることで、こういった異常値を排除しようという考え方もあります。

参考までに、230〜231ページの表では、B社のEV/EBITDA倍率が「error」となっていますが、これは異常値とみなされた数値を排除していることを意味します。実は、B社の場合、EV/EBITDA倍率がすべての年度において65倍程度と異常値を示しています。このような場合には、なぜ異常値となっているのかを検証します。B社の場合、「時価総額」と「企業価値」の差が非常に大きい、つまり「有利子負債等」が多額になっています。このような場合はよく調査すると、過大な有利子負債等ゆえに定常的に返済できなくなっているような「再建中の企業」である等とわかる場合があります。このような企業は、多額の負債に起因して「EV」が高く、それにより「EV/EBITDA倍率」も高い状態といえます。通常、負債比率が高く、インタレスト・カバレッジレシオの低い企業は格付も悪化しますし、負債の評価額が適正でないことも考えられます。このような場合は、異常値によりマルチプルが高値になっていると判断し、類似会社として選定するべきではないと考えます（ただし、業界や状況により、負債が適切に評価されていると考えられるケース等、異常値とみなすべきでないケースもある）。

また、分子の指標である類似会社の「EBITDA」も確認すべき重要な論点があります。注目すべきは「経年推移」と「特殊要因の有無」です。特殊要因によって、「売上」や「売上原価」「販売管理費」等が異常値的に変化した結果、一時的に異常値的な「EBITDA」が出ている場合もあります。特にEBITDAが異常低値となっているケース、たとえばEVが50億円、EBITDAが５万円というケースにおいては、EV/EBITDA倍率が10万倍と明らかに算定に用いることができない値となります。必ず直近数年の「EBITDA推移」を観察し、一時的に発生した異常値の有無を確認するとよいでしょう。

さらに、「PERマルチプル」であれば、「特別損益」項目と「税額」は重点的に確認すべき事項です。多額の特別損益は当該年度の当期純利益へ大きな影響を与えますので、この場合はその類似企業のPERを用いるのは危険です。たとえば、営業利益が正常水準でも、多額の「有価証券売却損」が出ているような場合、当期純利益が正常水準とならず、PERが異常な高値になることはよくあります。また、税額の観点では、たとえば、多額の繰越欠損金が存在する企業が類似企業として選定されていた場合、繰越欠損金の利用に伴って実態よりも高い当期純利益が計上されているケースも考えられます。

なお、特定の類似会社の「EBITDA」や「当期純利益」が赤字である場合、当該類似会社の「EV/EBITDA倍率」や「PER」がマイナスとなることから、その類似会社は類似会社比較法に用いることはできません。「マイナス値」の倍率をそのまま平均値算出に用いているのは、よく散見されるミスの代表例です。

5-4-3 類似会社マルチプルの平均値・中央値の算出（④）

ここまでの作業で類似会社がそろい、異常値を除いた該当数値を入力し終えたら、各類似会社のマルチプルの「中央値」「平均値」「最大値」「最小値」を算出していきます。なお、平均的な類似会社のマルチプルを考える場合、「平均値」と同様に「中央値」も重要な意味をもちます。むしろ類似会社比較法においては、一定の数の類似会社を抽出できた場合には「中央値」を用いて検討すべきだという考え方もあります。これは類似会社マルチプルに異常値が含まれてしまっている場合にも、それらの影響を極力取り除くことができるからです。

5-4-4 評価結果の導出と検証（⑤）

類似会社マルチプルが完成したら、最後に評価を行います。仮に230〜231ページの表に示すように、類似会社のPERマルチプル（2019年度予測）が平均値ベースで20.2倍であれば、当該マルチプルに評価対象会社（FT社）の当期純利益（今期予測）を乗じることで類似会社比較法により推定された株主価値が得られます。また、類似会社のEV/EBITDAマルチプル（2019年度予測）が平均値ベースで10.3倍であれば、評価対象会社の今期予測EBITDAを乗じることによって類似会社比較法で推定された企業価値（EV）が得られ、これを基に株主価値を算定します。

なお、「予測指標」によって類似会社マルチプルを算出している場合は、当該マルチプルに乗じる対象会社の指標も「予測指標」を用いるのが通常です。たとえば、ある類似会社の時価総額が100億円で今期予測当期純利益が10億円である場合には予測PERが10倍となりますが、このマルチプルを用いて対象会社の株主価値を求めようとする場合、原則としては、対象会社の前期実績の当期純利益ではなく、「今期予測の当期純利益」を用います（もちろん、この予測値の確実性次第であり、そうすべきでない場合もある）。これはマルチプル算出の根拠データが実績指標である場合も同様で、この場合、対象会社についても「実績指標」を乗じて評価します。

5-4-5 評価結果の考え方

類似会社比較法では、類似会社マルチプルの「平均値」「中央値」を用いて算出した株主価値を「結果」と捉え、また「最大値」「最小値」を基準に推定した株主価値を参考として把握することが可能です。しかしながら、EV/EBITDA倍率やPER等の各種指標で算出された株主価値の推定値は、それぞれ大きく異なることもザラです。また、評価の「基準期」を「今期予測値」ベースにするのか、「前期実績」ベースにするのかによっても結果が大きく異なってきます。

類似会社比較法による企業価値評価は、DCF法などと同様、前提の置き方1つで評価額が大きく変化します。より正確に対象会社の個別性を織り込んで企業価値を評価しようという場合には、DCF法がより有用といわれますが、これでさえ「絶対的に正しい数値」を算出することができるわけではありません。それゆえに、この類似会社比較法に加えてDCF法による評価を行い、双方の結果を照らし合わせたうえでどのような前提が対象会社を評価する際に合理的なのかという点を深く検討しながら最終的な企業価値評価を行っていくことが、重要であるといえます。

とはいえ、売却者がファイナンスのプロでなくとも、EV/EBITDA倍率を用いた評価ができれば対象会社の価値を推定するうえで非常に有効ですし、交渉においても買収者の評価額算出根拠をより専門的に理解していくことで交渉の武器とすることもできるでしょう。また、類似会社比較法では、前述のとおり評価対象企業や競合企業に対する十分な分析を行い、企業間のマルチプルの差（つまり重要なバリュー・ドライバがどこに存在し、どこが異なるのか）を理解していきます。これら作業は、前述の「簡易的なセルサイドDD」とも重複し、DCF法の重要材料ともいえるプロジェクションの策定によい示唆を与えます。さらに、こういった観点で類似会社を選定しておくと、DCF法による価値の構成要素の大きな部分を占める「継続価値」（245ページ参照）の妥当性についても、より精緻に検証することができるようになります。

5-4-6 類似会社比較法を実施する場合のその他の留意点

類似会社比較法を実施する場合には他にも様々な留意点があります。ここで重要なポイントをまとめてみましたので実務での参考としてください。

①類似会社の選定根拠は具体的に説明できなければならない

実際に類似会社比較法を用いる際には、類似会社を選定した根拠をしっかりと説明できるようにすることが重要です。たとえば、製造機能をもたない女性向け化粧品Eコマース会社等が評価対象会社であった場合、以下のような説明レベルは最低限必要になるでしょう。

【説明の一例】

対象会社は化粧品販売業界に属する業界であるが、特に女性向け商品を扱っている点、Eコマースを活用している点、製造機能をもたない点、40代～60代前半を主要顧客層としている点を軸に類似会社を選定した。対象市場である中高年女性向け化粧品市場に鑑みると、対象会社と類似会社群双方において、今後の期待成長率、キャッシュフローの不確実性、投下資産利益率が類似するのではないかと仮定した（別途検証データで示す）。

なお、類似会社選定にあたっては、利益およびCF指標の成長性が10%を超過する会社に限定して抽出し、また投下資産利益率についても５％を超過する会社に限定して抽出した。

②類似会社比較法の算定結果は「コントロール・プレミアム」を加算した評価ではない

類似会社比較法は、上場会社の時価総額や企業価値を基準に倍率計算を行い、当該倍率を評価対象会社に乗じることで評価対象会社の株主価値または企業価値を算出するものです。当然ながら、上場会社の株価は基本的に「市場株価」として個人投資家がデイトレード等を行う際の株価（つまり、少数株主〈非支配株主〉にとっての価値）と同じだと考えられます。したがって、市場株価を利用する類似会社比較法ではあくまでも少数株主（非支配株主）にとっての価値が算定されているといえます。

なお、少数株主（非支配株主）は、株式を保有することでその持分に応じて当該株式から発生する「配当」を受け取り、かつ市場で売却することにより「キャピタルゲイン」を得ることができます。一方で、過半数や３分の２以上等、一定の議決権比率を保有する株主は、上記のすべての株主が得られる利益に加えて、単独での役員選任、株主総会特別決議の承認取得などにより会社支配が可能となり、経営改善を行うことも可能です。「配当政策」をコントロールすることもできます。また、買収者と対象会社間に「シナジー」が発生する場合、買収者はより多くの価値を対象会社に見出すことが可能といえます。これらにより、取締役選任などが可能になる過半数を有する株主にとっての１株当たりの価値は、少数株主（非支配株主）にとっての１株当たりの価値に比較して高くなる（高くても株式を買う）という考え方もあり、このことが実務上の交渉でも論点になる場合があります。

一方で、DCF法では買収者が過半数の議決権を保有する前提でキャッシュフロー計画を立案し、当該計画を基に価値を算定することが可能となります。これにより、DCF法では買収者が支配権を取得し様々な想定を加えたあとのキャッシュフロー計画を用いることで、「支配権獲得に伴う価値（コントロール・プレミアム）」や「相乗効果に伴う価値（シナジー・プレミアム）」を含めた評価が可能になるといえます。

③マルチプルにディスカウントorプレミアムを付加する場合がある

上場会社の株式は、基本的に「高い流動性（換金可能性等）」を前提にした価値が形成されていると考えられます。このことから、たとえば対象株式が非上場会社であれば、相対的に低い流動性を考慮し、類似会社比較法により算出された価値を「ディスカウント」

（これを「**非流動性ディスカウント**」と呼ぶ）することがあります。わかりやすく説明すると、非上場会社の株式は売却したいときに必ずしも売却できないので（「流動性」が低い）、投資家の立場に立つと、「将来売れる可能性が低いならもう少し安く買いたいな」と考えられがちなのです。また、非上場会社は売却先の探索、交渉、DDコストが余計にかかるという要素もこのディスカウントに含まれるという見解もあります。

それでは、この場合の「ディスカウント幅」はどの程度でしょうか？　DCF法においては、この「非流動性ディスカウント」を「株主資本コスト」に織り込み、より高い割引率で割り引く場合があります。一方で、原則として類似会社比較法は「株主資本コスト」を材料として計算を行う評価モデルではないため、算出されたマルチプルを直接ディスカウントすることによる処理が行われているようです。たとえば、「上場類似会社から導かれたEV/EBITDA倍率が10倍なので、非上場会社である対象会社のマルチプルは20％ディスカウントの８倍としよう」といった具合です。実務では理論的な根拠には乏しいものの、15～35％程度で割り引いているケースが散見されますが、この数値についてはまだ実務家の中でも共通した理解がありません（この議論は『資産価値測定総論３』（アスワス・ダモダラン著、パンローリング社）に詳説あり）。なお、上記からも示唆されるように、このディスカウント率は、対象会社のステージが高くなり流動性が高まってきたり（たとえば、上場目前のステージ等）、M&A市場が活発で非上場会社株式の流動性が高い国や業界であればあるほど低い値になるといえるでしょう。同じように、M&A市場が活発化することで非上場会社株式の流動性が向上すれば、非流動性ディスカウント幅が小さくなり、理屈上は非上場会社の評価額も高くなると考えることもできます。米国のベンチャー企業に高い企業価値評価額がつく背景としては、米国の活発なM&A市場の存在があるということを理論的に裏づける考え方の１つともいえるかもしれません。

④きわめて高い類似会社倍率は鵜呑みにすべきではない

類似会社比較法を実施すると、EV/EBITDA倍率が100倍近い数値となっているような類似会社が散見されるような業界もあります。特にベンチャー企業が多いIT関連銘柄ではこれが顕著です。しかし、このような成長市場においては、極端に高いEV/EBITDA倍率は、実際のM&A取引価額を想定するうえでは参考にならない場合が多いといえます。

たとえEV/EBITDA倍率の類似会社平均が100倍であっても、エンタープライズDCF法等の別のアプローチによる算定結果がまったく異なる値となる場合があります。

また、より実務的なことを言えば、ここまで高値の倍率で買収してしまうと特にIT関連企業の場合、買収者側に非常に多額の「のれん」が計上されることになるため、多くの買収者はこれを忌避するというのもあります。したがって、売却者側が類似会社比較法で評価されている倍率を鵜呑みにしてしまうと、買収者側の感覚と大幅にズレてしまう可能性があります。とはいえ、類似会社のきわめて高い倍率が交渉上まったく無意味かというとそうともいえないので、こういったデータをどう使って交渉していくべきかという点は深く検討すべき事柄といえるでしょう。

⑤評価対象会社や類似会社が赤字の場合や出来高が少ない場合は評価対象から除外する

前述したとおり、類似会社比較法で純資産指標や利益指標を用いるマルチプルを採用して評価を行う場合、当該指標がマイナスとなっているような会社は類似会社として選定できません。

また、同様に、評価対象会社の当該指標がマイナス値の場合は、そもそも当該指標を用いた類似会社比較法は採用できないということになります。さらに、特定の類似会社において、その浮動株数に対する出来高が極端に少ない場合についても、当該会社は「類似会社」として選定すべきではありません。適切な株価形成が行われているといえないからです。

⑥会計基準の相違に注意する

類似会社の選定にあたり、会計基準の相違も重要な確認ポイントです。類似会社として日本企業と米国企業を混合してEBITマルチプルを行う場合の例で考えてみましょう。この場合、日本企業と米国企業では償却ルールが異なるため、一言でEBITといっても「同じ基準を基にした利益指標」とはなりません。こうなると、EV/EBIT倍率の類似会社間の整合性はもちろん、それを評価対象会社に乗じる際にも当然ながら整合性が取れなくなります。特に海外企業が絡む場合は、会計基準に注意する必要があります。

6 エンタープライズDCF法

エンタープライズDCF法（以下、「DCF法」という）は、将来に発生するFCFを現在価値に割り引いた合計額を「事業価値」とするものです。FCFが安定する時期まで、たとえば将来5年程度のFCFを予測して（1年目であれば下図の「110」の部分）、その後、各年度のFCFを現在価値に割り引きます（1年目であれば下図の「100」の部分が割引後の現在価値）。予測期間を5年間とした場合、6年目以降は同一のFCFが永続する（または低率成長）と仮定し、予測期間以降の割引現在価値（下図の「B」の部分）を一気に算出します。数学的には予測年数nを∞年に近づける（n→∞）と、∞年度のFCFの割引現在価値は0を極限として収束するので、等比数列の考え方を用いてこの部分の合計FCFを算出することが可能となります（式は後述）。最後に予測期間の割引現在価値（下図の「A」の部分）と予測最終年度以降の総FCFの割引現在価値（下図の「B」の部分）を合算して「事業価値」を求め、そこから「株主価値」を算定します。これらより、まず求めるべきものは「1年目から5年目までのFCF」、「6年目以降一定と仮定するFCF」、現在価値に修正するための「割引率」となります。なお、本書ではDCF法で割り引く対象となるキャッシュフローを「FCF（Free Cash Flow）」と定義して説明します。

FCFは本来、利息支払いや負債返済等も行ったあとの株主のみに帰属するFCFであるFCFE（Free Cash Flow to the Equity）と、株主・債権者双方に帰属するFCFを意味するFCFF（Free Cash Flow to the Firm）との2つに分類されることがあります。この意

〈DCF法のイメージ〉

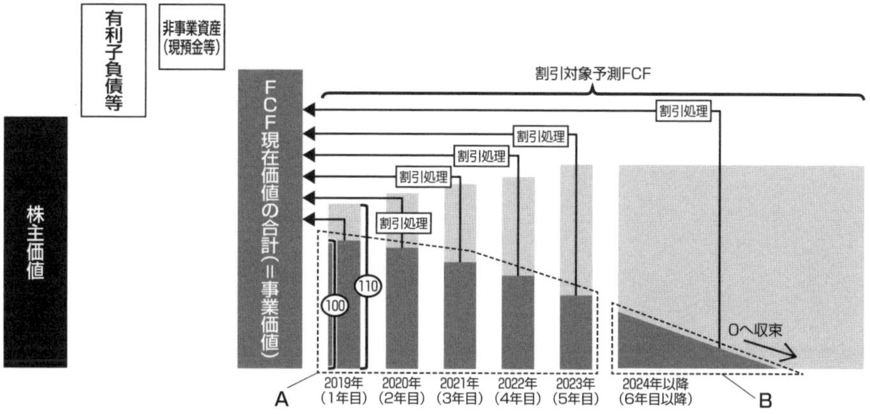

味では、DCF法で割り引く対象となるFCFは本来ならばFCFFなのですが、複雑になってしまうため本書ではFCFという表記で統一させていただきます。

6-1 DCF法の位置づけ

企業価値評価モデルの中で最も対象会社の特徴を捉えて評価できる手法は、**インカムアプローチ**、特にDCF法をはじめとする将来キャッシュフローの期待値や予測値をベースにした算定手法であるといわれています。これらは手法次第ではありますが、個別の不確実性（リスク）、成長性、キャッシュフロー生成能力等をきちんと織り込むことができる点で優れており、昨今の株価にかかる裁判でも重要視される傾向にあります。

一方、前提条件の設定に恣意性が入りやすい、理論の本質を理解せずに評価すると誤った算定結果になりやすく、また説明もできない等のデメリットもあります。本書では実務家の方が可能な限り適切なDCFモデルを独力で構築できるように解説しました。また、よりわかりやすくするために、モデルとなるプロジェクションを用いてDCFモデルを構築していきます。本書を読みながら、Excelファイルの数式をよく確認することが理解への一番の近道になるでしょう。

6-2 基礎的概念の説明　～算定手順や基礎的なポイント等～

●DCF法の流れから

DCF法は、将来発生する「株主」「債権者」双方に帰属する企業全体のFCFを、「資本コスト」を用いて現在価値に割り引くことで事業価値を求めようとするものです。「FCF」は先の図でいう「110」の部分です。DCF法は以下の５つのステップで実施します。

〈DCF法の実施手順〉

ステップ1	①プロジェクション（5年～10年程度）を策定してFCFを導出　※安定成長期まで予測。なお、FCFの算出式は以下のとおり。 FCF＝NOPLAT＋減価償却費－設備投資±運転資本増減額 ※NOPLAT＝みなし税引後営業利益＝EBIT（≒営業利益）×（1－税率）
ステップ2	②割引率（加重平均資本コスト、WACC等を用いる）の算定
ステップ3	③予測期間各年のFCFの現在価値を年度ごとに算出しそれらを合計する
ステップ4	④予測期間翌年以降永続すると仮定したFCF（予測期間最終年のFCFから導出）を設定し、それを用いて「継続価値」を算出、さらに継続価値を「現在価値」へ割り引く
ステップ5	「③の予測期間部分の現在価値」と「④の継続価値の現在価値」を合算して、事業価値を算出
ステップ6	事業価値を材料に企業価値、株主価値を算出

プロジェクションはすでに説明したとおりです[18]。ステップ２「割引率の算定」はあと

18　ただし、プロジェクションで算出されたFCFが「期待値」的なものなのか、「成功ケース」といえるものなのかを区別する必要があります（268ページ参照）。DCF法では「期待値」的なFCFを割引対象としなければなりません。

で詳しく説明します。ステップ3およびステップ4がDCF法の核心ともいえる割引のプロセスです。ステップ5において、「予測期間のFCF」の現在価値と「継続価値」の現在価値を合算して事業価値を算定します。これからDCF法の基本的な数式と割引率についての考え方を十分に解説し、(6-5) より具体的算定を実施してみたいと思います。

6-2-1 DCF法の算定式とその意味

DCF法による評価アプローチを数式で表現してみましょう。

〈エンタープライズDCF法の基本式〉

(式4-4)

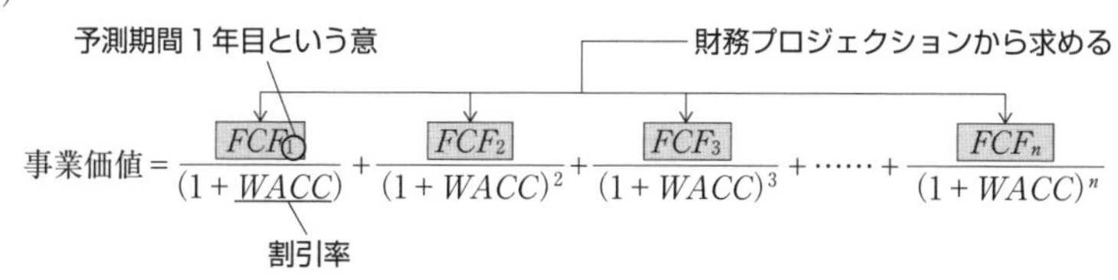

$$事業価値=\frac{FCF_1}{(1+WACC)}+\frac{FCF_2}{(1+WACC)^2}+\frac{FCF_3}{(1+WACC)^3}+\cdots\cdots+\frac{FCF_n}{(1+WACC)^n}$$

WACC：加重平均資本コスト（債権者と株主が求める期待収益率＝割引率）

この式こそがDCF法の基本式といえます。DCF法では、「事業価値＝将来発生するすべてのFCFの割引現在価値の合計」という前提があります。また、通常のβを用いた評価を行う場合、企業永続性等の企業個別のリスクは主に設定する「FCF計画」に、市場と連動して対象会社の価値が影響を受けるであろうリスク要素は主に「割引率」に織り込まれているものと考えます。さて、この式は一見なかなか算定が難しいように思えます。なぜなら、将来∞年（この場合、$n\to\infty$と考える）までのプロジェクションを構築し、それをそれぞれ割り引く形になっているからです。現実には∞年までのFCFをすべて予測して割り引く作業はできません。そこで、DCF法では5年～20年先まで等一定期間のFCFを詳細に見積もり、それ以降はFCFが一定または低率成長の前提を置くことで一括計算できるようにモデルを構築します。まず、予測期間以降にFCFが成長しないと仮定を置いた場合、算式は以下のようになります。

(式4-5)

$$事業価値=\frac{FCF_1}{(1+WACC)}+\frac{FCF_2}{(1+WACC)^2}+\frac{FCF_3}{(1+WACC)^3}+\frac{FCF_4}{(1+WACC)^4}$$

同じ値

$$+\frac{FCF_5}{(1+WACC)^5}+\frac{FCF_{terminal}}{(1+WACC)^6}+\frac{FCF_{terminal}}{(1+WACC)^7}+\cdots\cdots+\frac{FCF_{terminal}}{(1+WACC)^n}$$

（注）terminalは予測期間終了後の一定となったFCFという意味です。ここでは予測期間を1年目～5年目としています。

一方、予測期間以降に「g」の成長率でFCFが成長すると仮定すると、算式は以下のとおりとなります。

（式4-6）

$$\text{事業価値} = \frac{FCF_1}{(1+WACC)} + \frac{FCF_2}{(1+WACC)^2} + \frac{FCF_3}{(1+WACC)^3} + \frac{FCF_4}{(1+WACC)^4}$$

$$+ \frac{FCF_5}{(1+WACC)^5} + \underbrace{\frac{FCF_{terminal}}{(1+WACC)^6} + \frac{FCF_{terminal} \times (1+g)^1}{(1+WACC)^7} + \cdots\cdots + \frac{FCF_{terminal} \times (1+g)^n}{(1+WACC)^n}}_{\text{6項目以降}}$$

同じ値

（式4-6）の右辺の左から６項目以降は定率成長していることから、以下で示すように数式変形することで一括して計算を行うことが可能となります。まず、６項目以降のみを取り出して考えてみましょう。以下、（式4-7）の計算は、（式4-6）の６項目以降を取り出し、６項目を１年目、７項目を２年目…と考えて数式を並べ、その合計額を「TV」（Terminal Value）、いわゆる「継続価値」としたものです。これをみるとわかるとおり、５年目期末に認識できる「継続価値」である「TV」は、以下に示すような数式変形を行うことで、「$FCF_{terminal}$」を「$WACC-g$」で除したものとして表現できます。

（式4-7）

$$TV = \text{6年目～}n\text{年目までの事業価値} = \frac{FCF_{terminal}}{(1+WACC)} + \frac{FCF_{terminal} \times (1+g)^1}{(1+WACC)^2} + \cdots + \frac{FCF_{terminal} \times (1+g)^n}{(1+WACC)^n}$$

※５年目期首を「現在」とし、６年目を１年目と考えた場合

両辺に $\times \frac{(1+WACC)}{(1+g)}$

$$\frac{TV(1+WACC)}{(1+g)} = \frac{FCF_{terminal}}{(1+g)} + \underbrace{\frac{FCF_{terminal}}{(1+WACC)} + \frac{FCF_{terminal} \times (1+g)^1}{(1+WACC)^2} + \cdots\cdots + \frac{FCF_{terminal} \times (1+g)^n}{(1+WACC)^n}}_{=TV\text{（上式右辺と同じ形になります）}}$$

$$\frac{TV(1+WACC)}{(1+g)} = \frac{FCF_{terminal}}{(1+g)} + TV$$

両辺に $\times (1+g)$

$$TV(1+WACC) = FCF_{terminal} + TV(1+g)$$

$$\cancel{TV} + TV \cdot WACC = FCF_{terminal} + \cancel{TV} + TV \cdot g$$

$$TV \cdot WACC - TV \cdot g = FCF_{terminal}$$

$$TV = \frac{FCF_{terminal}}{WACC-g}$$

上記の（式4-7）で求められたTVは、５年目期末で認識される「継続価値」なので、それをさらに５年で割り引くことにより「継続価値の現在価値」を求めます。

この変形処理により「予測期間の１年目から５年目のFCF」と「継続価値」のそれぞれを簡単に「現在価値」に割り引くことができます。ここまでの手続きを１つの数式でまとめると以下のように表現できます。

（式4-8）～DCF法の基本式～

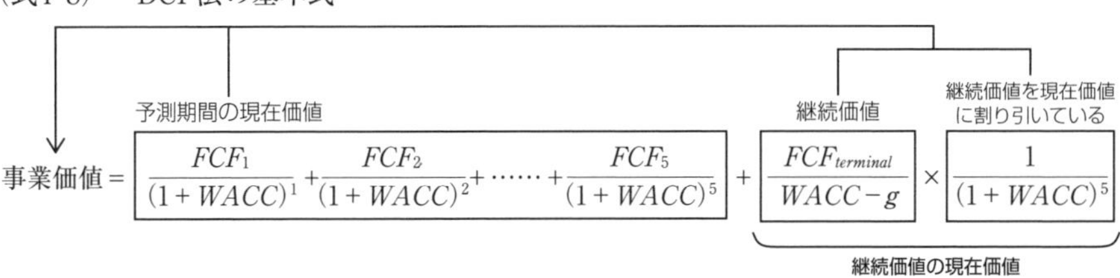

$$\text{事業価値} = \frac{FCF_1}{(1+WACC)^1} + \frac{FCF_2}{(1+WACC)^2} + \cdots\cdots + \frac{FCF_5}{(1+WACC)^5} + \frac{FCF_{terminal}}{WACC-g} \times \frac{1}{(1+WACC)^5}$$

この数式が、DCF法の算定に利用できる基本式ともいえるものです。これらの変数は、割引率である「WACC」以外はすでに策定したプロジェクションから導出できますので、あとは割引率を設定できれば「事業価値」を求めることができることになります。

6-2-2　継続価値算定の２手法　～永久成長モデルと売却マルチプルモデル～

DCF法には、主に２通りの算定方法があります。一方が「永久成長モデル（Perpetual Growth Model＝PPGM）」と呼ばれるもの、他方が「売却マルチプルモデル（Exit Multiple Model）」と呼ばれるものです。２つの手法の相違点は、主に「継続価値」、つまり予測期間最終年度翌年以降の価値の算出方法の違いにあります。

先ほど（式4-7）で行った、FCFを（$WACC-g$）で割り引くという継続価値の算出方法は、１つ目の「永久成長モデル」と呼ばれる手法を用いたものです。一方、継続価値は予測されたEBITDAや類似会社のEV/EBITDA倍率等の指標を用いて類似会社比較法的に算出することも可能と考える手法があり、これを「売却マルチプルモデル」といいます。具体的には、EV/EBITDA倍率を用いる場合、５年目末日時点で、当該時点のEBITDA等の何倍で売却できるかを考え、その結果導き出される価値を継続価値として現在価値を算出します。

専門家がDCF法を行う場合、「永久成長モデル」を重視しつつ、通常はこれら２つの異なるアプローチで結果を算出し、それらを比較しながらDCF法の適正性について検証していきます。本書では、永久成長モデルと売却マルチプルモデルの２つの手法を用いて、どのようにDCF法を検証していくかについても解説します。実際に付録のExcelファイルにもこの２つの手法のアプローチを収録しています。

6-2-3　割引の期央主義と評価基準日

基礎的事項の説明の最後に、DCF法における割引期央主義という考え方と評価基準日について説明しておきます。ここでは、2017年３月期（2016年４月１日～2017年３月31日）を予測初年度として評価を行う場合で考えます。評価基準日は、わかりやすいように2016年３月31日（つまり前期期末）としましょう。この場合、前述の説明に従うと１年目のFCFを「$(1+WACC)^1$」、２年目のFCFを「$(1+WACC)^2$」で割り引くことになります。多くの実務家はこのように処理しているのですが、実はこれでは適切な評価ができているとはいえません。なぜなら、このように評価してしまうと、毎期末日（2017年３月31日、2018年３月31日等）に当該年度のFCFが一気に発生するという前提を置いていることになるからです。

この問題を解決するため、DCF法では「期央割引」という考え方を適用します。つまり、2017年３月期のFCFであれば、期央である2016年９月30日に2017年３月期の年間FCFが全額発生したものとして割り引くのです。したがって、DCF法においては、各年度の期央日から評価基準日までの日数を365日で除した数値を指数として用いることになります。

たとえば、評価基準日が2016年３月31日、2017年３月期のFCFを割り引く場合、2016年９月30日（期央）に2017年３月期のFCFが全額発生したものとみなすことから、2016年４月１日～2016年９月30日の日数（183日）を基準に割引を行います。つまり、数式としては以下のとおりとなります。

$$\frac{FCF_1}{(1+WACC)^{0.5013=\frac{183}{365}}}$$

また、2018年３月期（予測期間２年目）のFCFを割り引く場合には以下のような処理になります。指数は、評価基準日翌日である2016年４月１日から2017年９月30日までの日数である「548日」を365で除して求めます。

$$\frac{FCF_2}{(1+WACC)^{1.5014=\frac{548}{365}}}$$

もちろん、評価基準日が予測期間前期末日でない場合も処理方法は同じです。予測期間１年目の評価においては、評価基準日から予測期間１年目期央までの日数を365で除したものを１年目の割引時の指数とし、予測期間２年目の評価においては評価基準日から予測期間２年目期央までの日数を365で除した数値を２年目の割引時の指数とします。たとえば、決算月３月、評価基準日が2016年８月31日で、2019年３月期の予想FCFを割り引く場合、以下のような数式になります。

$$\frac{FCF_2}{(1+WACC)^{2.0821=\frac{212+365+183}{365}}}$$

これらの「期央割引」にかかる処理は、付録Excelファイルでも行われているのでご参照ください。

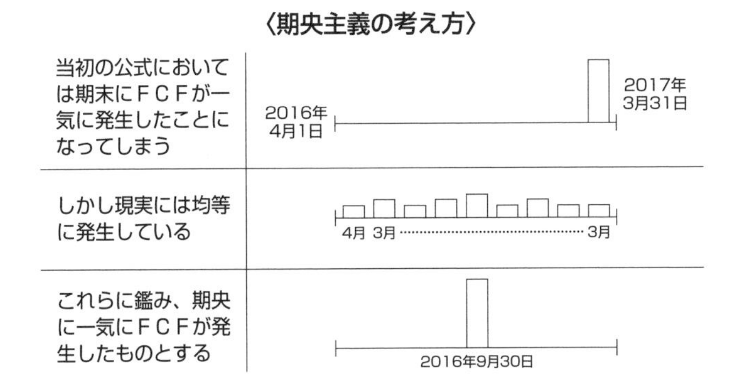

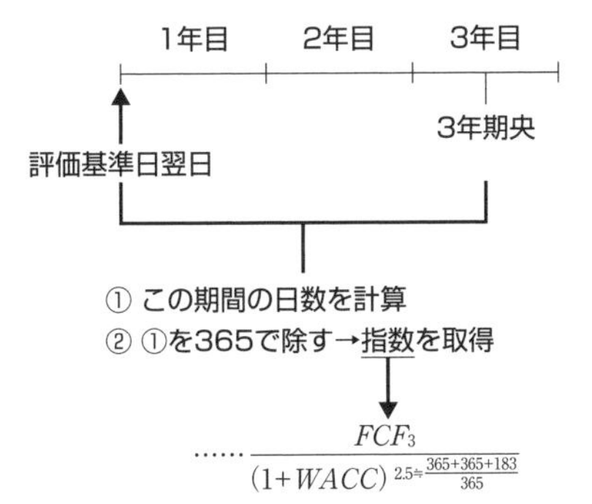

$$\cdots\cdots\frac{FCF_3}{(1+WACC)^{2.5\fallingdotseq\frac{365+365+183}{365}}}$$

6-3 割引率とその意味合い

6-3-1 「割引率」と統計学

非常に簡単に説明すると、割引率は、投資家がその投資を行う際に認識する「リスク」に応じて次ページ図のように決定されます。また、その「リスク」は、①対象資産が生み出す収益率の変動リスク（不確実性）と、②その変動の市場全体との連動性（相関）の2つにより定まります。②を考えると複雑になるため、まずは①について議論します。

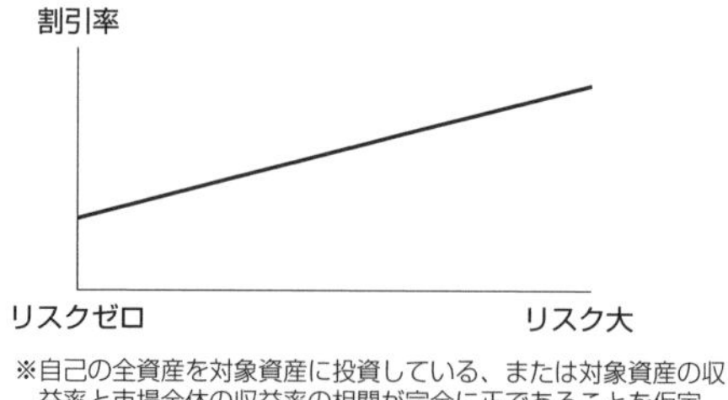

※自己の全資産を対象資産に投資している、または対象資産の収益率と市場全体の収益率の相関が完全に正であることを仮定

たとえば、現在価値が100の資産があったときに、１年後におよそ10%の期待収益率（＝期待リターン）で、つまり110で売却可能と期待される場合、その10%という期待収益率を中心にどの程度の確率でどのくらい上下に変動し得るかというのがここでいう「リスク」です。これには上振れの可能性も含まれます。このリスクの大小が割引率に反映されます。ここでは、その上下変動の可能性（リスク）をどう数値化し、それを用いてどう割引率に「変換」されるのかを説明します。また、その過程の中で市場全体のリスク・リターンという観測可能な「相場」をどう用いるのかという点も説明していきます。

ここまで簡単に説明しましたが、一般的には、「割引率」の設定は難しい作業だと考えられています。また、専門家によっても理解度合い、実務への応用深度、設定方法が大きく異なります。本書では、少し踏み込んで解説しています。

まず、「割り引く」ということの意味について考えることからスタートします。特に、「割引率とは何か？」「なぜ割引率で将来の期待FCFを割り引くことで現在価値が算出されるのか？」という点は重要です。ここから先の説明は初等レベルの統計学の知識が必要です。以下の各項目について数式や意味が理解できないという場合には、インターネット等で調べて、ある程度理解を深めてから読み進めてください。高校数学くらいの知識があれば２時間くらいかければ、十分に理解可能なレベルです。ただDCF法のみ知りたい方は6-3-3まで読み飛ばしてしまっても結構です。

- 算術平均
- 分散と標準偏差および共分散
- 正規分布、標準偏差および「68.27%」の意味
- 相関と相関係数

本書では対象会社が非上場会社である場合を想定しています。以下より様々な「変数」が出てきますが、上場会社であれば株価などのデータが存在することから、金融情報サービス等を契約していれば本書の解説を完全に理解しなくても重要なデータを取得できる場合があります。このため、上場会社を対象とした割引率の導出については本書の内容は参

考にならない場合があることについてご注意ください。一方、非上場会社の割引率は自身で計算して求めるしかありません。しかし、この作業は割引率の基本概念を理解して初めて正しく推定できます。

6-3-2 「割引率」の基本的概念

「投資」は、「現在の資金」を「確実に実行可能な現在の消費」に使うこととは対照的に、一定のリスクを許容し、その見返りとして「将来のより大きな資金」を得ようとする意思決定であるといえます。しかし、投資家は未来の資金獲得において自身が被むるリスクの見返りとして、それに見合った「期待収益率」を要求します。つまり、リスクの程度によって要求する期待収益率は変わるといえます。

現代の主要ファイナンス理論では、投資家は高い「リスク」には、それに応じた高い「期待収益率」を要求するという前提条件を置いて考えます。この投資案件のリスクを反映させた相場ともいえる「期待収益率」こそが「割引率」です。つまり、将来においていかに大きな「期待キャッシュフロー」が考えられようとも、そのリスクが大きければ、大きな投資はできないということを意味します。言い換えれば、収益率が上下同方向にブレる程度が大きいのであれば、相当高い期待収益率を要求せざるをえないので、期待キャッシュフローとその相当高い期待収益率により求められた投資可能額（つまり、期待収益率で割り引いた現在価値）は低くなるということです。たとえば、相手からの買収提示額が120で、１年後に期待できる売却額が150の場合、期待収益率は25％と一見、高くみえます。しかし、もし割引率として50％を要求されるほど不確実性が高い（売却額150が上下に変動する可能性が高くその変動が市場とも相関する）とすれば、150／(1＋50％)＝100以下の投資、つまり期待収益率が50％以上となる投資額でなければ割に合わない、つまり、NPVが正にならないということになります。

わかりやすい例として「銀行の貸付金利」を考えてみるとよいでしょう。銀行にとっては、原則として「貸付金利」＝「期待収益率」です。銀行の資金拠出は「貸付」なので、基本的には貸付先が倒産しなければ貸付額が全額、契約上確定された「金利」とともに返済されます。一方、株式ではどうでしょう？　元本回収も保証されず、配当も確実に発生するとはいえず、倒産すれば回収可能性は低くなります。また、投資時の株主価値も大きく変動します。銀行の貸出しに比べて、株主としての資金拠出はより「リスク」の高いものであることは理解できるでしょう。

そもそも、固定のリターンが「貸付金利」のように初めから契約書で定められているわけではなく、この点からしてリスクが相対的に高いことがわかります。これらより、株主は債権者に比べてより高い「期待収益率」を要求すると考えます。なお、この実際のリターンが上下するリスクは「不確実性」ともいいます。ファイナンスの世界では、下ブレの可能性だけでなく上ブレする可能性も含めてその予想されるブレ幅をリスクの１つとみなし、投資家はこの「不確実性」に伴うリスクが、どの程度、分散投資によりリスク低減できるのか（相関係数にて計測）を考慮したうえでリスク指標を計算し（この計算される値がβ）、それに応じた「期待収益率」を要求するものと考えます[19]。とはいえ、あるリスク指標のときにどの程度の期待リターンが要求されるのか？　といった何らかの尺度なしには、リスクに応じたリターン（＝割引率）も設定できません。そこで、TOPIX等の株式市場全体のリスク・期待収益率データをその尺度として用います。

ここではより理解を深めていただくため、ある投資案件を検討している投資会社の役員会を想定してみましょう。投資初心者の担当Aが、ベテラン役員Bに指導を受けている様子を設例でまとめました。以下の設例を読んで、まずは「割引率」のイメージをつかんでください。設例で議論するのは、リスクに応じた相場的な期待収益率、つまり「株主資本コスト」をどうするかという問題です。割引率は、上場類似会社のリスク指標（β）で対象会社のリスク指標を推定できると仮定し推定により求める実務が主流です。しかし、対象会社自体のリスクや市場全体との収益率の相関性（以下事例ではこの論点は割愛）から直接的にβを求める方法をみることで、より割引率の構造が理解できます。このため、本例では担当Aはこの方法で割引率を求めようとしています。なお、非上場会社ではあるものの、流動性がある程度あって負債がない対象会社であるという前提です。

〈設例〉

A　「この会社の経営陣は120の評価額で投資してほしいと言っています。1年後の売却を前提に、僕は投資したいと思うんですが、どうでしょう？」

B　「この会社は1年後どれくらいの価値で売却できると予想しているの？」

A　「私がDDを行った結果、予測したシナリオは以下のとおりです」

	投資額	120	

シナリオ	発生確率	予想売却額	予想収益率(%)
シナリオ①	30%	170	41.7%
シナリオ②	50%	140	16.7%
シナリオ③	20%	45	−62.5%

	期待収益額	130
	期待収益率	8.3%

←上記３つのシナリオの予想売却額の加重平均値

A　「30%の確率で170で売却でき（シナリオ①）、50%の確率で140で売却でき（シナリオ②）、20%の確率で45で売却できる（シナリオ③）ことから、これらを加重平均して算出する期待売却価値（期待収益額）は、

19　なお、この考え方に対して、「ハイリスク・ハイリターンを求める投資家もいるのでは？」と違和感をもつ方もいらっしゃるかもしれません。これはファイナンス理論の大前提に「投資家は危険回避型投資家である（低リスクを選好する）」という考え方があることによります。349ページをご参照ください。

　　$170 \times 30\% + 140 \times 50\% + 45 \times 20\% = 130$
　となります。投資額が120なので、130／120－1＝期待収益率は8.3％です」
B 「なるほどね。でもこれほど予想売却額のリスク、つまり変動幅が大きいのであれば、期待収益率が8.3％というのは低くないかな」
A 「なるほど。でもその予想売却額の変動の大きさと期待収益率の関係性はどう結びつけて考えればいいんでしょうか？」
B 「これは少し難しい。簡単に説明すると、予想売却率のリスク、つまり変動の大きさは、これが正規分布に従っていると仮定して『標準偏差』でみるといい。標準偏差が大きければ大きいほどバラつきが大きい、つまり不確実性＝リスクが大きいことになる。つまり、予想売却額から導き出される予想収益率の標準偏差と期待収益率のあるべき姿を結びつけて考えるといい」
A 「少し難しいですね。でも、標準偏差が計算できたとして、期待収益率はどのように計算すればいいんでしょうか？」
B 「これはTOPIXなどの株式市場全体の標準偏差、期待収益率を参考にするんだ。これはデータが公表されているからね。対象会社の期待収益率の標準偏差（リスク）を、株式市場全体の期待収益率の標準偏差（リスク）で除すことで対象会社と市場全体の不確実性（リスク）の大きさを比べ、その比率を株式市場全体のリターンに乗じることで、対象会社の株主にとっての期待収益率を推計するんだ。
　実際に計算してみよう。まず、時期や計算方法によって異なるけど、市場リターンの標準偏差を20％程度、TOPIXを参考指標とすると株式市場全体のリターンを８％程度として考えてみよう。また、**マーケットリスクプレミアム**（以下、「MRP」という）という考え方も重要だ。これは株式市場全体のリターンである８％から、現在の国債等の『無リスク金利』を引いた数値だ。株式市場全体のリターンが８％で現在の無リスク金利が１％だとすると、MRPは７％と計算される。直近データを調べていないけど、だいたい実務でもこれくらいの数値で考えておけばそこまで的外れにはならないだろう。国債は無リスクだと考えると、リスクをとった分のみに対応するリターンこそがMRPだと考えればいい。
　さて、A君の３つのシナリオの発生確率と予想収益率を材料に予想収益率の標準偏差を計算すると約37％になる（$37\% \fallingdotseq \sqrt{(41.7\% - 8.3\%)^2 \times 30\% + (16.7\% - 8.3\%)^2 \times 50\% + (-62.5\% - 8.3\%)^2 \times 20\%}$）。さて、ここからどうやって対象会社の期待収益率を計算しよう？　ここまでの説明をまとめると次ページ図のようになる」
A 「この対象会社の予想収益率の『変動リスク』を示す標準偏差37％という数値と、市場全体の『価格変動リスク』を示す20％の比較になるということですか？　たし

〈要求される期待収益率とリスクの関係およびリスク指標の意味〉

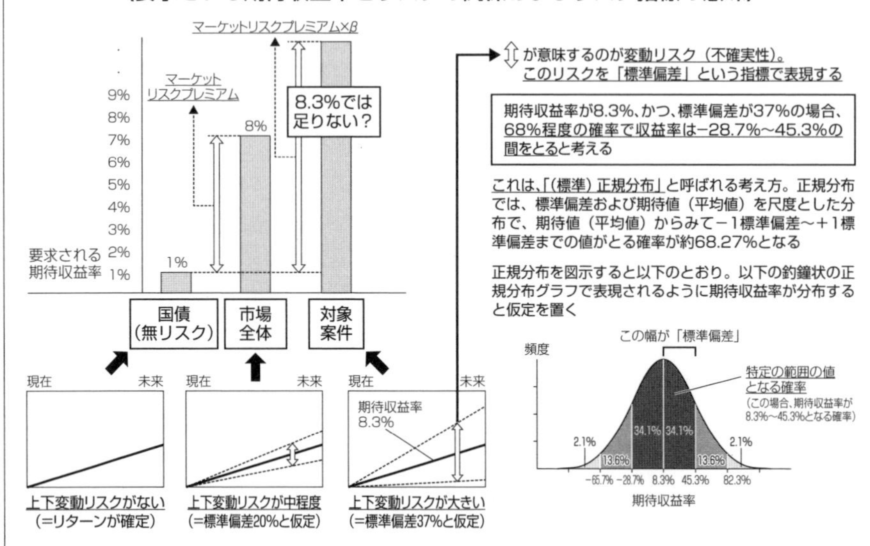

か『標準偏差が37%』ということは、1年後の予想収益率が約68%[20]の確率で期待収益率である8.3%の±37%の範囲で変動し、約95%の確率で期待収益率である8.3%の±74%（＝37%×2）の範囲で変動するということを意味しますよね。そして、一方の株式市場全体では標準偏差が20%なので、1年後の株式市場全体の期待収益率が約68%の確率で期待値、先の例でいうと8%の±20%の範囲で変動し、約95%の確率で8%の±40%の範囲で変動すると。これが関係あるのでしょうか？」

B「うん。重要なのは、この37%という数値と20%という数値の比較なんだ。ファイナンス理論では、分散投資していない投資家は不確実性（標準偏差）が上がれば上がるほど高い期待収益率を要求する。だから、不確実性（標準偏差）の比較をして、その結果から対象会社の期待収益率を推定する。市場の期待収益率は『MRP』としてデータがすでに市場にあるから相場指標として使えるんだ。具体的には、まず以下のように不確実性（標準偏差）、つまりリスクを比較する。

$$\text{リスクの比}=\frac{\text{対象会社予想収益率のリスク（標準偏差）}}{\text{TOPIX等の市場全体の収益率のリスク（標準偏差）}}=\frac{37\%}{20\%}=1.85\text{倍}$$

この倍率が重要だ。この1.85倍というのはよく『β』と呼ばれるものと近い指標だ。

20　正規分布の考え方では、平均x、標準偏差σとすれば、約68.27%の確率で観測データが、x±σの値をとり、約94.45%の確率でx±σの値をとるものと考えます。たとえば、100人の児童がいて、その平均身長が130cm、標準偏差が10cmだとすると、約68人の児童の身長は120〜140cmに収まることになります。本来の順番で言えば、この平均身長と標準偏差は100人全員の児童の身長データから計算により求めるものです。

厳密には『トータルβ』という。投資家が分散投資していなかったり、この会社の価値変動が株式市場全体の変動と完全に正の相関があると仮定した場合、これを次のように計算するとこの対象会社に最低限求めたい期待収益率を計算できる。色々と強い仮定を置いたけど、まずは以下のように理解してほしい[21]。

対象会社にかかる期待収益率＝無リスク金利＋トータルβ×MRP
＝1%＋1.85倍×7%＝13.95%

先ほどの図の『マーケットリスクプレミアム』という部分とこの数式を見比べてみてほしい。

この式は、株式市場平均のリターンの相場（８%）から無リスク金利を差し引いたものを『MRP』（７%）と考え、対象会社のリスク倍率であるβ（1.85倍）を掛けることで、そのリスクプレミアムを『個別会社のリスクプレミアム』に置き換え、そのうえで再度無リスク金利を足し戻すという作業をしているんだ。重要なのは、この収益率変動リスクを『標準偏差』として数値化して、それをもとにこうやって『期待収益率』を算出すべきということだ。これが『割引率』にもなる」

A「なるほど。ということは、この対象会社の価格変動リスクが僕の想定で正しいとするなら、130で売却できると想定できればそれを期待収益率13.95%で割り引いた価値でないと投資できないと判断するということですね。とすると、

$\frac{130}{1+13.95\%}$＝114となりますかね」

B「ざっくり言えばそういうことだ。まぁ実はさっきの不確実性リスクの1.85倍という値は、通常の投資家のように分散投資していれば理論的には相当縮減される（293ページ参照）から、そのベースで考えてより低い期待収益率を設定しないと競合投資家に価格競争で勝てないだろうし、期待収益率が13.95%となることで現在価値が変わるから、本来は標準偏差等もまた変わってくるから再計算すべきだったりと、まだ完璧とはいえないんだけど、考え方のイメージとしてはこれでいいと思うよ。この辺りはまた後で話そう」

A「わかりました。ただ、まだ気になることがあるんですが…………」

ここでの「13.95%」という数値が「割引率」のイメージです。この会社の将来予測値の不確実性レベルからみると、投資家は年率13.95%のリターンを生まないと投資できな

21 割引率算定において頻繁に使われるCAPMモデルでは、投資家が対象となる投資以外に多額の分散投資をしている前提に立ち、「ポートフォリオ投資によるリスク分散効果」をこのトータルβに加味したものをβとして用いて割引率を算出します。この会話上のトータルβは投資家が分散投資せず、投資家の全資本をもって１件のみの投資を行う前提のβ（リスク指標）です。294ページ参照。

いということを意味します[22]。この会話で求めていった「割引率」について、次項より実務的に順を追ってみていきたいと思います。

なお、A氏とB氏はこの会話の後、もう少し議論を深めていきます。この様子は349ページのコラムを参照してください。

6-3-3　DCF法で用いられる割引率「WACC」とは

DCF法で用いる「割引率」は、株主資本コストと負債コストの加重平均で表される「WACC（Weighted Average Cost of Capital）」です。先ほどの設例では、負債がない対象会社に分散投資をしない投資家が考える割引率を想定していましたが、多くの株式会社は借入（有利子負債）による資金調達を行っています。この場合、割引率には債権者（銀行等）の期待収益率も反映した数値を用いることが必要となります。つまり、「株主」にとっての期待収益率である「株主資本コスト」と、「債権者（銀行等）」にとっての期待収益率である「負債コスト」を株式と負債の時価割合によって加重平均した比率である「WACC」を割引率として用いることになります。具体的な算出方法は以下のとおりです。

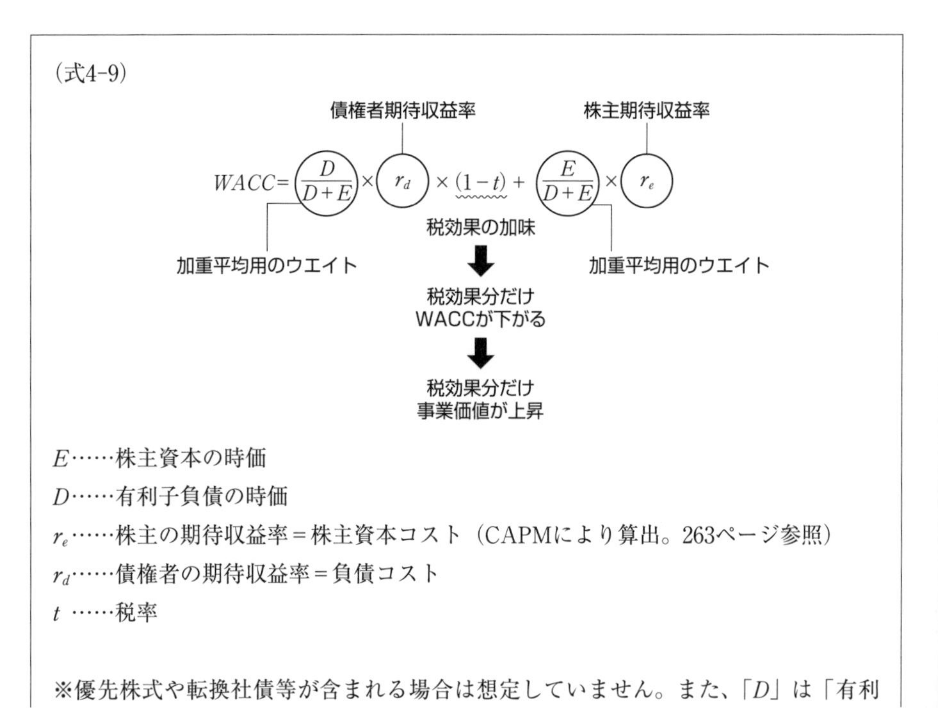

$$WACC=\frac{D}{D+E}\times r_d\times(1-t)+\frac{E}{D+E}\times r_e$$

E……株主資本の時価

D……有利子負債の時価

r_e……株主の期待収益率＝株主資本コスト（CAPMにより算出。263ページ参照）

r_d……債権者の期待収益率＝負債コスト

t ……税率

※優先株式や転換社債等が含まれる場合は想定していません。また、「D」は「有利

22　割引率のイメージはこの考え方で問題ありませんが、B氏の指摘のとおり、実はこの13.95％が本当に正しい割引率かというと、もう少し計算が必要です。詳細は303ページ（7-3）をご参照ください。

子負債等」であり、買掛金や未払金等の事業負債は原則として含まれません。

この式は前述のとおり、「株主」と「債権者」の期待収益率をそれぞれの時価をウエイトとして加重平均したものです。仮に、税率が35%、株主資本の時価が400、有利子負債の時価が100、株主資本コスト（株主の期待収益率）が15%、負債コスト（債権者の期待収益率）が３%だとすると、次のとおりになります。

$$WACC=\left\{\frac{100}{100+400}\times 3\%\times(1-35\%)\right\}+\left(\frac{400}{100+400}\times 15\%\right)=0.39\%+12\%=12.39\%$$

（次項にて説明しますが）負債の節税効果を割引率に織り込んでいる点がやや理解しにくいかもしれませんが、基本的にはこれら変数が求められれば、割引率を求めることができます。式中の変数E、D、r_e、r_d、tの求め方については、まず「節税効果」の織り込みを説明してから、順番に各項目について説明します。最も推定が困難になりがちなのは、r_eです。先ほどの「設例」はこのr_eについて議論をしていました。

6-3-4 WACCに織り込まれる節税効果と「FCF」

WACCへの節税効果織込みについて議論をする場合、

①なぜ負債の節税効果をWACCに織り込むんだろう？　FCFの計算に織り込めばよいのではないか？

②WACCで上式のように織り込むことで、本当に正確な節税効果が計算されているといえるのだろうか？

という２つの疑問が浮かびます。お察しのとおり、①については前述の節税効果は計算上はやろうと思えばWACCではなくキャッシュフロー指標に織り込むことが可能です。しかし、DCF法では、一般に節税効果をキャッシュフロー指標ではなくWACCに織り込みます。資本構成比率が一定で変化しないのであれば、WACCに織り込んでしまったほうが面倒が避けられる等、算定上有利だからです（よって、WACCを用いたDCF法では黙示的に株主価値・キャッシュフロー指標の成長とともに負債が増加することが仮定される）。

次に、②の「WACCで上式のように織り込むことで、本当に正確な節税効果が計算されているといえるのだろうか？」という疑問についてです。前述のWACC式中の「$(1-t)$」は、税率が35%であれば１の税引前負債コストが$1\times(1-35\%)=0.65$になることを意味します。これは、数式全体の中で「資本コストを下げる、つまり企業価値を上げる」効果をもたらす項となっています。この項により本当に「節税効果」分のみ企業価値を引き上げているといえるのかを検証するために、この数式をより単純化してみたいと思います。

まず、WACCを用いたDCF法を用いるということは、「(今後の) 資本構成が一定」であることを前提とします。仮に資本構成比率が負債1：株式4で永続するとしましょう。節税効果をキャッシュフロー指標を用いて表現すると、負債が100億円、株式が400億円の価値があり税引前負債コストが3％であれば、3億円が支払利息、当期の節税効果は税率が35％であるとすると1.05億円ということになります。次に、WACCで節税効果を表現してみましょう。WACC数式内で税引前負債コスト（3％）に節税効果を加味すると税引後負債コストは1.95％になります。株主資本コストが20％だとするとWACCは1.95％×1／5＋20％×4／5＝16.39％となります。節税効果を考えないでWACCを算出しようとすると3％×1／5＋20％×4／5＝16.60％となります。この差分0.21％の数値がキャッシュフロー指標の1.05億円に相当するのでしょうか？　一定のキャッシュフローが永続する非事業資産のない会社を例に考えてみます。この事例のように負債時価100億円、株式時価400億円であれば企業価値（＝事業価値）は500億円になるはずです。

ここに継続価値算定の考え方[23]を応用して、企業価値500億円の場合のキャッシュフロー指標を考えてみましょう。節税効果をWACCに織り込む場合には企業価値500億円×16.39％＝FCF＝81.95億円となり、節税効果をWACCに織り込まない場合には企業価値500億円×16.60％＝FCF＝83.00億円となります。この差額は1.05億円になっていますね？

これは、WACCに節税効果を織り込むことによっても、キャッシュフロー指標で直接算定できる節税効果と等しい金額が算定できているということを意味します。補足ですが、株主への配当は「税引後」の当期純利益を「利益処分」によりキャッシュアウトするため損金算入されず、節税効果はもたらしません。

6-3-5　負債の時価(D)と株主資本の時価(E)の算出

254ページの（式4-9）における「$D/(D+E)$」および「$E/(D+E)$」は、加重平均計算に用いる「ウエイト」を意味します。よって、「D＝負債の時価」と「E＝株主資本の時価」をそれぞれ求めることにより、「$D/(D+E)$」および「$E/(D+E)$」を求めるというアプローチが最も基本的な算定手法です。しかし、問題は上場会社を除けば「E」の時価を求めるのが困難であるということです。なぜならDCF法ではWACCを用いて事業価値→株主価値を算出しようとしているものであるにもかかわらず、WACC算定の材料に株主価値が必要…ということになるからです（循環参照の問題が起きるということ)。この問題を解決するために、実務でよく用いられる方法が、「対象会社の最適資本構成を類似会社を用いて推定する」というものです。

基本形のDCF法では永続的に続くFCFを同じ「WACC」で割り引きます。このことか

23　244ページまたは338ページをご参照ください。ここでは、以下のように基本式を変形して議論しています。

$$価値=\frac{FCF}{割引率}\Rightarrow FCF=価値\times割引率$$

ら「対象会社の長期的に安定すると考えられる最適資本構成」を考え、それに基づいた「WACC」を算出しなければ未来において資本構成が変化した場合に大きな誤差が生じてしまいます。たとえ上場会社で株主価値の時価（時価総額）が判明している場合においても、「長期的に安定すると考えられる最適資本構成」を考えずには計算が誤ってしまうともいえます。

最適資本構成は、類似会社の水準に収束する前提をとることが多く、その場合には、前述のとおり「類似会社」のデータを用いて定めます。具体的には、対象会社が長期的に目指すべき類似会社等を選定しそれら企業の「有利子負債」「株主資本（時価総額）」を有価証券報告書や株価データ等から算出し、「$D/(D+E)$」「$E/(D+E)$」の「比率」を計算し、その比率を上式の「$D/(D+E)$」および「$E/(D+E)$」として用いるのです。これにより、対象会社が将来にわたって有するであろう最適資本構成を基準にWACCを算出することが可能となります。もちろん、対象会社が現在の資本構成を長期間継続するという前提があれば、現在の資本構成を適用します。

〈WACC算定の際に最適資本構成を考えるべき理由〉

以下の［点線枠］部分について、DやEを個別に計算せずに、最適資本構成だと考える類似会社の該当比率を算出し、そのまま用いる。

$$WACC=\boxed{\frac{D}{D+E}}\times r_d\times(1-t)+\boxed{\frac{E}{D+E}}\times r_e$$

その理由は……

DCF法では将来にわたる期待FCFをすべて同じWACCで割り引くが、将来には現在の資本構成から目標とすべき最適資本構成へ近づき安定すると考えられるから。

$$\text{事業価値}=\underset{1\text{年目}}{\frac{\text{期待}FCF_1}{(1+WACC)}}+\underset{2\text{年目}}{\frac{\text{期待}FCF_2}{(1+WACC)^2}}+\underset{3\text{年目}}{\frac{\text{期待}FCF_3}{(1+WACC)^3}}+\cdots+\underset{10\text{年目}}{\frac{\text{期待}FCF_{10}}{(1+WACC)^{10}}}+\cdots+\underset{n\text{年目}}{\frac{\text{期待}FCF_n}{(1+WACC)^n}}$$

将来 → 最適資本構成で安定

※$n\to\infty$と考える

この「$D/(D+E)$」および「$E/(D+E)$」を求める手法は、他にもExcelの循環計算により求める別手法など応用論点は複数ありますが、本書では説明を割愛します。

6-3-6 税引前負債コスト（r_d）の算出

●負債コスト算定の基本

次にWACCの中の「r_d」、つまり「(税引前）負債コスト」の算定方法をみていきます。これは債権者の要求する期待収益率を意味します。債務不履行リスクが限定的な高格付企業において負債コストを正確に表現できるものは、「直近に発行した転換権等のない無担保長期社債の最終利回り」です。ただし、必ずしも対象会社が社債を発行しているとは限らないので、実務者は実際の支払利息[24]等を基準に負債コストを算出するアプローチをとることもあります。つまり、実際の「支払利息」と「有利子負債残高（通常、期末と期首の平均値を利用する)」を調べ、その比率により「税引前負債コスト」を算出するのです。前期首と前期末の有利子負債額平均が10億円、前期の支払利息が30百万円であれば３％となります。借入が複数にあり金利や利回りが異なる場合にも、この方法により一括して負債コストを計算できます。他にも各借入の金利を残高で加重平均して求める方法もあります。

一般的には、ある程度規模が大きく、借入時からの金利変動が小さければ、これらの手法で求めた負債コストは一定の合理性があります。しかし、負債過多企業等の「デフォルトリスク」がある程度高いと考えられる対象会社では、これらの手法で求めた負債コストでは合理性が乏しく評価を誤ってしまう場合があります。さて、それでは他にどのようなアプローチがあるのでしょう？　この点は次項以降で説明しますが、やや難解な論点を含むため基本事項のみ理解して先に進みたい方は「株主資本コスト」の項目まで読み飛ばしてしまって結構です。

●負債コストと社債利回り

支払利息と有利子負債残高を用いて負債コストを推計する以外に、ここではいくつかの方法をご紹介したいと思います。負債コストは、債務不履行（デフォルト）リスクが限定的な企業においては「直近に発行された転換権なし・無担保の長期社債の最終利回り[25]」を代用することができます。最終利回りとは、ざっくり言えば「現在の市場価格と償還時に受け取れる額面の差益と満期までのクーポンで得られる利益の両方を約定ベース（契約通りの額が受け取れるものとして）で考えた場合のリターンを年率で表現した値」です。社債を発行している対象会社であれば、先の支払利息と有利子負債残高を基準に負債コストを推計するよりこちらの指標を用います。なぜ「借入」より「社債」を基準にすべきかというと、「借入」は原則として貸主と借主間の相対交渉により条件が決まるものであり、

24 「利子」や「利息」という用語は「金額」を意味します。また、「金利」「利率」「利回り」という用語は「%」を意味します。なお、「金利・利率」と「利回り」も意味合いが異なります。社債利回りこそが負債コストと同じ概念といえます。関心のある方はインターネット等で調べてみるといいでしょう。

25 対象が発行している社債が短期の場合にはイールドカーブを用いてできるだけ長期の利回りへ調整する場合もあります。

一方の「社債」は発行条件が格付と流通市場の状況に基づいて市場要因で決まるものであり、また直接金融でもある点が挙げられます。

●その他の負債コスト算定アプローチ

前節までの内容に鑑み、ここではいくつかの負債コスト算定の代替手段について考えていきましょう。

①CAPMの考え方を利用した負債コストの推計

株主と同様に債権者の期待キャッシュフローにもリスクがあると考えれば、CAPMの考え方を利用して負債コストを推計できそうです。このアプローチは投資不適格レベルの債権で社債の最終利回りで負債コストを推計しにくいようなケースに用いられます。このCAPMを利用した負債コストの推計アプローチの最もシンプルな応用のひとつに「負債β」を簡易的に調整する方法があります。米国の事例ではありますが「投資不適格の有利子負債は一般に投資適格の有利子負債よりもβが0.1高い」とする考え方[26]があります。この主張を採用するとすれば、(非常にざっくりとした推計にはなりますが) マーケットリスクプレミアムが７％、投資適格のうち最も悪い格付であるBBB格債の最終利回りを負債コストに代用できるとすれば、その最終利回りに0.7％を付加することで負債コストを推計するという考え方もできることになります。

②上場類似会社を用いた負債コスト推計

対象会社が上場間近であり債務不履行（デフォルト）リスクが限定的である等の場合は、債務不履行（デフォルト）リスクの小さい上場類似会社の負債コストを利用して対象会社の負債コストを推計することができます。当該上場会社が長期社債を発行している場合はその最終利回りを負債コストとして用います。

③格付の推定から負債コストを推計するアプローチ

格付毎の平均金利スプレッドと対象会社の想定される格付（インタレスト・カバレッジレシオ等、複数の財務指標から推定）から負債コストを推定するというアプローチも実務では行われます。長期社債を発行する企業はそれほど多く存在するわけでもないので、そういった場合に有効な手法といえます。一般的には、格付がよければよいほど、金利スプレッドは小さくなり、逆に格付が悪ければ悪いほど金利スプレッドは大きくなります。次ページ図は参考までにリスクフリーレートと金利スプレッドと各格付の金利スプレッドの

26『企業価値評価　第６版［上］』（マッキンゼー・アンド・カンパニー他著、ダイヤモンド社）参照。ただし、同書では企業の格付が投資適格に満たない水準の場合、WACCを用いたDCF法ではなくAPV法を利用すべきという立場をとっています。

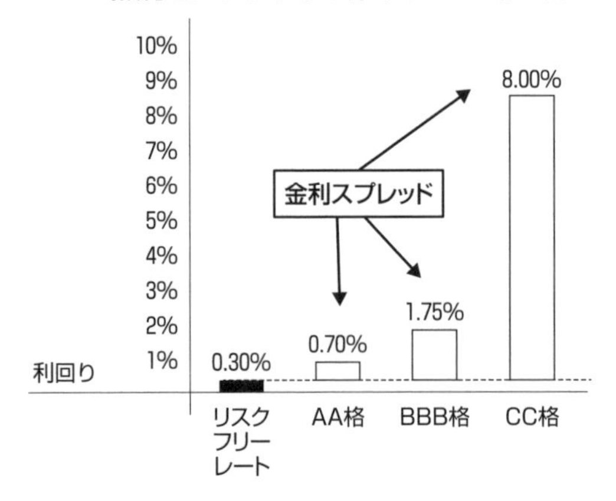

「イメージ」を示したものです（数値は仮の数値です)。これからわかる通り、金利スプレッドとは、リスクフリーレートと各格付の社債利回りの「差分」を意味します。これをみると負債コストとCAPMの考え方の類似性も理解できるでしょう。なお、わが国における実際に発行された社債、最終利回り（複利ベース）は、日本証券業協会が発表する「格付マトリクス」でも確認することができます。

たとえば、対象会社の「格付」をBBB格と判断できれば、リスクフリーレート0.3%＋BBB格の金利スプレッド1.75%＝2.05%が「最終利回り」となりますので、その数値を負債コストとして利用できるということになります。ただし、投資不適格の場合には、「デフォルト」する可能性を考慮に入れなければならないため、額面およびクーポンが約定通りと仮定して市場価格から計算した利回りである「最終利回り」は、「負債コスト」とは一致しなくなってしまう点には注意が必要です。なぜなら、債券投資家は、約定通りのCFではなく倒産確率と倒産した場合における回収率も考えて約定CFを下方修正させた期待CFを前提に投資していると考えるのが自然であることから、「最終利回り」よりも低い期待リターンを許容したうえで債券投資が実行されているといえるからです。

では、この投資不適格債にかかる「最終利回り」と「負債コスト」の関係性は計算上どう結びつけて考えるのでしょうか？　精緻にやろうと思えば、たとえば満期が10年の債券を考える場合、まず次ページ図のようにデフォルト率の年次推移とデフォルト時の回収率データを格付会社等から取得し、1年～10年までの各年でデフォルトしたケースと、10年間デフォルトせず約定通りとなったケースの11通りのCFを並べます。次に、各々のケースのIRRをExcelのIRR関数で計算し、11通りのIRRをそれぞれの「発生確率」で加重平均することで負債コストを算定することができます。なお、「発生確率」とは、同図でいえば、各年におけるデフォルトする確率を意味する「デフォルト率（10年分)」と、デフォルトしなかった場合の確率「継続確率」をいい、これら11ケースの合計は当然100%となります。

表面利回り	5%
額面	1,000
貸付額・価格	700
回収率	60%

	1年目～10年目それぞれの年度にデフォルトした場合のCF列とIRR										継続ケースのCF(約定ベース)	
	1年目	2年目	3年目	4年目	5年目	6年目	7年目	8年目	9年目	10年目		
投資額	−700	−700	−700	−700	−700	−700	−700	−700	−700	−700	投資額	−700
1年目CF	630	50	50	50	50	50	50	50	50	50	1年目CF	50
2年目CF		630	50	50	50	50	50	50	50	50	2年目CF	50
3年目CF			630	50	50	50	50	50	50	50	3年目CF	50
4年目CF				630	50	50	50	50	50	50	4年目CF	50
5年目CF					630	50	50	50	50	50	5年目CF	50
6年目CF						630	50	50	50	50	6年目CF	50
7年目CF							630	50	50	50	7年目CF	50
8年目CF								630	50	50	8年目CF	50
9年目CF									630	50	9年目CF	50
10年目CF										630	10年目CF	1,050
IRR	−10.00%	−1.49%	1.51%	3.05%	3.98%	4.60%	5.04%	5.37%	5.63%	5.83%	IRR	9.85%→最終利回り
デフォルト率	5.00%	4.00%	3.00%	3.00%	1.00%	1.00%	1.00%	1.00%	1.00%	1.00%	継続確率	79.00%→全ケース計100%
負債コスト	7.66%											

図中の50という値は該当年度にデフォルトしなかった場合に得られるクーポンを意味し、額面×表面利回りで計算されます。また、630という値は年間クーポン＋額面に回収率60%を乗じた数値で、デフォルトした場合の当該年におけるCFを意味します。たとえば、２年目にデフォルトするケースを意味する「２年目」の列には、額面とその年のクーポンの合計額の60%のみ回収してデフォルトしたということで、「２年目CF」の行に、630という値が入力されています。

上図より、デフォルトせず約定CFが実現する前提のIRR＝9.85%が「最終利回り」であり、デフォルトケースも考慮した確率加重平均IRRである7.66%が「負債コスト」となります。もちろん、１年目～10年目までのすべてのデフォルト率を０%とし、継続確率を100%とし、投資適格の債券を前提とした数値モデルに変えれば、最終利回りと負債コストは一致します。何らかの最終利回り指標を用いる際には、上のような考え方も抑えておくべきでしょう。

6-3-7 株主資本コスト（r_e）の算出

「株主資本コスト」の算出にはいくつかのアプローチがありますが、本書では３つのアプローチについて触れます。まず、最も基本的なものは「**資本資産評価モデル**（Capital Assed Pricing Model、以下「CAPM」という）」を用いたものです。CAPMは、株主資本コスト算出における代表的な方法です（負債コストの算定にも用いられる）。本書では本節にてCAPMの基本を説明したあと、CAPMの応用モデルについても少し触れます。とはいえ、実務でエンタープライズDCF法を実施したいという方は、まずはCAPMの基本をご理解いただければよいでしょう。

コラム エンタープライズDCF法とAPV法の考え方の違い

DCF法には、その代表的な手法として、エンタープライズDCF法とAPV（Adjusted Present Value）法があります。この2手法の基本的な違いは、「支払利息の節税効果」の織り込み方が異なる点があげられます。エンタープライズDCF法では、「節税効果」を「WACC」に織り込みます。つまり、「節税効果」分だけ「WACC」を低くすることで、価値を高めるモデルを策定します。また、βは財務リスクを考慮したレバードβを用います。一方、APV法においては、「節税効果」を割引率に含めず、FCFに基づく事業価値に、節税効果による価値を最後に加算するという方法をとり、FCFをアンレバードの株主資本コスト（アンレバードβから算出される株主資本コスト）で割り引きます。もし、LBOによる買収等で将来にわたり負債比率が変化することが明らかな場合等においては、このAPV法を用いて評価したほうがよい場合があります。なぜなら、エンタープライズDCF法で用いられるWACCは一定の負債比率が継続すると仮定したうえで用いられるため、負債比率が大幅に変化する場合には大きな誤差が生じると考えられるからです。APV法では「借入がない場合」の事業価値を「アンレバード株主資本コスト」ベースで求めるので、事業キャッシュフローを割り引く過程では「負債比率」の概念は必要とされず、負債コストは「節税効果」に影響を及ぼすものとして利用されます。

なお、APV法は以下の算定式によって求めることができます。

事業価値＝「借入がない場合」の事業価値＋節税効果の現在価値－期待倒産コスト

上記算式より当然、有利子負債が増加すれば増加するほど、「節税効果」が高くなり、事業価値を高める方向となります。しかし、有利子負債がある一定のレベルを超過すると「株主資本コスト」および「倒産コスト」も同時に増加していくという理屈があります。また、特に「倒産コスト」という概念は算定が難しいものです（特にわが国においてはデータが取りづらい）。よって、特に負債比率が大幅に高い状態が含まれるような企業を評価する場合には、エンタープライズDCF法以上に多くの条件を設定する必要があります。なお、本書においてDCF法という場合は、その多くはエンタープライズDCF法を意味しています。

●CAPMの基礎知識

株主資本コストとは、「株主がリスクに応じて要求する期待収益率」のことです。期待収益率は、国債等のリスクフリーレートに、個別銘柄のリスクに応じて調整された個別のリスクプレミアム（%）を加算することで算出します。最も一般的なモデルがこのCAPMです。

〈CAPM（資本資産評価モデル）〉

株主資本コスト$(r_e) = r_f + \beta(r_m - r_f)$

r_f　リスクフリーレート

β　ベータ値（個別銘柄について投資家が認識するリスクを意味する指標。数式等は後述）

r_m　株式市場全体のリターン（TOPIXの過去60年程度の平均リターン等で代用）

$r_m - r_f$　マーケットリスクプレミアム

※小規模企業にはこれに加え、サイズ・プレミアムも考慮します（297ページ参照）

これは以下の図をみながら理解してください。

〈CAPM（資本資産評価モデル）のイメージ〉

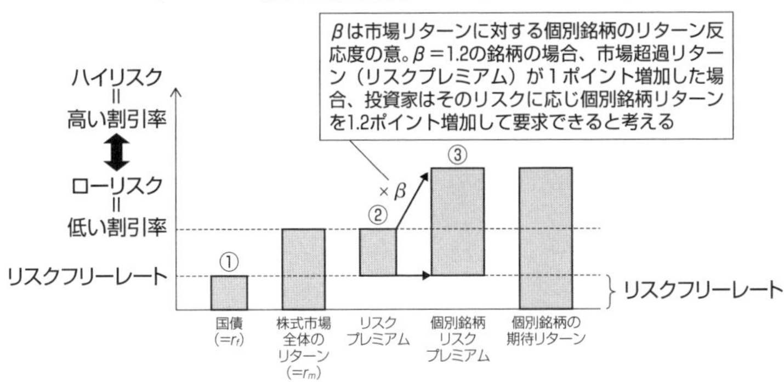

ファイナンスの世界において株主の期待収益率である株主資本コストは、投資家が無リスク商品に投資する際の期待収益率（図中の「①」）と、投資家が市場全体で構成されるポートフォリオに投資する際に要求する超過収益率（図中の「②」）に、特定銘柄のリスク倍率「β」を乗じた個別銘柄リスクプレミアム（図中の「③」）を算出し、①と③を合算して求めます。続いて、このCAPMの各項目について説明していきます。

リスクフリーレート（r_f、無リスク利子率）の導出

株主資本コスト算出の最初のアプローチは「リスクフリーレート（r_f）」、つまり無リスク金利を調べることです。リスクフリーレートとは、理論的にリスクがゼロか極小の無リスク資産から得ることのできる利回りをいい、具体的には「国債利回り」や、「インターバンクレート（LIBOR等）」の利回りを用います。なお、わが国においては「10年物国債」等の利回りをリスクフリーレートとみなすことが一般的です。2018年現在では０～１％の間をとっています。ただし、WACC計算にあたってこの０～１％という数値をリスクフリーレートとするということは、長期永続的に０～１％のリスクフリーレートであると仮定することになります。この点は検討の余地があるといえますが、通常の実務はこの直近値を調べてそのまま用いることが多いようです。

ベータ値（β）の算出

βは、対象会社が上場会社であればブルームバーグ等のウェブサイトから取得可能ですが、非上場会社の場合は評価者が推定しなければなりません。βとは、市場リターンに対する対象となる会社の株式等の個別銘柄のリターンの反応度を意味する指標です。βが1.2の場合、株式市場全体の超過リターンが２％上がれば、対象会社株式の超過リターンはリスクに応じて２％×1.2＝2.4％上がることが期待されるということを意味します。

なお、実務的にはβの概念や統計的算出方法を理解せずとも、一応は、類似会社データを用いてこれから説明する方法でCAPMに用いるβ値を算出することは可能です。しかし、高リスク企業の評価やオーナー経営者にとっての対象会社の評価に際しては、βの概念や統計的算出方法を十分に理解したうえで、βをより詳細に推計していく方法もあります。この点は294ページ以降で詳解します。

〈β算出の手順〉

① 類似会社を決定し、類似会社それぞれのβ値を取得（情報サービスやインターネット等より）
② 各社のβ値をアンレバードβ（負債がない場合のβ）に変換し、平均値を得る
③ 対象会社の資本構成を用いて、②で算出された全社平均アンレバードβを対象会社用にリレバードし、負債比率を考慮した対象会社レバードβを得る

※このレバードβとアンレバードβの変換については268ページ等を参照のこと。

マーケットリスクプレミアムと「β（r_m-r_f）」の算出

さて、リスクフリーレートとβが求められれば、あとはマーケットリスクプレミアム（以下、「MRP」という）の数値があればCAPMが完成し、r_eを求めることができます。MRPは「株式市場全体ポートフォリオの超過収益率」のことで、過去数十年のTOPIX等のデ

ータを集計して株式市場全体のポートフォリオの収益率（これが「r_m」である）を算出し、そこからリスクフリーレートを差し引くことで得ることができます。「超過収益率」とは、株式市場が有する国債等無リスク資産に対する超過リスクに見合った収益率という意味です。

MRPは、市場全体の過去から現在にかけての平均超過リターンであり、個別銘柄とは関係ないため、実務では「５～９％」程度の数値が用いられることが多いようです。ただし、正式な第三者向けの株式価値算定にあたってはこの根拠が必要ですから、イボットソン・アソシエイツ・ジャパン株式会社等に代表される金融情報提供会社より「リスクプレミアム」のお墨付きをもらい、最新の正確なデータを利用するのが一般的です。

なお、βはMRPに対して対象会社株式の超過収益率がどれだけ影響を受け変化するのかを示す指標ですから、βが1.2でMRPが６％であれば、「対象会社株式の超過収益率」である「$\beta(r_m - r_f)$」は６％×1.2＝7.2％と計算できます。なお、本領域の世界的権威であるイボットソン・アソシエイツ・ジャパン株式会社の調査では、日本における2017年12月までの直近60年間でみたMRPは7.3％（開示許可取得済み）となっています。実際の直近の数値や妥当性ある値の選定については同社にお問合せください。

●CAPMの実際の計算

実際の割引率の計算は付録の「Projection&DCF.xlsm」を用いて解説していきます。まず、同ファイルの「Capital Cost」シート（266～267ページ）をご参照ください。

本シートでは「WACC＝10.62％」と算定されています。算定にあたっては、①類似会社のレバードβを取得し、アンレバードβに変換し平均値を取得、②対象会社のレバレッジを用いて対象会社のレバードβ（リレバードβ）および株主資本コストを算出、③株主資本コストと負債コストによりWACCを算出という３段階の計算を経ています。以下、それぞれの入力項目について具体的にみていきましょう。

①類似会社のレバードβを取得し、アンレバードβに変換し平均値を取得

最上段の表には類似会社として４社を列挙しています。各社について、財務レバレッジ、レバードβおよび税率を入力しています。これらを公式に当てはめることにより各社のアンレバードβが算出されます（レバードβからアンレバードβへの変換式については次項268ページをご参照のこと）。右の２列は参考までにマルチプルを算定しているものであり、本割引率の計算には直接的に用いてはいない項目です。なお、レバードβは有価証券報告書や決算短信では取得できないので、ブルームバーグのウェブサイト等から取得します。β値の計算は外部情報に頼らずとも、Excel等でも簡単にできます。必要に応じてインターネットで調べてください。各社のアンレバードβが算出できたら、それらの平均値を計算します（最上段の表の最下行）。

〈Projection&DCF.xlsmの「Capital Cost」シート〉

※表計算ソフトで計算しており、小数点以下の取扱い等により一部手計算と誤差が生じます。

Discount Rate

類似会社β

	有利子負債	時価総額（自己株除く）(2018/3/31)	D/Eレシオ	D+E
	百万円	百万円	%	百万円
A社	500	5,000	10%	5,500
	9.1%	90.9%		
B社	500	3,000	17%	3,500
	14.3%	85.7%		
C社	0	2,000	0%	2,000
	0.0%	100.0%		
D社	1,000	12,000	8%	13,000
	7.7%	92.3%		
平均	7.77%	92.23%	8.75%	-

対象会社リレバードβ算出

対象会社D/Eレシオ	8.75%	最適資本構成を代用
リレバードβ	1.49	

②対象会社のレバレッジを用いて対象会社のレバートβおよび株主資本コストを算出

株主資本コスト(r_e)算定　～CAPMモデル～

リスクフリーレート	1.00%	新発10年物国債等よりデータ取得
マーケットリスクプレミアム	7.00%	データ情報会社等よりデータ取得
リレバードβ	1.49	
株主資本コスト	11.44%	CAPMにより算出

負債コスト(r_d)算定　※258ページ解説の簡易な手法により算定

金融機関	種別	利率	残高（円）	
xxxx銀行	長期借入金	1.50%	4,080,000	仮定値を設定。
xxxx銀行	長期借入金	2.00%	24,720,000	仮定値を設定。
負債コスト		1.93%	28,800,000	

③株主資本コストと負債コストによりWACCを算出

WACC算定

株主資本コスト(r_e)	11.44%	
負債コスト(r_d)	1.93%	
実効税率	34.33%	
有利子負債時価	0.08	最適資本構成を割合で入力
株主価値時価（時価総額）	0.92	最適資本構成を割合で入力
D/Eレシオ	8.75%	
WACC	10.62%	

②対象会社のレバレッジを用いて対象会社のレバードβおよび株主資本コストを算出

次に対象会社のレバードβ（リレバードβともいう）を算出します。本手法では、対象会社のアンレバードβが本表で算出された類似会社のアンレバードβ平均と等しいという仮定を置きます。このため、類似会社アンレバードβ平均値に対して対象会社のレバレッジを調整することで、対象会社レバードβ（＝リレバードβ）を算出しています（二段目の表）。これをCAPMモデルに当てはめて株主資本コスト（r_e）を算出します（三段目の表）。

なお、297ページで解説するように、対象会社の規模が小さい場合、ここでサイズ・プレミアムを加算することもできます。

リスクフリーレートは、「新発10年物国債」の利回りデータを銀行のウェブサイト等か

268ページの〈第１式〉を利用

①類似会社のアンレバートβ平均値の取得

レバードβ（3年間週次）	税率	アンレバードβ（3年間週次）	EV/EBITDA倍率（当期予想）	PER倍率（当期予想）
倍	%	倍	倍	倍
1.50	34.33%	1.36	5.0	20.0
1.20	34.33%	1.03	3.0	17.0
1.80	34.33%	1.80	4.5	19.0
1.40	34.33%	1.29	7.0	28.0
-	-	1.37	4.9	21.0

期首期末の平均値でも可
期首期末の平均値でも可

ら取得して利用します（ここでは「1.0%」を入力している)。マーケットリスクプレミアムは専門機関から数値データを購入しますが、ここでは差し当たり「7.0%」としています。

③株主資本コストと負債コストによりWACCを算出

また、WACC算定内「有利子負債」と「株主価値」については、256ページで述べたとおりここに株主価値の時価を入力してしまうと「循環参照」の問題が発生してしまいます。したがって、ここでは長期的に収斂するであろう「最適資本構成」を類似会社の資本構成に鑑みて入力しました。たとえば、上場類似会社等を調査した結果、有利子負債：株主価値（自己株式除く時価総額）が0.08：0.92となる場合を最適資本構成と考える場合は、この例のように入力すればよいでしょう。なお、長期的に有利子負債による調達を行わないと仮定している場合は、単純に有利子負債の時価を0と置いてかまいません。
これらの数値の入力が終われば、WACCが自動的に算出されます。

アンレバードβとレバードβ

「レバードβ」は、企業の資本構成（要するに負債）を考慮したうえでの「β」です。言い換えるとレバレッジが効いたβという意味です。一方で「アンレバードβ」とは、企業が無借金経営だった場合（つまり負債比率が0の場合）の「β」です。借入が重い企業の場合には、無借金企業と比べて同一の事業リスクであっても株主にとっての「財務リスク」分だけレバードβは上昇します。CAPMで用いるβは「対象会社のレバードβ」です。
上場会社であればレバードβは株価からダイレクトに算出できるため、前節の説明のように類似会社のレバードβを材料に対象会社のレバードβを求めます。なお、レバードβとアンレバードβの相互算出式は以下のとおりです。この変換式には様々なものがありますが、本書では以下の２つを紹介します。この２式により算定結果は異なりますが、この変換式のどちらを使うべきかという点には前提条件にかかる議論が伴いますので、ここでは基本的には第１式を用います[27]。本書の財務モデルでも第１式を用いています。

〈第１式〉

レバードβ　　＝アンレバードβ×$(1+D/E)$

アンレバードβ＝レバードβ÷$(1+D/E)$

※負債比率一定を仮定。

〈第２式〉

レバードβ　　＝アンレバードβ×$\{1+(1-t)\times D/E\}$

アンレバードβ＝レバードβ÷$\{1+(1-t)\times D/E\}$

※負債（支払利息の節税効果）が一定の場合を仮定。

6-4　割引対象キャッシュフロー（FCF）の策定

6-4-1　エンタープライズDCF法で用いるFCFの性質

エンタープライズDCF法（以下、「DCF法」という）を含む多くのインカムアプローチでは、「キャッシュフローを割り引く」という原則があるので、ここではより正確に割り引く対象となるキャッシュフローを定義しておきます。基本的なDCF法で割り引くキャ

27　詳細はPablo Fernández, Leverage and Unlevered BETAを参照のこと。第２式こそが正しい変換式であるという意見もあるのですが、この第２式は負債額が一定の場合を前提としています。一方、DCF法が負債比率一定を仮定するならばβ値変換においても負債比率一定の前提を置く第１式を用いるべきではないかという考え方もあります。

ッシュフローは、「債権者および株主に帰属する期待キャッシュフロー（期待FCF）」です。「期待FCF」は成功した場合に予想される将来の「(成功時の）予測FCF」とは異なります。簡潔に言えば、ある対象会社に数万回の未来があった場合に、それぞれのFCFをその発生確率で加重平均した期待値的なFCFを意味します。より詳しく説明すると、下図中の太線で示したFCF計画こそが「期待FCF」です。

〈期待キャッシュフローのイメージ〉

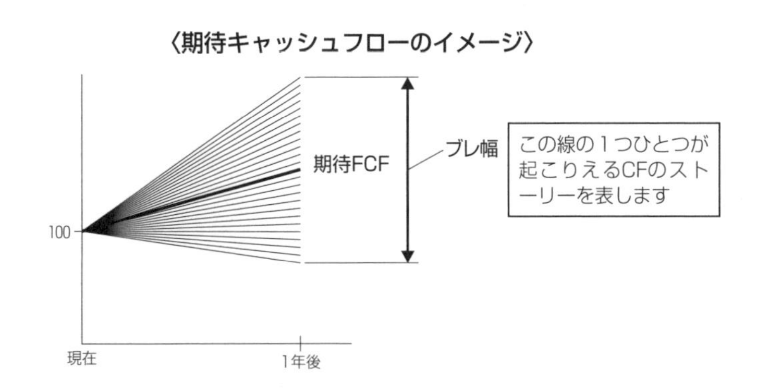

なお、これは250ページで示したような発生頻度で加重平均したFCF計画でも代用できます。たとえば、「失敗（FCF＝45、発生確率＝20％）」、「成功（FCF＝170、発生確率＝30％）」、「中立（FCF＝140、発生確率50％）」といった３つのストーリーしか考えられない場合、これらのストーリーごとに発生確率で重みづけをして得られる加重平均値としてのFCFである130こそが、「期待FCF」になるのです。したがって、DCF法において「成功した場合のFCF計画」をCAPMにて算出された割引率で割り引いてしまうと過大評価につながってしまうのです。なお、このように「３つ」のストーリーしかないような場合の分布を統計学においては「離散型確率分布」といいます。

また、統計的観点からは離れますが、「債権者および株主に帰属する」というのも重要な条件です。これは端的に言うと「支払利息支払前」のキャッシュフローを用いるということです。「支払利息」はそれこそが債権者リターンであることから、これを支払う前のキャッシュフローこそが「債権者および株主に帰属する」キャッシュフローとなります。これにより、債権者を含めた投資家に外部流出していない前のキャッシュフローを把握し、当該数値を割り引くことで事業全体の価値を算出します。DCF法では、FCFがこの概念に沿ったものとなっているのかについて常に確認しながら行っていく必要があります。

6-4-2 期待キャッシュフローを用いるべき理由

DCF法で割引対象となるFCFに「期待値」的なキャッシュフローを用いなければならないのは、「資本コストで割り引くから」です。これは、下図をみていただくとよりわかりやすいと思います。

〈期待キャッシュフローとそのリスク（標準偏差）の意味〉

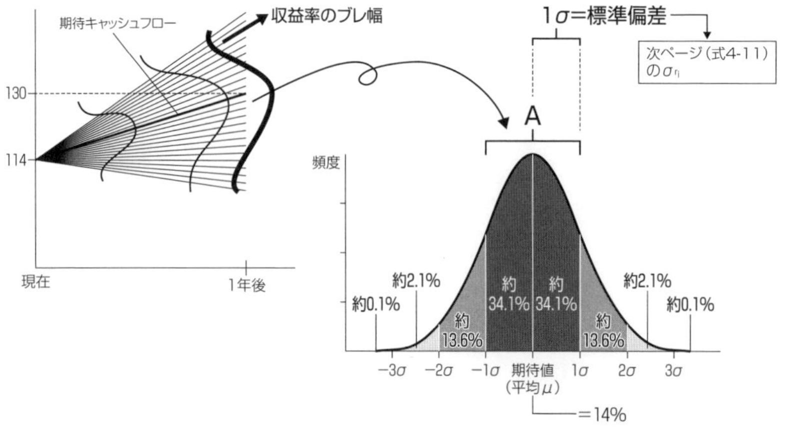

※期待値を収益率ではなくFCFとした場合、この分布は上記のような正規分布ではなく、対数正規分布という分布形状になりやすくなります。

左図は、考えられる１年後のキャッシュフローストーリーを線で表現したものです。この中の太線で示した部分こそが「期待FCF」ですが、250ページの設例にならい、１年後の期待FCFを130と仮定しましょう。現時点における株式の買収額が114円と１年後の売却額が130円であると考えれば、期待収益率が約14%となります。もし１年後の130という期待FCFを割り引こうとするならば、（借入がない会社であれば）その割引率は「株主資本コスト」です。株主資本コストの最も重要な材料の１つは「収益率」のブレ幅から求められる「標準偏差」です（上図参照）。このブレ幅を図中に表現したものが、期待キャッシュフローを中心として被さっている釣鐘状の太い曲線です。この太い曲線を90度左に回転させ、「頻度」を縦軸に、ストーリーの広がりを「横軸」にして描いたのがの右側の図です。

これは期待収益率を平均（μ）、（期待収益率の）標準偏差を１σとした正規分布です。正規分布は自然科学の様々な場面で観測されるもので、平均値の付近にデータが集積するような確率分布のことですが、CAPMは収益率がこのような分布に従うものと仮定して理論が構築されています[28]。正規分布や標準偏差についてすでにご存知であればご理解いただけると思いますが、期待収益率が14%、標準偏差である１σが20%であれば、「実際

28　なお、株価のような金額指標は０という下限があるため「対数正規分布」と呼ばれる別の分布形状をとる場合が多いという観測結果もあります。また、収益率についても期待値が大きなマイナスであったり、標準偏差がきわめて大きい場合には、対数正規分布形状をとる場合があります。

の収益率は、約68％の確率で期待収益率14％の上下20％である『約－6％～＋34％』の範囲（つまり図のAの部分。-1σ～$+1\sigma$）に収まるであろう」ということを意味します。なお、同図に記載しているとおり「約－26％～＋54％」（-2σ～$+2\sigma$）の範囲に約95％の確率でなることを意味するというのも、標準偏差と正規分布の基礎理論のとおりです。ちなみに、この釣鐘状の曲線内の面積の合計は1となります。

6-4-3　なぜ期待FCFをβを材料とした割引率で割り引くのか？　～βの基本式～

期待FCFと標準偏差の考え方がわかれば、次に標準偏差と割引率の関係性についての理解が重要になります。前節の解説通り、ある対象会社株式の収益率の標準偏差が大きいということは、期待収益率を中心とした実際の収益率のバラつき（リスク）が大きいことを意味します。現代ポートフォリオ理論では投資家が危険回避型の思考を有しており、リスクが大きければそれに応じた高いリターンを要求するという前提が置かれます。この前提を数式として表現したものがCAPMであり、そのリスクの度合いともいえる指標こそがβです。以下の（式4-10）～（式4-12）は表現を変えてβを表現したもので、ともに同じことを意味します。（式4-11）をみれば明らかなとおり、対象会社株式の収益率の標準偏差「σ_{r_i}」が上昇すれば、それに応じてβが上昇し、CAPMで算定される資本コスト（割引率）も上昇することがわかります。このことをβの基本式をみながらより深くみていきましょう。

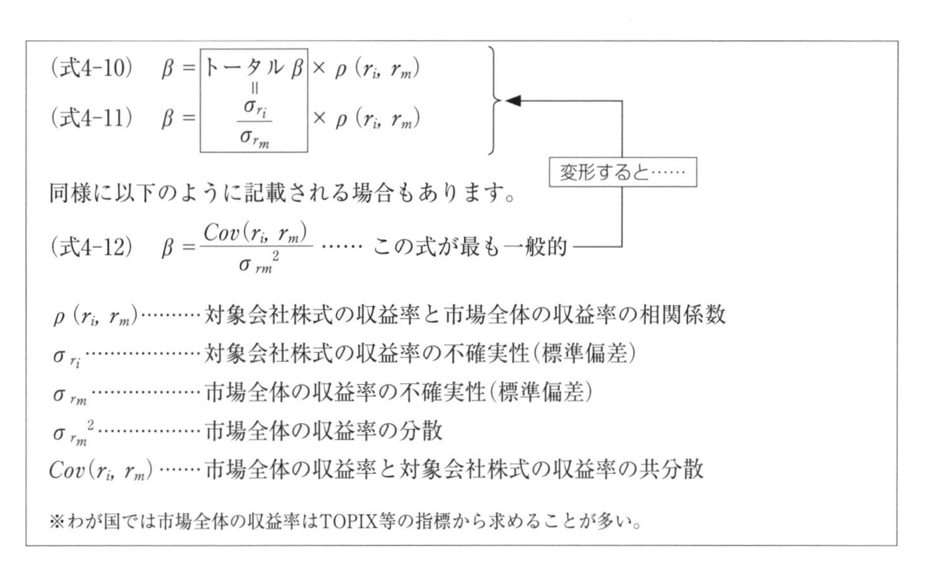

250ページの設例中の説明では、対象会社株式の収益率の標準偏差を株式市場全体の収

益率の標準偏差で除すことで、「トータルβ」を求めることができ、それを材料に割引率が算定されると解説しました。しかし、設例にも脚注したとおり、この「トータルβ」は、本来はまだ通常のDCF法に用いる（式4-10）～（式4-12）の左辺で表された「β」ではありません。なぜなら、ファイナンス理論では、標準偏差で表されるその会社の「総リスク」や、「総リスク」を基準として算出されたリスク倍率である「トータルβ」は、投資家が分散投資を行うことで相当程度減殺され、下方修正されるという考え方をとるからです。この「分散投資によるリスク減殺効果」を調整する項が、上式「$\rho(r_i, r_m)$」という項であり、「トータルβ」に乗じられることで通常のDCF法で用いる「β」が算出されていることがわかります。この「ρ（「ロー」と読む）」は対象会社株式の収益率と株式市場全体の収益率の連動性を意味する相関係数を意味します。この相関係数が低ければ、その対象株式に投資するトータルリスクが減るというのがβ計算における考え方です。この相関係数は、多くの市場データに鑑みると0.1～0.7程度をとることが多いようです。つまり、投資対象となる対象会社株式収益率と株式市場全体の収益率の相関が低ければ低いほど、「トータルβ」からリスクが大きく減殺され「β」は低い値となります（ただし、βの説明力は減る）。ベンチャー企業等では「総リスク」である標準偏差が非常に大きく、相関係数が小さいという組み合わせとなるケースが多く、実はそれほど大きな「β」にならないという指摘もあります。このあたりは少し難しい内容なので、興味のある方に向けて著者の管理するウェブサイト（https://buy-out.jp/book）にて「βを推計と相関係数、分散投資効果について」というコラムを書いていますので、そちらも併せてご覧ください。

もちろん、相関係数ρによりリスク減殺がされるとしても、β算出の根本ともいえるのは対象会社の収益率の「総リスク」を意味する上式の「σ_{r_i}」です。この「総リスク」についてより深く考えていきましょう。上図では「σ_{r_i}」を「対象会社株式の収益率の不確実性（標準偏差）」と定義しました。これは、投資の文脈でいえば「投資による収益率（＝売却額／投資額－1）の不確実性」と同義です（ただし、投資額＝現在価値）。また、たとえば、無借金会社である対象会社の現在価値が100、期待収益率が10％、期待収益率の不確実性（標準偏差）が５％だと考えれば、１年後の将来価値＝期待FCFは110、FCFベースの標準偏差は５となります。FCFの不確実性の５という数値は、収益率ベースでみた不確実性である５％に現在価値を乗じた「金額ベース」の不確実性に他なりません。このことから、「σ_{r_i}」は、「期待FCFの不確実性を比率で表現したもの」であるともいえます。したがって、DCF法において期待FCFを割り引く場合、本来はまさにその期待FCFの不確実性を比率で表したものである「σ_{r_i}」を主要材料にβを求め、そこから求められた資本コストで割り引いているという一貫性があるのです（実務ではβを他社データから推定することもあるが）。つまり、期待FCFをそれ自体の不確実性を適切に織り込んだ割引率で割り引くのです。投資家が危険回避型の思考を有する大前提の中では、FCFのリスク

＝不確実性が大きければ大きいほど、将来の期待FCFと比較してその期待FCFの現在価値を低く見積もらねばならないということになります。これは同時に、期待FCFではなく大成功した場合のFCFをCAPMにて導かれた割引率を用いて割り引くことが誤りであるということでもあります。CAPMの主要材料であるβは、期待収益率を中心とした正規分布を前提に、個別銘柄と市場全体のリスク倍率を主な材料の1つとして用いて算出された値です。また割引率算定上の相場的な基準値ともいえるリスクプレミアムも期待値の性質を有します。よって相場として用いるリスクプレミアムが期待値的性質をもつとすれば、算定された割引率も期待値的な値となり、評価対象のFCFに期待値でない適当な基準のFCFを用いて割り引いても論理的な整合性がとれないのです[29]。

以上のような背景があるため、DCF法を行う際にはプロジェクションの策定において複数のストーリーを策定し、期待値的なプロジェクションを検討することが有効なのです。プロジェクションを慎重に策定していけば、どの要素の不確実性が高く、どの要素の不確実性が低いかということはある程度理解できるようになります。この場合、不確実性が高いものについて複数のシナリオを準備して各シナリオに発生確率のウエイトを付し（合計が100%になるように）、そのうえで各シナリオで算出されたFCFを加重平均することで「不確実性」を考慮に入れた「期待FCF」を算出するということもできます。

6-4-4 DCF法で用いられるFCFの導出

期待FCFの概念をご理解いただき、期待値の考え方に則ってプロジェクションを策定できたら、DCF法で用いられるFCFを実際に算定していきましょう。DCF法で割り引く対象となるFCFは通常の「フリーキャッシュフロー」に若干の調整が加えられる場合があるので、本書ではDCF法等のインカムアプローチに関連した説明において用いる場合は「FCF」と表記し、それ以外においては「フリーキャッシュフロー」と表記します。

まず一般的な「フリーキャッシュフロー」の定義からみていきましょう。フリーキャッシュフローとは、事業活動で得た資金から事業の継続運営に必要な資金を再投資・支出したあとに残る余剰資金（事業活動の結果生まれた果実）であり、債権者と株主に（利息や配当等で）配分できるキャッシュフローのことです。具体的には、企業が創出した利益から税金の支払い、更新投資、支払サイト等の調整などの支出を控除したあとに残るキャッシュフローがフリーキャッシュフローです。一般的にキャッシュフローは、「営業キャッシュフロー」「投資キャッシュフロー」「財務キャッシュフロー」の3種類で構成され、これらの位置づけを債権者を含む各投資家のリターンを含めて図示すると次ページのようになります。

---

29 これらより、期待値的なFCFを割り引く手続きをしていた場合であっても、株式等の収益率の分布がそもそも「正規分布」ではない場合はβ値を用いることが不適切なのではないか？ という意見が存在することもたしかであり、それを考えたうえで別の評価手法が検討されることもあります。

〈キャッシュフローの種類とその流れ〉

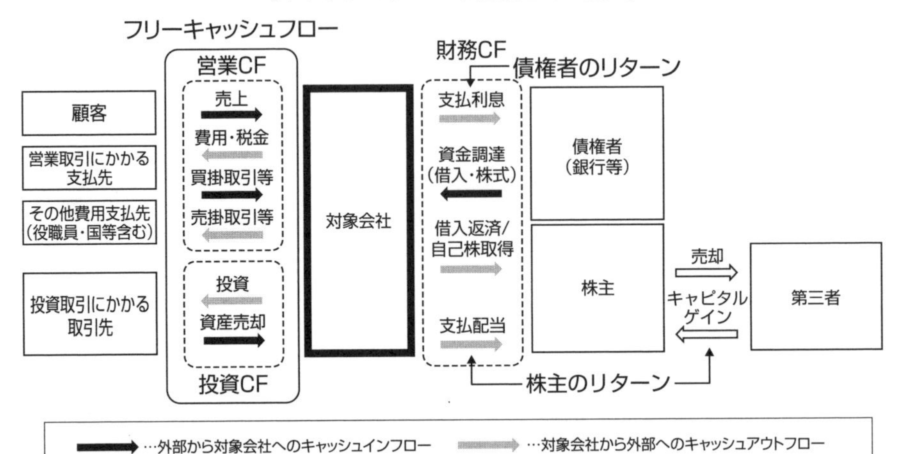

※上図ではわかりやすくするため、「支払利息」、「支払配当」を財務CFと区分する「第2法」によるCF計算書を前提としています。一方、実際の実務においては、「支払利息」を営業CF、「支払配当」を財務CFと区分する第1法を用いている頻度が高いようです。このためフリーキャッシュフロー＝営業CF＋投資CFと単純計算してしまうと、「支払利息」等の取扱いが第1法と第2法で異なってしまいます。

〈投資家種別とリターン内容の関係〉

	リターンの内容	財務諸表上の記述
債権者のリターン	金利（支払利息）	PLの支払利息
株主のリターン	配当とキャピタルゲイン	PLには表示されない(注)

(注)「配当」は利益処分計算書に明記される

以上から、フリーキャッシュフローを大雑把に定義すると次のようになります。

フリーキャッシュフロー＝営業CF＋投資CF　　（式4-13）

一方、DCF法で割り引くFCFを考える場合、上式の「営業CF」と「投資CF」をさらに細かく分解し、以下の算式で計算していくのが通常です。また、支払利息についてはエンタープライズDCF法においてはFCFに含めずに計算します。

$$FCF = NOPLAT^{*1} + \text{減価償却費} - \text{設備投資}^{*2} \pm \text{運転資本増減額}^{*3} \qquad \text{（式4-14）}$$
$$NOPLAT = EBIT \times (1 - \text{税率})$$

（式4-13）と（式4-14）は本質的にはそれほど大きな差はないのですが、「支払利息」やNOPLATの取扱いによって両式の値が異なる場合がある点や、実務上（式4-14）を用いたほうが継続価値の計算等もしやすい点等から、DCF法を実施する場合には（式4-14）を用いてFCFを算出するようにしてください。

＊1　NOPLATとは、Net Operating Profit Less Adjusted Taxesの略で「みなし税引後営業利益」を意味します。簡易には*NOPLAT*=*EBIT*×（1－実効税率）で算出可能ですが、本書で解説するモデルでは*NOPLAT*=*EBIT*－*EBIT*に対応する支払法人税額で計算しています。
＊2　新規設備投資額から固定資産等の売却除却分を控除した金額。
＊3　運転資本増加はキャッシュが事業運営に取られることを意味し、マイナス勘定で計算。減少の場合はプラス勘定で計算。詳細は281ページ。

6-5 Excelを用いた算定実務　～エンタープライズDCF法、永久成長モデル～

前節まででDCF法の基礎的な考え方や、永久成長モデルと売却マルチプルモデルの2手法があることについて触れていました。ここではまず永久成長モデルによるDCF法を実際に行ってみたいと思います。途中でやや難解な点もあるかもしれませんが、1つひとつ本書の付録ファイル「Projection&DCF.xlsm」をみながら読み進めていただければきっとご理解いただけるでしょう。結果は本ページ下部から276ページにも掲載しています。多少面倒な作業ではありますが、実際に各セルの算定式について確認作業をしていただくことが理解への最短の道のりなので、是非ともファイル構造を確認し、読者自身の評価対象会社に置き換えて作業をしてみていただければと思います。

6-5-1 プロジェクションの策定

DCF法を実施するためには、評価対象会社のプロジェクションを策定することが最初のステップです。これは先ほど解説しました。このプロセスはAPV法やその他のインカムアプローチでも同様です。

〈DCF法　～永久成長モデル(PPGM)～(Projection&DCF.xlsmの「DCFシート」)〉

ンタープライズDCF法
CF算出　単位：円

数値設定

erminal税率　34.33%
準日設定　2018/3/31

		2018年3月	予測期間 2019年3月	予測期間 2020年3月	予測期間 2021年3月	予測期間 2022年3月	予測期間 2023年3月	予測期間以降 Terminal Year
上計			3,202,488,608	3,310,566,688	3,402,433,056	3,486,193,568	3,544,285,536	3,544,285,536
業キャッシュフロー								
	EBIT(営業利益)		323,558,823	350,234,626	370,911,754	388,589,554	422,584,775	422,584,775
	EBIT対応税額(発生ベース)		111,623,517	120,782,620	127,882,086	133,951,737	145,623,953	
	EBIT対応税額(納税ベース)		20,793,844	149,059,036	125,362,172	131,431,819	136,986,563	145,093,953
	NOPLAT		302,764,979	201,175,590	245,549,583	257,157,735	285,598,212	277,490,822
	減価償却(+)		12,500,000	12,500,000	12,500,000	12,500,000	0	0
	その他償却(+)		0	0	0	0	0	0
	運転資本増減(−+)　※未払法人税除く		▲ 1,066,388	▲ 976,734	▲ 830,224	▲ 756,969	▲ 524,995	0
	営業キャッシュフロー		314,198,591	212,698,856	257,219,359	268,900,766	285,073,218	277,490,822
資キャッシュフロー(設備投資)								
	固定資産取得(−)		0	0	0	0	0	0
	資産売却による収入(+)		0	0	0	0	0	0
	投資キャッシュフロー		0	0	0	0	0	0
CF			314,198,591	212,698,856	257,219,359	268,900,766	285,073,218	277,490,822
BITDA			336,058,823	362,734,626	383,411,754	401,089,554	422,584,775	422,584,775

プロジェクションから求める

測期間のFCF現在価値の算出

数値設定

準となる割引率(WACC)　10.62%
分(比較検討用)　2.5%

基準日設定		2018/3/31				
	2018年3月	2019年3月	2020年3月	2021年3月	2022年3月	2023年3月
	FCF	314,198,591	212,698,856	257,219,359	268,900,766	285,073,218
期末ベース	5.6%	297,481,984	190,639,537	218,276,966	216,049,234	216,857,050
期末ベース	8.1%	290,603,429	181,913,643	203,469,946	196,736,599	192,906,136
期末ベース	10.6%	284,035,786	173,773,170	189,972,198	179,534,230	172,060,218
期末ベース	13.1%	277,758,439	166,166,908	177,642,168	164,171,393	153,859,704
期末ベース	15.6%	271,752,559	159,049,126	166,356,277	150,417,023	137,921,121

	WACC					
期央割引ベース	5.6%	305,726,054	195,937,374	224,326,040	222,036,572	222,866,775
期央割引ベース	8.1%	302,170,793	189,174,878	211,568,993	204,567,628	200,584,694
期央割引ベース	10.6%	298,736,746	182,792,491	199,804,670	188,826,459	180,965,612
期央割引ベース	13.1%	295,417,180	176,760,964	188,935,928	174,608,736	163,641,472
期央割引ベース	15.6%	292,205,871	171,053,878	178,876,994	161,738,081	148,301,681

予測期間各年度のFCFの現在価値合計

WACC	合計
5.6%	1,170,892,815
8.1%	1,108,066,987
10.6%	1,051,125,979
13.1%	999,364,280
15.6%	952,176,504

永久成長モデルによる継続価値算定と株主価値

数値設定	
永久成長率	0.0%
差分(比較検討用)	0.5%
非事業資産	325,655,019
有利子負債等	28,800,000
優先株式等	0
非支配株主持分(連結)	0

継続価値の現在価値

永久成長率→	−1.00%	−0.50%	0.00%	0.50%	1.00%
5.6%	3,188,961,160	3,449,524,113	3,756,455,795	4,123,342,474	4,569,652,719
8.1%	2,059,081,364	2,178,526,396	2,312,682,553	2,464,445,965	2,637,526,356
10.6%	1,441,418,762	1,506,234,441	1,577,153,654	1,655,081,133	1,741,109,713
13.1%	1,060,722,649	1,099,664,348	1,141,574,307	1,186,805,348	1,235,768,518
15.6%	807,808,614	832,865,695	859,527,007	887,951,707	918,320,726

事業価値の算出

永久成長率→	−1.00%	−0.50%	0.00%	0.50%	1.00%
5.6%	4,359,853,975	4,620,416,928	4,927,348,610	5,294,235,289	5,740,545,534
8.1%	3,167,148,351	3,286,593,383	3,420,749,540	3,572,512,952	3,745,593,343
10.6%	2,492,544,741	2,557,360,420	2,628,279,633	2,706,207,112	2,792,235,692
13.1%	2,060,086,929	2,099,028,627	2,140,938,587	2,186,169,628	2,235,132,798
15.6%	1,759,985,118	1,785,042,199	1,811,703,511	1,840,128,212	1,870,497,230

企業価値の算出

永久成長率→	−1.00%	−0.50%	0.00%	0.50%	1.00%
5.6%	4,685,508,994	4,946,071,947	5,253,003,629	5,619,890,308	6,066,200,553
8.1%	3,492,803,370	3,612,248,402	3,746,404,559	3,898,167,971	4,071,248,362
10.6%	2,818,199,760	2,883,015,439	2,953,934,652	3,031,862,131	3,117,890,711
13.1%	2,385,741,948	2,424,683,646	2,466,593,606	2,511,824,647	2,560,787,817
15.6%	2,085,640,137	2,110,697,218	2,137,358,530	2,165,783,231	2,196,152,249

株主価値(EqV)の算出

永久成長率→	−1.00%	−0.50%	0.00%	0.50%	1.00%
5.6%	4,656,708,994	4,917,271,947	5,224,203,629	5,591,090,308	6,037,400,553
8.1%	3,464,003,370	3,583,448,402	3,717,604,559	3,869,367,971	4,042,448,362
10.6%	2,789,399,760	2,854,215,439	2,925,134,652	3,003,062,131	3,089,090,711
13.1%	2,356,941,948	2,395,883,646	2,437,793,606	2,483,024,647	2,531,987,817
15.6%	2,056,840,137	2,081,897,218	2,108,558,530	2,136,983,231	2,167,352,249

インプライドEBITDAマルチプル

永久成長率→	−1.00%	−0.50%	0.00%	0.50%	1.00%
5.6%	9.9x	10.7x	11.7x	12.8x	14.2x
8.1%	7.2x	7.6x	8.1x	8.6x	9.2x
10.6%	5.7x	5.9x	6.2x	6.5x	6.8x
13.1%	4.7x	4.8x	5.0x	5.2x	5.4x
15.6%	4.0x	4.1x	4.2x	4.3x	4.5x

継続価値/企業価値

永久成長率→	−1.00%	−0.50%	0.00%	0.50%	1.00%
5.6%	68.06%	69.74%	71.51%	73.37%	75.33%
8.1%	58.95%	60.31%	61.73%	63.22%	64.78%
10.6%	51.15%	52.25%	53.39%	54.59%	55.84%
13.1%	44.46%	45.35%	46.28%	47.25%	48.26%
15.6%	38.73%	39.46%	40.21%	41.00%	41.81%

売却マルチプルモデル(EV／EBITDA倍率)による継続価値算定と株主価値

数値設定	
EV/EBITDA倍率	5.5
差分(比較検討用)	0.5

継続価値の現在価値

EBITDA倍率→	4.50x	5.00x	5.50x	6.00x	6.50x
5.6%	1,446,583,436	1,607,314,929	1,768,046,422	1,928,777,915	2,089,509,408
8.1%	1,286,814,609	1,429,794,010	1,572,773,411	1,715,752,812	1,858,732,213
10.6%	1,147,758,219	1,275,286,909	1,402,815,600	1,530,344,291	1,657,872,982
13.1%	1,026,348,458	1,140,387,176	1,254,425,893	1,368,464,611	1,482,503,328
15.6%	920,027,310	1,022,252,566	1,124,477,823	1,226,703,080	1,328,928,336

事業価値の算出

EBITDA倍率→	4.50x	5.00x	5.50x	6.00x	6.50x
5.6%	2,617,476,251	2,778,207,744	2,938,939,237	3,099,670,730	3,260,402,223
8.1%	2,394,881,596	2,537,860,997	2,680,840,398	2,823,819,799	2,966,799,200
10.6%	2,198,884,198	2,326,412,889	2,453,941,580	2,581,470,271	2,708,998,962
13.1%	2,025,712,738	2,139,751,455	2,253,790,173	2,367,828,890	2,481,867,608
15.6%	1,872,203,814	1,974,429,071	2,076,654,327	2,178,879,584	2,281,104,841

企業価値の算出

EBITDA倍率→	4.50x	5.00x	5.50x	6.00x	6.50x
5.6%	2,943,131,270	3,103,862,763	3,264,594,256	3,425,325,749	3,586,057,242
8.1%	2,720,536,615	2,863,516,016	3,006,495,417	3,149,474,818	3,292,454,219
10.6%	2,524,539,217	2,652,067,908	2,779,596,599	2,907,125,290	3,034,653,981
13.1%	2,351,367,757	2,465,406,474	2,579,445,192	2,693,483,909	2,807,522,627
15.6%	2,197,858,833	2,300,084,090	2,402,309,346	2,504,534,603	2,606,759,860

株主価値(EqV)の算出

EBITDA倍率→	4.50x	5.00x	5.50x	6.00x	6.50x
5.6%	2,914,331,270	3,075,062,763	3,235,794,256	3,396,525,749	3,557,257,242
8.1%	2,691,736,615	2,834,716,016	2,977,695,417	3,120,674,818	3,263,654,219
10.6%	2,495,739,217	2,623,267,908	2,750,796,599	2,878,325,290	3,005,853,981
13.1%	2,322,567,757	2,436,606,474	2,550,645,192	2,664,683,909	2,778,722,627
15.6%	2,169,058,833	2,271,284,090	2,373,509,346	2,475,734,603	2,577,959,860

インプライド永久成長率

EBITDA倍率→	4.50x	5.00x	5.50x	6.00x	6.50x
5.6%	−8.97%	−7.51%	−6.32%	−5.32%	−4.48%
8.1%	−6.47%	−5.01%	−3.82%	−2.82%	−1.98%
10.6%	−3.97%	−2.51%	−1.32%	−0.32%	0.52%
13.1%	−1.47%	−0.01%	1.18%	2.18%	3.02%
15.6%	1.03%	2.49%	3.68%	4.68%	5.52%

継続価値/企業価値

EBITDA倍率→	4.50x	5.00x	5.50x	6.00x	6.50x
5.6%	49.15%	51.78%	54.16%	56.31%	58.27%
8.1%	47.30%	49.93%	52.31%	54.48%	56.45%
10.6%	45.46%	48.09%	50.47%	52.64%	54.63%
13.1%	43.65%	46.26%	48.63%	50.81%	52.80%
15.6%	41.86%	44.44%	46.81%	48.98%	50.98%

※表計算ソフトで計算しており、小数点以下の取扱い等により一部手計算と誤差が生じます。

6-5-2 債権者・株主帰属キャッシュフロー（FCF）の導出

プロジェクションが完成したら、次にDCF法で割り引く対象となる「FCF」を求めます。前述のとおり、このFCFは以下の算式で求められます。

$$FCF = NOPLAT + 減価償却費 - 設備投資 \pm 運転資本増減額 \qquad (式4\text{-}15)$$
$$NOPLAT = EBIT \times (1 - 税率)$$

実際の計算例をみていきましょう。「Projection&DCF.xlsm」の「DCF」シートの最上段の表でFCF導出を行っています。上記の数式と見比べ、各セルの算式等を理解してください。なお、本モデルでは以下の固有の前提に基づいて数値を設定しています。

- NOPLATの計算においては、*EBIT*×(1－税率）とせず、「*EBIT*－*EBIT*に対する税金支払額」をNOPLATとして計算している（本事例では欠損金の利用を想定しているため、*EBIT*×(1－税率）では実際の税額と乖離が発生するため)。税効果会計は考慮しない
- 予測期間中の「設備投資」はないものと仮定
- 税率は34.33％と仮定
- 評価基準日は2018年３月31日と仮定（実績年度末日）

さて、それでは（式4-15）のそれぞれの項目についてみていきましょう。

1. EBITの把握

まずEBIT（≒営業利益）です。これはEarnings Before Interest and Taxesの意であり、正確には支払金利前税引前利益のことをいいます。EBITはひとまず「営業利益」に読み替えていただいて結構です。より詳しくは、以下のような算式で求めることができます。

EBIT＝営業利益＋経常的に発生する営業外損益項目（ただし、支払利息を除く）
※ただし、経常的に発生する損益は通常、営業外や特別項目に計上されることは少ないため、簡易的に営業利益がEBITとほぼ同じ概念であると考えてよい場合が多い。

DCF法では主に事業価値を直接評価するため、その材料となるFCFには「事業外のCF」を含めません（非経常的な営業外損益や特別損益等を含めない)。このため、EBITを起点にFCFが計算されます。一方、事業外のCFの発生が見込まれる場合で、それらが資産または負債的な性質をもつものに由来する場合、それらを「非事業資産」または「有利子負債等」と捉え事業価値→企業価値→株主価値を計算する過程で影響を加味します。

次に重要なのは、EBITが「金利支払前」の指標である点です。DCF法においては、金利支払前の（つまり、債権者・株主に帰属するキャッシュフローの分配前の）CFを事業

活動から生まれるFCFと定義し、当該FCFを割り引くことで事業価値→企業価値を算出し、それを債権者価値（有利子負債等）と株主価値に分けることで株主価値を算定するというアプローチがとられます。なお、万が一、営業利益より下に表示される営業外損益項目等において、将来継続すると考えられる費用・収益項目が計上されている場合には、それら営業外項目を「EBIT」に含める処理を行う場合もあります。ただし、「特別損益項目」「支払利息」「受取利息」「事業撤退費用」等の一時的な費用項目はEBITには含めません。

2. 税額計算とNOPLATの把握

NOPLATとは「Net Operation Profit Less Adjusted Taxes」、つまり「みなし税引後営業利益」を指します。繰越欠損金もなく、税務的な調整項目もなくまた業績の安定が見込まれる企業におけるNOPLATをざっくり計算したい場合には「*EBIT*×(1－税率)」で求めることができます。一方、のれん償却費等の大きな課税所得計算上の調整項目（この場合「損金不算入」）がある場合、EBITに実効税率をかけても適切な税額が計算できません。このため、損金不算入項目はEBITに加算調整したり、損金算入項目はEBITから減算調整したり……等、税額への影響が大きな差異項目がEBIT計算の過程に含まれている場合にはこれらを調整する処理を行った後のEBITを基準に実効税率をかけることで税額を計算します。なお、繰越欠損金がある場合についても同様で、この場合はEBITを減算調整します。また、いま計算したいのはEBIT、つまり経常的に発生する事業から生まれる損益に対する税額（EBITに対応する税額）ですから、営業外損益項目や特別損益項目にかかる課税所得計算上の調整項目は調整対象とはしません。これらによりEBITベースの課税所得を計算し、そこからEBITに対応する税額を計算し、当該税額を調整前のEBITから控除することでNOPLATを計算します。このため、このような調整項目がある場合、「*EBIT*×(1－税率)」という式を以下のように読み替えてNOPLATの計算を行うことになります。

EBITに対応する税額＝(*EBIT*±税務上の調整項目)×実効税率
※より厳密に均等割等の実効税率により計算されるもの以外を加算する場合もある。
NOPLAT＝*EBIT*－*EBIT*に対応する税額

なお、将来にわたり税務的な調整項目があまり発生せず誤差が小さいと考えられる場合には、これらを考慮した過去の実績から逆算的に求められた税率と「*EBIT*×(1－税率)」の式を用いてNOPLATを計算するという方法もあります。

実務では多くの実務家が「*EBIT*×(1－税率)」または上式にてNOPLATを計算しますが、対象企業が成長企業である場合、さらに手当てを検討すべき場合があります。なぜなら、本来、FCFおよび NOPLAT計算 においてEBITから控除される税額は、EBITに対応する税額の該当期の「納付額」とすべきですが、上式は「納付」のタイミングが勘案されていないからです。対象会社が成長企業でなければ、上式にてNOPLAT計算に用いた税額と実際の該当期の「納付額」のずれが小さいことも多く、実務上この時期ずれを許容範囲内と考えて特段の追加的調整をせずにNOPLATを計算することがあります。しかし、対象企業が成長企業の場合、大きな誤差が発生してしまいます。

このような場合には、EBITに対応する税額の該当期の「納付額」を計算してそれをEBITから差し引くことでNOPLATを求めるべきといえます。「納付額」の計算には、2つの要素を考える必要があります。第一に、当期の法人税等はその翌期に納付されることになる点です。第二に、法人税等には「中間申告」という制度があり、これにより期の途中（中間）で定められた税金を納める義務がある点です。中間申告の方法は「予定納付」と「仮決算による納付」があります。前者であれば前期の法人税額の1/2を納付することとなり、後者であれば半年分の仮決算を行いそこから得られる所得額を基準に算定された半年分の税額を納付することとなります。「仮決算による納付」は事務負担が大きいため、前期に比べて大幅に業績が落ち込んでいるといったような状況を除き、多くの場合「予定納付」が選択されます。また、中間申告により納付した税額は、本決算の際に計算される

〈EBITに対応する税額計算（Projection&DCF.xlsmの「DCF」シート）〉

	2018年3月	予測期間 2019年3月	予測期間 2020年3月	予測期間 2021年3月	予測期間 2022年3月
売上計		3,202,488,608	3,310,566,688	3,402,433,056	3,486,193,568
営業キャッシュフロー					
EBIT（営業利益）		323,558,823	350,234,626	370,911,754	388,589,554
EBIT対応税額（発生ベース）		111,623,517	120,782,620	127,882,086	133,951,737
EBIT対応税額（納税ベース）		20,793,844	149,059,036	125,362,172	131,431,819
NOPLAT		302,764,979	201,175,590	245,549,583	257,157,735
減価償却（+）		12,500,000	12,500,000	12,500,000	12,500,000
その他償却（+）		0	0	0	0
運転資本増減（ー+）　※未払法人税除く		▲1,066,388	▲976,734	▲830,224	▲756,969
営業キャッシュフロー		314,198,591	212,698,856	257,219,359	268,900,766
投資キャッシュフロー（設備投資）					
固定資産取得（ー）		0	0	0	0
資産売却による収入（+）		0	0	0	0
投資キャッシュフロー		0	0	0	0
FCF		314,198,591	212,698,856	257,219,359	268,900,766
EBITDA		336,058,823	362,734,626	383,411,754	401,089,554

予測期間のFCF現在価値の算出

数値設定	
基準となる割引率（WACC）	10.62%
差分（比較検討用）	2.5%

	基準日設定	2018/3/31			
	2018年3月	2019年3月	2020年3月	2021年3月	2022年3月
	FCF	314,198,591	212,698,856	257,219,359	268,900,766
期末ベース	5.6%	297,481,984	190,639,537	218,276,966	216,049,234
期末ベース	8.1%	290,603,429	181,913,643	203,469,946	196,736,599
期末ベース	10.6%	284,035,786	173,773,170	189,972,198	179,534,230
期末ベース	13.1%	277,758,439	166,166,908	177,642,168	164,171,393
期末ベース	15.6%	271,752,559	159,049,126	166,356,277	150,417,023
期央割引ベース	5.6%	305,726,054	195,937,374	224,326,040	222,036,572
期央割引ベース	8.1%	302,170,793	189,174,878	211,568,993	204,567,628
期央割引ベース	10.6%	298,736,746	182,792,491	199,804,670	188,826,459
期央割引ベース	13.1%	295,417,180	176,760,964	188,935,928	174,608,736
期央割引ベース	15.6%	292,205,871	171,053,878	178,876,994	161,738,081

予測期間各年度のFCFの現在価値合計

WACC	合計
5.6%	1,170,892,815
8.1%	1,108,066,987
10.6%	1,051,125,979
13.1%	999,364,280
15.6%	952,176,504

※表計算ソフトで計算しており、小数点以下の取扱い等により一部手計算と誤差が生じます。

〈②～④の税額計算（Projection&DCF.xlsmの「TAX&NOL」シート）〉

	2018年3月期	2019年3月期	2020年3月期	2021年3月期	2022年3月期	2023年3月期
調整前EBIT	282,177,502	323,558,823	350,234,626	370,911,754	388,589,554	422,584,775
税効果等調整額（EBIT関連分のみ）	0	0	0	0	0	0
欠損金控除前EBIT対応課税所得	282,177,502	323,558,823	350,234,626	370,911,754	388,589,554	422,584,775
繰越欠損金利用額	176,679,871	0	0	0	0	0
調整後EBIT	105,497,631	323,558,823	350,234,626	370,911,754	388,589,554	422,584,775
税率	34.33%	34.33%	34.33%	34.33%	34.33%	34.33%
均等割等	530,000	530,000	530,000	530,000	530,000	530,000
EBIT対応法人税等	36,752,479	111,623,517	120,782,620	127,882,086	133,951,737	145,623,953
EBIT対応法人税等（納税ベース）	—	20,793,844	149,059,036	125,362,172	131,431,819	136,986,563
NOPLAT	245,425,023	211,935,306	229,452,006	243,029,668	254,637,817	276,960,822
NOPLAT（納税ベース）	—	302,764,979	201,175,590	245,549,583	257,157,735	285,598,212
2018年3月期予定納税額	34,334,875					

税額から控除されます。これらに鑑み、実際の該当期の「納付額」を考える際には、「法人税の支払いが翌期となること」と「予定納付の影響」の２点の影響を考慮のうえ「納付額」を計算することとなります。つまり、EBITに対応する税額の該当期の「納付額」は「予定納付額＋前期分の税金納付額」で計算されます。具体的には、以下のように計算するとよいでしょう。

予定納付額＝前期分の*EBIT*対応税額×1／2

前期分の税金納付額＝前期分のEBIT対応税額－前々期分の*EBIT*対応税額×1／2

※一番右の項は「前々期分の税額に基づく前期の予定納付額」

*EBIT*に対応する税額の該当期の「納付額」＝予定納付額＋前期分の税金納付額

NOPLAT＝*EBIT*－*EBIT*に対応する税額の該当期の「納付額」

本書で解説するモデルではこの方法によりNOPLATを計算しています。「TAX&NOL」シートの下段にて本項で説明したNOPLAT策定に用いるための税額計算をしています。最終的には、納税時期を考慮せずに計算したNOPLATと、納税時期を考慮して計算したNOPLATを計算していますが、本モデルでは後者のNOPLATを「DCF」計算に用いています。なお、シートの上段では、プロジェクション策定に用いる税額計算をしています。ここでは、税引前当期純利益を基準に算定した「実際のPL上の税額」を予測計算しています。ここで計算される税額は、非経常的な利益や損失等も含めて計算された所得に対する税額となります。

3. 減価償却費およびその他償却費の把握

減価償却費、その他償却費は、そのまま該当期の数値をプロジェクションから引用します。ここには深い説明は不要でしょう。

4. 設備投資（CAPEX）の把握

設備投資[30]、つまりCAPEX（Capital Expenditure）の金額を減じます。すでに説明したとおり、ここでは新規設備投資額から資産除去・売却等の額を控除した純額を計上します。過去の財務諸表から簡易的にこの数値を導出しようという場合は、キャッシュフロー計算書を参照します。ここで設備投資にかかる投資額と事業資産売却額の差額である純増分がこの設備投資（CAPEX）に該当します。もちろん、プロジェクションを策定していれば設備投資計画も策定されていると思うので、そこから参照します（本Projection&DCF.xlsmでは「予測財務諸表」シートの「CF」の部分）。また、ここでもEBITの計算と同様、事業運営に関係ないものについては除外します。なお、本モデルでは投資キャッシュフローはない前提となっています。

5. 運転資本増減の把握および補足説明

運転資本増減の把握について説明する前に、まずは、運転資本について解説します。

①運転資本と運転資本増減

運転資本とは、企業の事業活動の中で短期的に必要となる事業運転資金として充当される資本を意味します。数式で表現すると以下のとおりです。

運転資本＝(売上債権＋棚卸資産＋その他流動資産)－(仕入債務＋その他流動負債)

たとえば、販売管理費がゼロ、税金がゼロの会社を想定します。第１期の期首に100の現預金があり、第１期に60で商品仕入れ、うち50を期末までにうち10を翌期に支払い、同時に第１期にすべての商品を80で掛売りし、入金は翌期になる状態が３期継続したとします。この場合、第１期～第３期の利益は、60で仕入れ全商品を80で販売していることから、それぞれ＋20となります。次に、第１期～第３期のBSをみてみましょう。単純化すると事例Aのようになっているはずです。実際は仕訳をしていただくと理解できるでしょう。

（事例A）

第1期末	第2期末	第3期末
現預金　50	現預金　70	現預金　90
売掛金　80	売掛金　80	売掛金　80
買掛金　10	買掛金　10	買掛金　10

30　何がPL上の「費用」で何が「設備投資」に該当するのかが不明な場合は、顧問税理士等に聞くことで理解できると思います。ただし、必ずしもプロジェクションは会計ルールに合わせる必要はありません。

売掛・買掛取引がない場合、第１期首に現預金が100あるとすれば、３年連続で利益が20発生しているとすると、第３期末には160の現預金があってもいいはずです。しかし、第３期の現預金は90となっており、本来あるはずの現預金のうち70は事業活動（売掛金－買掛金）に吸収されています。第２期も同じことがいえます。140の現預金があってもいいところが、現預金残高は70となっています。この事業活動に吸収されている現預金70に該当するのが運転資本です。仮に第３期だけ、当期に200の商品を売って掛け売りにより回収は翌期となり、その一方で商品を180で仕入れ、うち130を期末までに支払わなくてはいけない状況になったとしましょう（本来、企業経営上このような取引は現実的ではないが)。この場合、以下のようになります。

（事例Ｂ）

第１期末	第２期末	第３期末
現預金　50	現預金　70	現預金　10
売掛金　80	売掛金　80	売掛金　200
買掛金　10	買掛金　10	買掛金　50

この場合、第３期の利益も20であることから、現金取引であれば現預金残高は160になるはずです。しかしながら、現預金は10（前期末現金70－買掛支払10＋売掛回収80－仕入のうち当期支払分130＝10)、運転資本は150ということになり、本来あるはずの現預金160のうち150が事業活動に吸収されている状態を意味します。このように事業活動を行ううえで運転資本が増加していくことは、現預金保有量の低下を招くことになります。なお、運転資本は売掛金と買掛金しかない企業を考えた場合、「売掛金－買掛金」で算出できます。

ここで、利益と現預金の関係を整理するとより理解が深まります。たとえば、第３期には20の利益が創出されていました。しかし、現預金増減（キャッシュフロー）は第２期末の70から第３期末では10と差分▲60の減少が生じています。つまり、利益は20とプラスなのにキャッシュフローは▲60となっており、80の乖離が発生しています。これは何が原因でしょうか？　ここまで読まれた方ならおわかりになると思います。「運転資本が増加している」からです。運転資本の増加額をみてみましょう。第２期の運転資本は売掛金80－買掛金10＝70、第３期の運転資本は売掛金200－買掛金50＝150となります。つまり、第２期から第３期にかけて、運転資本が150－70＝80も増加していることになります。先ほどの運転資本が増加していくことは現預金保有量の低下を招くという説明どおり、「運転資本増加額＝利益とキャッシュフローの乖離額」となり、言い換えると「利益－運転資本増加額＝キャッシュフロー」となるのです。

なお、運転資本を構成するもう１つ重要な概念は「棚卸資産」です。棚卸資産はそれを購入した時点で、BSの「現金」を「棚卸資産」の勘定に振り替える処理を行います。したがって、実際の売上となるまでは、当該資産を購入するために支出した原価相当額のキャッシュは、費用としてPL上の「原価」に計上されず、「現金」がただ「棚卸資産」というBS上の「資産」に置き換わっているだけの状態になります。このことから、「棚卸資産」が期首から期末にかけて増額しているということは、その分だけ、「PL上の費用」として認識されていない「キャッシュアウト」があることを意味します（原価とは、売上が計上されてはじめて、売上に応じた原価がPL上に記載される性質の勘定科目）。このことから、「棚卸資産」の「増加分」は、「売掛金」の増加と同様に利益から控除しなければキャッシュフローの把握はできません。「棚卸資産」があるということは「現金支出を伴って商品を確保したもののまだ売上化しておらず、コストとして計上されていないものがある」という意味です。これらの背景から、棚卸資産の増加は、「運転資本増加分」とみなします。なお、FCF計算にあたっては、「売掛金」「買掛金」「棚卸資産」以外にも運転資本とみなせる項目を幅広く「運転資本」と定義し、それによるキャッシュフローインパクトを計算し、「運転資本増減」とします。

②運転資本増減の把握

前節で説明したとおり、DCF法で「FCF」を算定する場合には運転資本増加額は「会計上の利益からのキャッシュフローの減額要因」として整理し、利益から控除することで現預金減少インパクトを算定します。

なお、①の事例では運転資本項目として主に「売掛金」と「買掛金」を説明しましたが、実際の計算では「棚卸資産」や「その他流動資産」、「その他流動負債」等も考慮していきます。この「その他流動資産」「その他流動負債」については事業に関係あるもので、売上や仕入等の事業規模の拡大に合わせて増減するものについて抽出し、「運転資本」の計算に含めます。

一方で、社長に対する「貸付金」等の事業関係性が薄く、かつ事業の拡大・縮小に応じて残高が上下しないものは「運転資本」の計算に含めません。また、流動負債項目における「未払法人税」についても「運転資本」に含めないケースが多いようです。たしかに、未払法人税は主に当期に発生した税金を翌期に支払うまでの未払金であり、当期の会計上の税額（支払いは翌期）をNOPLAT計算に用いた場合は、未払法人税を運転資本増減に含めてFCFを計算することで当期、翌期等に「実際に支払うべき」税額を考慮したFCFを算定することもあるようです。しかし、NOPLAT計算において、当期に納付する金額を用いていれば未払法人税を運転資本として考慮する必要がありません。また、未払法人税は実際の税額に基づいて計上されるため、EBITに対応する税額と誤差も出ますし、中間納付の存在を考慮すると正確なCF指標を得にくいといったこともあり、FCF計算に用いる税額の計算はNOPLATの計算過程で処理してしまったほうがよいものと思われます。

では、実際に算出過程をみてみましょう。ここで求めたいのは「運転資本増減」ですが、まずは改めて「運転資本」の算出式をご覧ください。

運転資本＝(売上債権＋棚卸資産＋その他流動資産)－(仕入債務＋その他流動負債)

※運転資本の定義も「流動資産（現預金除く）－流動負債」、「売上債権＋棚卸資産－仕入債務」等と異なる定義がなされる場合があります。定義の明確化は重要です。本モデルにおいては、前ページの算式を用います。

この運転資本の前期期末と当期期末の数値を算出し、この金額が増加していれば事業活動に必要な資金量が増加し現金が運転資本に振り替わっていることを意味することからFCFを減少させる必要があります。したがって、NOPLATからはこの「増加分」を控除することでFCFを調整します。逆に、前期期末と当期期末を比べて運転資本が減少していれば「減少分」をNOPLATに加算することでFCFを調整します。本事例では「DCF」シートの上段の表で「予測財務諸表」シートのデータを用いて運転資本増減を計算していることがわかると思います。この運転資本増加はDCF法の結果に多大な影響（マイナスの影響。運転資本減少であればプラスの影響）を及ぼします。したがって、運転資本増減の材料となるBSの予測も重要となります。これらの処理により、予測期間における「FCF」の導出は完成します。また、上段の表の最終行には「EBITDA」の記載がありますが、これは後の計算において必要になりますので、予測財務諸表シートから転記しています。さらに、上段表の右端の列でターミナルFCFというFCFを算出しています。次はこれについて具体的にみていくことにしましょう。

6. ターミナルFCFの設定

ターミナルFCFとは、DCF法の予測期間以降（つまり予測期間が５年であれば６年目以降)、永続すると仮定するFCFを意味します。DCF法においては、一定の安定成長期まで予測年度（本事例では５年間）として詳細なFCF策定を行い、安定成長期（本事例では６年目）以降のFCFは一定または微増（減）すると仮定してモデルを構築します。基本的には、DCF法では経済成長率と同水準の成長になるまで予測期間として詳細に予測し、それ以降については一定成長または成長なしを仮定するのが原則です（実務では予測期間５～20年とするケースが主流)。したがって、ターミナルのFCFは、一般的には予測期間の最終年度（この場合2023年３月期）の予測値を準用して策定するということになります。しかし、2023年３月期のFCFをそのままコピーして入力すればよいかというと、そうではなく、少し調整が必要です。以下の点に留意してターミナルFCFを計算します。

①設備投資額（固定資産取得額）は減価償却費と同額にする

企業の設備投資は数年に一度といった頻度で行われる場合があります。一方、減価償却費は将来の設備投資の貯蓄的な意味合いをもつともいわれます。したがって、予測期間の最終年度の設備投資額が数年に一度の大きなものであった場合にその数値をターミナルFCFの算定に用いてしまうと、当該数値が毎年継続することを仮定しているのと同じになり、FCF予測を誤ってしまいます。また、ターミナルFCFは基本的には成長なし（あっても微成長）を仮定しているので、ROICが一定と仮定すると資産額がFCF成長率とかけ離れて増加していく予測は非合理的であるということにもなります。このことから、最終年度以降の設備投資は、減価償却して資産価値が下がった同額分だけ設備投資を行うという仮定を置くことで対処するのが一般的です（本事例では、ともに0としている）。

②運転資本増減はないものと仮定する

基本的に予測期間の最終年度以降は成長なし（あっても微成長）として扱います。この場合、事業規模が変化しないことから、運転資本額は変化しないという仮定を置くことに合理性が生まれます。よって、ターミナルFCFの計算にあたっては、原則として運転資本増減を0とします。

③ターミナルの法人税額は法定実効税率を基準に計算する

予測期間の最終年度の法人税額が仮に欠損金などの影響で低減しているような場合、その税率を将来にわたって適用するのは合理的とはいえないので、ターミナルFCFを算出する場合に用いるNOPLATを計算する際の税率は法定実効税率を基準とします。ターミナルFCFは当該FCFが永遠に継続するという意味のFCFであるため、一時的に税率が低下している状態を反映させては計算を誤ってしまうからです。なお、ターミナルFCFの根拠となるNOPLATについては、「1＋永久成長率」を5年目のNOPLATに乗じたものを用いる場合があります。これは、継続期間の開始年が6年目であることから、予測期間最終期より1年間成長したものとして6年目を表現しようという考え方です。

6-5-3 予測期間FCFの現在価値の導出

FCFの計算が終わったら、あとは計算を行うのみです。次のDCF法の基本公式をもう一度確認してください。

（式4-16）～DCF法の基本式～

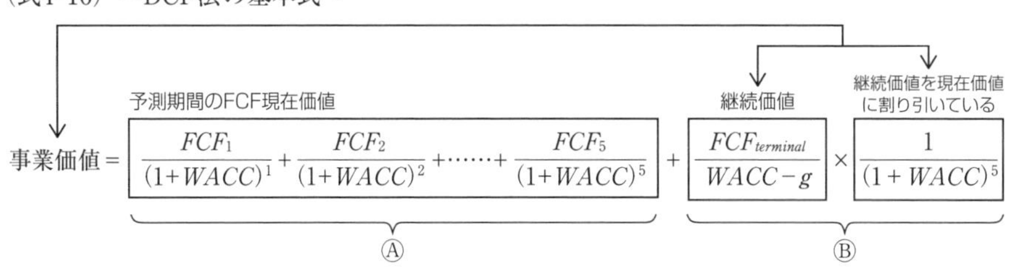

$$事業価値 = \frac{FCF_1}{(1+WACC)^1} + \frac{FCF_2}{(1+WACC)^2} + \cdots\cdots + \frac{FCF_5}{(1+WACC)^5} + \frac{FCF_{terminal}}{WACC-g} \times \frac{1}{(1+WACC)^5}$$

本モデルにおいてWACCは10.62％と計算されているので、$g=0\%$とすれば予測期間FCFおよびターミナルFCFの設定が完了すれば評価結果が計算されます。

実際の計算は「Projection&DCF.xlsm」の「DCF」シートの「予測期間のFCF現在価値の算出」以降をご覧ください。まず式中のⒶの部分を計算します。ここは「予測期間」のFCFを現在価値に割り引く処理を行っている部分です。下図の「FCF」と記載された行に予測期間FCFが転記され、これをそのすぐ下の欄で、WACCにより割り引いています。比較できるようWACCが10.62％より高いケース、低いケースの合計５ケースの結果を表示しています。

さらにその下の段で「期央割引ベース」を行って現在価値を算出しています（246ページ参照）。最後に、「予測期間各年度のFCFの現在価値合計」において各WACC毎の予測期間５年間の各年のFCFの割引現在価値の合計値を算出しています（式中Ⓐの部分）。念のため「F2」キーを用いながらこのあたりの式や参照元を確認してください。あとは、この現在価値に「継続価値の現在価値」を合算するとDCF法で求めるべき「事業価値」が算出できます。続いて「継続価値」の算出へ移ります。

〈FCFの現在価値（Projection&DCF.xlsmの「DCF」シート）〉

予測期間のFCF現在価値の算出

数値設定

基準となる割引率(WACC) 10.62%

差分(比較検討用) 2.5%

	基準日設定	2018/3/31				
	2018年3月	2019年3月	2020年3月	2021年3月	2022年3月	2023年3月
	FCF	314,198,591	212,698,856	257,219,359	268,900,766	285,073,218
期末ベース	5.6%	297,481,984	190,639,537	218,276,966	216,049,234	216,857,050
期末ベース	8.1%	290,603,429	181,913,643	203,469,946	196,736,599	192,906,136
期末ベース	10.6%	284,035,786	173,773,170	189,972,198	179,534,230	172,060,218
期末ベース	13.1%	277,758,439	166,166,908	177,642,168	164,171,393	153,859,704
期末ベース	15.6%	271,752,559	159,049,126	166,356,277	150,417,023	137,921,121
期央割引ベース	5.6%	305,726,054	195,937,374	224,326,040	222,036,572	222,866,775
期央割引ベース	8.1%	302,170,793	189,174,878	211,568,993	204,567,628	200,584,694
期央割引ベース	10.6%	298,736,746	182,792,491	199,804,670	188,826,459	180,965,612
期央割引ベース	13.1%	295,417,180	176,760,964	188,935,928	174,608,736	163,641,472
期央割引ベース	15.6%	292,205,871	171,053,878	178,876,994	161,738,081	148,301,681

予測期間各年度のFCFの現在価値合計

WACC	合計
5.6%	1,170,892,815
8.1%	1,108,066,987
10.6%	1,051,125,979
13.1%	999,364,280
15.6%	952,176,504

これらの合計

式中Ⓐの部分

6-5-4 「継続価値」の現在価値の導出

継続価値（ターミナルバリュー：TV）の算出方法は複数ありますが、よく用いられる手法は①永久成長モデル（Perpetual Growth Model）と、②売却マルチプルモデル（Exit Multiple Model）です。この２つの手法のうち、まずは①永久成長モデルで算定してみます。この場合、「継続価値」の現在価値は以下の算式で導出します。

〈永久成長モデルによる継続価値の算出式〉

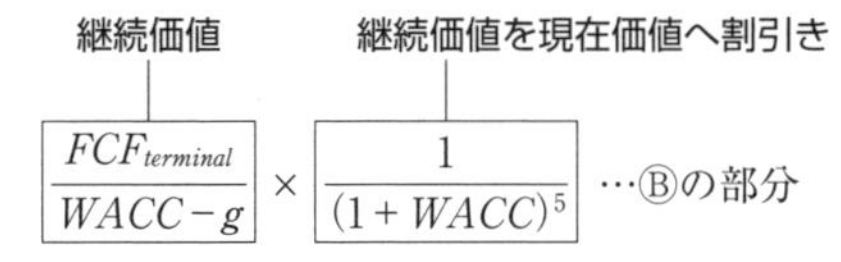

※予測期間が５年間で、評価基準日が予測期間開始日前日であることを前提としていることから、右辺分母の乗数が「５」となっています。つまり、予測期間終了日に認識される継続価値を現在価値に割り引くのです。上式では期央割引を考慮していません。

数式は一見複雑ですが、よくみていただくとまず継続価値を算定し、それを現在価値に割り引いているにすぎないことがご理解いただけると思います。以下に抜粋しましたが、「永久成長モデルによる継続価値算定と株主価値」内の「継続価値の現在価値」の中心セルにて、求めるべきケースである「割引率10.62％」、「永久成長率０％」の場合の継続価

〈永久成長モデルによる継続価値算定と株主価値（Projection&DCF.xlsmの「DCF」シート）〉

永久成長モデルによる継続価値算定と株主価値

数値設定	
永久成長率	0.0%
差分（比較検討用）	0.5%
非事業資産	325,655,019
有利子負債等	28,800,000
優先株式等	0
非支配株主持分（連結）	0

継続価値の現在価値（式中Ⓑの部分）

永久成長率→	−1.00%	−0.50%	0.00%	0.50%	1.00%
5.6%	3,188,961,160	3,449,524,113	3,756,455,795	4,123,342,474	4,569,652,719
8.1%	2,059,081,364	2,178,526,396	2,312,682,553	2,464,445,965	2,637,526,356
10.6%	1,441,418,762	1,506,234,441	1,577,153,654	1,655,081,133	1,741,109,713
13.1%	1,060,722,649	1,099,664,348	1,141,574,307	1,186,805,348	1,235,768,518
15.6%	807,808,614	832,865,695	859,527,007	887,951,707	918,320,726

事業価値の算出（式中Ⓐ＋Ⓑの合計額（＝事業価値））

永久成長率→	−1.00%	−0.50%	0.00%	0.50%	1.00%
5.6%	4,359,853,975	4,620,416,928	4,927,348,610	5,294,235,289	5,740,545,534
8.1%	3,167,148,351	3,286,593,383	3,420,749,540	3,572,512,952	3,745,593,343
10.6%	2,492,544,741	2,557,360,420	2,628,279,633	2,706,207,112	2,792,235,692
13.1%	2,060,086,929	2,099,028,627	2,140,938,587	2,186,169,628	2,235,132,798
15.6%	1,759,985,118	1,785,042,199	1,811,703,511	1,840,128,212	1,870,497,230

企業価値の算出（式中Ⓐ＋Ⓑの合計額に非事業資産を加算した額（＝企業価値））

永久成長率→	−1.00%	−0.50%	0.00%	0.50%	1.00%
5.6%	4,685,508,994	4,946,071,947	5,253,003,629	5,619,890,308	6,066,200,553
8.1%	3,492,803,370	3,612,248,402	3,746,404,559	3,898,167,971	4,071,248,362
10.6%	2,818,199,760	2,883,015,439	2,953,934,652	3,031,862,131	3,117,890,711
13.1%	2,385,741,948	2,424,683,646	2,466,593,606	2,511,824,647	2,560,787,817
15.6%	2,085,640,137	2,110,697,218	2,137,358,530	2,165,783,231	2,196,152,249

株主価値（EqV）の算出（企業価値から有利子負債等等を控除した額（＝株主価値））

永久成長率→	−1.00%	−0.50%	0.00%	0.50%	1.00%
5.6%	4,656,708,994	4,917,271,947	5,224,203,629	5,591,090,308	6,037,400,553
8.1%	3,464,003,370	3,583,448,402	3,717,604,559	3,869,367,971	4,042,448,362
10.6%	2,789,399,760	2,854,215,439	2,925,134,652	3,003,062,131	3,089,090,711
13.1%	2,356,941,948	2,395,883,646	2,437,793,606	2,483,024,647	2,531,987,817
15.6%	2,056,840,137	2,081,897,218	2,108,558,530	2,136,983,231	2,167,352,249

インプライドEBITDAマルチプル

永久成長率→	−1.00%	−0.50%	0.00%	0.50%	1.00%
5.6%	9.9x	10.7x	11.7x	12.8x	14.2x
8.1%	7.2x	7.6x	8.1x	8.6x	9.2x
10.6%	5.7x	5.9x	6.2x	6.5x	6.8x
13.1%	4.7x	4.8x	5.0x	5.2x	5.4x
15.6%	4.0x	4.1x	4.2x	4.3x	4.5x

継続価値/企業価値

永久成長率→	−1.00%	−0.50%	0.00%	0.50%	1.00%
5.6%	68.06%	69.74%	71.51%	73.37%	75.33%
8.1%	58.95%	60.31%	61.73%	63.22%	64.78%
10.6%	51.15%	52.25%	53.39%	54.59%	55.84%
13.1%	44.46%	45.35%	46.28%	47.25%	48.26%
15.6%	38.73%	39.46%	40.21%	41.00%	41.81%

値の現在価値が表示されています。また該当セルの上下左右には、別条件における結果も同時に表示させています。

以上で、永久成長モデルによる継続価値の現在価値を求める作業が完了しました。

6-5-5 事業価値の算出～株主価値の算出

継続価値の現在価値を求めることができれば、あとは「予測期間各年度のFCFの現在価値合計」と「継続価値の現在価値」を合算するだけで「事業価値」が算定できます。次に、「事業価値」に対して「非事業資産」を加算すれば「企業価値」が、「企業価値」から「有利子負債等」、「優先株式等の時価」、「非支配株主持分」を控除することで普通株主にとっての「株主価値」を算出することができます。ここでは簡便化のため、現預金残高全額（評価基準日時点の実績値）を「非事業資産」として計算しています。

なお、多くの「非事業資産」を有する対象会社の場合は、「非事業資産」をリストアップしたシートを作成しておきます（本事例では割愛している）。また、近未来に売却して特別利益等を計上する予定があるものも「非事業資産」に含めておきます。これらの処理を実際に行って株主価値を算出したのが、そのすぐ下の「株主価値（EqV）の算出」です。これで、永久成長モデルによるDCF法の結果が算出されたことになります。続いて、このDCFモデルの検証へと進みます。

6-5-6 継続価値の妥当性検証

継続価値は株主価値全体に占める割合が大きくなりがちですから、十分に検証をしなければいけません。この検証には、以下の２つのアプローチを用います。

1.インプライドEBITDAマルチプルの検証	インプライドEBITDAマルチプルとは、永久成長モデルにより算出された継続価値の妥当性を検証するために、算出された継続価値をEV/EBITDA倍率等で表した場合の当該倍率を意味します。現在価値割引前の継続価値を予測期間最終年度のEBITDA等の指標で除せば、継続価値が何倍のEV/EBITDA倍率なのかがわかります。この算出された倍率が現在のマルチプル相場と比べて極端に高いという場合は、永久成長モデルで算出された継続価値の妥当性を疑う必要があります。
2.継続価値／企業価値の確認	継続価値の現在価値を企業価値で除すことで、継続価値が占める企業価値全体に対するウエイトを把握。ケースにもよりますが、一般的には継続価値の現在価値が７割を超えるような場合は注意すべきでしょう。

1. インプライドEBITDAマルチプルの検証

「インプライドEBITDAマルチプル」においてこの検証を行っています（287ページ図を参照）。DCF法では継続価値が全体の企業価値に占める割合が大きくなるので、継続価値の妥当性については十分にチェックしなければなりません。このために用いられる代表的なものがインプライドマルチプル（この場合はEBITDA）を用いた確認方法です。ターミナルFCFの数値から計算された「継続価値（現在価値へ割り引く前の）」を算出し、ターミナル年度のEBITDAで除すことでインプライドのEV/EBITDA倍率を算出します。このマルチプルを現在の市場マルチプルと比較することで継続価値の妥当性を考えるのです。この数値が類似会社平均のEV/EBITDA倍率と大きく乖離している場合は継続価値の算出過程に問題がないかを確認し、その乖離の理由を説明できるようにすべきです。

EV/EBITDA倍率は、割引率、永久成長率、ROICの影響を大きく受けます。もし、インプライドEBITDAマルチプルが類似会社EV/EBITDA倍率より低い場合は、多くの場合「割引率」が割高ではないか、「ROIC」を低く設定（=「設備投資」や「WC増加」を大きく設定）していないか、または一定程度安定したタイミングまで予測年度を設定しているか等を考えます。たとえば、類似会社よりも対象会社のFCFリスクが大きいと考えることができる場合であれば、それは必然的に「割引率」が類似会社比で高くなり得ることを意味します。こういった背景があれば、「対象会社のインプライドEV/EBITDA倍率が相対的に低いのは、『割引率』が高い、つまりFCFリスクが類似会社比で大きいから自然な結果といえる」という説明ができます。

もちろん、インプライドEBITDAマルチプルが市場倍率と大きな乖離がない場合には割引率、g、ROIC等の妥当性（類似会社との類似性）を確認する必要はあるものの、原則的には適切な類似会社を選定しており、かつ、EV/EBITDA倍率でみてもDCF法でみても違和感がないといえる可能性が高いことになります。

2.「継続価値／企業価値」の確認

次に、「継続価値／企業価値」の比率を確認していきます。この比率が高い（たとえば70%以上の場合等）ということは、企業全体の価値に比して、継続価値の比重が大きいことを意味し、DCF法による評価の妥当性を検証すべき場合があります。最もよくあるのは、十分に長い予測期間を設定していない（最終年度のNOPLATの期待値が全体のバランスからみて過大）、成長率を高めに設定し過ぎている等の原因によるものです。

DCF法の基本は、十分に安定成長フェーズといえる期までは予測期間として綿密に予測したものを基準に「予測期間各年度の現在価値合計」を算出し、その後は市場均衡すると仮定して０%成長が永続するとして簡易的計算により継続価値を算出し、その両者を合算するというものです。継続価値算出においては、成長率を０%以上に設定する場合であっても、インフレ率や経済成長率を超えない値を設定します。したがって、十分に安定成長段階にくるまで予測期間を設定していない場合には、綿密なプロジェクションのない簡易的計算部分である継続価値が全体価値の大部分を占めてしまいます。また、ターミナル年度以降の成長率をインフレ率や経済成長率より大幅に高めに設定している場合、それは現実的ではないといえます（永久成長を仮定する場合、これらを超える成長率が継続する仮定は置けないから）。このように継続価値の比重が高い場合には、DCF法の基本原則が遵守されているかどうかを確認するきっかけと考えます。実は、この継続価値の比重の問題は、次項で説明する売却マルチプルモデルによる検証においてさらに重要な議論がなされることになります。

6-6 Excelを用いた算定実務 ～エンタープライズDCF法、売却マルチプルモデル～

永久成長モデルに続いて、売却マルチプルモデルによるDCF法の詳細についてもみていきます。2つの手法の相違点は「継続価値」算定にあるということは説明したとおりですが、これから説明する売却マルチプルモデルはより直観的に理解しやすいものでしょう。まず次ページに実際の計算例を掲載しましたのでご覧ください。Projection&DCF.xlsmのDCFシートでは、永久成長モデルの下の段にて、この売却マルチプルモデルによる評価を行っています。

6-6-1 算定の全体像

売却マルチプルモデルでも、「予測期間各年度のFCFの現在価値合計」までの計算方法は永久成長モデルと同じです。唯一、**継続価値の算出方法とその検証方法のみが異なります**。さらに言えば、売却マルチプルモデルによる評価は、永久成長モデルを主として算定したDCF法による結果を、念のために異なるアプローチで確認するためのものともいえます。こちらの算定は非常にシンプルなので、まずは287ページの永久成長モデルによる評価と次ページの売却マルチプルモデルによる評価の相違点を比べてみてください。

売却マルチプルモデルでは、継続価値を類似会社データ、市場環境等から推定した継続価値算定時点の将来に予測される「EV/EBITDA倍率」に「予測最終年度のEBITDA」を乗じることで求めます（EV/EBITDA倍率が実績ベースの場合）。その後、「継続価値」を現在価値に割り引くことで「継続価値の現在価値」を求めています。なお、ここでEV/EBITDA倍率以外の倍率を用いることもできます。たとえば、資産性の高い企業であり将来売却を検討しているようなプロジェクトの場合であれば、PBRで継続価値を算定してもよいでしょう。このように、算出方法自体は非常にシンプルです。ただし、本モデルの重要な意義は永久成長モデルを含めて、DCF法全体を「検証」することにもあります。

6-6-2 インプライド永久成長率の確認と検証

売却マルチプルモデルの検証は、本モデルで算出された「継続価値」を「永久成長モデル」で逆算して行います。具体的には、「売却マルチプルモデル」で算出された①「継続価値」、②「FCFterminal」および③「割引率」を固定値として「永久成長モデル」の数式（式4-17）に①～③を代入し、（式4-18）に数式変換することで、「g」を求めます。たとえば、ターミナルEBITDAが10億円、予測されたEV/EBITDA倍率が5.50倍であれば、事業価値ベースの継続価値は55億円となります。ここでもし割引率が10%、FCFterminal

〈DCF法　～売却マルチプルモデル～（Projection&DCF.xlsmの「DCF」シート）〉

売却マルチプルモデル（EV／EBITDA倍率）による継続価値算定と株主価値

数値設定	
EV/EBITDA倍率	5.5
差分（比較検討用）	0.5

継続価値の現在価値

EBITDA倍率→	4.50x	5.00x	5.50x	6.00x	6.50x
5.6%	1,446,583,436	1,607,314,929	1,768,046,422	1,928,777,915	2,089,509,408
8.1%	1,286,814,609	1,429,794,010	1,572,773,411	1,715,752,812	1,858,732,213
10.6%	1,147,758,219	1,275,286,909	1,402,815,600	1,530,344,291	1,657,872,982
13.1%	1,026,348,458	1,140,387,176	1,254,425,893	1,368,464,611	1,482,503,328
15.6%	920,027,310	1,022,252,566	1,124,477,823	1,226,703,080	1,328,928,336

事業価値の算出

EBITDA倍率→	4.50x	5.00x	5.50x	6.00x	6.50x
5.6%	2,617,476,251	2,778,207,744	2,938,939,237	3,099,670,730	3,260,402,223
8.1%	2,394,881,596	2,537,860,997	2,680,840,398	2,823,819,799	2,966,799,200
10.6%	2,198,884,198	2,326,412,889	2,453,941,580	2,581,470,271	2,708,998,962
13.1%	2,025,712,738	2,139,751,455	2,253,790,173	2,367,828,890	2,481,867,608
15.6%	1,872,203,814	1,974,429,071	2,076,654,327	2,178,879,584	2,281,104,841

企業価値の算出

EBITDA倍率→	4.50x	5.00x	5.50x	6.00x	6.50x
5.6%	2,943,131,270	3,103,862,763	3,264,594,256	3,425,325,749	3,586,057,242
8.1%	2,720,536,615	2,863,516,016	3,006,495,417	3,149,474,818	3,292,454,219
10.6%	2,524,539,217	2,652,067,908	2,779,596,599	2,907,125,290	3,034,653,981
13.1%	2,351,367,757	2,465,406,474	2,579,445,192	2,693,483,909	2,807,522,627
15.6%	2,197,858,833	2,300,084,090	2,402,309,346	2,504,534,603	2,606,759,860

株主価値（EqV）の算出

EBITDA倍率→	4.50x	5.00x	5.50x	6.00x	6.50x
5.6%	2,914,331,270	3,075,062,763	3,235,794,256	3,396,525,749	3,557,257,242
8.1%	2,691,736,615	2,834,716,016	2,977,695,417	3,120,674,818	3,263,654,219
10.6%	2,495,739,217	2,623,267,908	2,750,796,599	2,878,325,290	3,005,853,981
13.1%	2,322,567,757	2,436,606,474	2,550,645,192	2,664,683,909	2,778,722,627
15.6%	2,169,058,833	2,271,284,090	2,373,509,346	2,475,734,603	2,577,959,860

こちらの数式はわかりづらいので補足します。本セルでは本文中の（式4-18）を用いて永久成長率を逆算的に計算しています。また、本セルの数式後半には（1＋WACC）の*n*乗を継続価値に乗じている部分があります。この理由は、上段で算出している継続価値が「継続価値の現在価値」であるため、5年目末日時点での「継続価値」に戻さないと（式4-18）の「継続価値」として計算に用いることができないことによります

インプライド永久成長率

EBITDA倍率→	4.50x	5.00x	5.50x	6.00x	6.50x
5.6%	−8.97%	−7.51%	−6.32%	−5.32%	−4.48%
8.1%	−6.47%	−5.01%	−3.82%	−2.82%	−1.98%
10.6%	−3.97%	−2.51%	−1.32%	−0.32%	0.52%
13.1%	−1.47%	−0.01%	1.18%	2.18%	3.02%
15.6%	1.03%	2.49%	3.68%	4.68%	5.52%

継続価値/企業価値

EBITDA倍率→	4.50x	5.00x	5.50x	6.00x	6.50x
5.6%	49.15%	51.78%	54.16%	56.31%	58.27%
8.1%	47.30%	49.93%	52.31%	54.48%	56.45%
10.6%	45.46%	48.09%	50.47%	52.64%	54.63%
13.1%	43.65%	46.26%	48.63%	50.81%	52.80%
15.6%	41.86%	44.44%	46.81%	48.98%	50.98%

※表計算ソフトで計算しており、小数点以下の取扱い等により一部手計算と誤差が生じます。

が5億円であれば、永久成長率は0.91％という数値が算出されます。

$$継続価値 = \frac{FCF_{terminal}}{r-g} \qquad (式4\text{-}17)$$

$$g = r - \frac{FCF_{terminal}}{継続価値} \qquad (式4\text{-}18)$$

本書初版発行時点でのわが国の直近数か年のインフレ率や経済成長率は、多くの場合に－2％～＋2％程度で推移しています。このことから、永久に対象会社のFCFが0.9％成長していくというのは一定の妥当性ある予測であるということができます。もし、売却マルチプルが6.5倍であれば、永久成長率は10％－（5／（10×6.50））＝約2.31％となってしまい、永久にインフレ率を上回る成長を継続するという前提を置くことになるので、この場合は

合理性が疑わしいことになります。

一方で、もし他の値は変わらず割引率の設定が20%だったらどうなるでしょうか？　この場合、20%－(5／(10×5.5))＝10.9%となり、大きな成長が永続的に継続するという仮定を置いていることになってしまいます（FCFリスクの割に継続価値が過大だということ）。対象会社のキャッシュフローがインフレ率や経済成長率等を超える成長率で永続的に伸び続けるという仮定を置くことは困難です。したがって、この場合はEV/EBITDA倍率として5.5倍を利用するのは妥当性がないということがわかります。この場合、「逆に永久成長率が０%となるEV/EBITDA倍率はどの程度か？」ということを考えていくことで、適正なEV/EBITDA倍率を見つけていくことができるようになります。もちろん、これ以外にも割引率、ROICのどこかに誤った前提が存在する場合もあるので、対象会社の性質に応じて問題点を見つけられるようにしていきます。継続価値／企業価値の確認および検証は永久成長モデルにおいて、すでに説明させていただいた通りです。

なお、売却マルチプルモデルでは、どのマルチプルを用いるかという議論、将来時点のマルチプルがどうなるかという議論、マルチプルにディスカウントをすべきかという議論、マルチプルを乗じることとなるFCFに修正を加えるべきかという議論も重要な論点です。マルチプルの修正については、別途238ページで説明したような観点に従って調整を行う場合があります。

6-6-3　２つのDCFアプローチおよび類似会社比較法の活用方法

DCF法による継続価値算定の２つのアプローチは、どのように相互活用できるでしょうか？　まず大前提として、企業価値評価プロセスは首尾一貫していることが肝要です。たとえば、用いるWACCは永久成長モデルにおいても売却マルチプルモデルにおいても同じ数値で比較検討します。また、類似会社比較法で取得したマルチプルから推定した対象会社EV/EBITDA倍率は、DCF法による売却マルチプルモデルにおいても利用されます。永久成長モデルと売却マルチプルモデルの２つのアプローチを検証する過程の中で、予測期間の設定が短すぎるのではないか？　WACCが適正値といえないのではないか？　対象会社EV/EBITDA倍率の推定値が適正ではないのではないか？　等、様々な疑問が出るでしょう。

たとえば、どうしても類似会社比較法で取得した類似会社平均EV/EBITDA倍率を用いると、売却マルチプルモデルで求めた「インプライド永久成長率（Implied Perpetual Growth Rate）」がきわめて高い数値になってしまい、永続成長の理屈に合わないといった場合には、EV/EBITDA倍率の推定を見直さなければならない可能性があります。このようなプロセスを経ることで、類似会社比較法やDCF法が相互に関係し合い、それにより相互の適正性・対象会社の価値に対する理解が向上していきます。ここまでの説明で、DCF法が類似会社比較法にいかに深い関係があるのかということをご理解いただけたのではないでしょうか？

6-7 株主資本コスト算出モデルの応用

6-7-1 個別の対象会社が直面する２つのリスク要素

株主資本コスト算出において、最も基本的なモデルが資本資産評価モデル（CAPM）であることは説明しました。ここではCAPMの応用についてお話したいと思いますが、その前に、βが表現している「リスク」についてもう一段階深い説明をしておきます。ポートフォリオ理論やファイナンスの世界では、株式投資のリスクは大きく２つに大別されるという考え方があります。それは①アンシステマティックリスクと②システマティックリスクです。まず以下の２つの図をみてください。

〈システマティックリスクとアンシステマティックリスク〉

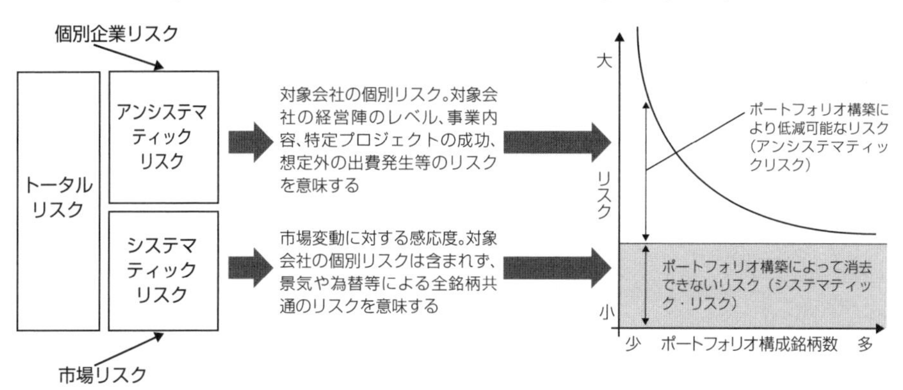

現代ポートフォリオ理論は、広範な分散投資を行っている危険回避型投資家の立場を主な前提とした理論であることから、上図で言うアンシステマティックリスクは分散投資により排除することができるという立場をとっています。つまり、分散投資を行い投資銘柄数が大きくなればなるほど、アンシステマティックリスクが低減されるのです（数学的な証明は専門書をご参照のこと）。逆に言えば、次項で数式を使って解説しますが、分散投資を行わない投資家にとっての特定案件のリスクは、分散投資を極限まで行っている投資家にとっての同じ案件へ追加１単位の投資を行う場合のリスクより大きいといえます。したがって、会社オーナーのようにほぼ１つの投資対象である自社へ投資をしている場合や、買収者が非上場のオーナー企業であり資金量の大半を特定の１社の買収につぎ込もうとする場合においては、通常のCAPMによる割引率を用いてしまうと現在価値を過大評価してしまう（＝リスクを過小評価してしまう）ことにつながりかねないのです。なぜなら、

分散投資を十分に行っていない投資家であればアンシステマティックリスクが十分に低減されていないと考えられることから、十分に分散投資を行った投資家に比べて対象会社について高いβを認識せざるをえないからです。順を追って説明していきましょう。

6-7-2 CAPMおよび割引率の応用論点　～トータルβやサイズ・プレミアム等～

1. トータルβ　～非上場会社オーナーや買収者にとってのβ～

上場会社のβは、対象会社の株式の変動率推移データとTOPIX等の変動率の推移データを入手し、それぞれの変動率のブレ幅を材料に算出される共分散や分散等を材料に以下のように算出されます[31]。

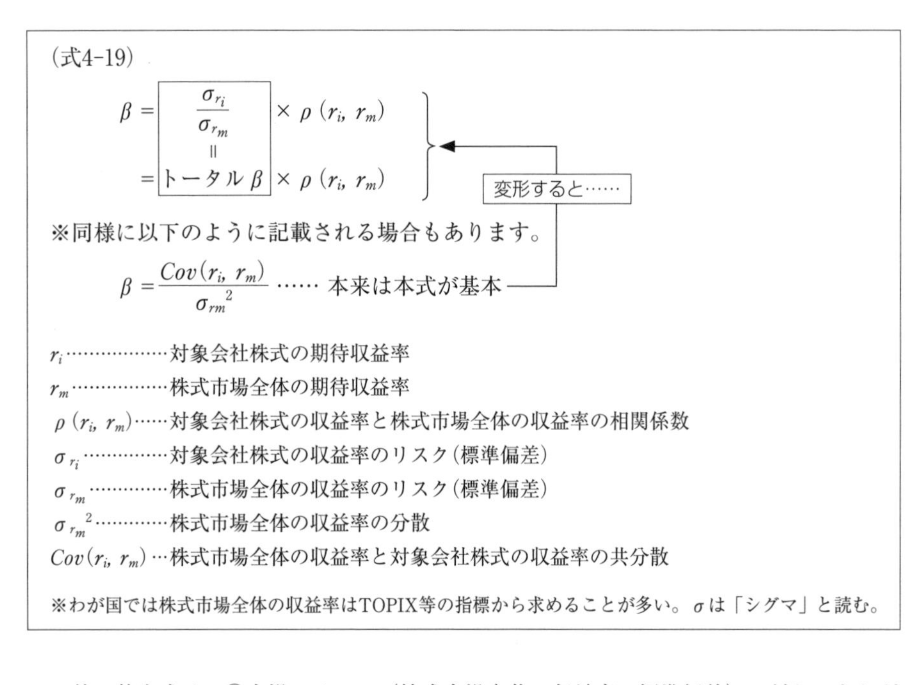

β値の算出式は、①市場のリスク（株式市場全体の収益率の標準偏差）に対してどれだけ対象会社のリスク（対象株式収益率の標準偏差）が大きいかというトータルリスク（トータルβ）を標準偏差の比率により計測し、②市場と対象株式の収益率の変動の相関性が低い場合は「分散投資ポートフォリオによるリスク低減効果」が強く働くものとみなし、トータルリスクからそのリスク低減効果に該当する部分を調整する処理を行っているものともいえます。ここで言う①のプロセスが式中の「$(\sigma_{r_i} / \sigma_{r_m})$」の部分で、②のプロセス

31　βはExcelにより簡単に算出できます。インターネットで検索すると多くの解説が見つかります。

が①に「$\overset{ロー}{\rho}$」を乗じている部分です。相関係数は、－1～1の間をとる統計的指標ですが、$\rho(r_i, r_m)$ は主に0.1～0.7くらいに分布していることが多く、相関係数が低ければ低いほど（相関が弱ければ弱いほど）トータルリスク低減効果が強く働くことを意味します。

一方、非上場会社に代表される市場株価のない会社の場合、βはウェブ等で検索しても出てきません。株価がなく株価変動率の推移データやそのブレ幅が取得できないのでβを算出できないからです。したがって、前述のとおり類似の上場会社のβから、対象会社のβを推定するという作業を行います。他の手段としては、過去の営業利益や当期純利益等の変動を用いて回帰係数を求めることで、会計上の利益指標を「企業価値」や「株価」と類似する指標とみなし、「アンレバードβ」や「レバードβ」を算出する方法も一応はあります。

さて、ここで『誰にとっての価値を評価しているのか？』という点を考えてみましょう。結論から言えば、もし上場会社のような買収者側にとっての価値ではなく非上場会社オーナーにとっての価値を評価する場合、このままのβを用いることが理論的に正しくない場合があります。なぜなら、分散投資を行わない全資産を１件に集中投資するような投資家の立場では、βに内包される「分散投資ポートフォリオによるリスク低減効果」が働かないからです。

つまり293ページ図で説明した通常分散投資により低減されるはずの「アンシステマティックリスク」が低減されず、すべてまたは大半のアンシステマティックリスクをその投資家がそのまま負担せざるをえないことになります。特に自身の資産だけでなく自身の時間のすべてをも事業につぎ込んでいるような非上場会社のオーナー経営者にとっては、ほとんどのアンシステマティックリスクを負担することになります。このような場合、このリスク低減効果を調整する前のβを用いなければ、彼らからみた正しいリスク指標を考えることはできないのです。これはオーナー経営者でなくても、非上場オーナー企業等が１件に対して集中的に投資するM&Aも含め、分散投資をせず全資産を対象資産に投下するすべての投資家に該当しうる考え方です。このようにトータルリスクを負う主体からみたリスクを反映させたβを「**トータルβ**」と呼びます。まずは数式でみてみましょう。

$$\text{通常の}\beta = \underbrace{\boxed{\frac{\sigma_{r_i}}{\sigma_{r_m}}}}_{\text{トータル}\beta} \times \underbrace{\boxed{\rho(r_i,\ r_m)}}_{\text{リスク低減効果}} \qquad \text{（式4-20）}$$

$$\text{トータル}\beta = \sigma_{r_i} \div \sigma_{r_m} = \beta \div \rho(r_i,\ r_m) \qquad \text{（式4-21）}$$

（トータルβの計算例）

β＝1.3、ρ＝0.2を仮定すると、1.3÷0.2＝6.5となり、トータルβは6.5となる

（式4-20）は通常のβを意味し、「$\sigma_{r_i}/\sigma_{r_m}$」の部分が図で示した個別銘柄のトータルリ

スクを意味する「トータルβ」の部分、アンシステマティックリスクのリスク低減効果をもつのが「$\rho(r_i, r_m)$」の部分です。「$\rho(r_i, r_m)$」は、対象株式の収益率と株式市場全体の収益率の相関係数となっています。一方、(式4-21)の中央の式では、(式4-20)と比較すると、分散投資ポートフォリオによるリスク低減効果を意味する「$\rho(r_i, r_m)$」が抜け落ちていてリスク低減がなされていません。これこそが「トータルβ」の意味するところです。

前述のとおり、このトータルβは一切の分散投資を行わず対象会社のみに全資産（時間を含む）を投下するような非上場会社のオーナー経営者等にとってのβです。上の計算例でも、通常のβが1.3であるのに対し、トータルβは6.5と非常に高い値となっています。それだけトータルリスクが大きいということがβ値に現われているといえます。

さて、それでは、分散投資ポートフォリオといえるほど様々な資産に投資しており対象会社への投資が新たな１単位に過ぎないとはいえないが、全資産を対象会社に投資するわけではないという場合はどのように考えればよいのでしょうか？　この場合、分散投資効果を少しだけ享受できると考えられることから、β値を6.5〜1.3の間のどこかに定まると考えるのが合理的であるといえるでしょう[32]。なお、本節の解説は非上場会社であればトータルβを用いて評価すべきという指摘をしているわけではありません。同じ対象会社であっても投資家の分散投資の程度によって評価が異なるという点が重要です。単一銘柄に全資産を投下しているオーナー経営者が「自分の立場からみた対象会社の価値」を算定しようという場合には、トータルβを用いて評価することで適切なリスクを反映させた評価ができる一方、買収者側が十分に分散投資をしたうえで投資する場合には、その買収者からみるとアンシステマティックリスクをすべて負担するわけではないことから、通常のβを（つまり、対象会社に対して高い評価額を）認識できるということです。

なお、このトータルβについては、以下にURLを記載したニューヨーク大学アスワス・ダモダラン教授のホームページから、日本の数十の業界について調査されたレポートがダウンロードできる（本書執筆時点）ので、興味のある読者は参照されるとよいでしょう。
(参考リンク)
http://pages.stern.nyu.edu/~adamodar/

2. トータルβからの考察　〜買収者にとって異なる価値〜

もう少し具体的にみてみます。異なる２つの事業会社が希望売却価額20億円の特定企業を買収しようと考えているとしましょう。A社は保有資金と事業用資産を5,000億円ほど有する巨大上場会社で様々な投資対象・事業領域に投資を行っています。一方のB社は保有資金と事業用資産の合計が30億円であり、上場直前のオーナー系ベンチャー企業です。

32　詳細や分散投資の程度によって算定価値が変化することについての具体的説明は、「Entrepreneurial Finance-Strategy Valuation & Deal Structure (11), Smith Janet Kiholm-Smith Richard L-Bliss Richard T (2011)」に詳しく紹介されています。

このとき直観的に考えても「A社のほうが買収競争に勝ちやすいだろう」というのはわかります。両社とも「15億円くらいなら妥当なんだけどな」と考えているとすれば、A社からみると希望売却価額とのギャップである5億円は、彼らの資産規模の1000分の1ほどです。一方、B社からみると、自社の資産規模の20%弱を妥当と考える評価額に上乗せしなければ買収できないということになります。B社からみると非常に大きなギャップです。

一方、トータルβの考え方でも、同じような結論になります。A社はある程度他の投資銘柄へ分散投資を行い、相当程度巨大な事業ポートフォリオをすでに有しており、上場会社でもあり、本件の買収価格20億円に比べて多くの投資ポートフォリオを保有していると考えられます。一方で、B社はその真逆ともいえる状況です。このことから、A社のほうが分散投資によるリスク低減効果を十分に考慮しながらβ値を設定することができるため、対象会社に対して認識するリスクが低くなるといえます。こうなると、割引率もB社より低く設定できますから、同じFCF計画を割り引いて投資対象の価値を評価する場合、A社のほうが高い価値をつけることができるのです。

さらにβ値の側面のみならず、シナジーの規模もここでは大きなポイントになってきます。実務では必ずしもそうとはいえない事例もあるのですが、一般的には規模が大きい買収者のほうが、規模が小さい買収者に比べてM&Aによるシナジー効果を発揮させやすい場合があります。買収者側の顧客へのクロスセルにより売上シナジーが出るであろうという場合においても、もしA社が1万社の潜在顧客を有している一方で、B社が100社しか潜在顧客を有していなければ、そのシナジーの期待値は大幅に異なるからです。また、インターネット業界等でいえば、検索エンジン、ゲームプラットフォーム等といったビジネス・プラットフォームを有する企業は特にシナジー価値を大きく発生させやすいと考える妥当性があります（少なくとも計算上は……）。実際に、高額または割高にみえるM&A事例を調べてみていただくと面白いでしょう。その多くのケースにおいて、何らかのプラットフォームを有している企業や、投資実績や現預金が豊富な企業が買収者である場合が多いと思います。

3. CAPMの調整　～サイズ・プレミアム～

前節では「投資家の立場の違い」からみたβについて考えました。次にまったく異なるアプローチとして対象会社の「規模の違い」からみたβを考えます。本アプローチは時価総額が大きい企業と小さい企業を比べると、時価総額が小さい企業ほどリスクもリターンも高いことが観測されるという実証分析結果を基盤に構築されたものです（換言すると投資家は小さな企業に対してはリスクが高いと想定し、より高いリターンを期待し、過去においてそれが実現されていたということ）。具体的には、通常のCAPMの最終項に、次ページのように時価総額規模に応じた修正値を入れて調整します。これをサイズ・プレミアムといい、通常の証券市場線を上回るサイズ（企業規模）由来のプレミアム部分といえます。

$$CAPM = r_f + \beta \times MRP + \alpha \qquad \alpha \text{ …… サイズ・プレミアム}$$

MRP …… マーケットリスクプレミアム

本手法に用いることのできるサイズ・プレミアムの一例として下表にイボットソン・アソシエイツ・ジャパン株式会社のサイズ・プレミアムデータ（2017年12月基準、開示許可取得済み）の一部を掲載します。これは時価総額別に企業を10分位に分け、サイズ・プレミアムの観測データをまとめたもので、これを上式の「α」に代入することで用います。

10分位	最小企業 時価総額（百万円）	最大企業 時価総額（百万円）	サイズ・プレミアム （CAPM上乗せリターン）
1—Largest	720,860	23,536,001	−0.30%
7	28,693	42,984	3.90%
8	19,503	28,665	5.00%
9	12,416	19,487	6.00%
10-a	8,516	12,350	9.70%
10-b	2,927	8,508	12.40%

（出所：イボットソン・アソシエイツ・ジャパン株式会社）

たとえば、時価総額が30億円規模の会社を評価する場合、$\beta = 1$、MRP＝7.3%、$r_f = 1$%とすれば、1%＋1×7.3%＋12.4%＝20.7%となります。よく実務で「ベンチャーだからざっくり20%で割り引こう」という話もあり、それについて本書では否定的な記述をしていますが、このように考えると数値自体は一定の妥当性がある場合もあるのかもしれません。正式な評価で利用する場合や最新のデータ、ならびに実際の利用方法等については同社へお問合せください。

なお、上記とはやや異なるアプローチではありますが『企業価値評価の実務Q＆A』（プルータス・コンサルティング編、中央経済社）では「サイズ・リスクプレミアム」という類似の概念の紹介がありますのでこちらも参考にされるとよいでしょう。

4. CAPMの応用形　～３ファクターモデル～

３つの要素を考慮して株主資本コストを算出しようというモデルが、「**ファーマ・フレンチ・３ファクター・モデル**」と呼ばれるものです。このモデルは「CAPMだけでは個別銘柄の期待収益率を測るに不十分だ」という立場から設計されたものです。CAPMは、株式市場全体のリターンという１つの要素を基準として個別銘柄調整を行うことで株主資本コストを算出しますが、本モデルは以下の３要素に代表される材料を基に個別銘柄調整を行うことで「株主資本コスト」を算出しようというアプローチです。次ページの図をご覧ください。

〈CAPMとファーマ・フレンチ・3ファクター・モデルの違い〉

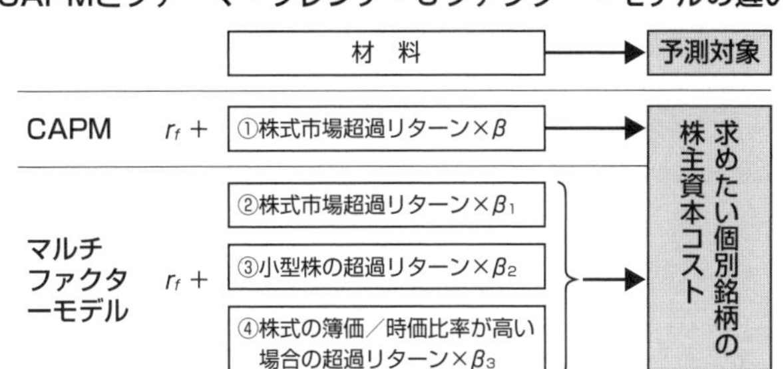

このモデルでは、CAPMで計算される①株式市場の超過リターンに加え、さらに株式の期待リターンは②「時価総額が小さい株式ほど高まる（これはサイズ・プレミアムと同様の考え方）」、③「株式の簿価／時価比率が大きいほど高まる」という影響を加えて株式のリターンを推定する手法です。CAPMが株主資本コストの説明変数として市場平均リターンを唯一のものとしているのは観測上合理性に欠けるとの考えを背景に開発されたものです。これらを数式化すると次のようになります。

株主資本コスト$(r_e) = r_f + \beta_1(MRP) + \beta_2(SMB) + \beta_3(HML)$

r_f	リスクフリーレート
β	β値　※ただし、本モデルの場合3つの要素に対して3つの異なるβ値を算出
MRP	$(r_m - r_f)$と同義。株式市場全体の超過リターン。マーケットリスクプレミアム
SMB	小時価総額企業のリターン差
HML	高い簿価／時価比率企業のリターン差

ただし、この手法は、現在の本邦実務においてはほとんど用いられていません。この手法が観測データをもとに確立されたものであり、理論的な裏付けが弱いという理由や計算が面倒である（米国のようにSMB、HML等のデータが簡易的に取得しにくい）等が理由でしょう。しかし、本手法のざっくりとした理解は、現在のファイナンス理論において、どのような要素が「株主資本コスト」に影響を与えるのかを知ることができるという点で有意義だと考えます。

ここまで、投資家が企業価値評価を行う場合「投資家の立場」や「対象会社の特徴」により異なる株主資本コストが認識されることについて具体的に説明してきました。しかし、ベンチャー企業を評価しようという場合は、これ以外にも複数のアプローチがあります。これについて次節から解説していきます。

7 ベンチャー企業に適する企業価値評価手法

7-1 ベンチャー企業評価の難しさ　～2つの側面～

ここまでに説明してきた手法は、将来FCFやそこからから導き出される期待収益率の分布が正規分布に従い、それら分布の広さを意味する「リスク」を「標準偏差」で表現でき、かつ当該「リスク」をβで表現する際にβを類似会社から推定可能であるという前提を置いています。一方、ベンチャー企業評価においてはこの前提が必ずしも成り立つとはいえません。

DCF法等のインカムアプローチにより対象会社を評価する場合、まず「上場類似会社のリスク指標であるβによって、対象会社のリスク指標であるβが推定できる」ということが前提となります。対象会社が比較的規模の大きい非上場会社であれば、上場類似会社と同じように対象会社も市場の中での一定の大きなシェアを占めており、かつある程度キャッシュフローも安定している場合が多いといえます。このような場合は、たとえ非上場会社であっても、一定の市場シェアをもっていることもあり、システマティックリスクである市場リスクを上場類似会社と同じように受けるため、そのリスクは上場類似会社に近いものになると考えることができるでしょう。したがって、比較的規模の大きい非上場会社であれば、上場類似会社の株価変動データから導き出されるリスク指標を対象会社のリスク指標推定に用いることには一定の合理性があると考えることができます。

しかし、このような上場直前の企業や規模の大きい非上場会社等とは異なる、ベンチャー企業や非上場会社の評価においては、上場類似会社の株価データから導き出されるリスク指標を基に対象会社のリスク指標を推定しようとする試みは大きな誤差を生む可能性が高いといえます。なぜなら、キャッシュフローの安定性リスクも異なりますし、また、市場からの影響（システマティックリスクの受け方）の受け方や市場係数との相関性も異なるため、上場類似会社の株価変動データから導き出されるリスク指標を参考にしにくいからです。

本節ではこの問題の解決法を考えてみたいと思います。これから解説する手法によりすべての課題が解決するわけではありませんが、有用なアプローチにはなるでしょう。主に用いる手法は、①VCが利用するハードルレートを利用したDCF法、②確実性等価キャッシュフロー（CEQ）を用いたDCF法、③ベンチャーキャピタル法、④ファーストシカゴ法および⑤リアルオプション法の５つです。これら５つの手法は、ベンチャー企業の特殊性に鑑みた適切性と利用にあたっての簡便性を基準に、著者が国内外、様々な論文や書籍から有用だと判断したものです。これらの手法を通常の評価手法と折衷していくことで、さらにベンチャー企業の価値評価へ道筋がみえてくることでしょう。

7-2　VCハードルレートを割引率として用いたDCF法

7-2-1　手法の概要

βの考え方は、「期待収益率の分布が正規分布等で表現でき、リスクが標準偏差で表現できる」という前提が置かれます。具体的には、1年後の予想収益率が期待収益率を中心に約67%の確率で＋σ～－σ（σ＝標準偏差）になるようなリスク水準をもつという枠組みで考えることに一定の合理性がある場合にはじめて、σと相関係数（共分散）を材料にβを算出し、βを材料に株主資本コストを算出するCAPMが説明力をもちます。そして、その株主資本コストを用いて期待FCFを割り引くことにも合理性があるということになります。実務的には、これらを前提として、類似会社平均βから対象会社のレバレッジを考慮したβに修正して株主資本コストを算出するのです。

一方、倒産により投資価値が0となるリスクもありながら、成功すれば何百倍にもなりうるスタートアップからミドルステージのベンチャー企業の場合、収益率の分布が正規分布に従いその分布のブレ幅を標準偏差でみようというアプローチに合理性があるかといえば、企業が小さければ小さいほど疑問符がつくでしょう。

この問題を解決するために、ベンチャー企業側から提出された成功ケースのプロジェクションから算定されるFCFを割引対象とし、割引率も類似会社からの推定値ではなく、ベンチャー投資のプロが対象会社のステージに応じて経験則的に要求する収益率を用いて価値評価しようというアプローチがあります。この経験則的なベンチャー投資家が期待するリターンは「**ベンチャーキャピタルハードルレート**[33]（以下、「VCハードルレート」という）」とでも呼べるものであり、これは予測キャッシュフローの大幅な変動リスク、倒産リスク（全損リスク）、非流動性リスク、各種取引コスト等をすべて包含したものとして設定されます。以下、次ページの上表で紹介するのは、米国公認会計士協会が発表している『PRACTICE AID VALUATION OF PRIVATELY HELD COMPANY EQUITY SECURITIES ISSUED AS COMPENSATION』に収録されたVC各社がベンチャー企業に求める要求収益率の一覧で、これを企業ステージごとにマトリックス化したものです。このデータは過去に複数の調査者により実施されたVC各社へのヒアリングで聴取された値です。次ページの下表で紹介しているのは、同様のレートについて調査した別のレポートに記載されているデータです。こちらも同様に参考になることでしょう。このVCハードルレートを割引率としてDCF法を実施しようというのが本節で解説する評価法です。

VCハードルレートは、平均的な米国VCが個別案件で起業家側から提示される事業計画

33　このレートも一種の期待リターンではありますが、CAPMで求めた正式な資本コストとは異なるという意味で、本書では「ハードルレート」と呼びます。

の割引に通常用いている経験則から導き出された数値といえます。CAPMでは合理的に測りきれないベンチャー企業特有のリスク（ベンチャー企業の全損リスクや非流動性リスク等を含む）と、ベンチャー企業側が策定したプロジェクションに一定の「(合理的範囲内での）楽観的見通し」が内包されている前提での割引率といえるでしょう。このことから、一般的にCAPMで算定される株主資本コストより「高い」数値になっています。また、割引対象となるFCFは期待値的なキャッシュフローではなく、あくまで合理的な範囲における成功ケースのFCFを用いるのが自然でしょう。この手法では、割引率算定にあたって正規分布や標準偏差の考え方を用いていないため、割り引く対象が期待値でなくとも、また、その収益率が正規分布に従っていなくとも理論上は誤りとはなりません。

〈VCハードルレート①〉

企業ステージ*1	定義	VCハードルレート*2
スタートアップ	創業１年未満、今後を商品開発、プロトタイプテスト、テストマーケティングに利用しようというフェーズ	50%〜100%
ファーストステージ	プロトタイプが完成し、商業的リスクは大きく残るものの、商品開発にかかる技術的リスクは最小化されたフェーズ	40%〜60%
セカンドステージ	拡大期。複数のプロダクト（β版を含む）が顧客に販売されはじめたフェーズ	30%〜40%
IPO前ステージ	IPO直前期。パイロットプラント建設、生産デザイン、製品テスト等に資金を利用するフェーズ	20%〜30%

（出所）『PRACTICE AID VALUATION OF PRIVATELY HELD COMPANY EQUITY SECURITIES ISSUED AS COMPENSATION』
*1　オリジナル版の正式な定義を一部変更しています。
*2　Sahlman, Stevenson, Bhide "Financing Entrepreneurial Ventures"より。

〈VCハードルレート②〉

企業ステージ*1	定義	VCハードルレート
シードステージ	最初のファイナンス段階。250万円〜3000万円の増資を行うステージ。起業家がアイデアを有するのみの段階。しばしば、ビジネスプランや完全なマネジメントがいない。基礎的技術が実現可能な若干の見通しがある。	80%以上
スタートアップステージ	競合上の強みを説明できる状態。たいていのテクノロジー系企業であれば技術を生かしたプロトタイプを有する段階。研究系企業であれば有能なリサーチスタッフが存在する段階。非技術系企業であれば商品販売前の強力な事業上の戦略や秀でたマネジメントが存在する段階。	50%〜70%
ファーストステージ	まだ黒字には到達していないものの、組織やサービスがあり、場合によっては売上は計上されている状況。今後マーケティングや人員強化やライン増強が必要な段階。	40%〜60%

セカンドステージ	生産活動が進み、安定的な売上も計上され、場合によっては利益が計上されている状況。設備投資型産業であれば今後設備投資に資金を充当すべき段階。この段階では一定程度リスクが低減されている。	30～50%
ブリッジステージ	IPOが見えているような段階。IPOはまだ達成していないものの、およそ1年以内に実現可能だと考えられるような状況。	20%～35%

（出所）William A Sahlman 『A Method For Valuing High-Risk, Long-Term Investments』
*1 オリジナル版の正式な定義を一部変更しています。

7-2-2 本手法の注意点

VCハードルレートを用いた評価を行う場合、割引対象となるFCFをどのように設定すべきかは重要な論点で、どの程度の「楽観的度合い」が許容されるのかという点は十分に考える必要があります。そこで、著者としてはVCハードルレートで割り引くべきFCF計画策定の基本的なアプローチとしては、プロジェクションにて説明したミクロ・アプローチおよびマクロ・アプローチを用いて、成功した場合に達成できるであろう現実的な範囲内のKPIを積み上げていく方法がよいのではないかと考えます。当然、マクロ・アプローチでは市場規模を検討していきますので、いくら成功ケースであっても市場規模を超えるような現実的でない売上計画は、本手法で用いるFCFとすべきではありません。

本書で言うVCハードルレートの考え方については、William A Sahlman “A Method For Valuing High-Risk, Long-Term Investments (2009)” に詳しい説明がありますので、関心のある方は参考にされるとよいでしょう。同論文では、本レートのことを「Required IRR」「Venture Capital Discount Rate」等と呼んでいます。なお、同論文では、このレートは、高いシステマティックリスクのほか、非流動性プレミアム、投資家の行うバリューアップコスト、キャッシュフローの調整効果（成功ケースCFを期待値ケースCFに修正する調整分）を含むものと定義づけています。そして、ステージが上がりEXITやIPOが近くなることで、これらのプレミアムが減少し、アンシステマティックリスクが減少していくことで、VCハードルレートが下がると説明しています。

なお、ベンチャー企業であっても、将来の期待収益率等がある期待値を中心に正規分布的な観測結果が得られるだろうという予測が可能であれば、通常のCAPMや次に説明するCAPMの変形モデルであるCEQモデルを用いることもできます。

7-3 CEQを用いたDCFモデル（CEQモデル）

前節のVCハードルレートを利用したDCF法は、いわゆる「ざっくり」と設定した割引率でベンチャー企業の価値を算出するためのアプローチです。しかし、より厳密にベンチャー企業の価値を算出したいときには、自社の将来の予測FCFのストーリーを複数考え、そのストーリーのブレ幅を材料に割引率を算定して事業価値を算定する方法があります。

この手法は「**CEQ**（Certainty Equivalent Cashflow）**法**」と呼ばれるもので、DCF法の一種ですが、対象会社のCFリスクを材料に割引率を算定できる点で有用な手法です。つまり、類似会社βを用いてリスクを測定しづらいベンチャー企業を評価する際に適した手法の１つだといえます。

通常、DCF法で非上場会社を評価する場合、類似会社のアンレバードβ平均値を求め、それを対象会社のレバレッジを用いてリレバードすることで対象会社のレバードβを算出し割引率を算定します。なかにはこういった割引率に20％程度を恣意的に付加する等といった非論理的な処理をしている場合もあります。しかし、果たして非上場会社である対象会社のβを類似会社βで近似してよいのでしょうか？

一定程度の規模があり、過去から将来にかけての業績予想も安定しており、IPOも近い……こういった場合には類似会社βを対象会社βの推定に用いる合理性はあります。しかし、非上場会社といっても、一般的なベンチャー企業や小規模企業を評価する場合、上場してすでに一定の安定感ある類似会社のβを用いて対象会社のβを推測しようというのは論理的に無理があると考えられる場合もあるでしょう。なぜなら、類似会社βが対象会社の将来FCFのリスクを正確に反映しているとは言い難いケースもあるからです。そこで、類似会社のβではなく、自社の予測キャッシュフローとその発生確率（またはランダムに発生させたFCF分布）から、自社自身のβを直接推定しようという考え方が生まれます。

7-3-1　対象会社の独自ベータ取得の手順

ここでは自社のβを予測キャッシュフローから推定し、それにより現在価値を求める作業を行ってみましょう。たとえば、負債のない、ある株式会社のすべての発行済株式を10億円で買収しようとしている分散投資家がいるとします。また、彼は１年後にその全株式が期待値ベースで11億円で売却できると考えているとします。より具体的には、「14億円でM&Aイグジットできる確率が50％あり、８億円でM&Aイグジットできる確率が50％ある」といったようなケースです。この場合、このプロジェクトは以下のようにまとめることができます。

※現在価値が10億円で正しいと仮定した場合

期待キャッシュフロー＝14億円×50％＋８億円×50％＝11億円

期待収益率：

$$\left(\frac{14億円}{10億円}-1\right)\times 50\% + \left(\frac{8億円}{10億円}-1\right)\times 50\% = 10\%$$

リスク（標準偏差）：
（金額ベース）
$\sqrt{(14億円-11億円)^2\times50\%+(8億円-11億円)^2\times50\%}=3億円$
（収益率ベース）
$$\sqrt{\left\{\left(\frac{14億円}{10億円}-1\right)-\left(\frac{11億円}{10億円}-1\right)\right\}^2\times50\%+\left\{\left(\frac{8億円}{10億円}-1\right)-\left(\frac{11億円}{10億円}-1\right)\right\}^2\times50\%}=30\%$$

この計算結果が出ると、あとは以下の４つの前提条件がわかれば（以下は仮の数値）、類似会社βによらず自社の予測キャッシュフローに基づいたβ値の算出、資本コストの算出、現在価値の算出が可能となります。

リスクフリーレート＝１％
マーケットリスクプレミアム(MRP)＝６％
株式市場全体の収益率のリスク(標準偏差)＝$\sigma_{r_m}=20\%$
株式市場全体の収益率と対象会社株式の収益率の相関＝$\rho(r_i, r_m)=0.7$
↓
$\beta=1.05=\frac{30\%}{20\%}\times0.7$　　※β値は$\frac{\sigma_{ri}}{\sigma_{rm}}\times\rho(r_i, r_m)$で求められる(271ページ参照)
株主資本コスト＝１％＋1.05×６％＝7.3％
投資案件の現在価値：$\frac{11億円}{1+7.3\%}=10.251億円$

この手法は、いままで本書で解説してきた一般的なDCFのアプローチと同じものですが、割引率を類似会社指標からでなく対象会社の予測収益率の標準偏差から求めている点で大きく異なります。しかし、この段階では実は計算式上に欠陥が残っています。先ほどの例では、10億円という投資額を材料に期待収益率やCFリスク（標準偏差）を求め、結果的に現在価値を10.251億円と算出しました。しかし、10.251億円－10億円の0.251億円が本投資案件のNPVであると単純にいうことはできないのです。つまり、「投資により得られる現在価値が10.251億円である」とはまだいえません。

なぜなら、10.251億円の現在価値を算定するうえで、期待収益率や標準偏差を求めましたが、その計算においては投資額10億円が現在価値と等しいという一旦の前提を置いて計算したものでした。期待収益率等は現在価値を基準に求めなければならないからです。しかし、計算の結果、現在価値は10億円ではなく10.251億円となってしまったことから前提条件が誤っていることが判明し、この計算が正確ではなかったということになるからです。このため、前提条件で用いた10億円という数値と算定の結果求めた現在価値が矛盾しているのです。再度10.251億円が現在価値であると仮定して、期待収益率、標準偏差を求め、さらに現在価値までひととおり求めてみると、結果として$\beta=1.02$、割引率＝7.14%、現在価値＝10.266億円という結果になり、まだ整合していません。この作業を複数回繰り返し、またはExcelを用いて反復計算を行うと、最終的には投資額である現在価値と算定結果としての現在価値が10.267億円で一致します。実はここまで計算して、初めて投資案件10億円とこの投資案件の算定上の価値を比較でき、その差額をNPVであるということができるようになるのです。しかし、この手法はやや反復計算が面倒なのが難点です。

7-3-2 CEQモデルの導出（CAPMモデルの変形）

この反復計算の問題を数学的アプローチにより避けることのできる手法が、確実性等価キャッシュフロー法（Certainty Equivalent Cashflow Method：以下「CEQ法」）と呼ばれるものです。CEQ法ではCAPM式を書き換え、分子を「確実性等価キャッシュフロー」とし、それをリスクフリーレートで割り引く形式に変換したうえで現在価値を算出します[34]。CEQ法についてご理解いただくため、もう一度CAPMモデルをみてみましょう。

（式4-22）

$$r_i=r_f+\beta\ (r_m-r_f)\cdots\cdots$$

対象会社株式の期待収益率（株主資本コスト）

※ここで言う「i」は対象会社の意。

このCAPMモデルを少し分解してみましょう。以下の数式は、CAPMモデルの一部の項をPVとCFを用いて表現し直したもので、四角で囲われた部分がβ部分です。

（式4-23）

β値部分　※（式4-19）より

$$\frac{CF_i}{PV_i}-1=r_f+\boxed{\frac{\sigma_{\frac{CF_i}{PV_i}-1}}{\sigma_{rm}}\times\rho\left(\frac{CF_i}{PV_i}-1,\ r_m\right)}\times(r_m-r_f)$$

CF_i……対象会社の１年後の期待キャッシュフロー（≒期待売却額と考えてもよい）

PV_i……対象会社の現在価値

$\sigma_{\frac{CF_i}{PV_i}-1}$……対象会社の１年後の収益率にかかるリスク（標準偏差）。少しわかりずらいですが、「$\frac{CF_i}{PV_i}-1$」はσの添字であり、このσは「$\frac{CF_i}{PV_i}-1$」の標準偏差を意味します。

34 このような無リスクを仮定して評価を行うアプローチは、オプション評価におけるブラックショールズモデル等でも応用されています（厳密に言えば同じ考え方ではないが）。

この式の一部をさらに変形します。V(X)をXの分散とすれば、分散の性質からXが確率変数の場合はV(X+b)=V(X)の等式が成り立ち、かつ$V(aX)=a^2V(X)$となります。このため、

$$\sigma_{\frac{CF_i}{PV_i}-1}=\sqrt{\sigma^2_{\frac{CF_i}{PV_i}-1}}=\sqrt{\sigma^2_{\frac{CF_i}{PV_i}}}=\sqrt{\frac{1}{PV_i^2}\sigma^2_{CFi}}=\frac{\sigma_{CFi}}{PV_i}$$

σ =標準偏差
σ^2=共分散

と変換することができます。また、相関係数の性質から、X, Yが確率変数の場合ρ(aX+b, cY+d)=ρ(X, Y)が成り立ちます。このことから、

$$\rho\left(\frac{CF_i}{PV_i}-1,\ r_m\right)=\rho\,(CF_i,\ r_m)$$

と変換することができます。このため、以下の数式が導出できます。

(式4-24)

αと置く

$$\frac{CF_i}{PV_i}-1=r_f+\boxed{\frac{\frac{\sigma_{CFi}}{PV_i}}{\sigma_{rm}}\times\rho\,(CF_i,\ r_m)\times(r_m-r_f)}$$

次に、右辺のr_fより右側の部分をすべて「α」と置いて数式を書き直してみます。

(式4-25)

$$\frac{CF_i}{PV_i}-1=r_f+\alpha$$

これを以下のように数式変換します。

$$\frac{CF_i}{PV_i}-\alpha=1+r_f$$

$$\frac{CF_i-\alpha\times PV_i}{PV_i}=1+r_f$$

$$PV_i=\frac{CF_i-\alpha\times PV_i}{1+r_f}$$

ここで、αに実際の数式を代入すると以下のようになります。

(式4-26)

$$PV_i=\frac{CF_i-\frac{\frac{\sigma_{CFi}}{PV_i}}{\sigma_{rm}}\times\rho\,(CF_i,\ r_m)\times(r_m-r_f)\times PV_i}{1+r_f}$$

ここで、よくみると右辺のPV_iを消すことができるので、改めて数式を書き直すと以下のようになることがわかります。

（式4-27）　→リスクあるキャッシュフロー部分

$$PV_i=\frac{CF_i-\boxed{\frac{\sigma_{CFi}}{\sigma_{rm}}\times\rho(CF_i,\ r_m)\times(r_m-r_f)}}{1+r_f}$$

さらに、上式で四角く囲んだ部分をさらに整理します。

$$=\frac{\sigma_{CFi}}{\sigma_{rm}}\times\frac{Cov(CF_i,\ r_m)}{\sigma_{rm}\sigma_{CFi}}\times(r_m-r_f)\quad=\frac{1}{\sigma_{rm}}\times\frac{Cov(CF_i,\ r_m)}{\sigma_{rm}}\times(r_m-r_f)$$

$$=\boxed{\frac{(r_m-r_f)}{\sigma^2_{rm}}}\times Cov(CF_i,\ r_m)$$

上式の四角で囲まれた部分は、ファイナンス理論でよく用いられる株式市場の収益率の分散（または標準偏差）に対するリスクプレミアムを表す指標（リスクの市場価格の尺度）であり、「λ」で表現されることがあるものです。このため、以下のような数式が導かれます。

（式4-28）～CEQ法による現在価値算出式～

→リスクあるキャッシュフロー部分

$$PV_i=\frac{CF_i-\boxed{\lambda\,Cov(CF_i,\ r_m)}}{1+r_f}$$

$$=\frac{CEQ}{1+r_f}\ \cdots\ \text{CEQは確実性等価キャッシュフロー}$$

これがCEQ法による現在価値の算出式で、右辺の分子が確実性等価キャッシュフロー（CEQ）です。この数式に当てはめることで、対象会社の独自のβを用いてスムーズに現在価値を評価できます。この数式右辺の分母をみると、この数式が「分子の指標を無リスク利子率で割り引いたもの」であることがわかります。すでに説明したとおり、インカムアプローチにて現在価値を求める場合、原則的にはキャッシュフローをそのリスクに応じた割引率で割り引くものです。このことからも、この（式4-27）および（式4-28）は無リスクキャッシュフローである確実性等価キャッシュフロー（CEQ）をリスクフリーレートで現在価値に割り引いているものだということが理解できるでしょう。より詳しく言えば、DCF法で割り引く対象のFCFである「CFi」から、そのリスク部分に該当するキャッシュフロー部分（(式4-27）および（式4-28）にて四角で囲んだ部分）を控除することで確実性等価キャッシュフロー（CEQ）を算出していることがわかります。

以下は、通常のDCF法における割引きの考え方とCEQ法における割引きの考え方を比較した数式です（１年後のキャッシュフローを割り引く対象とした場合)。以下に記載のとおり、DCF法は分子にリスクを有する指標であるFCFを置き、それをリスクが反映された資本コストで割り引こうとするものです。一方、CEQ法は分子に、リスクがない確実なキャッシュフローであるCEQを置き、無リスク利子率を資本コストとして割り引こうとするものだということがわかると思います。本質的には単純にリスクの異なるキャッシュフローをそれぞれのリスクに応じた割引率で割り引いているだけの違いなのです。したがって、これら双方のアプローチにより算出されるPVは一致するということになります。

なお、この「確実性等価キャッシュフローをリスクフリーレートで割り引く」という考え方は、後述のリアルオプション法で解説する二項モデルにおいても似た形で用いられる等、ファイナンスの世界でよく用いられるテクニックです。

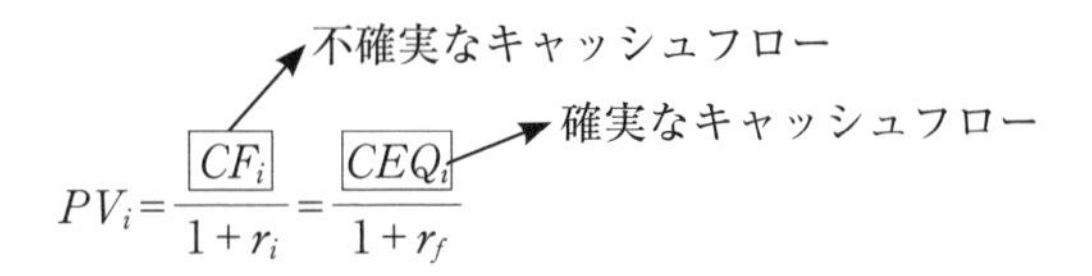

$$PV_i = \frac{\boxed{CF_i}}{1+r_i} = \frac{\boxed{CEQ_i}}{1+r_f}$$

なお、実際にこの手法を用いて計算すると、割引き対象とするCFをどう調整すべきか、２年目以降のCFをどのように割り引くべきか、「相関係数」にどのような値を設定すべきか、株価ではないCF指標のボラティリティと株式市場のボラティリティを単純比較してよいのか等の議論が必要になります。また、(式4-28）に調整項を追加することで、一定の方法で算出されたサイズ・プレミアムを考慮して評価することも可能となります。このあたりの詳細やより専門的事項は、「Principles of Corporate Finance, Brealey, Myers, Allen著」や「Entrepreneurial Finance, Janet Kiholm Smith, Richard L. Smith, Richard T. Bliss（特にChapter９と10)」に詳しいので、関心のある方はご参照ください。

CEQ法の詳細な算出過程等は、別途著者のウェブサイト「https://buy-out.jp/book」にて将来的に追加的解説を行うことも検討しています。

7-4 ベンチャーキャピタル法による企業評価

7-4-1 ベンチャーキャピタル法とは

ベンチャーキャピタル法[35]（Venture Capital Method：以下、「VC法」という）は、主

35 なお、書籍によっては７-２で解説した「VCハードルレートを割引率としたDCF法」をベンチャーキャピタル法と呼称していることもありますが、本書ではここで紹介する継続価値を簡便に評価する手法をベンチャーキャピタル法と呼ぶこととします。

にVCが投資先の企業価値評価を行う場合に最もよく用いられる手法です。先のVCハードルレートを用いたDCF法をよりシンプルにした手法です。事業会社等によるM&A取引の場合、企業価値評価の１つの目的は「買収により買収者が得られるであろうキャッシュフローとその現在価値の把握」であり、それをそのまま評価モデルとした代表的な手法はエンタープライズDCF法です。一方、VC法もDCF法の一種ですが、その名のとおり「VC」が投資を実行する際の評価に向くものです。VCはそのビジネスモデルゆえ、投資額が将来いくらで売却できるか？　その場合にターゲットとした最低限のリターンが生まれるか？を最も重視します。VC法は、VCの損益管理の考え方をそのまま評価モデルに落としたものといえます。また、バイアウト・ファンド等の金融投資家がM&Aを実施する際にもよく用いられる手法です。

7-4-2 算定実務　～ベンチャーキャピタル法～

VC法はその計算自体はきわめて簡単な手法です。本手法は、「売却時点の予測時価総額」を「売却時点が属する期の予測当期純利益」と「売却時点の予測PER」の積により予測し、「投資家が要求するリターン」と「売却期待日」を材料に現在価値に割り引くことで「現在の株主価値」を算出しようというものです。もちろん、PER以外の指標を用いてもかまいません。

たとえば、VCがある投資案件への投資を考えているとしましょう。投資日からEXIT日（売却期待日、たとえば、上場後の特定日）までに３年間あると想定し、売却時点が属する予測当期純利益が２億円、上場した場合に推定される予測PERが20倍だとします。この場合、上場後にイグジットする際の時価総額は40億円程度と予測できます。もし、対象会社のステージから鑑みたそのVCが要求する年次リターン（ハードルレート）が30%だとすると、以下の算式で「現在の許容できる株主価値」の上限値を算出することができます。なお、成功した場合のキャッシュフローを割り引くことで現在価値を算出するという考え方が本手法なので、割引の際には前述のVCハードルレートを要求収益率として利用すればよいでしょう。

$$\text{現在の許容できる株主価値} = \frac{40\text{億}}{(1+30\%)^3} = \text{約}18.2\text{億円}$$

つまり、18.2億円以下の時価総額であればVCとしては投資可能と判断します。なお、上記で30%としている「要求収益率」については、VCが自社のファンド運用方針、ポートフォリオ戦略、投資対象のステージおよび業種などにより独自に設定している場合も多いものです。実際に算定してみたい方は、著者のウェブサイト「http://buy-out.jp/book」から「VCFC.xlsm」をダウンロードして、「VC」シートを利用してください。

ベンチャーキャピタル法

入力値	
投資日	2017年4月1日
売却期待日	2020年3月31日
売上高（直前期、円）	500,000,000
売上高成長率（予測値）	40%
売却時点の予測当期純利益率	14.58%
要求収益率（VCハードルレート）	30%
売却時点の予測PER（予測ベース、倍）	20
計算値	
保有期間（年）	3.00
売却時点が属する期の予測売上高	1,372,000,000
売却時点が属する期の予測当期純利益	200,000,000
売却時点の予測時価総額	4,000,000,000
算定結果	
現在価値（株主価値算定結果）	1,820,664,543

※表計算ソフトで計算しており、小数点以下の取扱い等により一部手計算と誤差が生じます。

ベンチャーキャピタル法の算定をより具体的にみていきましょう。

まず大前提として、PLのみでもかまわないので対象会社の中期計画を策定します。本手法は簡易的な算出を目的としている側面があるため、本書で説明した「プロジェクション」ほど細かい分析を行わないのが一般的です。しかし、「売上高」と「当期純利益」については合理的な仮説を立てたうえで算定しないと本手法の結果を誤ることになります。本事例では、直近の「売上高」と「売上高成長率」と「当期純利益率」を変数として最終的に「売却時点が属する期の予測当期純利益」を算出しています。また、通常VC法では「IPO」等の流動化イベント直後のPERを参考として「売却時点の予測時価総額」を算出するので、「IPO時期」および「売却時期」も考慮して倍率を設定します。もし、投資する株式にIPO等の流動化イベント後に一定期間の売却制限（ロックアップ）等がかけられている場合、IPOからロックアップ期間分だけ「売却時期」を後倒しで考慮します。またPL指標には、対象会社側が策定した一定の合理性をもつ成功ケースの数値を利用します。また、プロジェクションをより綿密に策定して本手法を行ってもかまいません（手間はかかるが本来はそのほうがよい）。

① 「投資日」と「売却期待日」にそれぞれの期日を入力します。

　⇒これにより、「投資」から「売却」までの年数（保有期間）を算定します。

② 本モデルの場合、直近の「売上高」、「売上高成長率」「売却時点が属する期の予測当期純利益率」を変数として入力することで、「売却時点が属する期の予測当期純利益」

を算出しています。本モデルは簡易的に予測当期純利益を計算していますが、より厳密には以下③で説明するように、売却期待日が属する期の予測当期純利益となるように数値を設定します。

③ 「売却時点の予測PER」を決定します。このPERは「予測値ベース」であることに注意が必要です。つまり、分子が「株価」、分母が「1株当たり予測当期純利益」であることを要します。この数値は、原則として「予測指標」を重視します。なぜ、「前期当期純利益」ベースのPERではなく予測ベースのPERを用いるのかというと、株価形成の過程においてはすでに発表された当期予測指標がすでに株価に織り込まれていると考えるのが自然だからです（成長が継続しているベンチャー業界ならなおさらです）。なお、バイアウトファンドが本手法を用いる場合には、EV/EBITDA倍率を用いて本手法を実施し、PERにより求めた結果と比較検討する場合もあります。なぜなら、バイアウトファンドはIPOと同程度、M&Aイグジットによる売却も視野に入れつつ投資を実施する場合が多いため、M&A取引にてよく用いられるEV/EBITDA倍率も重視するからです。

④ 続いて、投資家が定める「要求収益率」を入力します。前述のとおり、VC等では投資会社が自社で定めたレートを対象会社の性質に従って入力しますが、この数値が不明である場合には、前述のVCハードルレートを参考に数値を入力してもよいものと考えます。

⑤ ②で求めた「売却時点が属する期の予測当期純利益」と③で求めた「予測PER」を入力すれば、自動的に「売却時点の予測時価総額」が算定されます。また、①で入力した期日から「保有期間」が算出されますので、「売却時点の予測時価総額」を「保有期間」と④で入力した「要求収益率」で割り引くことにより、「現在価値」、つまり「現在の許容できる株主価値」の上限を算出することができます。

なお、この「現在の許容できる株主価値」は、ベンチャー・ファイナンス用語でいう「ポスト・バリュエーション（増資後株主価値）」に該当します。普通株式による資金調達を考えている起業家は、この手法を理解することでVCがどのようにポスト・バリュエーションの相場観を考えているのかについて理解できるようになるでしょう。また、本事例は追加のファイナンスがなされないことを前提としています。

本手法は「企業価値評価ガイドライン」に掲載されているような正式な株価算定に用いる際に推奨されている方法ではありません。あくまで実務上の交渉に用いるということに主眼を置いた手法として紹介している点にはご留意ください。なお、本書でいうベンチャーキャピタル法および次に説明するファーストシカゴ法の考え方については、William A Sahlman “A Method For Valuing High-Risk, Long-Term Investments (2009)” やJanet Kiholm Smith “Entrepreneurial Finance (2011) ”により詳しい説明がありますので、関心のある方は参考にされるとよいでしょう。

7-4-3 ベンチャーキャピタル法実施にあたっての注意

VC法実施にあたってのその他諸注意について述べておきます。

① 重要な点として、本手法により評価しようという場合は、その前提となるプロジェクションは当該ベンチャー企業の「成功」を前提に策定されたものである必要があります。この前提に立ったプロジェクションであってはじめて、正規分布や標準偏差で測れないリスクや提出する起業家の楽観的バイアスが内包されているといえるVCハードルレートで割り引く合理性が生まれます。ただし、そうはいっても、たとえば5年後の市場規模が50億円であるという信頼性の高い予測がある中で、5年後の対象会社の売上が100億円であるというような計画を前提として予測すると、これは“成功ケース”ではなく“非現実的なケース”になってしまいます。208ページのような一定の議論を経て、成功した際にどうなるかという検討は必要でしょう。

② 上記算定例ではPERを用いていますが、その他の指標で「売却時点の予測時価総額」を算出することも可能です。

③ 当期純利益を含めた財務指標やPER等のマルチプル指標には実績値、LTM、今期予測値等がありますが、これらのタイミングはすべて統一させます。また、前述のとおり、成長が継続しているベンチャー企業の株価には開示された予測指標も織り込まれている割合が強いと考えるべきであり、基本的には「予測指標」ベースのマルチプル指標を利用します。

④ マルチプル指標は、算定時点で取得できる類似会社データを参考にするとよいでしょう。ただし、VC等によっては、上場後のPERの相場を「20」倍等と捉えて、一定の数値を利用している場合もあります。IPO直後のPERは20倍を大きく上回ることが多いですが、安定して全株売却できるまでの平均PERに鑑みると、この程度の数値でみておきたいという投資家も多いようです。

⑤ VC法の利用が特に向くケースは、ざっくりと現在価値を見積もりたいケースの他、まだ実績のない急成長をもくろむベンチャー企業を評価するケースや、対象会社に財務的実績がなく類似会社比較法が適応困難なケース等があります。このことから、VCが投資候補先であるベンチャー企業の評価に用いることが多くなっているのです。

7-5 ファーストシカゴ法

VC法の適用上の問題は、将来のある特定のイグジットを想定して現在価値を算出することから、他のシナリオ（たとえば「倒産した場合」や「M&Aイグジット」等）を考慮に入れた評価ができない点、割引率が経験則的なものであり明確性に乏しい点です。これらの問題点を部分的に解決できる手法が「ファーストシカゴ法（以下、「FC法」という）」です。この手法は、まず「複数のストーリー」を設定し、ストーリーごとに「イグジットイベントの種類（倒産を含む）」、「発生確率」、「その時に生まれうるキャッシュフロー」

を定義します。このとき設定される「ストーリー」は良いケースから悪いケースまでを含め、準備する複数のストーリーで大まかに会社の未来が説明できることが重要です。次に、ストーリーごとに実現を予測したキャッシュフローを、資本コストにより「現在価値」に割り引きます。最後に、それぞれのストーリーに設定した「発生確率」をウエイトに、加重平均して全ケースを考慮したうえでの現在価値を算出します。これにより「期待キャッシュフロー」の概念を「資本コスト」で割り引いた場合と同様の現在価値を得ることができます。

（式4-29）ファーストシカゴ法の計算式

$$PV=\frac{CF_{upside}}{(1+r_i)^{t_1}}\times W_{upside}+\frac{CF_{neutral}}{(1+r_i)^{t_2}}\times W_{neutral}+\frac{CF_{downside}}{(1+r_i)^{t_3}}\times W_{downside}$$

CF……各ケースのキャッシュフロー（予測時価総額、売却額等）

W……各ケースの発生確率（ウエイト）

r_i……資本コスト

t_1～t_3……各ケースにおける評価時点からキャッシュフロー実現日までの年数

この式は、FC法をケースごとの各時点でキャッシュフローが回収できると考えた場合のそれぞれのケースにおける現在価値を加重平均したものであることを意味しています。仮に各ケースのキャッシュフローが複数年にわたって発生する場合は、以下の算式に書き換えることで、キャッシュフローが複数年にわたって継続して発生するケースに本手法を利用することもできます。

（式4-30）※各ケースのCFが最大**n**年まで複数年にわたり発生するケース

$$PV=\sum_{t=1}^{n}\frac{CF_{t\ upside}\times W_{upside}+CF_{t\ neutral}\times W_{neutral}+CF_{t\ downside}\times W_{downside}}{(1+r_i)^t}$$

これをみると、分子はキャッシュフローの期待値を意味していることがわかります。このため、期待値を割り引くのに適切な「資本コスト」を用いることになるのです。この手法を適用することで、たとえば「M&Aにより売却したケース」、「IPO・ロックアップ解除後に売却したケース」、「倒産直前に売却したケース」等の複数のストーリーを含めた価値を表現することが可能となります。なお、本手法で割り引くべきキャッシュフローは成功ケースのもののみを前提としておらず、最終的に発生確率で様々なケースを加重平均して算出する「期待キャッシュフロー」です。したがって、VC法のように成功ケースを前提としたキャッシュフローを投資家の要求するリターンで割り引くのではなく、通常の

DCF法のように「資本コスト」を用いて割り引くのがポイントです。なお、この場合においては前述した「サイズ・プレミアム」等の考え方によりリスクを調整した資本コストを用いることは可能です。こちらもまずは事例をみてみましょう。

〈ファーストシカゴ法〉 ※(式4-29)を用いて算定

入力値	Case1: Upside IPOにて売却	Case2: Neutral M&Aにて売却	Case3: Downside 業況向上せず悪条件でM&A
投資日	2017年4月1日	2017年4月1日	2017年4月1日
売却期待日	2020年3月31日	2022年3月31日	2019年3月31日
売上高(直前期、円)	500,000,000	500,000,000	500,000,000
売上高成長率(予測値)	40.00%	20.00%	0.00%
売却時点の予測当期純利益率	14.58%	15.00%	3.00%
売却時点の予測PER(予測ベース、倍)	20	15	8
計算値			
保有期間(年)	3.00	5.00	2.00
売却時点が属する期の予測売上高	1,372,000,000	1,244,160,000	500,000,000
売却時点が属する期の予測当期純利益	200,000,000	186,624,000	15,000,000
売却時点の予測時価総額	4,000,000,000	2,799,360,000	120,000,000
算定結果			
期待リターン(資本コスト)	18.48%		
各Case現在価値(株主価値算定結果)	2,405,184,542	1,199,147,963	85,528,056
シナリオ発生確率	25.00%	50.00%	25.00%
ウエイト付けされた現在価値	601,296,136	599,573,981	21,382,014
現在価値(株主価値算定結果)	1,222,252,131		

※表計算ソフトで計算しており、小数点以下の取扱い等により一部手計算と誤差が生じます。

〈ファーストシカゴ法〉 ※(式4-30)を用いて算定

ケース	発生確率	2018年3月期	2019年3月期	2020年3月期	2021年3月期	2022年3月期
UPSIDE	25%	0	0	4,000,000,000	0	0
BASE	50%	0	0	0	0	2,799,360,000
DOWNSIDE	25%	0	120,000,000	0	0	0
期待キャッシュフロー		0	30,000,000	1,000,000,000	0	1,399,680,000
各年度のCFのPV		0	21,382,014	601,296,136	0	599,573,981
PV		1,222,252,131				

※表計算ソフトで計算しており、小数点以下の取扱い等により一部手計算と誤差が生じます。

本事例では、以下の３つのストーリーを策定しています。

Case1：順調に年率平均40％で売上成長、売却時点の予測当期純利益率も14.58％となった３年後にIPOすることができ、ロックアップ解除後に売却するというもの

Case2：ある程度順調に成長するものの、競合との競争による敗北等でIPOができず、
５年後にM&Aにて会社売却するもの
Case3：当初計画とは異なり売上がまったく伸びず、黒字は出ているものの資金繰りがショートし、再生型のM&Aにより会社売却されるというもの

この３つのシナリオを基に、ストーリーごとに「現在価値」を算定します。

Case3では、業況が悪く悪条件でM&Aイグジットしたというストーリーを用いていますが、「清算」した場合の回収額を計算して代用することも可能です。「倒産」のストーリーを入れる場合であれば、債権者への残余財産の優先分配等を考慮すると、「売却時点の予測時価総額」は「０」を直接入力すればよいでしょう。また、M&Aであれば、シナジーが予想通りに発生したケースを成功ケースと捉えてストーリーの１つと考えることも可能です。この場合、ある程度KPI成長を合理的に予測し、将来の当期純利益やEBITDAを算出し、当該倍率をもって特定の時点で売却するという前提で数値を置いてみるとよいでしょう。

FC法は、IPO等のわかりやすいM&Aイグジットイベントを有するようなVC投資の世界で主に用いられる手法です。しかし、M&Aにおいて用いることができないかというと、そうでもありません。ある事例でこういう話を聞いたことがあります。

ある会社が高額なM&A案件を検討していました。買収者側のM&A担当者としては、どうしても買収すべきだと考えていましたが、対象会社の高額な価値（売却者の希望価額）を通常の手法だけではうまく説明できませんでした。売却者としては、このまま売却を行わずともIPOにより相当の時価総額がつくと信じていたことから、それほど安くは売却できないという思いがありました。

たしかに、売却者側（オーナー経営者）は「IPOした場合の時価総額と比較するとM&Aの提示額が低い」と不満を感じることがあります。こういう場合には、IPOケースやシナジーが生まれるケース等を総合的に評価できるFC法を活用するメリットが出てきます。本手法は売却者側の「機会損失」も含めて評価を考えようという手法でもあります。

なお、本手法の問題点は何といっても「資本コスト」の算定です。類似会社のβを用いて割引率を算定して求めても結構ですが、非上場会社を本手法で評価する場合には、従来述べたような非上場会社のβをどうするかという問題に突き当たります。この問題の解決策としては、VC法とFC法を同時に行うことも１つの解決策となります。この場合、VC法により楽観的なバイアスや標準偏差等で測れないリスクを内包するベンチャーキャピタルレートを基準とした割引率で割り引かれた現在価値と、FC法によりCAPMを基準とした資本コストで割り引かれた現在価値が等しければ（次ページ図参照）、理論的には設定された割引率や各シナリオの説明力が上がるはずです。このため、以下の計算結果のよう

に、両モデルを比較検討して双方の割引率、キャッシュフロー計画（FC法では複数の計画）が違和感ないものとなり、かつ、算定結果が近い数値になる場合、一定の合理性を有するモデルが策定できているといえる可能性が高まります。なお、本手法は「企業価値評価ガイドライン」に掲載されているような正式な株価算定に用いる際に推奨された方法ではありません。あくまで、実務上の交渉に用いることに主眼を置いた手法として紹介している点にはご留意ください。

〈FC法とVC法の結果〉

ファーストシカゴ法　※(式4-29)を用いて算定

入力値	Case1: Upside IPOにて売却	Case2: Neutral M&Aにて売却	Case3: Downside 業況向上せず悪条件でM&A
投資日	2017年4月1日	2017年4月1日	2017年4月1日
売却期待日	2020年3月31日	2022年3月31日	2019年3月31日
売上高（直前期、円）	500,000,000	500,000,000	500,000,000
売上高成長率（予測値）	40.00%	20.00%	0.00%
売却時点の予測当期純利益率	14.58%	15.00%	3.00%
売却時点の予測PER（予測ベース、倍）	20	15	8
計算値			
保有期間（年）	3.00	5.00	2.00
売却時点が属する期の予測売上高	1,372,000,000	1,244,160,000	500,000,000
売却時点が属する期の予測当期純利益	200,000,000	186,624,000	15,000,000
売却時点の予測時価総額	4,000,000,000	2,799,360,000	120,000,000
算定結果			
期待リターン（資本コスト）	18.48%		
各Case現在価値（株主価値算定結果）	2,405,184,542	1,199,147,963	85,528,056
シナリオ発生確率	25.00%	50.00%	25.00%
ウエイト付けされた現在価値	601,296,136	599,573,981	21,382,014
現在価値（株主価値算定結果）	1,222,252,131		

ベンチャーキャピタル法
(IPOにて売却するシナリオを前提)

入力値	
投資日	2017年4月1日
売却期待日	2020年3月31日
売上高（直前期、円）	500,000,000
売上高成長率（予測値）	40.00%
売却時点の予測当期純利益率	14.58%
期待リターン（VCハードルレート）	48.47%
売却時点の予測PER（予測ベース、倍）	20
計算値	
保有期間（年）	3.00
売却時点が属する期の予測売上高	1,372,000,000
売却時点が属する期の予測当期純利益	200,000,000
売却時点の予測時価総額	4,000,000,000
算定結果	
現在価値（株主価値算定結果）	1,222,252,131
両手法の算定結果の差	0

ここでは試しにファーストシカゴ法とベンチャーキャピタル法の結果を等しくするため、VCハードルレートを30%から48.47%に引き上げています。

1 IPOストーリーは２つ以上策定することも可能です。たとえば、１つ目が３年後にIPOする場合、２つ目が５年後にIPOする場合等です。これにより投資家にとっての現在価値は変動します。
2 実はその他いくつかの前提条件が同一である必要がありますが、少し難解な論点が伴いますので、本書では説明を割愛します。

7-6 リアルオプション法

リアルオプション法は、将来の不確実性を勘案して複数の意思決定の可能性を考慮できるという点でベンチャー企業や中堅企業等の評価において非常に利用価値が高いものですが[36]、やや難解なため学び初めで頓挫する人が多い手法です。このため本書では簡単なイメージと頓挫しやすい部分の解説に目的を絞り、類書で学ぶ際の導入となるように説明します。リアルオプション法を考える前に、慣れ親しんだ方も多いと思われるストックオプション（以下、「SO」という）を例に、その価値の考え方をみてみましょう。現在株価および行使価格が100のSOを考えます。このとき、もし1年後に確実に株価が150になると期待でき、SOの保有者が行使することができるとすれば、1年後に100の投資で150の価値の株式が取得でき、50の利得を得られることになります。この場合、SOの将来時点での価値は将来株価－行使価格＝50となります。また、株価が「確実」に150になるという世界であれば、252ページや後述の説明のとおりリスクフリーレートで割り引くことに合理性があることから、リスクフリーレートが2％であれば、50／1.02≒49がSOの現在価値と計算することができます。

しかし、現実には「確実」に株価が150になるということはなく、150にもなれば80にもなります。もし株価が80になれば将来株価－行使価格＝－20となり、株価が行使価格を下回ることから通常は行使されません。この場合、オプションの将来価値は無価値、つまり価値＝0となります（－20ではない）。こう考えていくと、将来の株価は様々な値をとるので、オプションの将来価値もまた様々な値をとることになります。株価が様々な値をとることを、そのブレ幅の大きさを意味する標準偏差で表現し、確率論を用いてオプションの現在価値を算出しようという代表的モデルが、かの有名な「ブラックショールズの公式（以下、「BS公式」という）」です。ここで重要なことは、いずれの場合にも、行使価格を上回った部分がオプションの将来価値になるということと、そのオプションの将来価値の期待値を現在価値に割り引くことでオプションの現在価値が求められるということです。

リアルオプション法とは、このSOの考え方と似た方法で価値を求めるものといえます。つまり、定められた期間内に、定められたコスト（0の場合もある）で、何らかの意思決定および実行を選択することができる権利を前提に、その権利を行使した場合に得られる利得を評価し、その現在価値を求めるのです。リアルオプションには、延期オプション、拡張オプション、撤退オプション、待機オプション、縮小オプション、選択オプション、複合オプション等があり、それぞれ状況に応じて最適と考えられる意思決定をした場合のCFを見積もり評価をします。このため、「将来の条件付き意思決定」が将来のCFを大きく変動させうる場合にはこの評価が威力を発揮します。なぜなら、リアルオプションの行

---

36 ただし、ベンチャーの評価においてはオプション評価における前提条件が満たされにくく、過大評価を招くという議論もあります。

使（＝通常の経営上の意思決定）により損失を防いだり、逆にCFを最大化したりといった要素を勘案して評価できるからです。ベンチャー企業や成長企業の多くはこういったオプションが存在しやすいともいえるでしょう。具体的イメージの理解のため、読者がある会社の経営者になったと仮定して以下の２つの状況を考えてみましょう。今後５年間にどちらが多くの価値（≒キャッシュフロー）を創造できる可能性が高いでしょうか？

① 現在の時点でこれから起こりうるすべての選択肢を確定して、決めたとおりに５年間経営していかねばならない状況
② 現在の時点で様々な選択肢を認識しながらも、その都度状況変化に対応しながら５年間経営をしていく状況（景気が良ければ追加投資をする、景気が悪ければ事業縮小する、特定事業の調子が悪くなったら当該事業を売却して好調な事業に投資をする等）

有能な経営者であれば、②の状況のほうが企業価値の創造がしやすいでしょう。この例でいえば、①の考え方のように、すべての選択肢を現在時点で確定したうえで評価する考え方がDCF法であり、②のように評価するのがリアルオプション法です。DCF法はすでに解説したとおり、１つの期待FCF計画を資本コストで割り引くことにより現在価値を算出します。DCF法における期待FCFは、それを支えるシナリオは評価時点ですでに決定されており、何らかの選択肢がある場合においても、それら実行・不実行についてあらかじめいずれかを選択した前提で数値が策定されたフレキシビリティのないものです。一方のリアルオプション法は、フレキシビリティを含めた（または直接フレキシビリティを）評価をしようというものです。たとえば、プロジェクトの現在価値が100で、将来のある期間において投資額80を使って事業拡張すれば、プロジェクトの将来価値がその時点の1.5倍になるような状況があるとしましょう。これは「拡張オプション」がそのプロジェクトに内在する事例です。これは将来時点のプロジェクト価値の50％を80で購入するコールオプションが内在されているということです。プロジェクトの将来価値が100から70になった場合、投資した場合の価値は70×50％－80＝－45となり、何もしなかった場合よりも低くなるので投資をしない（拡張オプションを行使しない）でしょう。一方、将来価値が100から200まで上がれば、200×50％－80＝20となり、拡張しなかった場合に比べて、この20だけ価値が増加するため投資をすべき（拡張オプションを行使すべき）と判断できます。

SOに当てはめれば、SOでいう「現在の株価」や「将来の株価」を「プロジェクトの価値」と考え、SOでいう「行使価格」を「必要投資額」と考えれば類似性がわかります。問題はこれを「どう評価するのか？」という点です。BS公式が使える場合もありますが、単純なオプションを想定したものであり利用できるケースは限定的です。このため、本書ではまた異なる方法を紹介します。以後、計算をしていきますが、小数点以下の取扱いに

より本文や図表中の数値と本文中に記載の数値を手計算した場合の数値に若干の誤差が生じる場合がありますが、この点はご了承ください。

7-6-1 デシジョンツリー分析 ～リアルオプション理解の前段階～

ある買収者がA社への投資について検討しているものとします。A社のDCF法上の現在価値は700、また現時点でCFが70出ており、CF倍率でみると10倍の評価がなされているものとします。また、1年後には50%の確率で「良い未来」が訪れ、顧客拡大により会社のCFは100、将来価値は1,000まで上昇し、50%の確率で「悪い未来」が訪れ、顧客拡大に失敗し会社のCFは50、将来価値は500に下がると考えられるものとします。この場合、1年後の将来価値の期待値は1,000×50%＋500×50%＝750（将来価値）となるので、現在価値＝700が正しいとすれば、割引率は750／700－1＝約7.1%と評価されていることになります。

さて、ここでDCF法には織り込んでいなかった戦略として、1年後に800の投資を行い同価格帯の新製品開発し実際に販売するという選択肢があったとします。単純化のため、この投資を行うことにより、CFおよび将来価値がその時点で何もしなかった場合の2倍に増加すると見積もられているとします。具体的な数値で言えば、良い未来である将来価値が1,000の状況でこの投資を行えば、投資額を除いた将来価値が即座に2,000になると見積もられていることを意味します。この状況は「将来時点のA社価値の100%を800で追加的に購入するコールオプションを買いポジションで保有している」状況であるといえます。このため、将来時点のCFおよび価値規模が大きければ大きいほど、投資効果が大きくなることを意味します。この場合、2つの未来において、それぞれ下図のような経済効果および判断がなされるでしょう。

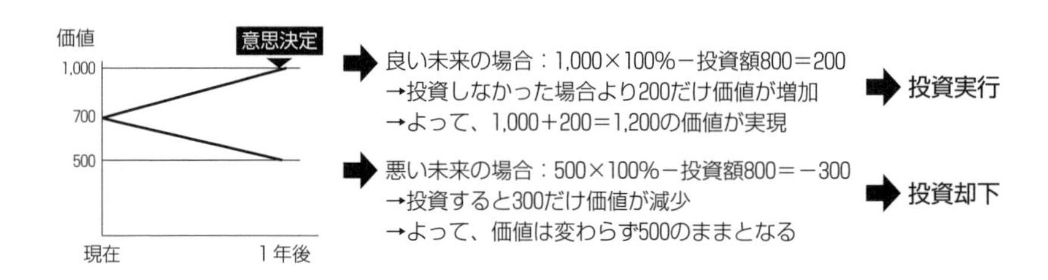

具体的には上図のとおり、良い未来においては「拡張オプション」を行使することで、A社将来価値1,000＋将来オプション価値200＝1,200の将来価値が実現できますが、悪い未来の場合は「拡張オプション」が行使されません。なぜなら、「拡張オプション」を行使してしまうと、－300の経済効果となるため、この時点で実現する価値がA社将来価値と合算すると500＋（－300）＝200となってしまい、何もしなかった場合よりも価値が減少

してしまいます。このため、「拡張オプション」は行使されず、そのまま500の価値が変わらないことになります。ここで、先ほどの割引率を用いて、このオプションを含めた全体の現在価値を計算してみます。なお、以下の*Max*は、「，」で仕切られた複数の値の最大値を返す記号であり、*Max*（10，5）＝10といった具合に計算します。以下の*Max*中の数値は、前者の値がそれぞれの未来におけるオプションを行使した場合の価値、後者が行使しなかった場合の価値であり、これら二択のうち実現できる価値が高いほうを選ぶという処理をしています。

$$\begin{aligned}\text{現在価値} &= 50\% \times \frac{Max(1200,\ 1{,}000)}{1+7.1\%} + 50\% \times \frac{Max(200,\ 500)}{1+7.1\%} \\ &= 50\% \times \frac{1{,}200}{1+7.1\%} + 50\% \times \frac{500}{1+7.1\%} = 793\end{aligned}$$

「悪い未来」の場合に、投資をしないという選択を行うことによって、投資をした場合に比べて高い価値が実現できている点が重要です。結果、793という評価となりましたので、「拡張オプション」というフレキシビリティがあった場合のA社の現在価値は700と比較して93だけ高くなっています。この93こそを「拡張オプション」の価値と定義したいところです。この手法は、前ページ図のように現在から分岐する複数の将来のシナリオがツリー状に描かれ、それぞれに応じた意思決定も図示できることから「**デシジョンツリー分析**」と呼ばれます。このデシジョンツリー分析は戦略検討においては非常に有用です。しかし、実はこれにより割引価値評価を行うと整合性がとれません。結論から言うと、上記数式における「7.1％」という割引率が誤っていることから評価額も正しくありません。なぜなら、当初のDCF法において用いられた7.1％は、将来価値が1,000と500に変動するという分布のリスクを割引率に換算したものです。一方、「拡張オプション」を適用できる状況においては、将来価値が1,200と500に分布することとなりリスクが異なってきます。このため、同じ割引率が適用できないのです。リアルオプション法では、いくつかの工夫により、この問題を解決していきます。

7-6-2 リアルオプション法　～リスク中立測度の直観的理解～

リアルオプション法は、前節のデシジョンツリー分析をさらに進化させたものともいえます。リアルオプション法には、BS公式や近似式を用いた解析型アプローチ、モンテカルロシミュレーション等様々な評価手法がありますが、本書では実務でよく用いられるリスク中立化法を用いた「二項モデル」を主に解説します。「二項モデル」は、リアルオプション法の中では理解しやすく、また数学的にも平易な手法です。まず、「二項モデル」の理解を深めるために、その基礎となる考え方と算出方法を説明し、その次に実務でよく用いられる公式を紹介します。「二項モデル」の公式は一見すると理解しにくい面がありますが、その公式のもととなる考え方は「連立方程式を解く」ことにあります。このため、まずは連立方程式を解く方法を理解することで、評価法の意味を理解することが重要です。

最初のステップとして、今まで出てきた各数値を数式で置き換えます。求めたい価値であるC_0以外は、すべて7-6-1で具体的数値が出ています。なお、今回の求める対象である「拡張オプション」は一種のコールオプションであると考えられることからCallの頭文字をとって「C」としています。

C_0……拡張オプションの現在価値（求める価値）

V_0……Ａ社のDCF法上の現在価値（$V_0=700$）、つまり「原資産」の現在価値

※原資産とは、オプション取引等の対象となる大もとの資産を意味します。この場合はＡ社ですが、ストックオプションであれば「株式」が原資産です。

uV_0……良い未来の場合の原資産の将来価値

（$uV_0=V_0\times u=1{,}000$、$u=1{,}000/700=1.428$）

※uは価値の上昇率です。

dV_0……悪い未来の場合の原資産の将来価値

（$dV_0=V_0\times d=500$、$d=500/700=0.714$）

※dは価値の下落率です。

C_u……良い未来の場合のオプションの将来価値（＝オプションがもたらすCF）

$=Max\ (1{,}000\times 100\%-800,0)\ =200$

C_d……悪い未来の場合のオプションの将来価値（＝オプションがもたらすCF）

$=Max\ (500\times 100\%-800,0)\ =0$

さて、具体的に説明する前に、思い出していただきたいファイナンスの基本的な考え方があります（252ページ図参照）。それは「無リスク資産の割引率はリスクフリーレートになる」という点です。つまり、１年後の価値にブレ幅がなく、どんな未来でも同じ期待価値になる資産があれば、その資産はリスクフリーレートで割り引くことで現在価値を算出できることを意味します。これは複数資産で構成されるポートフォリオを１つの資産と考えた場合でも同じです。

二項モデルでは、この考え方をうまく活用するため、ここで数式上だけの少し非現実的な状況を考えます。具体的には、原資産V_0（現在のＡ社）とオプションC_0（求めたいオプションの現在価値）を今までのようにそれぞれ単独で考えるのではなく、原資産V_0とオプションC_0を双方とも同時に保有した状況を考え、仮想的な２資産ポートフォリオを数式上で考えるのです。（式4-31）はこのポートフォリオの現在価値を意味し、（式4-32）は１年後の良いケース・悪いケースそれぞれのポートフォリオの将来価値を意味します。

(式4-31)　$\Delta V_0 - C_0$　……現在
(式4-32)　良い未来では$\Delta uV_0 - C_u$、悪い未来では$\Delta dV_0 - C_d$　……1年後
(式4-33)　$\Delta uV_0 - C_u = \Delta dV_0 - C_d$　←Δの値次第では同価値に！（重要）

ここで補足すべきは、①原資産V_0にΔ（「デルタ」と読む）という係数が付いている点、②オプションC_0等にマイナス符号が付いている点です。まず、①についてですがこの「Δ」はA社という資産の保有個数を意味します。もちろん、A社は実際のところ世の中に1つしか存在しないのですが、一旦A社を世の中に複数存在する「資産」と考え、ここではA社をΔ個分保有している状況を想定します。この考え方は少し理解し難いものではありますが、これは株式のオプション評価の考え方を応用しているものであり、株式を複数株保有できる状況を考えれば、このような考え方は自然に理解できるでしょう。ここでは株式と同じようにA社を複数個所有できると想定します。次に②についてですが、コールオプションの価値に「－」符号が付いているということは、A社の行使時点の価値の100%を800で取得できるコールオプション1個を「売りポジション」として保有していることと同じ経済効果を意味します。一般的に、コールオプションは「資産を行使価格で買う権利」のことであり、「買いポジション」保有者がこの権利をもちます。行使価格が100円で、1年後に株価が120円になれば、行使価格100円で株式を購入し120円で売却することでこのコールオプションの「買いポジション」保有者は20円の益を得ます。この場合、C_uは「＋20」の価値となります。さて、行使価格100円で株式を購入する……とありますが、これは誰から買うのでしょうか？　この相手こそが「売りポジション」の保有者です。「売りポジション」の保有者の立場は、相手方、つまり「買いポジション」保有者にこの権利を「持たれている」立場となります。このため、この場合であれば、相手の権利行使に応じるため、市場から株式を120円で買って、相手方に100円で株式を譲り渡さなければならず20円の損が発生します。このように、「買いポジション」保有者と「売りポジション」保有者は同額の正反対の経済効果を受けます。同様に、（式4-31）で「－」符号で表現されたコールオプションの「売りポジション」保有者の経済効果は、良い未来においては「買いポジション」をもつ相手がオプションを行使するため、その相手に対しA社の追加的な価値を1,000×100%＝1,000で購入して800で売らなければならず、200の損失を被るということになります。つまり、「買いポジション」保有者が認識するオプション価値C_u＝200分だけ損失を被るので、C_uに「－」符号を付けることで「売りポジション」保有者にとっての価値を表現することができます。逆に悪い未来では、「買いポジション」をもつ相手はオプションを行使してもメリットがないため、相手方の認識するオプション価値C_u＝0となり、「売りポジション」保有者も何らの経済的影響をうけません（ただし、過去にコールをすでに“売って”いるので、「売りポジション」保有者のCFは⊕となる）。

数式中の「－」符号の意味合いについての説明が長くなりましたが、コールオプション

の「売りポジション」を有する仮定を置き、式中に「$-C_0$」を含めることで、良い未来にはポートフォリオの価値全体を意味する（式4-31）の価値を下げ、悪い未来では価値全体に影響を与えないという数式上のモデルを構築できることが重要なポイントです。このため、「Δ」の値次第では（式4-33）のように、良い未来でも悪い未来でもこのポートフォリオの価値が同価値になります。

実際に（式4-33）に数値を代入してΔについて連立方程式を解くと、$\Delta=0.4$と計算できることがわかると思います。なお、数式で書くとΔは（式4-33）を変形して以下の数式が導出できます。

（式4-34）

$$\Delta=\frac{C_u-C_d}{uV_0-dV_0}=\frac{200-0}{1{,}000-500}=0.4$$

要するに、この事例で言えば、原資産を現時点で0.4単位保有し、オプションを１単位「売りポジション」として保有している状態をつくれば、数式上は良い未来の場合も悪い未来の場合も、この仮想上のポートフォリオの１年後の将来価値は常に等しくなる状態を作ることができ、言い換えれば、この仮想ポートフォリオが国債のような「無リスク」資産とみなせることを意味します。ここで一度、ポートフォリオの現在価値を意味する（式4-31）および１年後を意味する（式4-33）にΔおよびその他判明している値を代入してみましょう。C_0以外の数字はすべて出ています。

〈現時点〉

$$\Delta V_0-C_0=0.4\times700-C_0=280-C_0$$

〈１年後〉

$$\Delta uV_0-C_u=\Delta dV_0-C_d=\begin{cases}0.4\times1000-200=200\cdots\cdots\text{良い未来}\\0.4\times\ 500-\ \ 0=200\cdots\cdots\text{悪い未来}\end{cases}$$

さて、ここからどのように、求めたい価値であるオプションの現在価値$=C_0$を求めるのでしょうか？　重要なことは、ポートフォリオが「無リスク」であるという点です。「無リスク」の資産の１年後の価値は現在価値にリスクフリーレートを乗じることで求めることができるため、現時点でのポートフォリオを意味する（式4-31）に$(1+r_f)$を乗じた値は、１年後時点でのポートフォリオの数式（式4-32）と等号で結ぶことができると考えることができます。これを意味するのが、次ページ図および（式4-35）であり、（式4-35）をC_0について解くことでオプションの現在価値を評価できます。

〈仮想ポートフォリオ〉

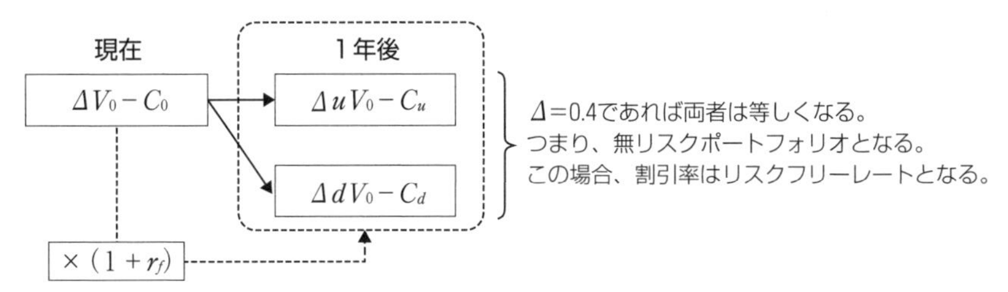

(式4-35)

$$(\Delta V_0 - C_0) \times (1 + r_f) = \Delta u V_0 - C_u$$

$$\therefore \quad (280 - C_0) \times (1 + r_f) = 200$$

リスクフリーレート（r_f）を２％とすれば、C_0について解くと、C_0＝約84ということになり、これが「拡張オプション」の価値となります。これがリアルオプション法によるリスク中立評価の原理です。

7-6-3　公式の導出とその使い方

基礎となる考え方をご理解いただいたうえで、今度は実務でよく用いられる公式を導出していきましょう。以下で導出する（式4-36）がその求めたい公式であり、この公式は（式4-35）をスタートに、以下のように変換して導出されます。

$$(\Delta V_0 - C_0) \times (1 + r_f) = \Delta u V_0 - C_u$$

$$\Delta V_0(1 + r_f) - C_0(1 + r_f) = \Delta u V_0 - C_u$$

$$C_0(1 + r_f) = \Delta V_0(1 + r_f) - \Delta u V_0 + C_u$$

※上式のΔに(式4－34)を代入し、C_uを後の計算のため表現を変えると……

$$C_0(1 + r_f) = \frac{C_u - C_d}{uV_0 - dV_0} \times V_0(1 + r_f) - \frac{C_u - C_d}{uV_0 - dV_0} \times uV_0 + C_u \times \frac{u - d}{u - d}$$

$$C_0(1 + r_f) = \frac{V_0(1 + r_f)(C_u - C_d)}{uV_0 - dV_0} - \frac{uV_0(C_u - C_d)}{uV_0 - dV_0} + C_u \times \frac{u - d}{u - d}$$

$$C_0(1 + r_f) = \frac{(1 + r_f)(C_u - C_d)}{u - d} - \frac{u(C_u - C_d)}{u - d} + C_u \times \frac{u - d}{u - d}$$

$$C_0(1 + r_f) = \frac{1}{u - d}\{(1 + r_f)\ (C_u - C_d) - u(C_u - C_d) + C_u(u - d)\}$$

$$C_0(1+r_f)=\frac{1}{u-d}\{C_u(1+r_f)-C_d(1+r_f)-C_u u+C_d u+C_u u-C_u d\}$$

$$C_0(1+r_f)=\frac{1}{u-d}\{C_u(1+r_f)-C_d(1+r_f)+C_d u-C_u d\}$$

$$C_0(1+r_f)=\left\{C_u\times\frac{(1+r_f)-d}{u-d}+C_d\times\frac{u-(1+r_f)}{u-d}\right\}$$

(式4-36)

$$C_0=\left\{C_u\times\boxed{\frac{(1+r_f)-d}{u-d}}+C_d\times\boxed{\frac{u-(1+r_f)}{u-d}}\right\}\times\frac{1}{(1+r_f)}$$

この式をよくみていくと、四角で囲った部分を合計すると「1」になることがわかるので、(式4-37) のように、C_uの後に続く四角部分を「p」と置き、C_dの後に続く四角部分を「$(1-p)$」と置けば、以下のように書き換えられることがわかります。

(式4-37)

$$C_0=\{C_u\times p+C_d\times(1-p)\}\times\frac{1}{(1+r_f)}$$

$$p=\frac{(1+r_f)-d}{u-d}$$

※本例で言えば$\frac{1.02-0.714}{1.428-0.714}=0.428$となります。

ここまで変換すれば、(式4-37) が、①1年後の良い未来におけるオプション価値と悪い未来におけるオプション価値の期待値をpと $(1-p)$ を確率として用いて算出し、②その将来の期待値をリスクフリーレートで割り引くことでC_0の価値を求めている……ということがわかります。この場合の「p」を「**リスク中立確率**」と呼びますが、これは実際の発生確率ではありません。これは、uとdが与えられた場合に、この確率を用いて良い未来と悪い未来の将来のオプション価値を加重平均すればリスク中立の世界における期待値が計算できる数式上の仮想の確率です。したがって、その期待値をリスクフリーレートで割り引けば現在のオプション価値を算出できることとなります。より具体的に言えば、「リスク中立確率」とは、二項モデルによるオプション評価においてリスク中立世界を仮定した場合における、「価値の上昇確率」です。リスク中立世界については詳細な説明は類書に譲りますが、簡単に言えば、「オプション価値評価で用いられる仮定であり、投資家が投資においてリスクの増加の見返りとして期待収益率の増加を求めない状況を仮定した世界」です。この前提では、株式や原資産の期待収益率も、オプションの期待ペイオフに利用される割引率もリスクフリーレートで表現できることになります。

これまでの説明のように、この仮定に合うように数式上でモデルを構築することで、リスクフリーレートを用いて割引計算ができるようになります。この考え方による評価法をリスク中立化法といいます[37]。試しに、ここで出てくるリスク中立確率を用いてプロジェクト価値の１年後の期待値を計算してみましょう。すると、1,000×0.428＋500×（1－0.428）＝714となり、原資産が無リスクで成長した場合の値である700×（1＋２％）と一致します。こうなる前提の確率が、「リスク中立確率」であると考えればより理解が進むでしょう。

さて、二項モデルの実務では、（式4-36）が多用されますので、試しにこの式を用いてオプション価値を計算してみましょう。

$$C_0=\left(200\times\frac{1.02-0.714}{1.428-0.714}+0\times\frac{1.428-1.02}{1.428-0.714}\right)\times\frac{1}{1.02}$$

$$=\{200\times0.428+0\}\times\frac{1}{1.02}$$

$$=85.6\times\frac{1}{1.02}\fallingdotseq 84$$

（式4-35）を用いて連立方程式から求められた価値に一致しましたね。これがリスク中立化法の公式を用いたオプションの現在価値算定方法です。

7-6-4 実務的な応用 ～CRRモデルの活用～

リスク中立化法による評価手法の考え方のイメージはご理解いただけたと思いますので、本節ではより実務で用いられるレベルまで説明を進めていきましょう。前例ではu、d、上昇確率、下落確率等の材料を用いて計算しました。しかし、実務ではこのような材料を合理的に取得しづらいことがあります。２つの未来しかないというケースは非現実的ですし、それぞれの設定値の根拠を示すことも難しい場合が多いでしょう。また、現実の世界では実際の将来価値は様々な値をとりえますし、このような株価の不確実性についてはβの考え方にもあるとおり、通常は「標準偏差」で表現します。このため、実務では「標準偏差[38]（ボラティリティ）」を用いることで様々なケースをまとめて表現してオプション価値を求めることのできるモデルがあります。標準偏差を用いることで、上昇確率、上昇幅、

---

37 なお、このように仮想ポートフォリオを組んで計算によりC_0を算出しようという方法には、リスク中立化法を用いる方法とリスク中立化法を前提としない複製ポートフォリオアプローチの２つに大別できますが、本書では応用が効きやすいリスク中立化法を前提としたアプローチで説明します。

38 σで表します。このモデルでは、厳密には「対数収益率の標準偏差」を用います。本書で言えば700からの対数収益率の標準偏差となります。対数収益率の考え方や算出方法はインターネット等で検索すれば情報が得られます。求めるべき標準偏差の算出は少し面倒ではありますが、モンテカルロ・シミュレーション、シナリオ分析の結果からの導出、感覚的推定値からの逆算、上場類似会社の同様指標からの推定またはGARCHモデル等といった様々な計算法があります。

上昇後の将来価値、下落確率、下落幅、下落後の将来価値などの材料は必要とされず、すべて標準偏差の概念に含めて考えることができます。また、標準偏差であれば、類似会社のデータや自社の過去および将来の予測データ等からある程度合理的な根拠とともに見積もることのできる可能性が高まります。

このモデルは、コックス、ロス、ルービンシュタインによるオプション評価にかかる論文で発表されたもの[39]で、CRRモデルと呼称されることがあるモデルです。このモデルもリスク中立化法の考え方を利用しており、上昇率uと下落率dをボラティリティを材料に以下のように定義して計算します。以下の式からもわかるとおり、このuとdについて対数をとると$+\sigma$および$-\sigma$となります。

(式4-38)

$$u = e^{\sigma\sqrt{\Delta t}} \qquad d = e^{-\sigma\sqrt{\Delta t}}$$

これにより、下図のような世界が表現できます。

〈現在価値およびuとdとpの関係　～CRRモデル〉

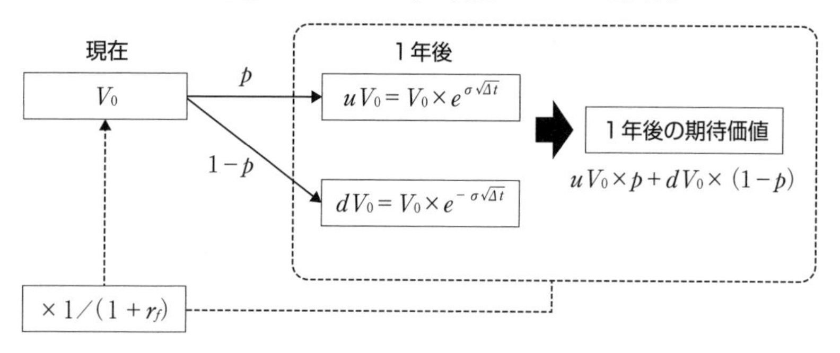

実務においては差し当たり公式を覚えておくだけでもよいでしょう[40]。このuとdを用いて原資産の良いケースと悪いケースの将来価値とそれぞれのケースのオプション将来価値を求め、(式4-37) を用いてオプションの現在価値を求めることでリスク中立化法に則って評価を行うことができます。なお、式中の「Δt」とは、時間の差分を意味し、本例のよ

39 Cox, Ross, Rubinstein "Option Pricing: A Simplified Approach" 1979年 249ページ

40 数学に強い人であれば、pと$u-1$と$d-1$を用いて将来の期待収益率を定式化し、そこから分散の数式を導出し、その式中のuとdのそれぞれに、(式4-38) の右辺をテイラー展開しΔtの高次項を無視した近似値を代入します。すると、その数式の計算結果がまさに分散を意味する$\sigma^2\sqrt{\Delta t}$になることが確認できます。このことから、(式4-38) のuとdを上昇率・下落率の近似値として定義できることがわかります。この公式やリスク中立測度の考え方についてより深く理解するには「ギルサノフの定理」、「測度変換」、「マルチンゲール」等の理解が必要です。類書をご参照ください。

うに1年間の上昇幅をuとする場合は$\Delta t=1$とします[41]。このため、$\sqrt{\Delta t}$も1となります。

さて、それでは実際の計算をみてみましょう。下図をご覧ください。まず原資産（A社）にかかる対数収益率の標準偏差を34.7％と仮定します。この場合、（式4-38）により小数点第3位まで計算すると$u=1.415$、$d=0.707$となり、1年後の原資産価値は、良い未来の場合に$700\times e^{\sigma\sqrt{\Delta t}}=990.4$（前例「1,000」に該当）、悪い未来の場合に$700\times e^{-\sigma\sqrt{\Delta t}}=494.8$（前例「500」に該当）と表現することができます。参考までに、リスク中立化法の定義通り、pを確率としてこの将来価値の期待値を求め、リスクフリーレートで割り引くと700になることもわかるでしょう$\left(\{990.4\times0.442+494.8\times(1-0.442)\}\times\frac{1}{1.02}\right)$。この原資産価値の分岐を図の右表上段でモデル化していますが、これを「原資産格子」といいます。

次に、「原資産格子」からオプション価値を求め、右表下段の「オプション格子」を完成させます。オプションの将来価値は、良い未来であれば$Max(990.4\times100\%-800,0)=190.4$、悪い未来であれば$Max(494.8\times100\%-800,0)=0$となりますので、それぞれの値がオプション格子の「1年後」の列に入力されています。これら2つのオプションの将来価値がわかれば、（式4-37）を用いて以下の計算すればオプションの現在価値を算出できます。

$$\left\{190.4\times\frac{(1+2\%)-0.707}{1.415-0.707}+0\times\frac{1.415-(1+2\%)}{1.415-0.707}\right\}\times\frac{1}{(1+2\%)}=82.6$$

二項モデル上のオプション価値の算定は、原資産価値の算定のように現在→将来という順番で価値を計算するのではなく、将来→現在という順番で価値を計算することは重要な点です。このモデルによれば、オプション価値の現在価値は$C_0=82.6$となります。

〈前提条件〉

σ	34.70%
リスクフリーレート	2.0%
ステップ数	1
$u=e^{\sigma\sqrt{\Delta t}}$	1.415
$d=e^{-\sigma\sqrt{\Delta t}}$	0.707
p=リスク中立確率 ↑(式4-37)より	0.442
拡張係数	100%
投資額	800

〈原資産格子〉

期間	現在	1年後
	700.0	990.4→良い未来
		494.8→悪い未来

〈オプション格子〉

期間	現在	1年後
	82.6	190.4→良い未来
		0.0→悪い未来

※矢印は計算の順序を意味します。
※表計算ソフトで計算しており、小数点以下の取扱い等により一部手計算と誤差が生じます。

7-6-5　連続複利の考え方

いままでの解説では、現在価値への割引きを行う際に、（式4-37）の最終項にあるよう

41　この「Δ」は324ページで出てくる「Δ」とは異なるもので、時間の「差分」を意味します。

に「$1/(1+r_f)$」という計算をしていました。これは1年複利[42]で割り引くことを前提とした表記です。一方、ファイナンス理論、特にオプション理論を考えるにあたっては、以下（式4-39）に紹介している連続複利による割引表記を覚えておくと便利です。連続複利とは、複利の期間を微小化し年間複利回数を無限大にした場合の複利計算であり金融工学的な処理と相性がよい[43]ことからオプション評価ではこちらが主に用いられます。もちろん、たとえば将来の銀行預金残高を考える場合等には1年複利で利息計算すべきであり、ケースによる「使い分け」は重要です。（式4-39）は1年複利と連続複利それぞれの割引処理および将来価値計算を定式化したものです。以下式からわかるとおり、もし割引処理等の計算期間が1年であれば、連続複利では将来価値に「eの$-r$乗」をかけることで1年前の現在価値に割り引くことができ、現在価値に「eのr乗」をかけることで1年後の将来価値が計算できます。

（式4-39）　※左式が割引き、右式が将来価値計算

1年複利の場合：　$\dfrac{V_t}{(1+r)^t}=V_0$　　$V_0\times(1+r)^t=V_t$

連続複利の場合：　$V_t\times e^{-r\cdot t}=V_0$　　$V_0\times e^{r\cdot t}=V_t$

1年後の将来価値が1,000、割引率が2％であれば、1年複利では現在価値が980.39となり、連続複利では$1{,}000\times e^{-0.02\times 1}=980.19$と計算されます。（式4-36）は1年複利を前提とした式ですが、これを連続複利表現に直したものが（式4-40）です。左側の四角は（式4-36）と同様、「リスク中立確率（p）」を意味し、このリスク中立確率も連続複利表現にしています。なお、前例のC_0の算出では、1年間の割引きでしたので$\Delta t=1$として計算しましたが、現在が0年時点だとして、1年後の価値から0.5年後の価値$C_{0.5}$まで半年分の割引きをしたい場合、本式のΔtには1年後－0.5年後＝0.5を入れることになります。この考え方は次節で用います。

（式4-40）

$$C_0=\left\{C_u\times\underbrace{\boxed{\frac{e^{rf\cdot\Delta t}-d}{u-d}}}_{p}+C_d\times\underbrace{\boxed{\frac{u-e^{rf\cdot\Delta t}}{u-d}}}_{1-p}\right\}\times e^{-rf\cdot\Delta t}$$

7-6-6 より実務に即したモデルへ

前節では、329ページ図のとおり、全期間（この場合1年間）の間に1分岐が起こり2

42 複利や連続複利の考え方はインターネット等で検索すれば情報が得られます。
43 微積分やテイラー展開等の様々な数学的処理やモデル上の前提（連続型確率分布等）との適合性があります。

つの将来価値とオプションの将来価値を算出して計算しました。この分岐数のことを「ステップ」といいますが、実務では評価対象とする期間を数十以上のステップに分岐させて評価することで算定精度を高めていきます（なぜ精度が高まるかの説明は割愛します）。BS公式が適用できるケースであれば、ステップ数を無限に近づけて分岐を連続型分布に近づけた場合の評価結果はBS公式で算出される評価結果と一致します。

下図はステップを５に増やし、329ページ図と同じ前提条件で評価し直したものです。また、より現実に即すため、投資のタイミング、つまり拡張オプションを選択できるタイミングは１年後に限らずいつでも可能であるという条件を追加してみましょう。これは言い換えると「行使時点のＡ社価値の100％を800で購入するアメリカン・コールオプションを買いポジションで保有している」状態ともいえます。ステップ数が上がっても、拡張オプションを含めた現在価値の計算手順の原則は変わりません。

〈前提条件〉

σ	34.70%
リスクフリーレート	2.0%
ステップ数	5
$u=e^{\sigma\sqrt{\Delta t}}$	1.168
$d=e^{-\sigma\sqrt{\Delta t}}$	0.856
p＝リスク中立確率	0.474
拡張係数	100%
投資額	800

〈原資産格子〉 現在 … １年後↓

ステップ	0	1	2	3	4	5
	700.0	817.5	954.7	1,115.0	1,302.2	1,520.8
		599.4	700.0	817.5	954.7	1,115.0
			513.2	599.4	700.0	817.5
				439.5	513.2	599.4
					376.3	439.5
						322.2

〈オプション格子〉 現在 … １年後↓

ステップ	0	1	2	3	4	5
	63.0	111.8	193.1	321.4	505.4	720.8
		19.5	39.3	78.9	157.9	315.0
			1.8	3.9	8.3	17.5
				0.0	0.0	0.0
					0.0	0.0
						0.0

※矢印は計算の順序を意味します。

〈意思決定内容〉 現在 … １年後↓

ステップ	0	1	2	3	4	5
	オープン	オープン	オープン	オープン	オープン	拡張
		オープン	オープン	オープン	オープン	拡張
			オープン	オープン	オープン	拡張
				オープン	オープン	継続
					オープン	継続
						継続

※表計算ソフトで計算しており、小数点以下の取扱い等により一部手計算と誤差が生じます。

原資産格子を策定するのに必要なuとdは、新たに$\Delta t=0.2$年として再計算した値を使います。現在価値（ステップ０）からステップ１の良い未来・悪い未来のそれぞれの分岐の価値を計算し、ステップ１の２つの価値からさらにそれぞれ２分岐させることでステップ

２の価値を３つ算定し[44]……と計算を続けることで原資産価値を５回分岐させることで最終的にはステップ５において６つのシナリオの原資産の将来価値を算出しています。

原資産格子が完成したら、今度は最終ステップであるステップ５にて算出された６つのケースの原資産価値を材料に、それぞれのケースにおける拡張オプションを含めた将来価値を計算していきます。これは単純計算であり、拡張オプションを行使したほうが価値が高くなればその値を、拡張オプションを行使したら価値が低くなってしまう場合は原資産価値を入力します（具体的計算は後述）。

次に、（式4-40）を用いて、ステップ５から遡る形でステップ４の５つのケースの拡張オプションを含めた将来価値を算出し、同様の要領で現在価値まで計算をすることでオプション格子を完成させます。ただし、先例のステップ＝１の場合と比べ２点異なる点があります。

１つ目の相違点は、u、d、p、（式4-40）中の「$\times e^{-rf\cdot\Delta t}$」等の値が先例とは異なってくる点です。これは評価期間１年間を５つのステップに分けていることから、それぞれの定義式中のΔtの値が異なってくることによります。たとえば、（式4-40）中の「$\times e^{-rf\cdot\Delta t}$」は、１単位期間前のオプション価値への割引きを意味する項ですが、本例では先例のように１年前へ割り引くのではなく、ステップ５からステップ４までの期間、すなわち１年間÷５ステップ＝0.2年間分の割引きを行うことになります。このため、$\Delta t=0.2$、$\sqrt{\Delta t}=$約0.44に置き換えてそれぞれの値を設定し直す必要があります[45]。この場合、$u=1.168$、$d=0.856$、$p=0.474$、「$\times e^{-rf\cdot\Delta t}$」は「$\times e^{-2\%\cdot 0.2}$」、すなわち「×0.996」になります。

２つ目の相違点は、いつでも拡張オプションを選択できるというアメリカン・コールオプション型の前提を置いたので、各ステップにおいて拡張ステップを行使するか、もしくは行使せずに先のステップまで拡張オプションを残しておく（オープンとしておく）かの選択をする必要があり、これをオプション格子の策定にあたって考慮する必要があります。この２つの相違点を考慮のうえ、実際の計算をみていきます。

7-6-7　～具体的計算～

まず、「原資産格子」のステップ１において良い未来となった場合の価値は700×1.168＝817.5、悪い未来となった場合の価値は700×0.856＝599.4と求められています。そのステップ１の２つの分岐それぞれに、さらに良い未来・悪い未来の値を同じuとdを用いて計算し、それを繰り返すことでステップ５まで計算します。原資産格子は簡単に策定でき

44　本書事例では、対数収益率ボラティリティが時間経過により変化しない前提を置いている等の理由から、ステップ１の良い未来の価値（817.5）を経由したステップ２における悪い未来の価値（700）と、ステップ１の悪い未来の価値（599.4）を経由したステップ２における良い未来の価値（700）は同じ値をとることとなります。このため、ステップ２には４つではなく３つの将来価値が計算されます。

45　なお、評価期間（行使可能期間）が２年の前提でこの２年を30ステップで表現する場合は、Δt＝２年間÷30ステップ＝0.067（年）と計算されます。

るでしょう。原資産格子の最も上の数値である1520.8は、５つのステップすべてにおいて「良い未来」に分岐した場合の原資産価値を意味します。一方、中段の817.5という数値は、いくつもの経路がありますが、たとえばステップ１～３までは良い未来が連続して価値が上昇したものの、ステップ４およびステップ５で悪い未来に分岐した結果の価値ということができます。このようにステップを分けることで現実と同じように非常に多くの経路を表現できることになります。１年後の原資産価値にたどり着くまでに様々なシナリオが考えられるというこのモデルは、１年後に２つの未来しかないモデルに比べて、より現実の原資産価値の変動により近似したモデルであるということはご理解いただけるでしょう。

さて、次にオプション格子の策定についてみていきましょう。最終ステップから遡って計算するというのはすでに説明したとおりです。たとえば、ステップ５の一番上の拡張オプションの将来価値は720.8と計算されています。これは良い未来が５回連続した場合の拡張オプションの将来価値を意味します。具体的には、前例の計算と同じように$Max(1520.8 \times 100\% - 800, 0) = 720.8$と計算されています。一方、ステップ５の最も下に位置する数値である０は、この場合に拡張オプションを行使してもメリットがないことを意味しています。計算としては、$Max(322.2 \times 100\% - 800, 0) = 0$ です。

このオプション格子の最終ステップの数値を材料に、ステップ４からステップ１まで遡って価値計算をしていくのですが、注意すべきは最終ステップにおけるオプション格子の価値計算と、それら以前（計算順としてはそれ以降）のオプション格子の価値計算では少し異なるポイントがある点です。これは拡張オプションをいつでも行使できる仮定を置いていることによります。たとえば、ステップ４の505.4という数値は以下①～③の手順で計算しています。

① ステップ５のオプション価値である720.8と315.0を材料に（式4-40）を利用して、ステップ４時点で認識できるオプション価値を割引計算により算出。

$$\{720.8 \times 0.474 + 315.0 \times (1 - 0.474)\} \times e^{-2\% \times 0.2} = 505.4$$

これは、ステップ５におけるオプション価値のうち、最も良いケースとその次のケースの期待値を単純にステップ４時点の価値に割り引いた値です。

② 次に、ステップ４にて拡張オプションを行使した場合の価値を算出する。この価値が①で計算された価値を上回るのであれば、ステップ５まで拡張オプションの行使を待つのではなく、ステップ４の時点で行使したほうが高い価値を実現できることになる。

$$1302.2 \times 100\% - 800 = 502.2$$

③　①と②を比べると、ステップ４で拡張オプションを行使して得られる価値（②の価値）より、ステップ５で拡張オプションを行使した場合にステップ４時点で認識できる現在価値（①の価値）のほうが高いため、ステップ４では拡張オプションは行使せず「オープン」としておき、この格子点には①で算定された価値である505.4を入力する。

上記のように①〜③までのプロセスを丁寧に書きましたが、この処理もExcel上では*Max*関数等を用いて自動計算していきます。同様の方法で１ステップ毎に現在まで遡るように計算すれば、最終的に63.0というオプションの現在価値が得られます。この場合、拡張オプション価値＝63、拡張オプションを含めたA社の価値＝763と考えることができます。

本書では「拡張オプション」をとりあげ、最もシンプルな例について述べました。しかし、本書では基礎的な考え方を解説するにとどめましたので、これだけでは実務では完全に利用できるレベルまで踏み込めていません。しかし、本書で紹介した考え方は、リアルオプション法における多くのアプローチにおいて応用できる基礎となるものです。これらの考え方をもとに、事業が悪くなってしまったら撤退することでリスクヘッジする場合の価値を算定できる撤退オプション（売却オプション）、様々な展開ごとに撤退したり拡張したり縮小したりを選択できる状況を想定しその状況の価値を算定しようという選択オプション等、様々なオプション価値を計測することが可能となります。

7-6-8　さらなる応用

リアルオプション分析には、二項モデルをさらに拡張した三項モデル、ブラックショールズの公式（ヨーロピアンオプション）やBarone-Adesi And Whaley近似式（アメリカンオプション）等に代表される解析型のアプローチ、モンテカルロ法によるアプローチ等、様々なアプローチがあります。この中で著者として、説明を受ける側のわかりやすさや算定の柔軟性を含めた諸事情を考慮したうえで特に有用だと考えるのはモンテカルロ法によるアプローチです。

一般的なモンテカルロ法では、原資産を一定の数式モデルと乱数によりランダムにその将来推移をプロットし、ある時点でオプションを行使できるとすれば、その時点でプロットされた原資産価値を材料にオプション行使した場合に得られるペイオフを算定します。乱数を用いていますので計算の度に結果が変わります。これを利用し、たとえば100万回繰り返した時のペイオフの平均値を算出し、それを現在価値に算定した価値をオプション価値と考えようとするのが「**モンテカルロ法**」です。

たとえば、株式等の原資産変数（以下の「S」）が以下のように変化していくというモデルを作ります（式4-41）。この数式はモンテカルロ法により原資産をシミュレーションする際の有名な公式です。この数式の導出は、対数収益率、一般化したウィナー仮定、伊藤のレンマ、確率微分方程式等のブラックショールズの公式導出の一部のプロセスとも重複する数学的要素が含まれますので本書では導出には触れません。重要な点は、原資産が株価だとすれば、ある時点の株価から次の時点（たとえば１か月後）の株価を乱数を用いて導出し、それを満期まで繰り返すことで最終時点の株価を計算するモデルであること、そして原資産指標が対数正規分布に従うことを前提にしたモデルであることです（本来はリスク中立測度が最も重要な点だが、本書では割愛する）。μは期待収益率、σは期待収益率の標準偏差、εは正規乱数です。正規乱数とは正規分布に従って約68％の確率で－１～１が現れ、約95％の確率で－２～２が現れ、残り５％の確率で－２未満と２超の数が現れるような乱数だとお考えください。このような算式により、たとえば１か月刻みで原資産が変化していくモデルを作ろうと思えば、$\Delta t=1/12=0.0833\cdots$と置きます。この数式モデルの使い方は、現在株価$S_0$を材料に、１か月後の株価$S_1$を計算し、$S_1$を材料に２か月後の株価$S_2$を計算し……と繰り返し、満期となる時点までこれを繰り返していきます。現在から満期までのこのシミュレーションを複数回行うと、正規乱数がこの式に入っていることから満期時点の株価やそれまでの株価推移は毎回異なることになります。

$$S_{t+1}=S_t\,exp\left\{\left(\mu-\frac{\sigma^2}{2}\right)\Delta t+\sigma\varepsilon\sqrt{\Delta t}\right\}\qquad\text{（式4-41）}$$

当然、この計算をするには正規乱数を作り出さねばなりませんので、何らかのプログラムが必要になります。著者はExcel VBAやR等を用いてこの計算を行っていますが、どのようなプログラムを用いてもかまいません。このようにして計算された原資産から、オプション価値を算定しようというのがモンテカルロ法によるリアルオプション分析です。

通常、オプション評価をモンテカルロ法で実施する場合、リスク中立測度に測度変換してモデルを組むため、ここでのμはリスク・フリーレートを用いるのが基本形です。このあたりの詳細は少し高度な論点（脚注40参照）であるため、後述の参考書籍をご覧ください。

また、（式4-41）を応用してさらに数式を変形し、売上高を上記のSに該当する原資産とし、売上高成長率、ボラティリティ（標準偏差）、費用および現預金残高等を各ステップにて計算し、現預金残高が一定値を下回った場合に倒産することを仮定し、さらに売上高成長率やボラティリティは長期的に一定の値に収束する（平均回帰する）ことを前提に数値のシミュレーションを行うことでオプション価値の計算を行う有名なモデルとして、一般に「Schwartz and Moon Model」と呼ばれるベンチャー企業評価モデルが2000年および2001年（より応用版のモデル）に発表されています。このモデルでは最終的に倒産しないで最後までたどり着いたパスにおける最終時点のEBITDA等の利益指標を材料に類似会社比較法的に将来価値を求め、シミュレーションの試行回数で除してから割り引くことで現在価値を求めます。このモデルのように、現在でも様々な新しい評価手法が日々開発されており、リアルオプション法による評価アプローチは非常に様々なものがあります。

リアルオプション法に関して言えば、本書ではイメージを掴んでいただくことを主目的としていますので、ご紹介したモデルの具体的な説明とこれが成り立つ根拠や対数収益率のボラティリティの計測方法等重要な点であっても説明を割愛している部分があります。もし読者がリアルオプション法を学びたいとお考えの場合、この分野のバイブル的な書籍でとても丁寧な解説がなされている『フィナンシャルエンジニアリング』(ジョン・ハル著　金融財政事情研究会) を参照用として傍らに置きつつ、著者が実際に活用した以下の書籍を、順を追って学んでいかれるのが最も近道ではないかと思います。

1.『実践　リアルオプションのすべて』 ジョナサン・マン著　ダイヤモンド社
2.『ファイナンスのための確率解析 I 及びII』S・E・シュリーブ著　丸善出版
3.『ブラック・ショールズ微分方程式』 石村貞夫・石村園子著　東京図書
4.『モンテカルロ法によるリアル・オプション分析』 大野薫著　金融財政事情研究会

8 その他の企業価値評価モデル

8-1 市場株価法

市場株価法は、上場会社のみに利用できる評価法です。最も客観的な指標であることから、上場会社のM&A取引における評価では重視される手法です。

（算定式）

株主価値＝市場株価×発行済株式総数（自己株式控除後）

市場株価については、算定日の前日終値や株価形成に異常性がないと考えられる株価（一定期間の株価を出来高で加重平均したもの等）を用います。また、発行済株式総数は自己株式数を控除したあとの株式数を利用します。自己株式は、その取得により株主資本のマイナス勘定としてBS上に表記されます。これは言い換えると、自己株式を保有する企業はそれを除いた株数分が株主に分配される価値ということになりますので、自己株式控除後の発行済株式総数を算定に用いるのが通常です。

8-2 簿価純資産法と時価純資産法（≒修正簿価純資産法）

純資産法は、主に資産を多く有する安定的企業の評価や清算時の評価等に適する評価手法です。ただし、のれんを反映させることが苦手な手法であることから、ベンチャー企業や知識・労働集約型企業におけるM&A取引時の評価には適していません。

簿価純資産法は、BS上の直近の純資産の帳簿価額をそのまま株主価値とする方法です。より正確には、帳簿上の純資産額から新株式（および自己株式）申込証拠金、優先株式にかかる資本金および資本準備金、新株予約権、非支配株主持分等を控除したものが純資産法において用いる純資産額として評価されます。

ただし、資産および負債の簿価が適正な価値を示していない場合には正確な評価ができません。このことから、これら資産および負債を適正価値に修正して純資産額を算出する手法として、「時価純資産法（≒修正簿価純資産法）」があります（通常、「純資産法」といった場合には「時価純資産法」を指す）。時価純資産法ではBS項目を時価に修正したうえで純資産額を算定します。この修正方法としては、主に①再調達時価を用いた「再調達時価純資産価額法」と、②清算時処分時価を用いた「清算時価純資産価額法」があります

(手法の詳細は省略する)。実務家がざっくりと純資産価値法による評価を行う場合、時価純資産法を用いて算定したほうが現実的な数値が算出できます。売掛金で長期間回収できていないもの、棚卸資産のうち不良在庫等があれば、当該資産は全額または一部を減額対象とします。

不動産等は現在の評価額に修正し、下落分(含み損)全額が純資産の減額対象となります。また、投資目的有価証券のうち、簿価よりも高い価値になっているものがあればその差額分を増額します。このように、「この資産は現在ならいくらの価値がある(いくらで買える)かな?」と検討したうえで資産を見積もっていく手法を「**再調達時価**(再調達コスト)**法**」と呼ぶことから、これが「**コストアプローチ**」という名称の由来となっています。

なお、時価純資産法においては負債の部の評価も重要です。「有利子負債」は時価評価することも可能ですが、負債の時価評価は企業再生局面等の負債譲渡やDES等の処理の場合に主に重要となるものであり、時価純資産法の評価においては有利子負債もその他の負債項目と同様に「簿価」で考えてもよい場合が多いと思われます。一方、重要となるのは「偶発債務」、「退職金債務」、「保証」等に代表される**簿外債務**です。これらが存在する場合は、「負債」の簿価に加えて、これらの価額を負債として加算します(つまり、純資産額を減額する)。たとえば、支払義務が発生する可能性のある裁判が進行中であれば、支払可能性のある金額の50%を負債とみなす等の処理を行います。なお、時価純資産価額は取引相場のない株式等の価格の最低ラインを意味するものともいえ、「DCF法による株主価値」が「時価純資産法による評価額」を下回る場合には、時価純資産価額を基準として評価すべきであるという考え方もあります。

8-3 配当割引モデル

配当割引モデル(DDM:Dividend Discount Model)は、インカムアプローチの中でも最も基本的な評価手法といえます。基本的には配当を受け取ることでリターンを得る「少数株主(非支配株主)」にとっての価値や、配当性向が高く一定の基準に従って配当が行われる銀行の評価等に適しているといわれている方法です。この配当割引モデルの数式は、DCF法の「永久成長モデル」による「継続価値」の算定式とほぼ同じものですが、配当割引モデルでは「期待キャッシュフロー」の代わりに「配当」を割引対象キャッシュフローとして用いているという相違点があります。つまり、配当割引モデルを数式で表現すると次ページのとおりです。

〈配当割引モデルの算出式〉

$$現在価値 = PV = \frac{D_1}{(1+r)} + \frac{D_1(1+g)^1}{(1+r)^2} + \frac{D_1(1+g)^2}{(1+r)^3} + \cdots\cdots + \frac{D_1(1+g)^n}{(1+r)^n}$$

$$\frac{PV(1+r)}{(1+g)} = \frac{D_1}{(1+g)} + \frac{D_1}{(1+r)} + \frac{D_1(1+g)^1}{(1+r)^2} + \cdots\cdots + \frac{D(1+g)^n}{(1+r)^n}$$

$$\frac{PV(1+r)}{(1+g)} = \frac{D_1}{(1+g)} + PV$$

$$PV(1+r) = D_1 + PV(1+g)$$

$$\cancel{PV} + PV \cdot r = D_1 + \cancel{PV} + PV \cdot g$$

$$PV \cdot r - PV \cdot g = D_1$$

$$PV(r-g) = D_1$$

$$PV = \frac{D_1}{r-g}$$

Dt ：t期の配当額
g ：配当成長率
r ：割引率
$n \to \infty$と考える

この数式の意味については、すでに継続価値の説明で触れていますので割愛します。

さて、本モデルについて説明する際によく問題提起されることに、「ベンチャー企業や低配当政策企業、繰越欠損金が多額の企業の場合、キャッシュフローが創出されても配当が十分に支払われないため株主価値を見誤るのではないか？」という疑問があります。この問題を考える場合には、「評価の主体」と「株主が実際に得られるリターンは何か？」という視点で考えていくとよいでしょう。上場を目指しているような無配当ベンチャー企業にVCが投資する場合においては、「上場によるキャピタルゲイン」が投資家の期待する主なリターンとなります。これらの場合には、たしかに「配当割引モデル」はそぐわないといえます。

一方で、個人の株主が上場などを目指していない安定型非上場会社の株式を数パーセント保有しようという場合を考えます。この場合、対象会社の株式流動性は通常低く容易には売却できないと考えられ、現実的に期待できるリターンは配当のみとなる可能性が高いといえます。このような場合には、本節で説明している**「配当割引モデル」**が有用となります。また、配当割引モデルは「インカム・ゲイン」だけでなく、仮に株式を売却できた際に得られる「キャピタル・ゲイン」の価値を含めて算定しています。なぜなら、将来当該企業の株式を売却する機会があったとしても、その売却時の株主価値は「その売却時点以降の将来の配当の合計額」が売却時点に認識される現在価値となると考えられるからです。

また、本手法は、222ページで掲載したエクイティDCF法とともに、商業銀行を代表とする金融機関などの評価にも適用しやすいといわれています。商業銀行等では、営業・投資・財務それぞれのCFの区分が難しく、設備投資や運転資本の性質も異なることからDCF法が用いにくいという問題があります。また、商業銀行等ではバーゼルⅠ～Ⅲをはじめとするバーゼル合意、自己資本規制等もあり、安定的な自己資本が維持されるという前提がある中で安定的、かつ、継続的な配当が行われるのが通常です。このような理由から、商業銀行等の金融機関の評価には「配当割引モデル」が用いられることが多いのです。

なお、この「配当割引モデル」や前述の「継続価値」の考え方を知っていれば、その計算の簡便さゆえ、キャッシュフローが長期的に安定している会社で、かつ、ある程度割引率が想定できるような会社であれば瞬時に評価を行うことが可能です。この結果とEV/EBITDA倍率を用いた類似会社比較法等、他の瞬時に求めることのできる手法と合わせることで、一定の制約条件下ではあるものの、頭の中で瞬時に評価対象会社の価値イメージをつかむことが可能となります。

9 シナジー価値の検討

前節までは、基本的には企業の単独価値を求める手法について説明してきました。ここではシナジー価値をどのように検討するべきかについて考えます。

少し単純化して考えましょう。たとえば、売却者が「30億円なら売却する」と主張しているものの、買収者は対象会社の単独価値（スタンドアローン価値）には20億円しかつけられないと考えている場合を考えます。一方、買収者はシナジー効果により対象会社が単独で存在した場合に比べて新たに２億円のCFが永続的に創造できそうだと考えているとします。また、それらシナジーCFのリスク（不確実性）を割引率に換算すると10％程度だとしましょう。

この場合に、最も容易な評価手法である永久成長モデルの考え方を用いてこのシナジーCFの現在価値を算定すると、２億円／10％＝20億円と算定できます。結果、シナジー価値と対象会社の単独価値（スタンドアローン価値）を合算して40億円となり、これらがすべて合理的であるとすれば、理論上は買収者は30億円の買収に応じる可能性が出てきます。

一方、想定されるシナジーが１億円、シナジーCFの不確実性も高く割引率が25％である場合を考えます。この場合、１億円／25％＝４億円がシナジー価値となりますので、対象会社買収で得られる価値が24億円となってしまい、この場合、シナジーがあっても買収者は30億円の買収に応じることができないという結果は変わらないかもしれません。なお、ここでは同額のキャッシュフローが永続するとして評価しましたが、将来の各年度にわたるシナジーCFをより精密に見積もり、DCF法的なアプローチを用いることも可能です。

このことからわかるように、シナジー価値は買収者（つまり相手）により大きく変動します。したがって、売却者の立場としては「どういう買収者であれば高いシナジーが生まれるのか？」を考えつつ、具体的な買収者を考えた場合に「どの程度のシナジー価値が期待できるのか？」を検討することは非常に重要です。適切なシナジーを生みうる相手への売却は、高い評価額が期待できるだけでなく、他の買収者への売却では得られなかった新たな社会的な価値創造にもつながるのです。さて、それではシナジーとは何かについて、より深くみていきましょう。

9-1 シナジーとは何か？

シナジー効果について、「企業価値評価ガイドライン」（日本公認会計士協会）では「二つ以上の企業ないし事業が統合して運営される場合の価値が、それぞれの企業ないし事業を単独で運営するよりも大きくなる効果」と定義されています。より具体的には以下のように「売上シナジー」、「コストシナジー」、「研究開発シナジー」、「財務シナジー」の４領域に分類することができると考えられます。

〈企業価値評価におけるシナジー効果〉

分類	内容
売上シナジー	クロスセリング 販売チャネル ブランド効果
コストシナジー	営業拠点の統廃合 生産拠点の一部閉鎖 価格交渉力の強化 間接部門費（重複部分）の削減 物流コストの削減
研究開発シナジー	研究開発投資力強化 技術・ノウハウの複合
財務シナジー	他人資本調達コストの削減 他人資本調達余力の増加

出所「企業価値評価ガイドライン」（日本公認会計士協会）

さらに、これらの具体的な内容に加えて、「買収者にとっての事業推進スピードの向上」という効果も重要です。事業環境が刻一刻と変化する中で、この「スピードアップ効果」は非常に重要な点であろうと考えられます。また、これらシナジーは、①対象会社の財務諸表に反映されるもの、②買収者側（または対象会社以外のグループ会社）の財務諸表に反映されるものの２つがあります（これ以外にも割引率へ反映される場合もある）。

売却対象会社が小規模パッケージソフト開発ベンダーで買収者が巨大なシステム開発会社であるケースを想定します。この場合、買収者である巨大なシステム開発会社の顧客にノーマージンで対象会社の製品がクロスセルでき、これにより生まれるCFのすべてが対象会社側に計上される場合等は①のシナジーに該当します。一方、対象会社側の特殊な技術を用いて買収者側の開発力が増して、以前は獲得できなかった開発案件を獲得できるようになり買収者側のCFが増加した場合等は②のシナジーに該当します。ゆえに、売却者側としては、対象会社自身に生じるシナジーだけでなく、買収者側に発生するシナジーを含めた、買収者側が当該買収によって得られるシナジーCFの総計を考えることで、買収者による最大買収可能価額を推計する追加的な材料を得ることができます。

なお、「ネガティブ・シナジー」が発生するケースがあることにも留意が必要です。これも事例でみてみましょう。たとえば、同業種の対象会社を買収対象にする場合等で、両社の共通顧客が多数存在する場合、統合後の顧客数が長期的に減じてしまうケースもあります。たとえば、製造業等で調達（仕入）ルールを厳密に運用している企業Xがあり、X社は、取引の集中を防止するため、戦略的に数社から分散調達を行っているとしましょう。

もし、X社の取引先であるY社とZ社がM&Aにより統合した場合、X社からみるとY社とZ社が「1社」とみなされることになることから、X社はY社とZ社に対する既存の仕入れボリュームを減らし、他の第三者の企業へ発注が振り分けられてしまうといったことが起こりえます。

次に、X社が買収者である場合に、その「顧客」となるような対象会社Y社を買収する場合を考えます。このとき、X社がZ社という大口顧客を抱えておりY社がそのZ社と競合関係にあるとすれば、X社がY社を買収することにより、X社はZ社からの取引を失注してしまう可能性があります。具体的には、広告会社が化粧品会社Aを買収しグループ化した場合に、当該広告会社の既存顧客である化粧品会社Bはその広告会社との継続取引を中止し、別の広告会社との取引を開始するといったようなケースです。こういったネガティブ・シナジーも評価に織り込みます。

9-2 シナジー価値の計量

シナジー価値は、買収者が対象会社を買収することにより得られる対象会社の単独価値（スタンドアローン価値）に追加的に発生する、買収者との相乗効果により新たに生み出される価値のことです。シナジー価値は「シナジーにより新たに生み出される期待FCF」を基準に算定することができます。また、シナジー価値は、シナジーにより追加的に生まれる売上向上効果、コスト削減効果、事業計画の達成早期化、資本コスト低減効果等を次節で説明するようにプロジェクションと同じ要領でモデル化することで、算定の材料を作ることができます。また、シナジー価値を精密に予測しようとする場合、プロジェクションをベースに算定していくのが正しい手順です。本節では、簡易化のため、より平易なモデルを用いて、シナジー価値をどう計量するのかについて解説します。

9-2-1 シナジー価値算定の実務と詳細な計量化

シナジー価値は、計量してはじめて売却者側にとって意味をなすものとなります。しかし、シナジー価値算定を積極的、かつ、合理的に買収価格算定に活用している買収者企業がどのくらいあるかというと、まだまだ少ない印象です。シナジー効果といっても、PLにダイレクトに影響を与える「売上シナジー」や「コストシナジー」に加えて、間接的にPLやBSに影響するような「研究開発シナジー」や、より間接的にPLや企業価値評価に影響を与える「財務シナジー」[46]と多岐にわたりますが、ほとんどはプロジェクションや企業価値評価に織り込むことが可能です。

46 「財務シナジー」の1例としては、「他人資本調達コストの削減」が挙げられます。統合によりFCFの不確実性が低下したり、信用力向上により資金調達コスト（金利等）の低減が図れる場合、支払利息低減等のPLへの効果や企業価値評価における資本コストの低減（企業価値評価額の上昇）にもつながります。

9-2-2 シナジー計量化の具体的事例

ここでは最も基本的なシナジーといえる「クロスセルによる売上シナジー」をみていきたいと思います。対象会社も買収者もBtoB事業者であり、買収後に買収者が顧客を紹介することで対象会社の販売数が拡大できるという、クロスセルによる売上シナジーと一部のコストシナジーの発生が期待できるものとします。この場合、第一のステップは、プロジェクション上の売上要素を構成する販売数等の重要なKPIの把握です。この作業は本書で解説したようなプロジェクションを策定していればすでに作業が完了していると思います。シナジーの定量的な推定が済んでいれば、シナジーに伴い変化するであろうKPIをシナジーの影響を加味した値に変更すればよいことになります。以下、シナジーを反映させる前後の対象会社の簡易的な月次プロジェクションを策定してみました。これは対象会社の特性によっては年次プロジェクションとしてもかまいません。なお、モデル策定の中でシナジー効果がなかった場合のプロジェクションと比較したり、その他いくつかの理由から、元のプロジェクションシートは残したうえで、別途シナジー計算を行うことをおすすめします。

〈設定した前提条件〉

- 法人税や純投資は０を仮定
- 現状で月次1,000の売上（単価100、販売数10）、200のFCFが創出されている
- 売上シナジーとコストシナジー（売上原価率低下が発生するものと仮定
- 売上シナジーとして買収者の顧客紹介により、月次３の販売増加が達成できると予測
- 上記の場合、買収者に対して販売手数料として売上の10％を支払うと仮定
- 直接的な手数料以外にも１名（月額コスト30万円）の管理人員を置く必要があると仮定
- この対象会社の評価に用いる割引率は10％と仮定

これらの計算によって、シナジー考慮前の対象会社の年間期待FCFが2,400、シナジー考慮後の対象会社の年間期待FCFが4,152と算出されました。この差額の1,752が「シナジーによる年間増加期待FCF」です。

少し応用論点ですが、「シナジー価値」を算出する場合の注意点について触れておきます。この２つのモデルでは、計算の容易な永久成長モデルを用いて各々のFCFの現在価値を算定しています。このうちシナジー効果考慮後の期待FCFの現在価値は、シナジー効果考慮前の通常のDCF法による評価に用いた割引率と同じ値で計算しています。これは言い換えると、シナジーによる年間増加期待FCFと対象会社自体の期待FCFのリスクの度合いが同程度であることを前提としているということになります。

しかし、シナジーによる年間増加期待FCFのリスクは、対象会社自体の期待FCFのリスクと同程度といえるでしょうか？　想定していたシナジーが実現できないという事例は

〈シナジー効果と月次プロジェクション〉

単独の期待FCF計画

	1月	2月	3月	4月	5月	6月	7月	8月	9月	10月	11月	12月
売上高												
商品A単価	100	100	100	100	100	100	100	100	100	100	100	100
販売顧客数	10	10	10	10	10	10	10	10	10	10	10	10
売上高	1,000	1,000	1,000	1,000	1,000	1,000	1,000	1,000	1,000	1,000	1,000	1,000
売上原価												
原価率	40%	40%	40%	40%	40%	40%	40%	40%	40%	40%	40%	40%
売上原価	400	400	400	400	400	400	400	400	400	400	400	400
売上総利益	600	600	600	600	600	600	600	600	600	600	600	600
販売管理費	400	400	400	400	400	400	400	400	400	400	400	400
営業利益（EBIT）	200	200	200	200	200	200	200	200	200	200	200	200
その他CF調整項目	0	0	0	0	0	0	0	0	0	0	0	0
期待FCF	200	200	200	200	200	200	200	200	200	200	200	200

年間期待FCF	2,400	
割引率	10%	
期待FCF現在価値	24,000	※永久成長モデルの考え方を用いて算定。期央割引は考慮せず。永久成長率は０％を仮定。

〈シナジー効果考慮後の期待FCF計画〉

	1月	2月	3月	4月	5月	6月	7月	8月	9月	10月	11月	12月
売上高												
商品A単価	100	100	100	100	100	100	100	100	100	100	100	100
販売顧客数	10	10	10	10	10	10	10	10	10	10	10	10
シナジー効果	3	3	3	3	3	3	3	3	3	3	3	3
修正販売顧客数	13	13	13	13	13	13	13	13	13	13	13	13
売上高	1,300	1,300	1,300	1,300	1,300	1,300	1,300	1,300	1,300	1,300	1,300	1,300
売上原価												
原価率	40%	40%	40%	40%	40%	40%	40%	40%	40%	40%	40%	40%
シナジー効果	-2%	-2%	-2%	-2%	-2%	-2%	-2%	-2%	-2%	-2%	-2%	-2%
修正原価率	38%	38%	38%	38%	38%	38%	38%	38%	38%	38%	38%	38%
売上原価	494	494	494	494	494	494	494	494	494	494	494	494
売上総利益	806	806	806	806	806	806	806	806	806	806	806	806
販売管理費	400	400	400	400	400	400	400	400	400	400	400	400
販売手数率	10%	10%	10%	10%	10%	10%	10%	10%	10%	10%	10%	10%
販売手数料	30	30	30	30	30	30	30	30	30	30	30	30
増加人員コスト	30	30	30	30	30	30	30	30	30	30	30	30
修正販売管理費	460	460	460	460	460	460	460	460	460	460	460	460
営業利益（EBIT）	346	346	346	346	346	346	346	346	346	346	346	346
その他CF調整項目	0	0	0	0	0	0	0	0	0	0	0	0
期待FCF	346	346	346	346	346	346	346	346	346	346	346	346

年間期待FCF	4,152	
割引率	10%	
期待FCF現在価値	41,520	※永久成長モデルの考え方を用いて算定。期央割引は考慮せず。永久成長率は0%を仮定。

枚挙にいとまがなく、通常であればシナジーによる年間増加期待FCFが創出されるリスクは相対的に高い場合が多いといえます。このため、もしシナジーによる年間増加期待FCFを現在価値に割り引こうとするならば、その高いリスクに対応した割引率で割り引かなければ、正確なシナジー価値が算出できないと考えることもできます。

次に「コストシナジー」の特殊性についても触れておくべきでしょう。コストシナジーは、売上シナジー等に比べて実現の不確実性が低い場合が多いといえます。コスト削減可能項目の一部はほぼ100％実現できるといえる場合もあるでしょう。たとえば、同一業界の大企業が小企業を買収する場合に、同様の商品を扱っていればほぼ確実に当該小企業の仕入れコストは安くなると事前に判断できる場合も多いと思います。このようなコスト削減効果も、シナジーにより増加するFCFに加算されることになりますが、確実なコスト削減効果に伴うFCF増加分を現在価値に割り引くのであれば、その割引率は限りなくリスクフリーレートに近づきます（252ページ図参照）。このように、異なる不確実性をもつ期待FCFは異なる割引率で割り引かなければならないという原則は、このシナジー価値算定についてもいえるのです。

これらより、シナジー価値を厳密に評価しようとすれば、リスクの程度に応じて期待FCFを切り分け、各々の割り引く期待FCFに応じた適切な割引率により割り引いたものを最後に合算すべきであるという点には注意が必要です。

参考までに先の事例を用いてシナジー価値に異なる割引率を設定して算定してみましょう。本事例ではシナジーにより新たに生まれるCFにかかるリスクが反映された割引率が20％であるという仮定を置きます。このとき、シナジー価値は下図のように算定することができます。なお、シナジーを含む現在価値は、以下のモデルで算定されたシナジーFCFの現在価値8,760に、シナジーに単独価値24,000を加算したものです。言い換えれば、シナジーによる年間増加期待FCFと単独の年間期待FCFをそれぞれ別の割引率で現在価値に割り引いたあと、それら２つを合算しています。これにより、異なるリスクをもつ２つの期待FCFをより正確に割り引いていることになるのです。

〈シナジー価値とシナジー考慮後現在価値の算定〉

	1月	2月	3月	4月	5月	6月	7月	8月	9月	10月	11月	12月
シナジー考慮前の期待FCF	200	200	200	200	200	200	200	200	200	200	200	200
シナジー考慮後の期待FCF	346	346	346	346	346	346	346	346	346	346	346	346
シナジーによる増加期待FCF	146	146	146	146	146	146	146	146	146	146	146	146

シナジーによる年間増加期待FCF	1,752
割引率	20%
期待シナジーFCFの現在価値	8,760
シナジー含む現在価値	32,760

※永久成長モデルの考え方を用いて算定。期央割引は考慮せず。永久成長率は0%を仮定。

9-2-3 シナジーの感度分析

仮に、売却者側と買収者側でシナジーと対象会社の将来性に対して評価が大きく異なる場合があるとしましょう。たとえば、以下の２つの論点により意見が分かれている場合を想像します。

懸念１ 「我々経由で毎月、３社も対象会社顧客を増やせるだろうか？」
懸念２ 「統合したからといって、原価率が２％も低減しないのではないか？」

このような場合、それぞれの懸念が現実化した場合のシミュレーションを「感度分析」という手法を用いて行っておくと、それらの影響をより明確に理解することができます。シナジーによる販売顧客数の増加効果とシナジーによる原価率低減効果の２つの変数が変動した場合に、現在価値にどの程度影響を与えるのかをマトリックス状に示したものが次の表です。この分析は、Excel等の「Table機能」等を用いれば瞬時に行うことができます。

〈シナジーを含む現在価値の感度分析〉

		原価率低減効果								
		0.0%	−0.5%	−1.0%	−1.5%	−2.0%	−2.5%	−3.0%	−3.5%	−4.0%
シナジーによる販売数増加効果	0	22,200	22,500	22,800	23,100	23,400	23,700	24,000	24,300	24,600
	1	25,200	25,530	25,860	26,190	26,520	26,850	27,180	27,510	27,840
	2	28,200	28,560	28,920	29,280	29,640	30,000	30,360	30,720	31,080
	3	31,200	31,590	31,980	32,370	32,760	33,150	33,540	33,930	34,320
	4	34,200	34,620	35,040	35,460	35,880	36,300	36,720	37,140	37,560
	5	37,200	37,650	38,100	38,550	39,000	39,450	39,900	40,350	40,800

この表から、シナジーによる販売数増加効果が３から１に落ち、かつ原価率低減効果が－２％から－１％に落ちた場合のシナジーを含む現在価値は25,860まで低下することが一目でわかります。なお、いくつかのケースではシナジーを含む現在価値が単独価値の24,000を下回る結果になっています。たとえば、シナジーによる販売数増加効果も原価率低減効果も０の場合は、単独価値に比べて1,800の価値低下が起こっています。これは統合作業に伴う増加人員コスト30×12か月分＝△360という永続するマイナスのCFを20％の割引率で現在価値として算定した額に相当します。この場合、「シナジーがまったく創出できないのであれば、シナジー創出にかかる人員コスト分が無駄になってしまう」と解釈すればよいでしょう。このような感度分析手法はシナジー価値の評価においてだけでなく、プロジェクションの策定や通常の企業価値評価にも応用することが可能な有効な分析手法です。

9-2-4 シナジー評価を前提とした売却者側の心得え

これまでの説明で、買収者候補がどのようにシナジーを定量化していくのかという大枠のイメージはご理解いただけたと思います。先の事例では永久成長モデルを用いて簡易的に評価しましたが、より精密に月次や年次でこれらシナジーにより発生する追加的な期待FCFを一定期間予測し、最終年度の調整済み期待FCFが永続すると仮定してDCF法により評価することもできます。また、類似会社比較法やその他本書で解説した様々な手法で評価することも可能です。しかし、重要なことは、手法を問わずシナジー価値は一定の数値シミュレーションを行ってはじめて評価が可能だという点です。したがって、売却者側もこれに対応した準備を行うことで価値を訴求していくことが重要となります。具体的にどの程度の準備をしておくべきかを考えた場合、以下のような項目が重要な点として挙げられるでしょう。

〈売却者側が準備すべき事項〉
①自社事業の理解を深める
②シナジーの前提となる自社のプロジェクションをKPIとともに策定する
③売却者側で買収者候補に関する情報を取得する（特に重要な買収者候補について）
④買収者が享受できるシナジーとその種類を検討する（場合によっては買収者側から情報を取得する）
⑤シナジーを分類し、それぞれのシナジーにより追加的に発生する期待FCFとそのリスクを見積もる
⑥可能であればシナジーの現在価値も算定しておく
⑦特に重要な買収者候補に対しては、これらについてまとめた資料を作成しておく

シナジーの計量では、対象会社および買収者側の実務家の参加が必須になるため、買収者候補がわからない段階では精密な予測は立てることはできません。しかし、一定の仮説を立ててシナジーを見積もっておくことは、買収者とのコミュニケーション上有効です。したがって、交渉の途中段階でもこれらのシナジー価値の見積もりを再度行い、それらの考え方を買収者側とも共有する等といった作業は非常に有効になるでしょう。

コラム ハイリスク投資を選好する投資家について

250〜253ページのＡ氏とＢ氏は、対象会社のValuationの議論のあとでさらに議論を続けます。新人投資担当のＡ氏はこれまでの会話でまだ完全に理解できていない部分があるようです。

Ａ 「わかりました。それではもう少し交渉してみたいと思います。ただ、少しまだ気になっていることがあるんですが、もう少しいいですか？」

Ｂ 「うん、どうしたの？」

Ａ 「たとえば、投資額120で１年後の期待売却額が130、つまり期待収益率が8.3%の２つの投資案件ＡとＢを考えます。ここで案件Ａは実際の収益率が期待収益率8.3%の上下15%、つまり−6.7%〜＋23.3%（金額ベースでは112〜148）に約68%の確率で分布すると予測され、案件Ｂは期待収益率8.3%の上下５%、つまり3.3%〜13.3%（金額ベースでは124〜136）に分布すると予測されているとします。この投資案件Ａの15%と投資案件Ｂの５%が標準偏差であり、「リスク」を意味すると思うのですが、これのどちらが優良な投資案件かを考える場合に、リスクのみで比較すると、投資案件Bのリスク（標準偏差）のほうが低くなることから、投資額120であれば投資案件Ｂのほうが優良投資案件であると判断できると思います。でも、現実には上ブレした際に23.3%のハイリターンの可能性がある投資案件Ａのほうがいいという人もいると思うんです」

Ｂ 「いいところに気づいたね。でもね、これがさっき『色々と前提条件は他にもある』」と言ったことの１つなんだよ。現代のファイナンス理論の重要な前提条件とされていることに、『投資家は危険回避型である』というものがあるんだ。ちょっとこの図（３つ並んだ右端の図）をみてごらん。君の言う投資案件Ａと投資案件Ｂを図にしてみて、さらに投資案件Ｃというものを新しく描いてみたものだ。

投資家はだれでも期待収益（率）が高い案件を好むから、（投資額が120である前提で）期待収益130の投資案件Ｂと期待収益150（つまり期待収益率25%）の投資案件Ｃの比較をした場合、同じリスクであれば誰もが期待収益（率）が高い投資案件Ｃに投資したいと思うはずだ。でもね、投資案件Ａと投資案件Ｂは、期待収益率が同じだとしても、「リスク」に対する考え方の違いによって評価が変わる。世の中には、実際には危険回避型の投資家

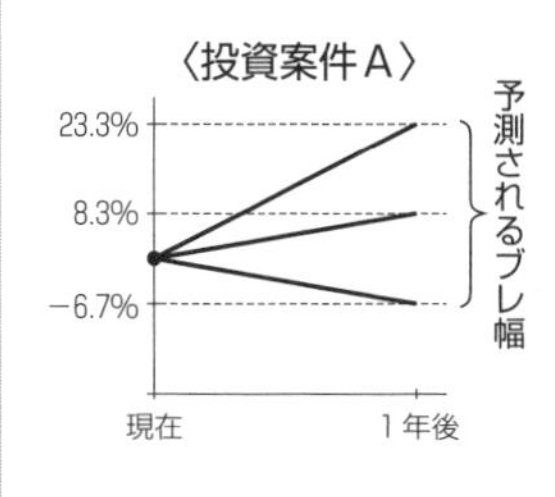

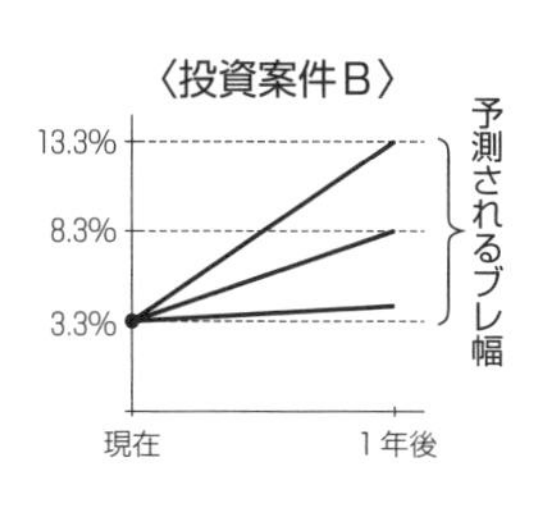

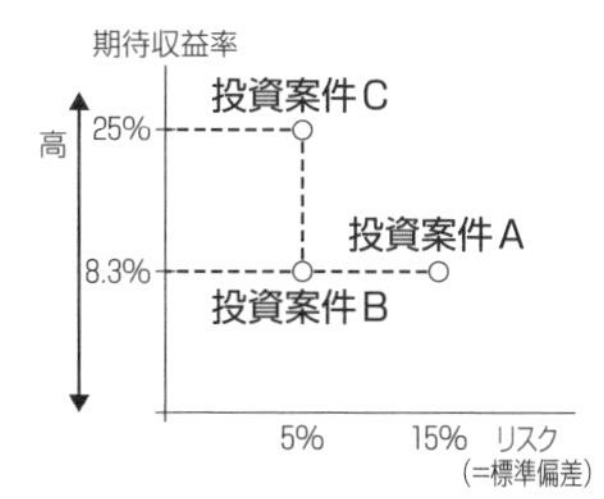

と危険愛好型の投資家、そして危険中立型の投資家がいるからなんだ。次の図をみてほしい。

〈危険回避型投資家にとっての効用(無差別曲線)〉

期待収益率

効用が高い

リスクが高いなら高い期待収益率を要求する

リスク
(=標準偏差)
(=収益のバラツキ見込み)

〈危険愛好型投資家にとっての効用〉

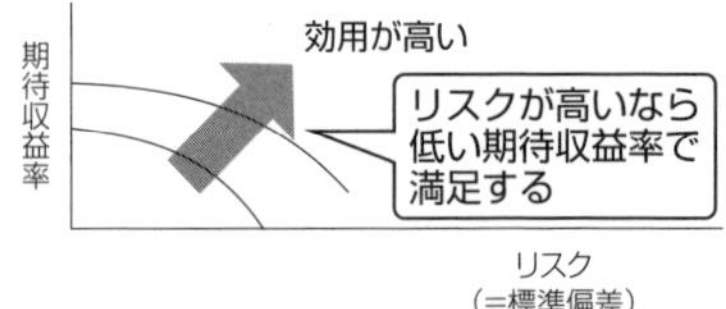

この左図が危険回避型投資家にとっての効用を曲線で表したもの、右図が危険愛好型投資家にとっての効用を曲線で示したものなんだ。同じ曲線上は投資家の効用は変わらないと考えてほしい。危険回避型投資家は同じ期待収益率であればできるだけ不確実性（リスク）が低い投資案件をよいものと判断し、不確実性（リスク）が上がれば上がるほど要求する期待収益率が上がる。また危険回避型投資家の中でも、リスク許容度が高い人がいるけど、その場合は、この左側の図の曲線の傾きがなだらかになる。一方で危険愛好型投資家は、同じ期待収益率であれば不確実性（リスク）が高い投資案件をよいものと判断し、不確実性（リスク）が上がれば上がるほど低い期待収益率で満足する。つまり、この危険愛好型投資家は将来得られるリターンが下にブれてもいいので、ハイリターンの可能性に賭けたいというギャンブラー的な投資家を意味する」

A　「でも危険愛好型投資家の『不確実性（リスク）が上がれば上がるほど低い期待収益率で満足する』というのは少し違和感がありませんか？」

B　「たしかにね。まぁでもこれはさっきも言ったとおり『同じ収益率であれば高い不確実性を好む』ということだから、こう考えるとそういう投資家はいそうでしょ？」

A　「そうですね。ギャンブラーみたいな投資家はいますからね」

B　「でもね。もっているお金が大きければ大きいほど、その大きな割合を安定運用に振り分ける資産家が多いように、市場全体の大部分の投資家は危険回避型投資家なんだ。危険愛好型投資家がいることも事実だけど、彼らも資産規模が大きくなるにつれて多くの場合、危険回避型投資家になっていくだろう。こういった背景から、多くの投資家にとっての見方を重視するという意味でファイナンスの世界における理論は、そのほとんどが危険回避型投資家を前提に組み立てられている。だからこそ、基本的には不確実性、つまりリスクが増えれば増えるほど投資家は高い期待収益率を要求するという前提で話ができることになる。まぁとにかく、対象会社側ともう一度話をしてみて、僕たちが希望するValuationにならないかを交渉してみてくれないか？」

第五部

売却実務上のその他のポイント

1 打診フェーズの詳細実務

第四部までで、M&Aの基礎的なトピック、M&A取引の流れ、プロジェクションの策定、企業価値評価の詳細について説明してきました。この第五部では、さらにM&A取引で重要となるポイントを個別にピックアップして細かく説明していきます。

M&A取引の現場ではここで取り上げた項目以外に非常に多くの「ポイント」があり、それらのすべてを網羅的に説明していくことは不可能です。ここではそういったポイントのごく一部を紹介したいと思います。とはいえ、M&A取引の様々なプロセスにおいて常に最適な対応を取り続ける際の「考え方」は似通っているといえます。著者はよくM&A取引を成立させるためのプロセスを「もぐら叩き」にたとえます。つまり、次にどのようなトラブルやポイントが出てくるかを予見し、それらの解決策を事前に練り、それを素早く実行していくことがM&A取引で非常に重要になるということです。本部は特に、ベンチャーや中小・中堅企業といった企業価値ベースで200億円程度までの市場を前提に、重要と考えられるポイントのいくつかを解説していきます。

1-1 M&Aイグジットにかかる「長期的準備」の重要性

よい条件で売却できる可能性を高めるためには、長期的な視点で準備をしていく必要があります。当然、価値を高めるために重要なのは、「売上」「営業利益」「EBITDA」等のわかりやすいPL指標を上げていくことです。これらが向上していけば、他の要素が不変であれば、最も確実によりよい条件での売却が実現できるでしょう。しかし、PL指標の向上以外にも同時に気を配っておくべき複数の項目があります。具体的内容は、対象会社や外部環境により異なってきますが、ここでは代表的な項目について取り上げてみたいと思います。これらの準備の重要性を理解すれば、「どういう会社に価値が付きやすいのか？」という点についてもよいヒントを得ることができるでしょう。

・「事業戦略」の妥当性検証

「事業戦略」は、M&A交渉時に売却者側から買収者側へ説明しなければいけないものであり、また、プロジェクションの根幹（定性的背景）をなすものといえます。したがって、「事業戦略」の妥当性をプロジェクションの数字の説明にもなるレベルまで十分に検討しておくことが非常に重要です。また、プロジェクションを強い根拠をもって説明する場合に重要なことは、「不確実な要素」と「確実な要素」に分けることです。予測しやすいものと予測しにくいものを明確に分けたうえで自社の「事業戦略」を数字とともに説明できれば、買収者も適切なポイントにフォーカスしてDDを行うことができるようになります。

・プロジェクションとPDCAプロセスの構築

事業計画やプロジェクションは、その構築過程において様々な重要な示唆を得ることができますが、それと同様に策定後のフォローアップを適切に行うことで、さらに重要な示唆を得ることができます。プロジェクションのフォローアップ体制が確立されている企業は、買収者側からみるとマネジメントのレベルが高く投資リスクが低いと評価してもらいやすくなるでしょう。具体的には、プロジェクションで想定された各々のKPIについて責任者が明確に決まっており、その責任者がKPIの進捗とそれにかかる今後の取組みについて説明することができ、具体的なアクションプランまで落とし込めている…というような体制が整っていることは、それが合理的なものであればプロジェクションの実現性も高いでしょうし、買収者にとって大きな安心材料となります。これらの体制を構築し日ごろから運用していくことは、M&Aイグジットの準備としてだけでなく、事業運営上、強い組織を構築することにもつながります。

・ワーキングキャピタル（WC）の最適化

すでにプロジェクション策定で説明したとおり、WCの増加はキャッシュフローの低下をもたらし、結果的に企業価値の低下をもたらします。日ごろから在庫管理の仕組みを最適化するための努力をしたり、取引先との取引条件改善に努めることは、WCの改善や資金繰り改善につながります。これらはROICの向上（資本マルチプルの向上）、キャッシュフローの向上、最終的には企業価値向上につながります。

・簿外債務の事前処理

特にベンチャー企業、中小・中堅企業のM&Aイグジット取引において話題に上がるのが「簿外債務」に関する事項です。たとえば、ベンチャー企業であれば多くの企業に「労働債務」が残存しています。いわゆる「未払残業代」「未払賃金」等といったものです。M&A取引において、買収者側はこのような将来偶発的に発生する可能性のある「簿外債務」については特に重点的に調査します。そのうえで、リスクと考えられる項目が発見され、支払義務が発生するであろう金額が確定すれば、その全額または一定の割合の金額を企業価値評価額から減額して価値算定を行います。

労働債務関連以外でも、訴訟に伴うもの、契約に伴うもの、債務保証に伴うもの等、第二部等で取り上げたように様々な簿外債務が考えられます。これらを事前に最低限把握・リスト化し、可能な限り解決しておくと交渉をスムーズに進めることができます。代表的な「簿外債務」項目について事前に処理できていて、それらを買収者に説明することができれば、買収者は「リスク」を過大評価することなく企業価値評価を行うことができるでしょう。

・関連会社買収、100%子会社化

対象会社に「子会社」や「関連会社」(以下、「子会社等」という)が存在し、当該会社の価値も大きいと考えられる場合には、それら子会社等を完全子会社化しておくとよい場合があります。言い換えれば、対象会社の子会社等の少数株主(非支配株主)を事前に整理しておくということです。ケースにもよりますが、これらにより、買収者としてはより親会社・子会社すべての価値を評価に含めることができる(非支配株主持分に該当する金額を評価から控除せずにすむ)、柔軟、かつ低リスクで買収取引を進めることができる、LBOローン等を活用した買収の場合に銀行等に説明しやすい等、複数のメリットが生まれる場合があります。

・コングロマリット・ディスカウントに対する対処

対象会社が2つの事業を行っている場合、買収者がそれらを一括して評価しようとするとコングロマリット・ディスカウントが発生することがあります。たとえば、借入や余剰資産がないEBITDAが5億円、市場マルチプルが5倍(EV=25億円)の会社があるとします。一方、対象会社の事業は2つで構成されており、A事業のEBITDAが2億円、B事業のEBITDAが3億円の場合、事業ごとに評価して合算するとどうなるでしょうか?前提条件として、A事業の適切なマルチプル(たとえば、A事業のみを行う上場会社の平均マルチプル)が4倍、B事業は8倍であることに合理的な説明がつくものと仮定します。

この場合、対象会社全体のEVは(2億円×4倍)+(3億円×8倍)=32億円ということになります。つまり、全体を一括して評価すると25億円であるのに対して、パーツ(事業)ごとだと32億円と評価できたということです。このように、複数事業運営企業を一括して評価した場合の価値下落現象を**コングロマリット・ディスカウント**と呼びます。また、後者のようにパーツごとに分けた評価手法をよく「Sum Of Parts Valuation(**サム・オブ・パーツ評価**)」といいます。

このように、コングロマリット・ディスカウントが起こりうる場合(特に上場会社)は、売却者側としては、事業部ごとのPLを整理し、買収者が事業部ごとに正確な企業価値評価ができるような下準備をし、かつ、コングロマリット・ディスカウントが発生していることを指摘することは取引上、有効に働く場合もあります。また、会社全体を一括で評価した場合と、サム・オブ・パーツ評価を行った場合の比較等も行っておくと、交渉に有用でしょう。

・特定事業のみの切出しを行いたい場合

比較的よくあるのが、ある２つの事業部門を保有している会社のオーナー経営者がどちらか１つの事業を売却し、その対価をオーナー経営者自身が直接得たいというケースです。また、２つの事業をそれぞれ別の買収者に売却したいというケースもあります。

この場合に問題になりがちなのが「税務」の問題です。このあたりの内容については第三部で少し触れましたが、最近の税制改正により以前より柔軟にスキームが構築できるようになっていますので、相当早いタイミング（まだ売却は予定していないが、将来いずれかの事業を売却する可能性がゼロでないと考えたらすぐに）で税理士等を交えて協議しておくとよいでしょう。

・マネジメント体制の確立（特にオーナー経営者が辞任する場合）

オーナー経営者がM&Aイグジットと同時に引退を希望する場合、自分自身が組織存続に必須ではない状態にしておかなければ売却の難易度が上がります。もちろん、オーナー経営者の影響をゼロにすることはできませんが、オーナー経営者がいなくとも会社が自律的に運営され、新しく出てきた問題点に対処でき、市場の変化に適応して継続的に成長できる仕組みを構築することは可能です。それらを可能とするのは他ならぬ「優秀なマネジメント」です。オーナー経営者がいなくても事業運営に大きな影響が出ないほどの優秀なマネジメントを擁しておくことで、オーナー経営者も比較的スムーズに退任できる可能性が高くなります。

・形のみえにくい「ノウハウ」の文書化

対象会社が、やや高度な技術力や仕組み等の「ノウハウ」を強みとして運営される事業を行っている場合、多くの買収者候補は「当社が買収したあとに対象会社のノウハウを生きた形で引き継げるか？」という点に不安を感じることがあります。対象会社のIMに「高度なノウハウを有する」と書いてあっても、人に帰属している「ノウハウ」はそのままでは視覚的に捉えることができません。

たとえば、弊社がサポートしたある案件では、対象会社がコンテンツ事業を運営している会社であり、販売するコンテンツを生み出す仕組みがノウハウとして非常に価値あるものでした。対象会社側でもこの「コンテンツを生み出す仕組み」が強みであるということを認識していたため、当該強みを従業員の誰もが利用できるように、徹底的に工夫を凝らした「運営マニュアル」を複数作成していました。著者もアドバイザーとしてこれらドキュメントを閲覧しましたが、たしかにこれらのドキュメントは「過去の経験が蓄積された価値あるノウハウ」といえるものでした。また同時に、買収者も同様の事業を運営していたことから、このドキュメントに記載された細かいノウハウが非常に重要だということを理解する工夫もありました。

オーナー経営者が離脱する場合の多くのM&A案件では、買収者は「買収後の運営リスク」にきわめて敏感になります。特に「ノウハウが人に帰属する」ような少人数企業ではなおさらです。この場合、もし事業運営上のノウハウ等が文書化できる場合は、事業運営マニュアル等を作成し、適切なタイミングで買収者に閲覧してもらうことにより、安心感をもってもらえる場合があります。こういった場合は、これらマニュアルを徹底的に細かく策定することが重要です。これらノウハウを記載したマニュアルを開示したくない場合には、DDの際に面前で閲覧してもらうだけでも自社の強みを買収者側に伝え、ノウハウの存在を訴求できるという意味では効果があると考えられます。また、ノウハウの移転が可能であることをうまく伝えるコツは、それに関連する人物が日々どのような仕事を行っているかを克明に文書化し、買収者候補に伝えることです。こうすることで相手方に「意外とこれならできそうだ」と考えてもらえることも多いものです。実際問題、様々な事業をみてもマニュアル化しにくい部分というのは相当限定されてくるものでもあります。

・売上依存の解消

特定の事業（特にBtoBに多い）では、売上の大きな割合が一部の顧客に偏っている場合があります。特定顧客に対する売上依存度が大きい場合、当該顧客との取引停止に伴う売上急減・赤字転落リスクに加え、相手の強い交渉力による利益率逼迫リスクも出てきます。したがって、売上依存状態にあり、今後売上先を分散化できる方策がある場合は、積極的にそれらを実行したうえでM&Aイグジットに臨んだほうがよいでしょう。買収者からリスクと認識されて、交渉の後半フェーズに強い価格下落交渉を受けたり当該大口売上先との取引継続に保証を求められるといったリスク、そしてなによりも後々になって問題が発生し両者が不幸になるような事態を避けることが可能となります。

・特定の買収者候補がいる場合は当該買収者の過去のM&A事例の研究

M&Aイグジットを狙う起業家は、創業時点で「あの会社に売却しよう」と決めて創業するケースがあります。この場合のように、「特定の買収者」が存在する場合は、これら買収者の過去のM&A事例の研究（その買収者がどのように実行し、その結果どうなり、それをどう捉えているか等について）は非常に重要です。M&A経験を積んだ買収者は過去のM&A取引の失敗理由を次の買収に活かします。もちろん、実際の交渉の過程では、その交渉相手に直接聞いたところで過去のM&Aにかかる情報を入手することは難しいでしょう。しかし、交渉の俎上に乗る前であれば、より詳細な情報収集も可能かもしれません。そこで、長期的な準備を行う過程の中で、特に有力な潜在的買収者になると考えられる企業があれば、当該企業の役員クラスまたはM&Aの責任者クラスに何らかの形でコンタクトをとり、情報を取得しておくことは非常に有効であるといえます。

ここでは、M&Aイグジットを実施するうえでの準備のうち、特に「長期的準備」について、そのごく一部を紹介しました（短期的準備については第三部参照）。「売却しやすく」「高く評価される」には、高い信頼度のもとに将来キャッシュフローの創出が予見できる会社であるとみなされる必要があります。こういった視点で、様々なアプローチを検討することは、事業運営にも何らかのメリットが出てくるかもしれません。

1-2 M&Aアドバイザーと仲介会社・M&Aマッチングサービス

本書では「FA（Financial Advisor）」と定義して「M&Aアドバイザー」と「仲介会社」をひとまとめにして表現していますが、ここではこの２つを分けて説明します[1]。これらの違いについて、一般的な相違点を説明すると、「仲介会社」は主に比較的小規模（企業価値５億円未満等）の案件を取り扱い、「紹介」を主要業務としてサービス提供します。多くの場合、売却者・買収者双方と業務委託契約を締結し、成約した場合は売却者・買収者の双方から成功報酬を受領します。紹介サービスやインターネット等のM&Aマッチングサービスの多くもこの区分に入ると考えてよいでしょう。一方、「M&Aアドバイザー」とは、主に比較的大規模（企業価値５億円以上等）の案件を扱い、売却者または買収者のいずれか一方の専属コンサルタントとして業務し、M&Aの準備、実行、クロージングにわたって顧客側が有利に運ぶようにM&Aをコーディネートします。この場合、相手方の紹介に加えて、対象会社や事業を深く調査・分析し、最適な交渉戦略を考えることと、顧客が有利に交渉でき、かつ取引に伴うリスクが低減されるようなアドバイスを行うことに主眼が置かれます。このため、すでに相手方が決まっているようなM&Aの場合においても、「M&Aアドバイザー」はよくアサインされます。説明を簡略化するため、ここでは「M&Aアドバイザー」を「売却者または買収側のいずれか一方に専門的レベルのコンサルティングおよび相手方紹介を主要サービスとして提供するM&Aの専門家」と定義し、「仲介会社」を「紹介やマッチングを主要サービスとして双方から報酬を受領することの多いM&Aアドバイザー以外のM&Aの専門家」と定義して話を進めていきます。

小規模案件では買収者側も売却者側が多数存在することから、M&Aの成功を考えた場合「どのように最適なマッチング相手を見つけるか」という点が１つの重要ファクターになります。これを解決するサービスは「仲介会社」でも「M&Aアドバイザー」でも提供しています。一方、たとえば企業価値５億円以上等の比較的規模の大きな案件であれば、買収者側も売却者側もその数がぐっと少なくなります。数十億円単位の案件サイズになれば、さらにマッチングにおける「場合の数」は少なくなるでしょう。このため、案件サイズが大きい場合は、「紹介機能」よりも、M&Aアドバイザーの提供する「アドバイザリー機能（コンサルティング機能）」を期待する顧客が多くなります。もちろん、小規模案

1　本来「FA」という用語は「M&Aアドバイザー」を指すものです。本書では文脈上「M&Aアドバイザー」および「仲介会社」の双方を含む意味で用いている場合があります。

件でも売却者からみれば「アドバイザリー機能」は非常に重要なのですが、プロフェッショナルと呼べるようなM&Aアドバイザーが業務を受託してくれないことが多くなります。なぜなら、M&Aアドバイザリー業務は、売却者側等の一方当事者の立場に立ち、その顧客から取引額の何パーセントを受領するという仕組みで業務提供する形式のため、「どうせ受託するなら１件当たりの報酬額が高い大型案件をやりたい」という経済的な理由が働くからです。仲介会社の場合、原則として売却者側・買収者側双方から報酬を受領する形態が多いため、１件当たり２倍の報酬を受け取れることになります（報酬率が同じ場合）。著者の感覚では、案件サイズと介在する専門家のイメージは以下の図のようになっています。

〈M&A案件サイズと関与するプロフェッショナル〉

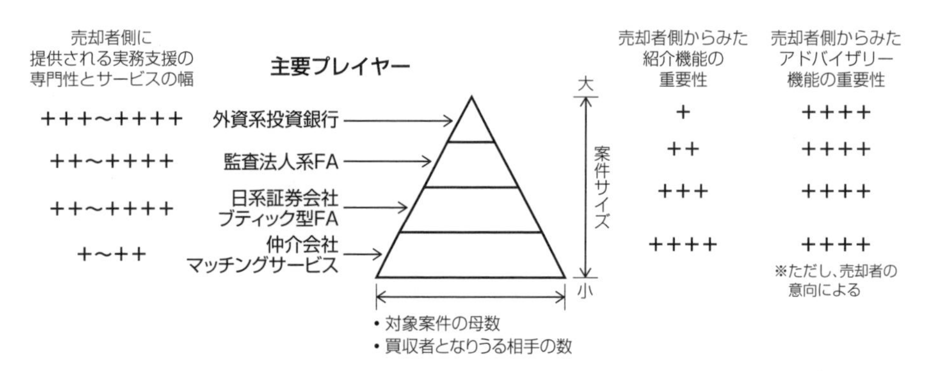

1-3　売却者側であれば「M&Aアドバイザー」を選定するべき

次に、M&A当事者の立場に立って、いずれかのタイプの支援者を選ぶべきと考えた場合に、どちらを選定すべきかについて考えます。一般的には、「売却者側」であれば、非常にシンプルな理由により「M&Aアドバイザー」を利用したほうが有利に交渉を運べる可能性が高まるといってよいでしょう。もちろん、経験豊富な優秀なM&Aアドバイザーであることが前提です。一方、「買収者側」であればその状況に応じて決定すべきといえます。もし複雑な取引であったり、対象会社が巨大でM&Aアドバイザーに任せたい業務が多かったり、社内にM&Aに精通した人物がいない、上場会社取引である等といった場合は買収者側も経験豊富な「M&Aアドバイザー」を利用したほうがよいといえます。一方、「買収者側」の場合は、「仲介会社」または「M&Aマッチングサービス」経由の案件のほうが有利といえるケースも多くあります。なぜなら、そのような案件の場合、交渉相手の売却者側に専属的なアドバイスを与える専門業者が存在しない場合が多いからです。

それでは、なぜ「売却者側」の立場の場合、経験豊富な優秀な「M&Aアドバイザー」を選択したほうが有利といえるのでしょうか？　この理由はきわめてシンプルです。それは、典型的な売却主体といえる「オーナー経営者」の場合、買収者となる大企業と比べ、M&Aにかかる情報、技術、経験等のあらゆる面で「大きな格差」があり、それを埋めなければ公平な交渉がしにくいという状況があり、その「格差」を埋めるのが「M&Aアドバイザー」だからです。

〈売却者と買収者の大きなノウハウギャップ〉

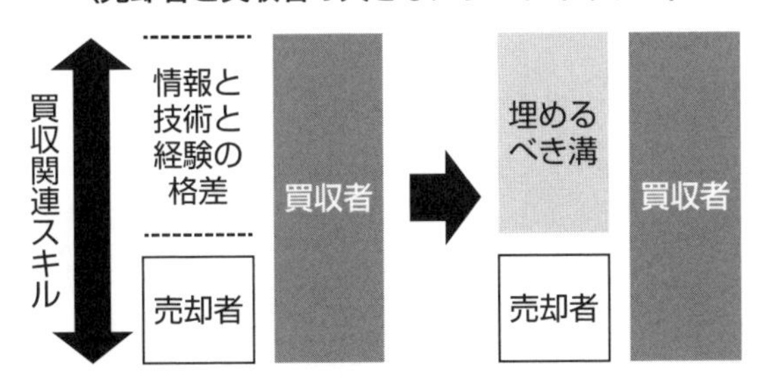

この「格差」を埋めるために、売却者側のみの専属的なアドバイスを提供するのが「M&Aアドバイザー」の役目です。具体的な支援内容は、プロジェクションの策定支援、KPIの分析と見通しの予測支援、これらに鑑みた目標売却額の決定支援、訴求すべきポイントの整理、売却者の立場に立った最適な相手方の検討支援、価値訴求戦略の策定支援、最適な評価手法の検討支援、交渉戦略立案支援、契約条件や価格条件についての「相場観」の提供、情報開示の適切な方法の検討支援、交渉相手の主張に対する対応策の提供、交渉トラブルが起こった場合の対応策の提供、売却者側に立った起こりうるトラブルの先読みと対処にかかる支援……挙げればきりがないほど内容は多岐にわたります。「紹介」のみに特化するM&A業者の中には、価値訴求の基本ともなるプロジェクションの策定支援さえも基本的な支援内容に含まれない場合もあります。買収者側の立場に立つと、M&A取引は、交渉相手の買収企業側が如何に大企業であろうと、ほとんどの場合、その企業の通常の商取引とは桁の違う投資額になります。このため、対象会社の規模が小さくとも、大企業側は本気で交渉に臨むことが多くなります。ですから、売却者側も専門家の支援が欠かせないのです。

一方、特に双方から報酬を受領する契約形態となる「仲介」形式のサービスを提供する事業者の場合、双方と報酬を伴う契約を締結して業務提供を行うことになります。このため、その法的な立ち位置により、一方に有利なアドバイスを積極的に行うことは**利益相反行為**にも該当しえる場合もあります。このため、「仲介会社」側がM&Aの支援機能を有するか否かという問題以前に、そのような支援を提供すること自体がしにくい立場にあります（建前上、買収者側担当者と売却者側担当者を分けて対処する場合もありますが本質的な問題は残るでしょう）。先ほど挙げたM&Aアドバイザーの提供業務を例にとっても、そのほとんどの項目が「交渉」に関わるものです。このため、「仲介」形式のサービスでは売却者側のみに立ったこういった広範なサービスが受けにくいのです。

昨今のM&Aブームにより、買収者側企業も増えそれら企業のM&Aチームの業務遂行レベル、交渉レベルも急速に向上しており、ますます売却者・買収者間のノウハウ等の「格差」が広がっています。なかには、投資銀行のM&Aチーム出身者ばかりを集めた事業会社もあります。こういったM&Aのプロを擁するような買収者であればあるほど、売却者側に「M&Aアドバイザー」が付いていないケースや「仲介会社」や「M&Aマッチングサービス」経由のケースのほうが苦労せずに有利な条件で買収を決めやすいものです。なぜなら、M&Aや業界相場の知識、ノウハウギャップ等が大きいことから、細かな交渉や契約手続き等すべてのプロセスにおいて買収者側に有利かつスムーズに進めやすいからです。また、買収価格が高額になりがちな競争環境が醸成される可能性も減ります。

一方、特にオーナー経営者のようなM&A経験のない売却者の立場に立つと、専属的アドバイザーがいない場合に真逆のことが起こります。たとえば、経験豊富な買収者側から「これが相場だ」とか「これが常識だ」と言われてしまえば、経験のない売却者側は「そういうものか」と考えてしまいがちです。専属的支援を受けにくいということは、情報・技術・経験等のあらゆる面で不足した状態で交渉に臨まねばならなくなるのです。

ここで、もう１つ重要な点があります。それは、M&A事業者が売却者・買収者双方から報酬をもらう事業者である場合、実質的には買収者側が支払うべき報酬についても売却者側が負担している状態に近い状態になっているといえる場合が多いことです。買収者側は、M&Aにおける売却者側への提示額を算定する際に、対象会社の評価モデル上の評価額から実際にかかるコストを取得費用として控除したあとの金額を最終的な提示額とすることが多いからです。通常、この売却者側への提示額から控除する費用にはDD費用や仲介報酬が含まれます。この場合、売却者側が対価として受領できる金額は、本来の評価額から買収者側が支払った仲介報酬が差し引かれた金額が基準となって算定されていることになります。そして、そのうえで売却者側は別途「売却者側」としての仲介報酬を支払うことになります。このため、売却者側としては、実質的には買収者側の仲介報酬分を自身が負担しているにも等しい状況にも関わらず、自身に対する専属的アドバイスを受けにくいという状態に置かれる場合があるのです。

これらの理由により、「売却者側」としては優秀な「M&Aアドバイザー」をアサインしたほうが好条件かつ低リスクでM&Aを成功に導ける可能性が高まり、逆に「買収者側」としては、一定の条件のもとでは「仲介会社」等をアサインすることで相手方に強力なM&Aアドバイザーが付きにくくなる等の大きなメリットを享受できる可能性があります。とはいえ例外もないわけではありません。売却者として本項で挙げた点がそれほど気にならない場合には、案件規模がきわめて小さいケースや売却しにくい業種でFAが関心を示しにくいケース、売却条件より手間をかけずに短時間で処理したいケース（特に高齢の経営者の場合は高頻度）等は「売却者側」でも「仲介会社」をアサインするメリットがある場合もあります。仲介会社は幅広い業種の案件とその強力な営業力によりクロージングに導く能力には秀でているからです。したがって、一般的な考え方は本項の記述でそうずれてはいないと思いますが、個別に考えた場合にどういった専門家に依頼すべきかという点はその専門家のやり方、売却者の考え方及び対象会社の性質次第といえるでしょう。

1-4 M&Aアドバイザー選定のポイント

当事者が売却者側であり、かつその売却者にM&A経験が浅い場合には、経験豊富なM&Aアドバイザーを利用したほうがよい結果になるケースが多いといえます。しかし、その選定にあたっては慎重になるべきでしょう。結論的には、当たり前のようですが、以下のような点を踏まえて選定をすることが重要です。

①売却対象会社の属する市場やサイズにおける「売却型M&A」の実績が豊富であること
②担当者と話していて優秀かつ信頼できると感じられること
③M&Aアドバイザリー経験が長く、ネットワークが豊富にあること
④基本的な業務内容が明確であること

①と②は説明を割愛します。③についてはなぜこの点が重要なのでしょうか？　M&Aにおいては、売却者側には売却者側のM&Aアドバイザーが、買収者側には買収者側のM&Aアドバイザーが付いたうえで交渉が進められるケースも多くあります。このため、優秀な売却者側のM&Aアドバイザーであれば、他の多くのアドバイザーと連携することで、秘密を担保したうえで優良な買収者候補を紹介してもらうという戦略をとることもあります。M&Aアドバイザーは、その業種柄、様々な企業のトップマネジメントと日ごろからコンタクトをしています。このため、彼らを経由することで、買収してくれる可能性の低い相手先には極力情報開示を控えつつ、可能性の高い買収者候補のトップマネジメントにある程度絞った形でM&A情報を紹介することが可能となるのです。こういったネットワークはある程度M&Aアドバイザーの業歴が長く、かつ案件実績が豊富なアドバイザーが保有しているものです。こういった見極めは売却者側にとっては重要な要素となるでしょう。なお、この場合、交渉相手である買収者側にもアドバイザーが付くことになりますが、相手のアドバイザーは相手側へアドバイスをし、売却側のアドバイザーは売却側へアドバイスをするという構図ですから、フェアな状態で交渉できる点は変わりません。④についてはM&Aアドバイザーの業務の特殊性ゆえに、どのような業務が含まれ、どのような業務が含まれないのかが明確でないケースが多いことによります。これらを明確に説明できるM&Aアドバイザーであることは重要な確認事項でしょう。また、業務内容の中に、価値評価の基本ともなる実績期の財務分析、将来の財務モデルの作成支援、将来のKPI予測の策定支援、プロジェクションの策定支援、それに基づいた評価および交渉戦略の検討等

を最低限行ってくれるか否かは確認すべき点でしょう。多くのケースにおいて、これらを把握したうえで価値の訴求を行うことが、売却者にとって最も関心の高い「売却条件」についての交渉に重要な役割を果たすからです。

1-5 買収者候補へのアプローチ

売却者側のチームが整えば、次にやるべきことはM&A実行における準備と実際の打診です。本項では打診方法ついて考えてみたいと思います。まず、結論から言えば、打診自体は何もM&Aアドバイザー、仲介会社またはM&Aマッチングサービス等を用いずとも、自身で行うことが可能です。買収者候補となりえる会社の代表電話に電話して、「私は自分の会社を経営しており御社と大きなシナジーがあることから資本提携ができないかと考えている。経営企画部の部長クラスの方か役員クラスの方とお話しをさせていただけないか？」という趣旨を伝えることで、ある程度の確率で担当者へつなげてもらえる可能性があるからです。一方、M&Aアドバイザーをアサインしている場合については、その打診候補先のリストアップや、実際の打診については、協力はしつつも原則的にはプロである彼らに任せるとよいでしょう。ここでは売却者自身が打診をするケースと、M&Aアドバイザーを利用するケースの特徴を比較してみます。

セルプロセスにおける一般的手法	売却者側からみたポイント
1. 売却者による直接アプローチ	〈メリット〉 • 買収者候補とスピーディかつダイレクトな交渉ができる • 情報拡散をほぼ確実にコントロールできる • アドバイザリーフィー等が不要 〈デメリット〉 • 買収者候補がよく知っている相手の場合、体裁面等から競争環境醸成→売却価格最大化がしにくい • 売却者の業務負担が重く（資料作成等を自身で行わなければならない）、事業に集中しにくい • 交渉戦略を自身で考える必要がある • 価格や条件交渉を自身ですることとなる • 様々な候補企業のトップクラスへのコンタクトを売却者自身で作らなければならない • 予期せぬ買収者と出会える可能性が低い
2. アドバイザーを用いたアプローチ	〈メリット〉 • 売却者および対象会社名を開示せずに感触を探らせることが可能 • 躊躇なく複数買収者へ打診しやすいため競争環境醸成→売却価格最大化がしやすい • 初期段階の資料作成をアドバイザーに依頼でき売却者側の業務負担が軽く、事業に集中しやすい • 初期段階から交渉戦略を立案してプロセスを進めることで最適な交渉が可能となる • 価格や条件交渉においてアドバイザーに間に入ってもらうことで調整できる • 上記交渉の適切なタイミングを図ることができる • アドバイザーネットワークを利用することで比較的容易にトップマネジメントへの打診が可能 • 予期せぬ買収者と出会える可能性が高い 〈デメリット〉 • 自身以外に情報を伝達することとなるため情報リスクは上がる • アドバイザー選定を誤ると自身でアプローチした方がスピーディにプロセスが進む場合もある • アドバイザリーフィーがかかる

売却者自身による直接アプローチを行う場合、そのスピーディさや情報の拡散が起こりにくいという点での安心感は大きなメリットといえるでしょう。ある程度買収者の顔が見えていて、直接交渉をすることに抵抗がなく、条件の最大化よりもスピードや相手の属性に関心があるという場合はアドバイザーや仲介会社を利用しなくても、最低限、弁護士や会計士等と協力していけばM&A自体は成約に導くことができるでしょう。一方、このようなケース以外において、売却者がM&Aに明るくない場合であれば、アドバイザーを用いたアプローチを行うことで、初期段階は売却者名や対象会社名を伏せて打診できる、躊躇なく複数の候補者へ打診できる、資料作成を任せて業務負荷を軽減できる、交渉初期段階で交渉戦略を立てたうえでコミュニケーションを開始できる、条件交渉の際にクッションを入れられ、また条件交渉のタイミングを図れる、大企業のトップマネジメントへダイレクトに情報提供できる、予期せぬ買収者と出会える可能性がある、といった別の多くのメリットを享受できます。これらは初期打診にアドバイザーを用いるメリットというより、アドバイザー活用のメリットとも重複します。この中の１つである、「交渉初期段階で交渉戦略を立てたうえでコミュニケーションを開始できる」という点を例に挙げて説明しましょう。たとえば、弊社の過去の事例で、あるM&A事業者に「純資産と営業利益２年分が妥当（＝数億円前半程度）」といわれた方が相談に来て、最終的には二桁億円での売却に成功した事例がありました。このとき、もし妥当な価値が15億円だった場合、交渉初期段階で「売却希望額の妥当な基準は数億円程度だと思っている」と伝えては、決して妥当な価値での売却ができなくなります。この場合、プロセスの初期段階で交渉が失敗していることになります。本書の第四部をお読みいただいた方ならご理解いただけると思いますが、このような評価式が用いられることがあるのは事実ですが妥当性をもつケースはわずかです。会社が異なれば、バリュードライバも成長性もリスクも異なり、適切な評価モデルも変わります。交渉の初期段階で自社の妥当な評価額を検討し、そのうえで交渉をしていくということは非常に重要なことですから、こういった点をアドバイザーと十分に事前協議していくことは大きなメリットとなります。また、別の例において、その売却者には「絶対に譲れない条件」がありました。それは売却が成功した場合にはその１年後には必ず退任したいというものでした。このような場合「絶対に譲れない条件は交渉の最初の段階で主張する」という戦略があります。「今回の案件では○○○○○という条件が絶対条件となりますので、それを受諾していただける場合のみ買収検討プロセスに参加ください」というメッセージを初回の面談から伝えるのです。このように交渉戦略の検討とそれに基づいたアクションは、買収者との初期交渉フェーズから必要になる場合があります。他にもこの超初期段階で検討すべき事項は非常に多岐にわたります。こういった点を協議のうえで進められるという点はアドバイザー活用のメリットとなるでしょう。

1-6 初期的な打診方法　～「ティザー」の利用～

・「ティザー」で関心を探る

打診先を決定したら実際の打診を行います。この際、FAを利用する場合、**ティザー・メモランダム**（以下、「ティザー」という）というものを作成します。付録ファイル「Teaser_PJ_FT.pdf」をご確認ください。ティザーとは、対象会社名を記載せず（その会社が特定されない形で）買収者の初期的な関心を探る際に用いるものです。ノンネームシートともいわれます。ティザーの作成は、以下の点に注意して行います。

〈ティザー作成上の注意点〉

1．対象会社が特定されない情報に留められているか？

ティザーは対象会社名を伝達せずに買収者候補の初期的関心を確認するための書類です。したがって、対象会社名がわからないような内容になっていることが重要です。たとえば、対象会社が２つの事業を行っているやや大きめの企業だとすると、当該２つの事業内容と規模感だけで、見る人がみればどこの会社がわかってしまう場合があります。このように市場全体を見渡したうえで、特定されるか否かを十分に検討して作成しなければなりません。

2．買収者候補が興味を示す内容になっているか？

ティザーは「内容が詳しすぎても薄すぎても」よくありません。「詳しすぎる」と情報リスクが出てきますし、「薄すぎても」買収者候補が魅力を感じてくれません。ティザーはその内容だけで買収者の初期的な関心を惹かねばなりません。したがって、実際に買収者候補が興味をもつであろう内容を事前に検討し、魅力的内容については詳しくなり過ぎない範囲で十分に記載しておく必要があります。たとえば、実質的な収益力が決算書上の収益力より大幅に高いのであれば、事前に調査を行いティザーには「実質的な収益」を記載しておくといった工夫も有効です。

1-7 機密保持契約（差入書）締結にあたっての注意点

・片務契約と双務契約のものがある

機密保持契約書は、２種類に大別できます。双務契約型と片務契約型です。前者は契約当事者双方が義務を負うよくある形式のものです。後者は、買収者が売却者に提出し、買収者が一方的に義務を負う（つまり売却者らは機密保持義務を負わない）機密保持契約で、「差入式」機密保持契約と呼ばれることがあります。一般的に、入札取引や投資ファンド等が買収者となるような取引においては、差入式の機密保持契約書を買収者候補が提出するケースが多く、事業会社が買収者となる個別相対方式に近いようなケースにおいては買収者側の事業上の秘密事項もM&A取引の初期段階で開示するケースも多いことから、両者が義務を負う双務契約で締結されることが多いようです。

・売却者側の注意点

売却者の観点からは、以下のようなポイントに特に注意すべきです。

①機密情報の定義
②機密保持義務が適用される期間
③開示範囲
④その他（引抜き防止の仕組み等）

①機密情報の定義

機密情報の定義は特に重要な論点です。よくあるパターンは①M&Aに関連して開示されるすべての情報を「公知情報」などの一定の例外を設けて機密情報と定義するパターンと、②M&Aに関連して開示された情報のうち「機密情報」等と刻印されたり、会議のあとに書面を作成し、当該書面に機密情報である旨を示した情報を機密情報と定義するパターンがあります。

売却者の立場としては、①の定義により機密情報を定義してもらうべきです。なぜなら、M&A取引の最終段階などでは、書面・口頭を含め非常に多くの情報のやり取りが発生しますし、一刻の猶予もなく相手方に機密情報を伝達しなければならない場合もあり、②の定義では現実的に対処しにくいからです。

②機密保持義務が適用される期間

期間も重要な論点です。一般的によくみられる機密保持の有効期間は２年程度です。有効期間について売却者側（情報開示者側）からみると、原則的には長ければ長いほど有利であり、買収者側（情報受領者側）からみると短ければ短いほうが有利になります。一般的なNDA交渉においては、どれくらいの有効期間を設定すべきかについては、業界ごとの情報の陳腐化のスピードに応じて決定されることが多いようです。たとえば、インターネット業界等に代表されるスピードの速い業界では、情報の陳腐化のスピードも速いことから１年程度で締結することが事業取引上の通例になっている場合があります。

しかし、M&A取引においてはより多くの検討事項があります。事業上の情報は陳腐化するかもしれませんが、対象会社の財務情報等の情報やM&Aにかかる情報は業界特有の情報陳腐化のスピードと同じように考えることはできません。したがって、著者の考えでは、売却者からみると少なくとも２年程度は情報開示先に対して機密保持義務を負ってもらうように交渉したいところです。また、この期間は「情報の開示後２年間」と契約に定めることも重要なポイントです。「契約日から２年間」となっていると、交渉が１年以上継続した場合等には機密保持契約を巻き直す必要が出てくる可能性があるからです。他にも情報のコンタミネーションの問題等、M&Aの世界では機密保持契約とはいえ、いくつもの検討すべき課題があります。M&Aが得意な弁護士とともに注意深く締結処理を進める必要があります。

③開示範囲

開示範囲も重要です。買収者が事業会社であれば、その親会社だけを開示範囲とするのか、その買収者グループ全社を対象としても問題ないのか等の判断は売却者側としても重要でしょう。買収者のグループ会社が対象会社の競合である場合等は特に慎重な対応が求められます。また関連して、少し話はそれますが、対象会社に社外役員が就任している場合には一定の注意を払う必要があります。ベンチャー企業等であれば自社の社外役員や監査役などに、実質的には経営チームではなくエンジェル的な人物が就任していることがあります。M&Aイグジットを行うとなると、自社の社外役員がその話を社長の許可なく自身の知り合いの買収者候補に勝手に耳打ちするなどといったこともよく起こります。買収者側と双務型のNDAを締結しているような場合、その買収者が検討している事実が、その買収者の競合企業に伝わってしまい、主な情報開示側であるはずの売却者側が買収者側に対して機密保持義務違反をしてしまうということも起こります。

したがって、売却者側、対象会社側でもM&Aイグジットにかかる情報開示範囲を一定の範囲まで制限することも検討すべきといえます。

④その他（引抜き防止の仕組み等）

本来「機密保持契約」で定める内容以外の内容をあえて条項としてつくる場合もあります。たとえば、人材が非常に重要な業界のM&A取引であれば「役職員の勧誘禁止条項」を入れる場合があります。M&AにおけるDDにおいては、買収者が対象会社のキーパーソンへインタビューを行うことが多々あり、これが引抜きにつながる場合もあり、「引抜きリスク」を低減させるために、このような条項を機密保持契約に含めることもあります。

他にも、昨今では暴力団排除条例が策定されたことから、暴力団排除条項をすべての契約書に入れようという動きもみられます。詳細や書式は警視庁ホームページ（http://www.keishicho.metro.tokyo.jp/）等で確認されるとよいでしょう。

以上のように、機密保持契約１つとっても考えるべき要素が多岐にわたります。

2 交渉初期〜中期フェーズの詳細実務

2-1 開示する情報の典型例

M&A取引の情報開示の段階は、大きく２段階に分けることができます。まず、１段階目は買収者が初期的な関心を持ち始め機密保持契約書が締結され、はじめて詳細な資料を開示する段階です。これは本格的なDDの前のプレリミナリー・デューディリジェンス（Preliminary Due Diligence：本書では「プレDD」という）の段階です。

そして、プレDDにより買収者が一定の価格での買収意向を固め、当該条件で交渉を進めることにつき当事者間で一定の合意（基本合意等）がなされると、売却者はさらに深い情報を開示し、買収者はコストをかけて追加的に開示されるさらに深い情報をもとに詳細DD（オンサイトDD）を行うことになります。この詳細DDの段階こそが２段階目です。また、詳細DDおよび最終契約の締結後、買収実行までに時間があく場合、カンファマトリー・デューディリジェンス（Confirmatory Due Diligence）という最終確認DDが払い込みの直前に実施される場合もあります。本書では、プレDD、詳細DDの２つのフェーズにおいてどのような資料を開示していくのかについて説明します。

2-2 １段階目の資料開示　〜プレDDにおける一般的開示事項〜

当事者同士の機密保持契約締結直後から行われる「プレDD」は、詳細DDの前に、ある程度の買収可否判断および条件の検討を目的として行われるDDを指します。一方、売却者側からみると細かい情報を準備する労力と情報漏えいリスクを一定程度に抑えつつ、買収者側に提示条件を検討してもらいたいと考えます。

プレDDの段階では、相手が本格的にM&Aの検討をしたいのかという点や、買収条件の目線さえも不明な状態ですので、事業運営上のコアとなる情報の開示は控えたいと考えるのが通常です。したがって、基本的な財務資料や事業モデル説明資料、株主名簿、定款・謄本などは開示しますが、重要な取引先との契約、総勘定元帳、コア技術にかかる重要情報、取締役会議事録等は開示されない場合が多いようです。また、従業員に対するインタビュー等もプレDDの段階では行われず、原則的には詳細DDの段階で設けられることが多いといえます。プレDDの段階では、次のポイントに注意して情報開示範囲を決定します。

〈プレDDにおける情報開示のポイント〉

- 買収者が価値算定に必要な情報（開示せねば後で価格交渉を受けそうな情報）は何か？
- 開示することにより事業上のリスクを伴うか否か？
- 開示すべきであるが、開示にリスクが伴う情報の場合、開示方法を変えることで買収者が望む情報を提供できる方法はないか？

たとえば、買収者が特定の取引先との契約内容を確認したいと主張しているのに対して、売却者側からするとまだ不確定な状態で取引先との契約書の開示に抵抗がある、そして買収者の要望を受けて開示することが当該取引先との機密保持契約にも抵触しうるという状況があるとします。この場合でも、相手がどのようなことを知りたいのかを聞き、それに該当する情報をピックアップするだけで両社の希望を満たすことができる場合があります（固有名詞の部分を黒塗りにして提出する等）。このように、プレDDでは情報開示にも工夫が必要となる場合があります。

参考までに、M&A取引において機密保持契約締結後から買収者による意向表明までの期間において、買収者候補が請求しそうな資料一覧を掲載しました。なお、この内容については業種、規模等様々な要素により最適な内容が変化するので、ケースに応じて最適な資料パッケージを作成していくことが必要となります。特に、下表で下線を付したような取引先等の第三者が関係する情報の開示は慎重に検討すべきでしょう。

繰り返しになりますが、開示資料とするかしないかの基準は提出することによるリスクとリターンを勘案して定めるということにつきます。

〈買収者が請求しそうな資料一覧〉

種別	No.	項目
基本・ビジネス	1	定款
	2	会社商業登記簿謄本
	3	<u>株主名簿と資本政策</u>　※優先株式等がある場合、当該内容も
	4	ビジネスモデル、強み等がわかる資料
	5	サービス説明資料、商品カタログ、実際の商品
	6	売上構成がわかる資料（<u>取引先別</u>、商品別、カテゴリー別等貴社管理の区分にて）
	7	<u>主要顧客リスト</u>
	8	各売上のKPI月次推移、各仕入KPI月次推移
	9	部門別損益
	10	仕入構成（<u>取引先別</u>、部門別、カテゴリー別等）
財務	11	決算書、法人税申告書（<u>勘定明細、原価明細、全別表</u>）過去３ 期分
	12	固定資産資産台帳を修正
	13	直近月次試算表（今期直近まで及び過去３期分、累計ではなく月次推移がわかる形式）
	14	固定資産税評価証明書（最新分）

	15	子会社・関連会社決算書過去３ 期分
	16	オフバランス資産/負債、偶発債務等の存在にかかる資料
	17	会社経営陣、キーマンとの取引がある場合、当該取引の明細
	18	事業計画（中期計画含む）とKPIおよび根拠資料
法務	19	組織図、部門構成図（主要人員の人名入り）
	20	子会社・関連会社図・グループ会社図、その他オーナー経営者の保有する会社等すべて
	21	主要役員・部門長の経歴書
	22	従業員名簿（勤続年数、役職、保有資格等）　※氏名等個人情報にかかるものは不要
	23	社内規定（特に就業規則、退職金規程、賞与規程）
	24	土地・建物の賃貸借契約書
	25	借入明細（銀行名、借入金、月額返済、利率、残高、担保）
	26	資産明細
	27	保証の存在および詳細
	28	保険契約一覧、直近月の解約返戻金
	29	土地・建物の登記簿謄本
	30	取引先との取引基本契約書
	31	生産販売委託契約書
	32	リース契約書
	33	連帯保証人明細（債権者、契約日、取引内容、金額、保証人）
	34	既存株主の投資契約書および株主間契約書
	35	その他経営に関わる重要な契約書
	36	許認可証のコピー
	37	特許証のコピー

なお、これらの情報が開示される代わりに後述のインフォメーション・メモランダム（IM）に重要な情報をまとめて掲載して開示されるケースもあります。

2-3　２段階目の資料開示　～詳細DDにおける一般的開示事項～

プレDDを実施し、買収者から前向きに検討する意思決定がなされた場合、「意向表明」というプロセスを経ます。これは買収者からの売却者に対する条件提示を意味します。通常「法的拘束力のない条件提示書」を作成し、これを「意向表明書」と題して売却者側へ提示します。この提示内容を売却者が確認し大枠の合意形成がなされれば、詳細DDのステップへ入っていくことになります。

詳細DDではさらに詳しい情報が開示されます。この段階において買収者が開示を求める代表的な情報については、付録ファイル「Required_Docs.pdf」をご確認ください。ただし、このファイルはあくまでも一例に過ぎず、対象会社の規模や業種、アサインされる会計ファーム、リーガルファーム等により請求される資料は様々です。この段階まできたら、売却者としては開示によるリスクが多少あったとしても基本的には積極的に資料開示していくことになります。なお、売却者の戦略上、最後まで開示せずM&A取引終了まで開示を控えるような資料項目がある場合もあります。「事業運営上のノウハウ」、「技術情報」、「個人情報等の会員データ」等が典型例です。開示事項の検討にあたっては、専門家を交えたうえで決定していくとよいでしょう。ここでも考えるべき内容は、開示に伴うリスク・リターンであることは言うまでもありません。

2-4 「案件の取扱説明書」——プロセスレターとは

・プロセスレターとは

プロセスレターとは、主に入札取引等において買収者候補に提示される個別のM&A取引にかかる「取扱説明書」のようなものです。通常FAが策定します。入札取引では多数の買収者候補に対象会社の紹介を行います。プロセスレターを作成する目的の１つは、このような多数に打診する売却プロセスにおいて、売却者が当該M&A案件の内容（ルール、入札日とスケジュール、前提条件など）を各買収者候補に詳細に説明することが挙げられます。

付録ファイル「Process_Letter_draft.pdf」をダウンロードしてご覧ください。これには入札期日や入札の方法等の基本的情報に併せて、売却者側の想定する当該M&Aプロセスの「ルール」も記載されるのが通常です。また、売却者サイドに立った場合のM&A成功のコツは、いかに売却者自身がM&Aプロセスをコントロールできるかという点があります。プロセスレターに一定のルールを明記することで、そういったコントロールをしていくことも可能となります。

2-5 プロセスレターを作成するメリット

売却プロセスには様々なポイントがありますが、その中でも「公平な環境下で買収者候補に一定の価格競争をしてもらうこと」は、重要なポイントです。しかし、複数の買収者候補とそれぞれ何もルールを置かずに話を進めた場合、取引が複雑になったり売却者が損失を被る場合があります。また、特定の買収者だけが結果的に有利になるなど不公平さが出ないようにすることも注意すべき点です。たとえば、ある買収者候補Ａが出してきた買収提案を拒絶し、別のより高い価格を提示してくれた買収者候補Ｂとの話を進めていたとしましょう。しかし、クロージング直前になって買収者候補Ｂが「分割払いで買収したい」と言ってくることも考えられます。売却者としては「話が違う」と言いたいところですが、このようなトラブルはプロセスレターを適切に設計していれば防げていた可能性があります。

具体的には、プロセスレターに「こういう条件は絶対受諾できない」という条件を明記し、そこに「分割払いスキーム」を加えておくといった手当てが考えられます。これにより買収者が入札に抵抗を示す可能性が多少上がりますが、最終段階になって想定外の要求がなされる可能性を減じることができます。

他にも、次のような事項を定めておく工夫が考えられます。

〈プロセスレターの工夫〉

- **スケジュールの確定**

入札日、入札結果回答日等をきちんと定めることで交渉延長を避けることができ、また買収者候補によるアグレッシブな交渉（大幅に買い叩こうとするような交渉等）を抑止できる

- **入札前提条件の設定**

アーンアウトまたは分割支払提案を望まない旨の明記、株式交換による買収提案を望まない旨の明記、事業譲受による買収提案を望まない旨の明記、LBOファイナンスを用いた買収提案を望まない旨の明記、役職員の継続雇用（再任）義務、絶対に受け入れることができない表明保証の内容（プロジェクションの表明保証やキャッチオール保証等）の明記等。売却者サイドが特に確保したい条件を「入札前提条件」として設定することで、不利な帰結になることを抑止できる

- **入札価格の根拠の明記**

意向表明書等により条件提示を行う際に、どの程度細かく株主価値算定根拠を記載してほしいかを明記することで後の交渉を公平に行うことが可能となる（価格を下げたいと主張された際に、合理的な根拠をもって説明してもらいやすい）

- **入札価格と最終的な提示価額の乖離可能性の明記**

今後のDDにおいて、どういった場合に入札価格が下がりうるのかを明記してもらう。これにより、たとえば根拠が明確に示しにくい事由（ビジネスモデルの評価やプロジェクション数値を修正したい等の事由）によって最終提示価額の下方修正がなされるリスクを一定程度、防止することができる。また、選考時の判断にも役立つ

2-6 インフォメーション・メモランダム（IM）とは

・インフォメーション・メモランダム

インフォメーション・メモランダム（Information Memorandum：以下「IM」という）とは、M&Aにおける対象会社の「詳細説明資料」を意味します。IMは入札取引、相対取引を問わず、売却者により対象会社や対象事業の情報を適切に整理して買収者候補へ伝えるための書類です。売却者とFAが共同して作成していきます。

特に、売却者と買収者候補が初期段階で接触しない場合の多い入札取引では、買収者側が買収検討にあたって必要となる情報が何かという点を深く検討したうえで作成されてい

ます。もちろん、相対取引でも重要ポイントや訴求ポイントを記載したIMを作成することは交渉戦略上も非常に有効です。本書では紙面の関係上、IMの各項目について詳説することができないので、特に重要なコンテンツに絞ってポイントを整理しています。これは前述のとおり「セルサイドDD」の実施を部分的に兼ねた作業になることから、改めて書面として作成することで売却者自身にとってもFAにとっても対象会社の理解を深められるという副次的効果があります。下表が、一般的なIMの内容例です。

〈IMの見出しの一例〉

大分類	小分類
はじめに	本資料の目的
	本資料の取扱法法
	本資料にかかる問い合わせ先
エグゼクティブ・サマリー	会社概要と投資ハイライト
	考えられるシナジー
会社情報	会社概要
	沿革
	株式・株主の情報
	株主間契約の状況
	種類株式タームシート
	訴訟及びリスク
組織	組織図
	グループ会社情報
	人事上の課題と今後の戦略
	現経営陣略歴
市場	市場の概況と展望
	対象市場の細分化
	競合環境
	競合企業分析とマルチプル
	考えられる外部リスクとその回避策
事業内容	ビジネスフロー
	商流とバリューチェーン
	強み（競合優位性）とその継続可能性
	マーケティング、販売手法、チャネル
	主要プロダクト
	製造
	営業活動の現況分析
	売上・利益向上における課題
	既存事業の垂直・並列的拡大可能性
	考えられる内部リスクとその回避策
財務	会計方針と会計基準
	年次決算推移
	月次決算推移
	主要資産明細
	実質的損益の分析
	主要KPIの推移
	売上原価の内訳と推移

	販売管理費の内訳と推移
	役職員数の推移と人員計画
	今期の直近実績
	プロジェクション（5カ年分）
	主要KPIの予測
	主要KPI予測値の根拠分析
	重要KPIの改善・補強策の検討
	設備投資計画
	運転資本増減予測
	タックス・プランニング
	返済計画と財務制限条項
	重要顧客との取引とその継続性分析
	計画未達リスクとそのケース分析
	役員間取引の有無とその内容
	その他重要な補足情報
ディスクレーマー	

「はじめに」には、本IMが機密情報であることの説明、本IMにかかる問い合わせ先（通常はFAの担当者）等が記載されます。「エグゼクティブ・サマリー」には、買収者のトップ・マネジメントが本IMを読む際に最も強調しておきたいことをコンパクトにまとめていきます。その後、「会社情報」、「組織」、「市場」、「事業内容」、「財務」と重要と考えられるコンテンツを記載していきます。最後に「ディスクレーマー」を挿入します。「ディスクレーマー」には、本IMの記載情報を利用したことに起因する損害について作成者は責任を負わない旨等が記載されます。

IMに掲載すべき内容はケースにより大きく異なるので、上の例はあくまで一例です。メインコンテンツは大枠としては上記のとおりですが、サブコンテンツについては「対象会社」により適宜個別に内容を検討する必要があります。たとえば、「種類株式」を発行していない場合はそれらのコンテンツは不要ですし、「製造技術」に重要な価値がある会社であれば、それらについて特許情報等を含めて詳細に記載していったほうがいい場合もあります。簡単に言うと、「どういった要素が対象会社の将来キャッシュフローに大きな影響を与えるのか？」という点と、「どういった要素が『リスク（不確実性）』となるのか？」という点を考えたうえで記載内容を検討していけば大きな間違いは起こらないでしょう。

2-7　IMの「ビジネスフロー」の記載ポイント

「事業内容」にある「ビジネスフロー」という項目は、最も重要なコンテンツの1つとなるので、この項目のみ説明します。読み手がこのページをみた際に、即座にビジネスモデルが理解できるように作成していきます。基本的には、375ページの図で例示しますが、チャート形式で図を作成し、場合によって文章で補足していきます。ビジネスフローの記載のポイントは以下のとおりです。

- **資金の流れと商品・サービスの流れ、決済方法の明記**
  ビジネスフローでは必ず商品・サービスの流れ、お金の流れ、決済の仕組みを記載するとよりわかりやすくなります。
- **自社商品・サービスの仕入元、自社、自社の顧客の立ち位置を明確化する**
  卸売業であれば、卸元、自社、自社顧客がビジネスフロー上に記載される主体となります。また、自社の人材が特に重要な原価構成要因であるようなビジネスモデル（開発会社、美容院等）の場合は、採用チャネルを記載することとなります。
- **製造機能の明示**
  自社が製造機能をもつ企業であれば、製造プロセスの明示、外注先の明示を行うことでよりビジネスフローがわかりやすくなります
- **仕入チャネル、販売チャネルはその種類に応じて「分ける」**
  たとえば、顧客への販売チャネルが「直接」「代理店経由」に分かれる場合は、そのように分類して記載することでより読み手が理解しやすくなります。また、仕入チャネル、販売チャネルが複雑な事業モデルであれば、それぞれのチャネル、取引高をリストアップし、場合によってはIMの別ページに解説を加えることで、よりわかりやすいビジネスモデルになるでしょう。
- **重要な部門の明示**
  対象会社のビジネスモデルの中で特に重要な役目を果たす部門については、可能な限りビジネスフロー上で表現していくとよいでしょう。それにより当該部門がビジネスモデル上のどの部分に位置する業務を行っているのかがわかりやすくなります。
- **高い価値をもつバリューチェーンの明示**
  自社事業の中で他社と明確な差別化がなされているポイントについては明示することが重要です。たとえば、エステサロン経営会社でエステシャンの管理・教育について他社と明確な差別化がなされているという場合であれば、ビジネスフローの中に「教育が強い」という表現を入れるとよいでしょう。

これらのポイントに注意しながら、誰がみてもビジネスモデルが理解できるようなビジネスフローチャートを記載していきます。

次ページに参考となるビジネスフロー図を作成してみました。本事例は「求人メディア運営事業」のビジネスフローを想定したものです。同社では「独自アルゴリズム」による広告表示を強みとしている設定でビジネスフローを描きましたが、実際にはより細かい点も含めた記載をすることにより具体的に強みの存在を訴求していきます。特にポイントとなる事項や、自社のどの組織がどういった業務を行っているかに注意して記載するとより

わかりやすいものになるでしょう。

〈ビジネスフローの一例〉

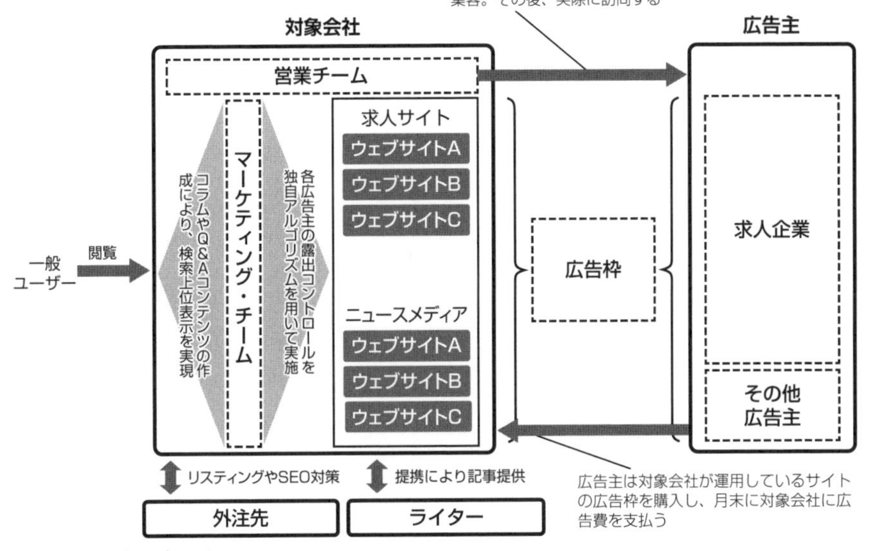

ビジネスフロー上のポイント

高い単価設定	広告枠の単価を○万円～という高額な設定にしているにも関わらず広告主の継続率は高い。これは独自アルゴリズムにより最適な表示が可能となっていることにより広告主が費用対効果に満足していることが背景……。
○○○	

本書では紙面の都合上、IMのその他項目の作成について詳細な解説ができません。別途著者のウェブサイト「https://buy-out.jp/book」にて追加的解説をする予定です。

2-8 意向表明とは何か？ ～買収者からの初期的条件提示～

多くのM&A取引では、買収者が外部専門家へコストを支払って本格的な調査に入る詳細DDの段階で、大枠の取引内容の相互確認が図られます。この際に買収者側から提示する条件提示書のことを「意向表明書」といいます。売却者側はここで提示された条件に鑑みて、その買収者候補にさらに詳細な情報を開示し、深い検討に入ってもらうか否かを判断します。ここで次のプロセスに進めることになった買収者候補は、さらに詳細DDを含めた追加的な検討を行い、最終的に提示できる条件が固まった段階で再度、最終的な条件提示を行います。このようなM&Aのプロセスの中で、「条件提示」に用いられる書類を「意向表明書」といいます。「意向表明書」に記載される主な項目は以下のとおりです。

- 希望する買収価格（Valuation）
- 買収価格算定根拠
- 買収スキーム
- 売却者が希望する条件の受入れ可否

売却者の立場に立つと、この「意向表明書」に何を記載してもらうべきかを考えていくことは、売却戦略上、非常に重要になります。一般的に「意向表明書」といえば、買収者候補が作成し売却者へ提示する書面を指しますが、売却者側の立場からドラフト案を検討・作成していくメリットは大きいものです。たとえば、意向表明書が提示されたものの、買収価格算定根拠が弱い、希望する条件（継続勤務や連帯保証の解除等）についての買収者候補の考え方が記載されていない、意向表明書の決裁レベルが不明といったものを提示されても売却者としては何も判断ができません。なぜなら、詳細DDが進むにつれ、価格根拠に乏しい場合は後になって不合理な価格減額交渉を受ける可能性もありますし、「価格以外の条件」で受諾できないような条件を後になって突きつけられても売却者側としては困ってしまいます。さらに、決裁した会議体の記載やサインまたは捺印がなければ、意向表明書がそもそも会社の正式な意思表示なのかが疑わしいということになります。

したがって、意向表明書の提出・確認のプロセスを意味あるものにするには、売却者側が主導的にどのような記載内容としてほしいかを決め、それを伝達しておくことが重要となります。優秀なFAであれば、売却者と十分に協議したうえで、意向表明書のドラフト（通常、記載方法に関する説明書類を添付する）を作成し、このドラフトに基づいて意向表明書を作成してもらうよう買収者に要請します。オークション形式の場合であれば、この記載要綱に則らない意向表明書は受諾しない（当該意向表明書を提出した買収者を選考から除外する）と明示する場合もあります。このように売却者が主導権を握って交渉を仕切ることで、売却者にとって最適な形でディールをコントロールすることが可能となります。

なお、本節で述べた内容は付録ファイル「Process_Letter_draft.pdf」に記載されているので、ダウンロードしてご参照ください。本ファイルは一般的なオークション方式におけるプロセスレターのサンプルです。この中に買収者向けの意向表明書の記載要領というコンテンツを入れています。

3 交渉後期 ～クロージングフェーズの詳細実務

3-1 基本合意と独占交渉権の付与

・基本合意のタイミング

M&Aに慣れていない方がしばしば戸惑うのが、「基本合意書」と「独占交渉権」というキーワードです。「基本合意書」とは、交渉の途中で締結される合意書であり「最終契約書」締結に先だって、交渉の途中で中間的な合意を図ろうとするものです。なお、M&A取引によっては基本合意書の締結自体がない場合もあります。

基本合意書の締結は、買収者候補によるオンサイトDDが開始される直前に行われるケースが多いものです。通常、買収者によるプレDDが終了すると買収者から意向表明書による条件提示がなされます。このとき、買収者候補の中には「独占交渉権の付与」を前提とした条件提示がなされる場合があります。買収者候補としては、独占交渉権なしで進めた結果、他の買収者候補が最終的な買収者となってしまうと、DDに要したコストが無駄になってしまう可能性があるからです。したがって、買収者による詳細DD前のタイミングにおいて独占交渉権やこれまでの合意事項を明文化しておく目的で基本合意が締結されることがあります。

具体的な内容としては、「我々買収者としてはここまでの検討結果から対象会社株主価値を○○億円として検討する。今後のプロセスはコストがかかるから、この目線で検討を継続する前提で、今後○週間は売却者はほかの買収者候補と交渉を行わないということに合意してほしい。」といったようなものになるのが一般的です。

なお、「基本合意書」に法的拘束力をもたせるか否かという点はしばしば議論になります。基本的には「一部の条項にのみ法的拘束力をもたせる」形式で基本合意書がドラフティングされるケースが多く見受けられます。代表的な記載内容からみた場合、法的拘束力をもたせる典型的なものは、「機密保持義務」「善管注意義務」「詳細DDへの協力義務」および「独占交渉権等の付与」にかかる条項です。一方で、「価格条件」や「スケジュール」には法的拘束力をもたせないケースが多いようです。

3-2 独占交渉権

独占交渉権についてさらにみていきましょう。売却者にとって、独占交渉権の付与を受け入れるか否かは重要な判断事項です。この判断をするにあたっては、「当該買収者候補が他の候補よりどの程度有利な条件を提示してくれているのか？」「その条件が今後変更されることはないか？」「独占交渉を受諾しない場合、他のどの候補者を残すのか？（そしてその場合の負荷はどの程度か？）」「独占交渉受諾を拒否しても実は検討を継続してくれるのではないか？」等について十分に検討を行います。

• 独占交渉権付与のメリット・デメリット

独占交渉権を付与することで、最終交渉フェーズで競争環境を醸成できなくなる一方、1社に対して徹底的にフォローができ、的確かつ迅速にクロージングできる可能性が高い点と、重要な候補者であればその候補者に検討を継続してもらえる点（独占交渉権が不可欠だと主張されている場合）はメリットといえます。独占交渉権は、売却者が買収者側に与える権利であり、この権利を特定の買収者へ付与した場合、一定期間他の買収者と交渉できないことになります（違反した場合は違約金または損害賠償義務が定められるケースが多い）。もちろん、売却者にとっても一定の価格目線を書面上に落とすことができるというメリットはありますが、価格目線は多くの場合「法的拘束力がない」前提で記載される点には注意が必要です。

他にも独占交渉権の付与に関して、オーナー経営者等の対象会社取締役が押さえておかなければならないポイントがあります。それは、取締役は株主に対して株主価値最大化を図らねばならないという「取締役の**善管注意義務**や**受託者責任**（株主に対するFiduciary Duty）」にかかる問題です。たとえば、少数株主（非支配株主）が存在するような対象会社の売却において、オーナー経営者の判断で長期間の独占交渉権を特定の買収者候補に付与したことが原因で他のより高額な売却機会を逃したという場合には、当該オーナー経営者が責任追及されることも起こりえます。

•「フィデューシャリー・アウト条項」でリスクヘッジ

このようなリスクに鑑みて追記される条項が、「**フィデューシャリー・アウト条項**（FO条項）」と呼ばれるものです。主に独占交渉期間が半年以上となるような長期間の場合に設定されることがあります。この条項は、一定の条件を備えた他の優良買収者が現れたと取締役会が判断した場合には、違約金等を当初の買収者に支払うこと等と引き換えに付与した独占交渉権の例外が許容される等といった内容の条項です。独占交渉権の具体的内容は、このFO条項も合わせて検討されることもあります。以下は代表的な独占交渉権の内容です。わが国では①および②が一般的によくみられます。

〈代表的な独占交渉権の内容〉

① 交渉や接触をすべて禁止とする条項（No-talk条項）
② 自身から積極的に売却先を探すことを禁止する条項（No-shop条項）

③ 特定の買収者との最終的な取引確定の前に、売却者が自発的に期間限定で他の買収者候補と交渉し、よりよい条件を得るための活動を許容する条項*（Go-shop条項）

＊前述の「取締役の善管注意義務や受託者責任（株主に対するFiduciary Duty）」を果たす目的でこの条項が入れられることもあります。

3-3 最終契約書をどうするか？

詳細DDが終了すると、「最終契約書」の締結へと移ります。「最終契約書」とは、「株式譲渡契約書」「事業譲渡契約書」「株主間契約書」「経営委任契約」「（買収ファイナンスにかかる）金銭消費貸借契約」等様々なものが考えられますが、クロージングにあたり必要となる法的拘束力を有する最終的な契約書一式のことです。「DA（Definitive Agreement）」または「SPA（Share Purchase Agreement）」等とも呼ばれます。

本書は、「株式譲渡」を前提として[2]、契約交渉の風景を感じてもらえるようなコンテンツを第二部で書かせていただきました。本書は法律の専門書ではないので、網羅的な説明はしていませんが、契約交渉のイメージは第二部をお読みいただければわかると思います。

最終契約のなかで、当事者にとって特に重要な条項は以下の５つです。

①取引価額にかかる条項
②表明保証条項
③クロージングコンディション（取引の前提条件）と誓約条項
④補償条項
⑤役員の選解任・従業員の処遇にかかる条項
⑥株主間の取り決めに関わる条項

これらの条項について、売却者としては自身に可能な限り不利にならないよう、想定外の補償請求等が起こらないように注意して交渉していかなければなりません。最終契約書のより具体的内容や一般的書式については、著者の元上司でもある塩野誠氏らによる『事業担当者のための逆引きビジネス法務ハンドブック M&A契約書式編』（東洋経済新報社）にてより詳しい解説がなされていますので興味のある方はご参照ください。なお、いずれにしても最終契約書の締結にあたっては、必ずM&Aを専門とする法務専門家からのアドバイスをもらうべきです。

2 「株式交換」等をはじめとする組織再編スキームによる場合でも、最終契約書で定められる内容には実質的には大差ありません。しかし、組織再編スキームにおいては「株式交換契約」や「会社分割契約」等において絶対に定めなければいけない内容が会社法において決まっており、やや複雑になります。また、備置義務等の開示上の理由により、最終契約書自体には深い内容を定めず、「最終契約書にかかる合意書」等を別途作成することもあります。

4 その他の論点

4-1 価格交渉において双方の価格差が大きいケースの対処法

売却者にとって最も重要な条件は、多くの場合「価格」でしょう。しかし、売却者が望んでいるような金額ですんなりと交渉が進むことは珍しいといえます。条件前で交渉が難航した場合に初めに行うべきは、「自身が考える希望売却価格が妥当な価格といえるか否か？」を検討することです。DCF法、類似会社比較法、類似取引比較法、その他ベンチャー特有の評価手法、またはシナジー価値等の考え方を駆使して検討していきます。場合によっては、相場観を専門家等に聞いてみてもよいでしょう。自身の希望売却価格が「やや強気ではあるが、妥当な価格の範囲内だ」ということができれば（実はこれが難しいのだが）、あとは以下のようなアプローチで交渉をしていくことが有効となるでしょう。

①新たな候補者への打診と既存交渉相手への伝達
②譲渡スキームを変更する
③交渉相手の算定根拠を確認のうえ、数値モデル上で交渉を行う

①新たな候補者への打診と既存交渉相手への伝達

売却者が好条件で売却したいと考えた場合で、事前に十分な準備をしたうえで既存の交渉相手と話をしていたとすれば、おそらく①が最もその可能性を広げてくれる選択肢になるでしょう。M&A取引の対象会社への評価は、買収者により「まったくといっていいほど」異なります。買収者によりシナジー価値も異なれば、対象会社に対する評価手法や想定するプロジェクションも異なってきます。また、買収者がオーナー系企業であれば、オーナーの「鶴の一声」により非常に高額な買収が実行される場合があります。もし、相対交渉をしていて、価格面で折り合いがつかないとなれば、新たな候補者を探していくのは非常に有効な選択肢となりえます。また、その場合は交渉中の相手に対し、その旨を伝達することで本当に交渉可能な価格限度がみえてくることがあります。

②譲渡スキームを変更する

スキームを変更することにより、売却者が納得できる条件を得ることができる場合があります。これには非常に多くのパターンがありますが、代表的な例を以下に6つほど挙げてみたいと思います。これ以外でも、このようなスキームが非常に多く存在します。この

あたりは経験豊富なM&Aの専門家に相談するといいでしょう。

i 「株式譲渡」と「事業譲渡（または会社分割）」の違いを考慮したスキーム上の工夫

「株式譲渡」は、会社をそのまま取得する取引であり、原則として会社にあるリスクはすべて買収者側が引き継ぎます。一方で「事業譲渡」は契約の定めにより、リスクを対象会社に置いておき、買収者は「事業のみ」を買収することができます。この場合のリスクとは「簿外債務リスク」等に代表される「対象事業のビジネスリスク以外のリスク」です。また「事業譲渡」では「どの資産を買収者へ売却し、どの資産は売却しない」という譲渡対象物の切り分けが可能です。このため、買収者側が上記のようなリスク認識が強く、また対象会社が保有する資産の評価についての認識が売却者と異なっている場合には、「事業譲渡」を用いてリスクや評価についての認識が異なる資産を引き継がない定めを置くことで、売却者側が最終的に受領できる売却対価が高まる可能性があります（税務的な側面は別途、検討が必要）。また、リスクや資産評価にかかる認識ギャップを埋める以外にも、事業譲渡の場合、株式譲渡に比して買収者側に税務メリット（資産調整勘定の償却）が発生する場合もあります。このため、税理士と相談のうえ、買収者側に対してスキーム変更により税務的な要素に起因して両者が納得できる条件にならないかという点を議論していくことも重要です。

ii 「株式交換」を用いたスキーム上の工夫

買収者が高い株価を有する上場会社である場合等、買収者側の状況によっては「株式交換」により買収スキームを組むことで買収者側がさらに高額な評価額を許容しやすくなる場合があります。特に買収者が企業価値評価上はより高額な金額を提示してよいと考えてはいるものの、自社の資金計画がボトルネックとなり買収価格が引き上げられない状態にある場合には有効な方法です。ただし、この場合、「税務的な問題」と「簡易株式交換の可否」等、検討すべきポイントも出てくるので、税理士および弁護士との協議が必要になります。

iii アーンアウトスキーム

ベンチャー企業の売却における代表的なスキーム上の工夫といえば、前述したアーンアウトスキームでしょう。一部の株式は売却する経営陣に残存させておき、将来対象会社の業績等が成長したタイミングで高い株価で残りの株式を買収するというものです。これにより、ベンチャー企業のような「将来の不確実性が高い場合」に双方納得いく条件で取引を行うことができる可能性が高まります。なお、アーンアウト契約は一種のオプションペイオフに近いものであると考えられることから、第四部で解説したリアルオプション法や二項モデルの考え方を用いて実際に評価することも可能です。重要なことは、もし現時点で15億円、将来時点で何らかの条件を達成した場合に追加的に５億円が支払われるという契約になった場合、この不確実な5億円は現在価値に割り引くとわずかな価値しか認識できない場合もありえるという点です。この点は、実際のアーンアウト条項の価値がどの程度かという点をアドバイザー等に算定してもらい、現在価値でみた場合の総額はどの程度かという点も理解したうえで進めることも重要となるでしょう。

iv 「役員慰労退職金」を用いたスキーム上の工夫

オーナー経営者が長年役員を務めていた会社を売却する場合のような、事業承継系のM&Aの際によく用いられるスキームとして、「役員退職金」を利用したものがあります。「役員退職金」は、税法上定められた一定の範囲について会社側で損金算入が可能であり、また受領した個人も税率が優遇されます。そこで、株式を売却する前に役員慰労退職金を売却者個人向けに支払い、その残額を株式の価値として譲渡することで、最終的な売却者の手取り額が（買収者にとっては同一の負担額で）増加する場合があります。

v ストックオプション等を用いたスキーム

売却者に、一定比率のストックオプションをM&A取引完了後に付与することでインセンティブプランを設計する場合があります。工夫としては、ストックオプションに一定の行使条件（上場または一定額以上でのM&Aによる売却等）を付すことで、イグジットイベント等についての強いインセンティブを付すことができ、かつ税務上も有利な形で有償ストックオプションを設計することが可能となります（ただし、オプション評価手法の適切性については多くの議論がある）。また、買収者としては行使条件を成功といえる状態ではじめて満たすことができるような内容にしておくことで、成功ケースに該当しない場合には、議決権の希薄化を防止することが可能となります。さらに、近年の税制改正なども追い風となり、このスキームに類似するスキームとしては、業績に連動させ株式等を支給する仕組み（Performance Share Unit：PSU）、一定期間経過後に予め定めた数の株式を交付する仕組み（Restricted Stock Unit,：RSU）、買収者側の株価上昇益等を現金報酬にて支給する仕組み（Stock Appreciation Right：SAR）等も有効に活用できるようになってきています。

vi ベンダーローンを用いたスキーム

実質的にはLBOスキームの一種ではあるのですが、オーナー経営者が経営陣として残るようなM&A取引においては、アーンアウトと近しい意味をもつスキームとも位置づけることができるものです。買収者が別途設立したSPC経由で対象会社の株式の一部を買収し、同時に売却者は受け取った対価の一部をSPCに貸し付け、当該資金をもって残額分の対象会社株式をSPCが買収するというものです。これにより、売却者は買収者に対して（厳密にはSPCに対して）買収ファイナンスを提供することになります。

このようなスキームの場合、利率を数%～10%程度に設定しておくことで、売却者としても一定の運用メリットを期待できます。また、売却者が対象会社の将来に自信があれば、リスクが小さくリターンの大きい運用にもなりえ、買収者に対して「売却者が対象会社の将来に不安を感じていない」ことを間接的に証明できることにもつながります。もちろん、買収者側としてはLBOでもありますから、IRR向上の効果や資金的問題の解決効果も期待できます。なお、買収者の立場としては、この貸付条件をブレット式（月次返済ではない期限一括弁済）にしておき、銀行ローンより劣後させる規定を設けておくことで、他の銀行の融資を受けやすくするなどの工夫もできます。さらに、売却者（オーナー経営者）の債権も場合によっては比較的早いタイミングで銀行のシニアローンへリファイナンスすることも可能であり、買収者側にも支払利息を低減させたいインセンティブが働くため、そのサポートも期待できます。

〈ベンダーローンを用いたスキームのイメージ〉※税金等のコストは無視

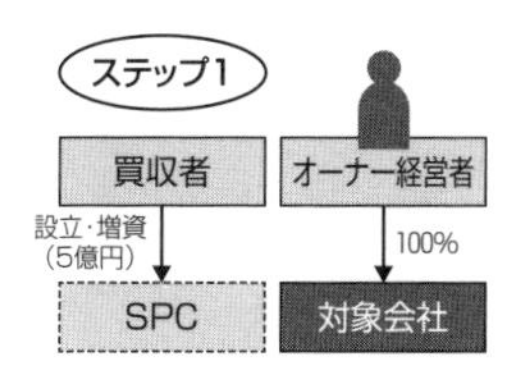

【前提】対象会社の株主価値10億円、負債0円とする
- まず買収者が5億円を資本金としてSPCを設立
（SPCとは買収のために特別に設立される買収目的会社）

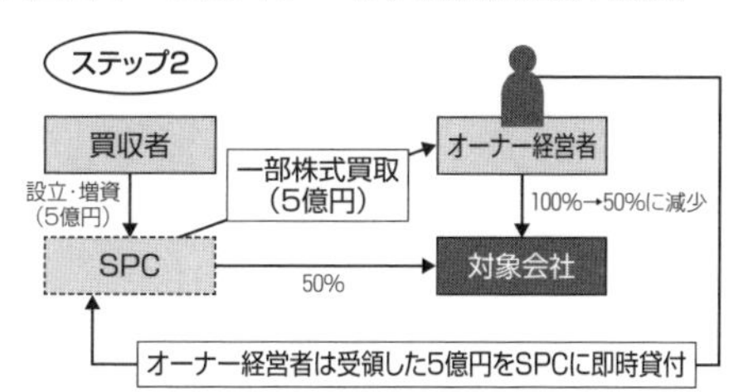

- 出資金5億円にて、たとえば対象会社の株式の半分を買収
- SPCの資金は0に。しかし、オーナー経営者がSPCへ即時貸付実施

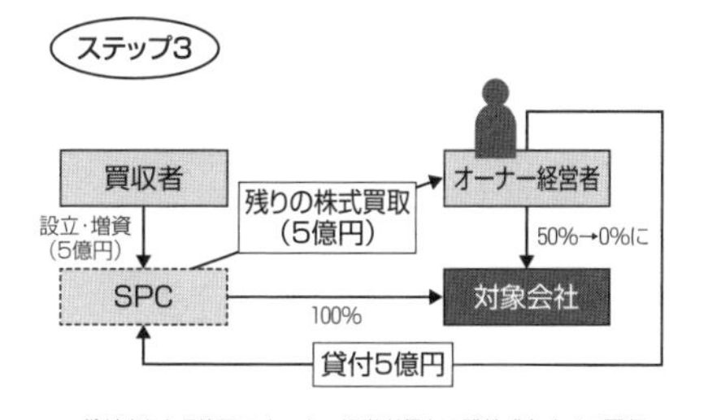

- 貸付された5億円でオーナー経営者保有の残株式をすべて買収
- この結果、買収者は5億円の元手で10億円の買収が可能となる
- オーナー経営者は5億円を現金で、5億円を債権として受領する

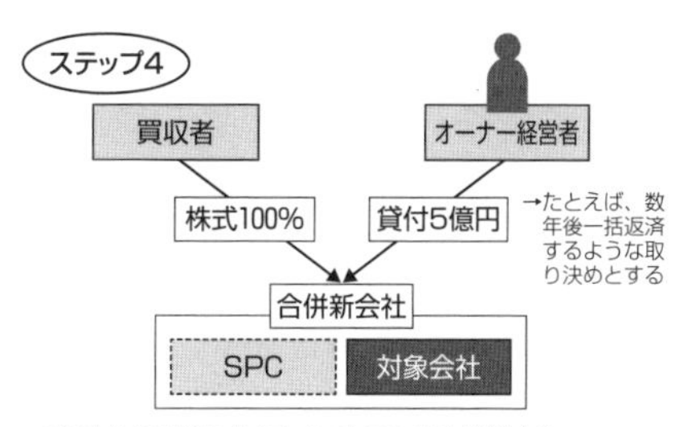

- SPCと対象会社が合併することで上図のような状態となる
- 株式の買取り比率を調整することにより、一部の株式をオーナー経営者に保有し続けてもらう形のスキーム立案も可能となる

上図のようなスキームにより、交渉当事者の間の「みぞ」を埋めることが可能となる場合があります。なお、売却者側の売却益に対する課税は、上記の例で言えば10億円全体から計算された所得により計算される点には注意が必要です。

③交渉相手の算定根拠を確認のうえ、数値モデル上で交渉を行う

M&Aの価格交渉の場面では、売却者が買収者の価値算定根拠を確認できないまま、進められるケースも多数あります。しかし、売却者側が買収者の価値評価ロジックを確認することは非常に重要です。重要であるがゆえ、売却者側のM&Aの仕切り方として、「買収者の提示するLOIに価値評価ロジックが詳細に記載されていない場合には、LOIを受け付けない」と明示して売却プロセスを進める場合もあるのです。開示を受けることができれば、売却者は当該資料を綿密に確認することで、類似会社比較法であれば「用いられているEBITDAは適切か？」「マルチプルは適切か？」等を確認し、DCF法であれば「割引率は適当か？」「極端に将来FCF予測が保守的ではないか？」「シナジー価値が織り込まれているか？」等を確認していくことができます。特に「将来FCF予測」や「シナジー価値」は最も売却者と買収者の感覚がズレる部分です。これらの根拠を示してもらうことで、合理的ではないと考えられるものがあればそれを買収者側に伝達していきます。他にもDDにて価格を減額調整されている場合、それら項目に将来の税額が減少するような繰延税金資産に類するような項目（評価損等）があり、買収者側が税効果を考慮せずに修正価値を計算している場合、それらを指摘する等といったことも考えられます。なかなかハードな交渉になることが多いですが、指摘の内容によっては、買収提示額を修正してもらえる可能性もあります。また、こういった交渉で折り合いがつかない場合には、前述の「アーンアウト」スキームが有効です。「アーンアウト」スキームは、将来の不確実性にかかる認識の相違による価格乖離を埋めるよい解決策です。売却者としては、買収者から「将来の不確実性が高いのでこの金額しか出せない」といわれないように、案件に応じて適切なスキームを提案できるようにしておきたいものです。

4-2 種類株式（優先株式）等を発行する会社の場合の検討事項

種類株式（この場合は「優先株式」とも同義）を発行している企業の場合、M&Aイグジットにどのような影響をもたらすのかという点について説明します。また、本節タイトルの「種類株式等」には、コンバーティブル・ノート等の転換社債型ファイナンス、転換権付ローンおよびその他やや特殊なベンチャー・ファイナンスにかかる取り決め等を有するファイナンス手法一式が含まれるものとします。

昨今では多くのベンチャー企業がこのような「種類株式」を発行しています。種類株式を発行している企業の売却は、普通株式のみを発行している企業の売却に比べてケアすべき論点が複数あります。なお、ベンチャー投資実務では「優先株式」といわれる場合のほうが多いことから、本節では「優先株式」と呼称して説明を進めます。

企業のファイナンスには、借入に代表される「デット・ファイナンス」、株式に代表とされる「エクイティ・ファイナンス」があります。デット・ファイナンスは、その投資家（貸し手）からみるとリスクが小さくリターンも小さい投資手法です。一方で、エクイティ・

ファイナンスは、その投資家（株主）からみるとリスクが大きく、リターンも大きな投資手法です。エクイティ・ファイナンスでは、投資する「株価」が投資家にとって非常に重要な投資条件となります。なぜなら、投資家の立場からみると、低い「株価」で投資ができればできるほど、投資リターンを高めることができ、高い「株価」で投資してしまうと、投資リターンが低くなってしまいます。背後に組合員等の出資者がいるような投資会社であればなおさらです。

ベンチャー企業への投資を考えてみましょう。多くの投資家は、ベンチャー企業の総リスクが大きいと考えます。また、事業計画上の数値について不安を感じる投資家もいるでしょう。このとき、「高リスクで将来が読みにくいベンチャー企業に対しては高い株価は付けられにくい。しかし、低い株価で出資してしまうと必要な金額が調達できても経営陣持分が大きく希薄化してしまい、その結果、経営陣のインセンティブが弱くなってしまう」という問題が起こります。ここで「高リスクで将来の数値計画も読みにくい株式に対して、一定の高い株価を付けてあげることができないか？」というニーズが出てくるわけです。

このような課題を解決するための１つの方法が優先株式スキームです。いわば、投資家にとってのリスクヘッジ条項を付すことにより、不確実性の高いキャッシュフローの回収可能性を高める仕組みを設け、投資家がある程度高い株価で投資しやすくする仕組みです。これらのリスクヘッジ条項こそが、普通株式にはない「優先権」です。

しかし、株主価値のパイは決まっているため、これら「優先権」が「優先株主」に対して与えられることで、オーナー経営者としてはM&A時の取り分が少なくなってしまう場合があります。M&Aイグジットとの関連で特に注意して検討していく必要のあるポイントは、以下のとおりです。

〈優先株が発行されている場合のM&Aイグジットの主な注意点〉

- 残余財産の優先分配権の有無
- 優先分配権がM&A取引にも適用される仕組み（みなし清算条項等）の有無
- 取得請求権の有無と取得条件
- 株主総会決議の拒否権を特定の優先株主集団が実質的に有しているか？
- 過半数の役員を選任する権利をオーナー経営者が有しているか？
- ドラッグアロング条項やタグアロング条項の有無
- 先買権設定の有無　　　　　　　　　　　　　等

これらにより、売却時に売却者が実際に受領する対価が調整されることもあれば、検討すべき内容、対処すべき事項、売却戦略が変わってくることもあります。

4-3 売却後にオーナー経営者はどうなる？ ～売却後の「抑うつ症状」とは～

オーナー経営者による会社売却は、①（オーナーが高齢であることを理由とした）事業承継問題にかかる会社売却、②ベンチャー企業オーナー等の会社売却の２つにざっくり大別できるでしょう。事業承継を目的として実施される会社売却では、オーナーは一定期間後に引退するケースが多いようです。一方で、比較的若いオーナー経営者がベンチャー企業等を売却する場合は、より売却後のオーナー経営者の動きに多様性が出てきます。比較的若いオーナー経営者が会社を売却する場合、売却後５年間くらいでみると以下のような動きになるケースが多いようです。

1．売却後、再度ベンチャーを創業するケース（シリアルアントレプレナー）
2．M&Aの最終契約で定められた「継続就任義務」等により対象会社に残存するケース（この場合、通常「経営委任契約」等が締結される）
3．売却後、自身は事業家とはならず、投資家として活動するケース（エンジェル投資家等）
4．売却後、引退して世界旅行など自身の趣味に没頭するケース

著者の経験では、以上のパターンのうち多いのは「１」と「２」のケースです。また、共通することとして面白いのは、会社売却後、上記の１～４のいずれかに分類される状態に置かれるものの、「２」のケースを除き、約半年から１年程度は海外に行くなど、一度自由な時間をつくり、今後の人生をどうすべきかを考える時間をもとうとする方がかなりの割合にのぼるという点です。

一度M&Aイグジットを経験したシリアルアントレプレナーを志向する起業家は通常、「今度はより世界的に大きなインパクトをもたらしうるビジネスがやりたい」と考えるか、「もう一度同じように比較的簡単に成長させることのできるビジネスを作って売却しよう」と考える場合が多いようです。考え方は千差万別ですが、共通するのは、このタイミングの起業家は「できること」ではなく「やりたいこと」に焦点を合わせて物事を進められる状態になっていることが多いということです。

また、もしその起業家が「さらに大きなビジネスをやりたい」と決断すれば、M&Aイグジット実績や、１回目とは段違いのビジネスノウハウを有している等という理由から、VCからの調達も容易化し、ビジネスの成功率も高くなってきます。こうなると初期ステージの資金調達であっても高いValuationによる高額な調達が可能となる場合も多く、実質的には少ない自己資金で大型ファイナンスができる可能性も高まります。

また、もう１つ気になる点としては、多くのオーナー経営者はある程度の規模の会社をM&Aイグジットにより売却した直後、数週間程度の軽いうつ状態とも呼べる「寂しさ」を経験します。「会社売却後の抑うつ症状」ともいえる現象で、特に売却して当該オーナ

ーが経営陣として残らない場合に多く起こります。著者は今まで様々なM&Aイグジットに携わってきていますが、程度の差こそあれ、多くのオーナー経営者がこの心理状態を経験します。M&Aイグジットを行おうとする場合、M&Aイグジット後に何をすべきかについて売却手続きを進めながら並行して検討しておくことで、スムーズに次の人生へ進むことができるようになります。

索 引

アルファベット

あ行

か行

な行

は行

ま行

や行

ら行

参考文献

＊本書の執筆にあたっては多くの文献を参考にさせていただきました。深く感謝申し上げます。

アビームM&Aコンサルティング編『M&Aを成功に導く ビジネスデューデリジェンスの実務』中央経済社，2006
石井禎・関口智弘編著『実践TOBハンドブック 改訂版』日経BP社，2010
石村貞夫・石村園子『金融・証券のためのブラック・ショールズ微分方程式』東京図書，1999
石村貞夫・石村國子『増補版 金融・証券のためのブラック・ショールズ微分方程式』東京図書，2008
江頭憲治郎『株式会社法 第5版』有斐閣，2015
大野薫『モンテカルロ法によるリアル・オプション分析』金融財政事情研究会，2013
河本一郎・濱岡峰也『非上場株式の評価鑑定集』成文堂，2014
監査法人トーマツ『最新版 M&A実務のすべて』日本実業出版社，2008
木俣貴光『企業買収の実務プロセス』中央経済社，2010
酒井竜児編著『会社分割ハンドブック 第2版』商事法務，2015
沢田眞史監修，仰星監査法人『平成24年2月改訂〈Q&A〉企業再編のための合併・分割・株式交換の実務Ⅰ―その法律・会計・税務のすべて―』清文社，2012
沢田眞史監修，仰星監査法人『平成24年2月改訂〈Q&A〉企業再編のための合併・分割・株式交換の実務Ⅱ―その法律・会計・税務のすべて―』清文社，2012
鈴木一功編著『企業価値評価【実践編】』ダイヤモンド社，2014
谷山邦彦『バリュエーションの理論と応用』中央経済社，2010
東京青山・青木・狛法律事務所，ベーカー&マッケンジー外国法事務弁護士事務所（外国法共同事業），KPMG FASグループ，マーサージャパン編『合併・買収の統合実務ハンドブック』中央経済社，2010
長島・大野・常松法律事務所編『公開買付けの理論と実務（第2版）』商事法務，2013
長嶋・大野・常松法律事務所編『M&Aを成功に導く 法務デューデリジェンスの実務（第3版）』中央経済社，2014
永田靖『科学のことばとしての数学 統計学のための数学入門30講』朝倉書店，2005
日本公認会計士協会編『企業価値評価ガイドライン（増補版）』日本公認会計士協会出版局，2012
服部 暢達『実践M&Aマネジメント』東洋経済新報社，2004
藤原総一郎編著『M&Aの契約実務』中央経済社，2010
プルータスコンサルティング編『企業価値評価の実務Q&A〔第4版〕』中央経済社，2018
森・濱田松本法律事務所編『M&A法体系』有斐閣，2015
A・ダモダラン，山下恵美子＝訳『資産価値測定総論1―リスク計算ツールから企業分析モデルまで』パンローリング，2008
A・ダモダラン，山下恵美子＝訳『資産価値測定総論2―配当割引モデルから株価収益率まで』パンローリング，2008

A・ダモダラン，山下恵美子＝訳『資産価値測定総論３―非公開企業、不動産から金融派生商品まで』パンローリング，2008
KPMG FAS編著『M&Aによる成長を実現する戦略的デューデリジェンスの実務』中央経済社，2007
ジョナサン・マン，川口有一郎他＝訳『実践　リアルオプションのすべて』ダイヤモンド社，2003
マッキンゼー・アンド・カンパニー，ティム・コラー，マーク・フーカート，デイビット・ウェッセルズ，マッキンゼー・コーポレート・ファイナンス・グループ＝訳『企業価値評価 第６版［上・下］』ダイヤモンド社，2016
S・E・シュリーヴ、長山いずみ他＝訳『ファイナンスのための確率解析 Ⅰ・Ⅱ』丸善出版，2012
Stephen A. Ross, Randolph W. Westerfie, Jeffrey F. Jaffe, 大野薫＝訳『コーポレートファイナンスの原理【第９版】』金融財政事情研究会，2012
リチャード・L. スミス，ジャネット・K. スミス，山本一彦＝監訳『MBA最新テキスト　アントレプレナー・ファイナンス』中央経済社，2004
Brad Feld, Jason Mendelson,『Venture Deals: Be Smarter Than Your Lawyer and Venture Capitalist Second edition』, Wiley, 2014
Chris M. Mellen, Frank C. Evans,『Valuation for M&A―Building Value in Private Companies Second edition』, Wiley, 2010
Janet Kiholm Smith, Richard L. Smith, Richard T. Bliss,『Entrepreneurial Finance―Strategy, Valuation, and Deal Structure』, Wiley, 2011
Mahendra Ramsinghani,『The Business of Venture Capital―Insights from Leading Practitioners on the Art of Raising a Fund, Deal Structuring, Value Creation, and Exit Strategies』, Wiley, 2014
Richard A. Brealey, Stewart C. Myers, Franklin Allen,『Principles of Corporate Finance』, Twelfth edition, McGraw Hill Higher Education, 2016

宮﨑淳平（みやざき　じゅんぺい）
1983年生まれ。早稲田大学政治経済学部卒。学生時代よりネット系ベンチャーを立ち上げ。その後、ライブドアのファイナンス事業部及びライブドア証券投資銀行本部に入社、数々のM&A案件及び資金調達案件を担当したのち、セプテーニグループにて投資やM&A関連部門の部門責任者として活躍。ファンド組成からイグジットまで一貫して担当し、これまでの投資検討件数はのべ1,000社以上。その後、M&A・企業再生・コンサルティング専門ファームの㈱社楽にて、数億から数千億円規模の会社・各種法人等に対しM&Aアドバイザリー、企業（事業）再生、財務及び戦略コンサルティング業務を経験し、独立。現在、わが国では珍しい、売却側支援に重点をおいたM&Aアドバイザリーを行うブティック型投資銀行である㈱ブルームキャピタルの代表取締役。
M&Aイグジットを希望する企業の経営者のみならず、M&Aを専門としない会社顧問、弁護士、公認会計士、税理士等から依頼を受け、共同でプロジェクトを推進することも多い。
業務の傍ら、生涯武道として12歳より極真空手をはじめ、日々教えを受ける極真空手の考え方や実体験と実業界の共通点に魅せられ、現在は大会の出場に向け稽古を継続し、自らも指導員を務める等積極的に活動している（国際空手道連盟極真会館／初段／本部直轄四谷道場所属）。

会社売却（かいしゃばいきゃく）とバイアウト実務（じつむ）のすべて

2018年10月20日　初版発行

著　者　宮﨑淳平
発行者　吉田啓二

発行所　株式会社日本実業出版社　東京都新宿区市谷本村町3-29 〒162-0845
大阪市北区西天満6-8-1 〒530-0047
編集部　☎03-3268-5651
営業部　☎03-3268-5161　振　替　00170-1-25349
https://www.njg.co.jp/

印　刷／壮　光　舎　　製　本／若林製本

この本の内容についてのお問合せは、書面かFAX（03-3268-0832）にてお願い致します。
落丁・乱丁本は、送料小社負担にて、お取り替え致します。

ISBN 978-4-534-05622-1　Printed in JAPAN